U0096653

金門地方書寫與
研究書目彙編

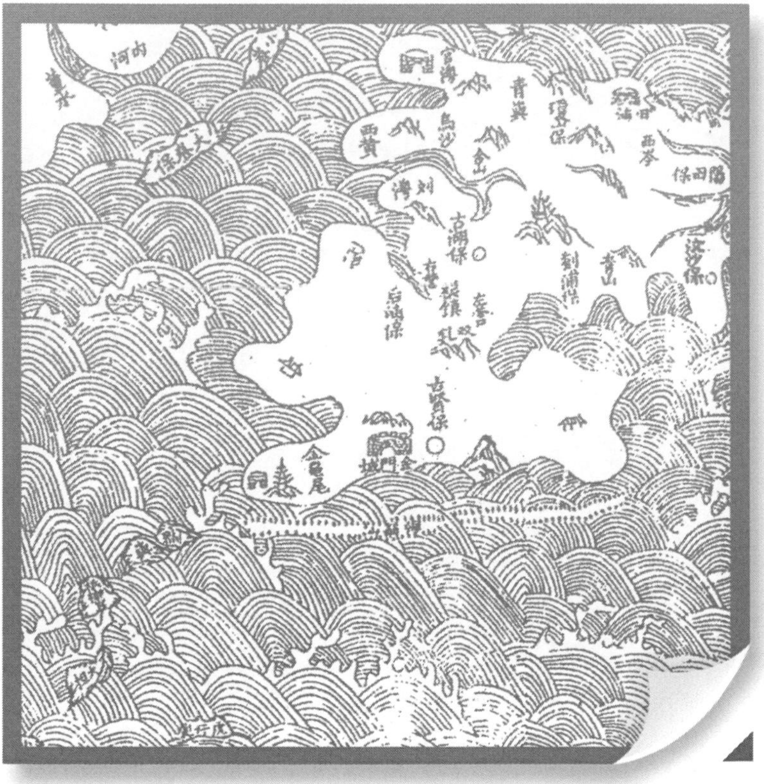

羅志平　著

自序

去年十月，秀威資訊科技公司以BOD的方式，免費幫我出版了《金門行業文化史》一書，我將版稅換成贈書，四處分送親戚、朋友、同事。有位同事對我豎起大姆指，一句話都沒有說，想來必定是不知該說什麼。當大家都在為國科會的研究計畫絞盡腦汁時，我竟然花了四年的時間寫了一本與自己學術專長，或教學內容毫不相干的學術性著作，而且字數將近40萬字，真的只能用「不可思議」來形容，連我自己都覺得莫名其妙。年輕時從未想過走上學術研究這條路，只因家貧，覺得只有好好讀書才能出人頭地，就這樣一路考、一路讀。除了大學聯考由理組轉文組重考一次外，倒也順順利利，拿到博士學位，升到教授。沒想到卻在升上教授後才發現「興趣不合」，學術研究不是我的最愛，文學才是我的初衷。於是我用學術研究的框架包裹一份對文學的熱愛，以散文和雜文的方式完成這樣一本硬書，形式上是一本論著，內容其實是我對家鄉的懷念。人到中年，容易被溫情主義感染，閑暇時特別愛回憶過去。透過對家鄉人事物的敘事，我得以寄託少小離家的思鄉之情，其中有回憶，有期許，有憤慨，有時不我予的無奈，總而言之，這是我「不務正業」的結果，卻也是我很想要的成果。

學術太硬，文學太多情，歷史則只是別人的故事。我想給自己留下一些記錄，古人說：「立德、立功、立言，謂三不朽」，我不敢存這樣的雄心壯志，只是單純地想寫些東西，寫我如何走過半個世紀，如何看待週遭的人事物。從學院的角度來看，這樣的研究可能不夠嚴謹，但作為一份歷史記錄，它的真實性經得起驗證。在寫作過程中，我查閱了很多資料，發現金門人真的很愛讀歷史，愛談歷史，愛寫歷史。尤其是在金門縣文化局的積極輔導下，隱然形成一股名為「金門學」的研究風潮。許多地方文史工作者紛紛投入研究與書寫，累積的出版物已足以在圖書館中設立專室典藏。然而，對金門人來說，歷史像座迷霧森林，幾十年下來，繞來繞去，還是在森林之中。一半的人不知道如何走出去，一半的人根本不想出去。金門人在這座森林裡編造自己的神話，自己的帝王將相、自己的歷史論述，以及自以為是的感覺良好。

讀歷史讓人可以鑑往知來，我因學歷史得以清楚看到，從學術發展的內涵來看，「金門學」已過了顛峰期，來到了必須調整的瓶頸。由上次研究的經驗，我深切體會資料是學術研究的基礎，誠如孔子所說：「夏禮，吾能言之，杞不足徵也；殷禮，吾能言之，宋不足徵也。文獻不足故也，足則吾能徵之矣。」誠然，如果沒有足夠的文獻，即便博學如孔子，也只能感嘆「巧婦難為無米之炊」。文獻資料對於學術研究的重要性，不待多言，然而，學海浩瀚，知識龐博，任何人都不可能盡知天下事，因此文獻徵集的工作也就相形重要。經過十幾年的努力，金門學研究已累積了相當的成果，也有不錯的成績。若能將這些前人的成果加以彙整，讓年輕學者參考，踵繼前賢，再接再勵，為金門學研究開疆拓土，提升金門學研究的水準，使之成為受人敬重的一方之學，應該也可以算是一種「立功」。雖然只是編輯的工作，一種壯夫不為的末技，但實用性可能比任何專書更有價值。基於這樣的信念，我又做了一件別人看來「不務正業」的事，編了一本金門地方書寫與研究的參考書。

本書共收錄資料4,620筆，包括一般圖書1,538筆；學位論文505筆（碩士467筆、博士38筆）；期刊1,542筆（期刊1,157筆、學報82筆、雜誌74筆、研討會或書中章節229筆）；視聽資料112筆（含電子書）；報紙文章498筆；調查與研究報告297筆（含國科會計畫案）；族譜55筆；拓本30筆；地圖12筆；手冊31筆。資料內容以學術性或較具學術參考價值者為主，凡圖書或文章題名為「金門」者皆在收錄範圍，題名未見「金門」，但主題或關鍵詞中含「金門」者已經過進一步篩選，確認為相關論述。資料作者若為金門在地的文史作家，或金門籍的知名作家，其作品盡量收錄，尤其是藝文創作，雖未必以金門為構思，但作為一個「金門籍」的作家，其思想本身可能有值得研究的地方，因此詳附其作品以供參考。這類作家以《金門文學叢刊》為主，皆列名在國立台灣文學館「台灣作家作品目錄系統」中，有其一定的社會知名度和公認的文學成就。

所謂的「金門學」係就廣義的角度思考，仿照「台北學研究主題資料庫」，將資料分成十大類，除了傳統的「地方學」之外，另加入社會科學、應用科學與自然科學。尤其引進國外資料，包括英文與日文，嘗試從國際的視野來理解金門，使「金門學」研究不再局限於這塊土地上的人事物。西文資料中，關於金門的寫法有Quemoy，有Kinmen，也有用通用拼音或漢語拼音如Jinmen與Chin-men者，拼法或有不同，但多已確認是今日之金門島無誤。大抵上外人研究金門者不多，主要仍是國人在國際刊物上的論述，多為國際關係與自然科學，其他領域仍待開發，即便是大陸學者的研究也偏重在「台海危機」與「兩岸關係」，對傳統金門學中的三大主題「僑鄉、戰地、閩南」，或具有強烈金門意象的「建築、聚落、古蹟」，尚未見重要著作。或許是因為金門文化屬於閩南文化的支流，也可能是因為早年金門的閉鎖，資料蒐集不易，使中外人士無由了解這塊土地。

金門開放觀光後，國內外媒體蜂湧而至，各種報導節目令人眼花撩亂，目不暇給，可惜都是浮光掠影，觀光行銷的作用大於學術的價值。值得肯定的是影音器材的使用，擴大了金門學研究的深度，對保存或推廣金門文化史蹟貢獻甚大。電影與電視節目競相來金門取景，加上到處可以買到金門國家公園管理處與金門縣文化局委外拍攝的紀錄片，多數的閱聽大眾對金門已不再陌生，然而，鏡頭下的金門與實際的金門，畢竟還是有著一道隱形的鴻溝，急待學界藉由學術研究來填補。視聽資料是一種新式的傳媒，可以彌補傳統文字書寫的不足，對一般人的影響力超過文字資料，但方便性仍不如一般書籍，而且容易被誤導，這正是影視史學長久以來被人詬病的地方，也是史學家不願相信影音器材可以忠實呈現歷史的論辯。

解嚴後，與金門相關的論述如雨後春筍般冒出，就數量而言確實驚人，很難想像這樣一塊蕞爾小島能夠激發如此多的著作，尤其是學位論文，更是多到令人訝異。從學術價值而言，碩士論文或許仍有待努力，多數論文只能視為一種學生習作，或是一種在職進修的工作心得報告。博士論文的情形則不同，需要更多的資料，更堅強的理論架構，更精闢的論述觀點，這樣的規模需求，一樣難不倒金門，仍可出產數十本以金門為題材的論文。國外部份分別來自廈門大學、福建師範大學、北京體育大學；美國波士頓大學、南伊利諾州大學、密西根大學等，顯示金門學的研究內涵與深度不可小覷。這些學者目前也多從事教學，繼續在與金門相關的領域上做研究，對引領金門學的教育和研究貢獻良多。本書所收錄的博士學位論文中，有一小部份是金門籍文史學者的撰述，主題雖然與金門無涉，但是這些人幾乎都是金門書寫的常客，因此附其學位論文以供參考；其餘都是關於金門的研究，撰者則多數不是金門籍。

在金門學的資料中，有一種出版品是其他地方學難以超越的，也是讓很多外地學者稱羨的地方，那就是各種調查報告和研究報告。學術研究需要資源，包括人力物力，也包括財力，許多學院中的教師為了申請一件國科會的研究案苦心積慮，能夠如願以償的卻只有少數，原因是國家財力困難。相較之下，金門縣政府的財力向來令人寡目相看，它的財力一方面表現在對縣民的社會福利上，另一方面也展現在文化的推廣上。近20年來，由縣政府、文化局、金管處委託的研究案、規畫案、計畫案，超過200件，包括墓園、碑碣、建築、古蹟的調查與修復，投入的金額超過數億元。姑且不論這些資源的被瓜分是否公平，就成果而言，顯然無法讓人滿意。除了少部份的報告被出版成書，提供大眾閱覽外，甚多是以影印本的方式被丟棄在圖書館的角落，或是以電子檔的方式被鎖在資料庫中，乏人問津，有些則是早已不見蹤跡。修復後的古蹟看得見，研究計畫和調查報告卻無人審核，無人追踪。對這些學者與研究人員的心血結晶，應該要有更完善的保存計畫和作為。

慎終追遠是中國人的文化傳統，金門人在這方面的作為還沒有被完全異外，仍可強烈感受到「海濱鄒魯」的氣息。在這座島上到處可見宗廟建築，無宮無廟不成村，是金門自然村的一大特色。同姓村民幾乎都有血緣關係，村裡的宗祠每隔數年就會舉行較大規模的祭典活動，碰到家廟整建落成奠安慶典時，連旅居國外數十年的鄉人都會被叫回來。宗族祭祖是有形的活動，編修族譜則是維繫宗親關係的無形力量，二者相輔相成，皆有其深層的社會和文化意涵。隨著兩岸局勢的和緩，兩岸共同編修族譜已經成為不可逆轉的趨向，各姓氏族譜愈修愈完善，尤其是許多譜牒專家也加入修譜的行列，讓族譜編修隱然成為一門新的顯學。在文化局的補助下，已出版的族譜數量相當可觀，加上專門的研討會和刊物發行，使族譜學成了金門重要的一項文化產業。

文學是一種心靈的饗宴，沒有國界，不分國籍，不分族群，只要是偉大的作品，都可以憾動人心。在台灣文壇和新加坡華人圈，不乏知名的金門籍作家，其成就皆已獲得肯定，作品也經常出現在好書或暢銷書排行榜中。詩、散文、小說，名家輩出，老榦新枝，爭奇鬥豔，熱鬧非凡。本書所收錄的期刊一半與藝文有關，大都是以上這些作家書寫金門的作品。《金門文藝》復刊後，不但積極召喚老作家重新耕耘，對栽培新秀也是不遺餘力，「浯島文學獎」、「金門文藝營」，歷年來都有不錯的成果。儘管成果豐碩，金門文學終究還是不成氣候，尚未能成為一個「流派」，作品中或許有著濃厚的原鄉情結，有著金門人的獨特歷史情懷，但要成為世界級的作品，仍需有大江大海的氣勢，不能一直圍繞著小城故事打轉。文學不分國籍，當然也不分年齡，兒童文學與童書的出版，是文化的紮根教育，欣見有識之士為此所作的努力，不論是從教育思考，或單純只是為了行銷金門觀光，都是一條正確的路。

四海之內皆有金門子弟，在各自的領域內表現他們的才華，因此，必定還有更多未被發現的報導和記錄，遺憾編者才學有限，無法盡得所有的訊息，致使資料的蒐羅仍有遺珠之憾。收錄在本書中的資料，也有可能因編者個人的主觀意識，產生取捨的偏差，未能真實反映現況。在此，除了向這些前輩作家表達深切的歉意外，也期盼對此有興趣的同好，繼續編修更完整、更週全的參考書目。江山代有人才出，各領風騷數十年，學術研究想必也是如此，相信在大家的努力下，金門學研究必可開花結果，綻放新的光明。

羅志平序於高雄義守大學

辛卯年六月

目次

Contents

英文

Ale-

1992 Bevin Alexander, *The strange connection : U.S. intervention in China, 1944-1972.* New York : Greenwood Press, 1992. "14 Atomic War over Quemoy? ; 15 The Great Leap and Quemoy Again."

Allen

1965 Robert W Allen, *Quemoy-Matsu: vital to United States western defense posture? (U.S. Air War College thesis).* Air University, 1965.

Alsop

1959 Stewart Alsop, "How We Drifted Close to War: the Story Behind Quemoy", *Saturday Evening Post*, 1959.

Bar-

Robert W Barnett, *Quemoy, the use and consequence of nuclear deterrence*. Unknown Binding: 133 pages.

Chao

David Chao, Lian-Chen Wang and Tai-Chu Huang, "Prevalence of larval helminths in freshwater snails of the Kinmen Islands", *Journal of Helminthology*, Volume 67, Issue 04, pp. 259 -264.

Chen

2004 Chang-Po Chen, Hsin-Yi Yeh and Po-Fen Lin, "Conservation of the horseshoe crab at Kinmen, Taiwan: strategies and practices", *Biodiversity and Conservation*, 2004, Volume 13, Number 10, pp. 1889-1904.

Chen

2008 Shih-Jen Chen, Jorn-Hon Liu, Hui-Chuan Shih, Pesus Chou and Ching-Yao Tsai, et al., "Prevalence and associated factors of lens opacities among Chinese type 2 diabetics in Kinmen, Taiwan", *Acta Diabetologica*, 2008, Volume 45, Number 1, pp. 7-13.

Chen

2009 Jeffrey Chen(陳壯飛), *Widow of Que-Moy*(金門寡婦). Xlibris , 2009.

Chen

2010 Shih-Jen Chen, Pesus Chou, An-Fei Lee, Fenq-Lih Lee and Wen-Ming Hsu, et al., "Microaneurysm number and distribution in the macula of Chinese type 2 diabetics with early diabetic retinopathy: a population-based study in Kinmen, Taiwan", *Acta Diabetologica*, 2010, Volume 47, Number 1, pp. 35-41.

Cheng

1977 Peter P. C. Cheng, *Truce Negotiations over Korea and Quemoy*. Rowman & Littlefield (Non NBN), January 1977.

Chou

1997 Pesus Chou, Hsu-Sung Kuo, Chen-Huan Chen and Hui-

Ching Lin, "Characteristics of non-participants and reasons for non- participation in a population survey in Kin-Hu, Kinmen", *European Journal of Epidemiology*, 1997, Volume 13, Number 2, pp. 195-200.

Christ-

1997 Thomas J. Christensen, *Useful adversaries : grand strategy, domestic mobilization, and Sino-American conflict, 1947-1958*. Princeton, N.J. : Princeton University Press, 1997. "Ch. 6 Continuing Conflict over Taiwan: Mao, the Great Leap Forward, and the 1958 Quemoy Crisis."

DeWitt

1962 DeWitt & Marshall Peck Copp, *The Odd Day: Quemoy, Matsu, Formosa*. Morrow & Co.; First Ed.- 1st Printing edition, 1962.

Dis-

2007 Discovery, 《謎樣金門(Unknow Kinmen)》，[臺北市]：Discovery Networks Asia, 2007年。1張DVD(約45分)。

2009 Discovery, 《國家地理搜奇檔案 ：Disc6: 男捕魚, 女造屋(中國)--金門之龍(台灣)》，臺北市： 春暉國際多媒體， 2009年。一張DVD。

Domi-

John Dominis, *Scene from Quemoy Island*. by Art.com

John Dominis, *Nationalist Chinese Soldier on Quemoy Island*. by Art.com

John Dominis, *Red Chinese Shelling on Quemoy Island Collections Photographic Poster*. by AllPosters.com

Fess-

1969 Loren Fessler, *The October 1949 battle for Quemoy:*

Reflections on its contermporary significance (East Asia series). American Universities Field Staff, 1969.

Free

1959 Free China Review, *Voice of the people: on the defense of Kinmen (Quemoy)*. Taipei : Free China Review, 1959.

Fuh

2003 J. L. Fuh, S. J. Wang, S.-J. Lee, S.-R. Lu and K.-D. Juang, "Quality of life and menopausal transition for middle-aged women on Kinmen island", *Quality of Life Research*, 2003, Volume 12, Number 1, pp. 53-61.

Good-

2006 Bridget Goodbody, Cai Guo-Qiang, *Bunker Museum of Contemporary Art, Kinmen Island*. Charta/Bunker Museum, Kinmen Island, September 15, 2006.

Har-

1968 Harry Harding, *The Quemoy crisis of 1958*. s.n., 1968.

Het-

1961 Carl C. Hetrick, *The quemoy crisis: an analysis of the first offshore islands incident, 1954-1955*. Ann Arbor, MI. : University Microfilms International, 2000 printing. Thesis (M. A.)--The University of Chicago, 1961.

Ho

2009.05 Ho Ai Li, "Kinmen reaping benefits of better cross-strait ties", *The Straits Times (World - Memo From Taipei)*, 2009.05.25.

Holo-

1999 Frank Holober, *Raiders of the China coast : CIA covert operations during the Korean War*. Annapolis, Md. : Naval Institute Press, 1999.

Hsu

1959 Hsu Woo Ping, *A statistical report on progress in Kinmen, February 1, 1952-April 30, 1959*. Advisory Committee on Assistance to Kinmen and Matsu Islands, Sino-American Joint Commission on Rural Reconstruction, 1959.

Hung

Chih-Ming Hung, Shou-Hsien Li and Ling-Ling Lee, "Faecal DNA typing to determine the abundance and spatial organisation of otters (Lutra lutra) along two stream systems in Kinmen", *Animal Conservation*, Volume 7, Issue 03, pp. 301 -311.

Jiajie

2007 Zhang Jiajie, *From battlefield to tourist destination : production and consumption of the battlefield tourism landscape in Kinmen, Taiwan*. Academic exercise--Dept. of Geography, Faculty of Arts & Social Sciences, National University of Singapore, 2007.

Kin-

2001 Kinmen National Park, *Quemoy impression*. Kinmen, Taiwan : Kinmen National Park Headquarters, 2001.1 videocassette (18 min.)

Ko

2008.04 Hai-Yun Ko, Ho-Shun Wang, Ji-Jia Huang, Liane-Chen Lu, Chang-Hsun Chen, "Sandfly Distribution and Risks of Leishmaniasis Transmission in Kinmen", *Epidemiology Bulletin*, Vol.24 No.4, 2008.04, . pp.319-331.

Lee

Ling-Ling Lee, "Status and distribution of river otters in Kinmen, Taiwan", *Oryx*, Volume 30, Issue 03, pp. 202 -206.

Li

1987 Li Chi'ien-lang, *Historical Sites of the First Rank in Taiwan and Kinmen*. Council for Cultural Planning and Development, 1987.

Lin

1969 Lin Chi Yung, *The Quemoy-Matsu crises : a study of American policy*. Ann Arbor, Mich. : University Microfilms International, 1984, c1970. Thesis (Ph.D.)--Southern Illinois University, 1969.

Lin

1995.03 Lin Mao-Hsin, "The Postal Rates for the Offshore Islands of Quemoy", 《郵史研究》8，1995.03, pp. 121-126.

Lin

1996 Melinda Lin, "Letter From Quemoy", *Far Eastern economic review : telling Asia's story for fifty years* (Hong Kong : Review Publishing Co. Ltd., 1996), p. 189.

Lin

2006 S. C. Lin, "The ecologically ideal road density for small islands: The case of Kinmen", [An article from: *Ecological Engineering*]. Elsevier, September 28, 2006.

Liou

2009 Tai-Sheng Liou, Hsueh-Yu Lu, Cheng-Kuo Lin, Wayne Lin and Yu-Te Chang, et al.", Geochemical investigation of groundwater in a Granitic Island: a case study from Kinmen Island, Taiwan", *Environmental Geology*, 2009, Volume 58, Number 7, pp. 1575-1585.

2009 Tai-Sheng Liou, Yuan-Hsi Lee, Li-Wei Chiang, Wayne Lin and Tai-Rong Guo, et al., "Alternative water resources in granitic rock: a case study from Kinmen Island, Taiwan", *Environmental Earth Sciences*, 2009, Volume 59, Number 5, pp. 1033-1046.

Liu

2009 Liu Lee-hsuan, *The 1958 Quemoy Crisis an Oral History*. Ministry of National Defense , ROC; 1ST edition, 2009.

Liu

2010 Chen-Wuing Liu, Chun-Nan Lin, Cheng-Shin Jang, Min-Pei Ling and Jeng-Wei Tsai", Assessing nitrate contamination and its potential health risk to Kinmen residents", *Environmental Geochemistry and Health*, Online First™, 24 November 2010.

Liu

H. C. Liu, P. Chou, K. N. Lin, S. J. Wang, J. L. Fuh, H. C. Lin, C. Y. Liu, G. S. Wu, E. B. Larson, L. R. White, A. B.

Graves and E. L. Teng, "Assessing cognitive abilities and dementia in a predominantly illiterate population of older individuals in Kinmen", *Psychological Medicine*, Volume 24, Issue 03, pp. 763 -770 .

LLC

2010 Books LLC (Editor), *Quemoy: Battle of Kuningtou, Lieyu, Kinmen, Jincheng, Kinmen, Kinmen National Park, Jinning, Kinmen, Kuningtou War Museum, Jinhu, Kinmen*. Books LLC (September 15, 2010).

Mc-

1961 Carl McIntire, *Quemoy and Matsu are not ours to give away: Eyewitness account of visit to Quemoy, April 10 and 11, 1961*. 20th Century Reformation Hour, 1961.

Miller

2010 Frederic P. Miller (Editor), Agnes F. Vandome (Editor), John McBrewster (Editor), *Kinmen*. Alphascript Publishing, August 10, 2010.

Mini-

2009 Ministry of National Defense, ROC, *The 1958 Quemoy crisis : an oral history*. Taipei : Military History and Translation Office, Ministry of National Defense, 2009.

Mun-

1961 Lyle H. Munson, *Who Will Volunteer? (The Quemoy Story in Pictures)*. The Bookmailer, Inc.; First Edition edition, 1961.

Nati-

2009.1 National archives and records administration, *This is*

Quemoy, 1958, DVD Release Date: October 6, 2009.

Pol-

1976 Jonathan Duker Pollack, *Perception and action in Chinese foreign politcy: the quemoy decision (Volumes I and II)*. Ann Arbor, Mich. : University Microfilms International, 1981, c1976. Thesis (Ph.D.)--The University of Michigan, 1976.

Ryan

2007 Chris Ryan, *Battlefield tourism : history, place and interpretation*. Amsterdam ; Oxford : Elsevier, 2007. "Xiamen and Kinmen: from cross-border strife to shopping trips."

Shih

1962 Shih Huo-teì, *Mayor Li of Chin-Ning, Kinmen 1962*. New Era Press, 1962.

Snider

1963 Robert D. Snider, *Sputnik to Quemoy: an analysis of the foreign policy of the people's Republic of China in the period of October 5, 1957 to August 23, 1958*. Ann Arbor, MI. : University Microfilms International, 2000 printing. Thesis (M. A.)--The University of Chicago, 1963.

Su

2007.02 Chiu-Hsia Su, Ming-Chih Yu, Shih-Yan Yang, Ya-Jung Hu, Yung-Ming Chang, "Evaluation of a Directly Observed Therapy Short-Course Project for Treating Tuberculosis on Offshore Island Kinmen County", *Epidemiology Bulletin*, Vol.23 No.2, 2007.02, pp. 29-46.

Sur-

2010 Lambert M. Surhone, Miriam T. Timpledon, and Susan F. Marseken, *Second Taiwan Strait Crisis: Taiwan Strait, People's Republic of China, Matsu Islands, Kinmen, First Taiwan Strait Crisis, Chiang Kai-shek*. Betascript Publishing, January 27, 2010.

Szon-

2007 Michael Szonyi, "Ch. 8 The virgin and the Chinese state : the cult of Wang Yulan and the politics of local identity on Jinmen (Quemoy)", Pamela J. Stewart and Andrew Strathern eds., *Asian ritual systems : syncretisms and ruptures*. Durham, N.C. : Carolina Academic Press, 2007, pp. 183-203.

2008 Michael Szonyi, *Cold War Island: Quemoy on the Front Line*. Cambridge ; New York : Cambridge University Press, 2008.

Tang

1959 Tang Tsou, *The embroilment over Quemoy: Mao, Chiang and Dulles (International study paper)*. Institute of International Studies, University of Utah, 1959.

Tor-

1968 Elmer Torgesen, *Quemoy and Matsu - Assets or liabilities? (U.S. Air War College Thesis)*. Air University, 1964.

Tren-

1998 John Trenhaile (約翰.特倫海利)著; 張耶崑譯，《瞄準金門》，臺北市：世界觀， 1998年。

Tung

2005 Tao-Hsin Tung, Jorn-Hon Liu, Feng-Lih Lee, Shih-Jen

Chen and Ching-Yao Tsai, et al., "Community-based study of cataracts among type 2 diabetics in Kinmen", *European Journal of Epidemiology*, 2005, Volume 20, Number 5, pp. 435-441.

2005 Tao-Hsin Tung, Shih-Jen Chen, Jorn-Hon Liu, Fenq-Lih Lee and An-Fei Li, et al., "A community-based follow-up study on diabetic retinopathy among type 2 diabetics in Kinmen", *European Journal of Epidemiology*, 2005, Volume 20, Number 4, pp. 317-323.

2005 Tao-Hsin Tung, Jorn-Hon Liu, Victor Tze-Kai Chen, Ching-Heng Lin, Chung-Te Hsu, Pesus Chou, "A community-based epidemiological study of elevated serum alanine aminotransferase levels in Kinmen, Taiwan", *World Journal of Gastroenterology* (世界胃肠病学杂志(英文版，北京市：太原消化病研治中心)，2005年11期，pp. 1616-1622.

2005 Tao-Hsin Tung, Shih-Tzer Tsai, Jorn-Hon Liu, Yeh-Kuang Tsai, Victor Tze-Kai Chen, Tseng-Nip Tam, Hsu-Feng Lu, Chung-Te Hsu, Hui-Chuan Shih, Pesus Chou, "Serum insulin, insulin resistance, p-cell dysfunction, and gallstone disease among type 2 diabetics in Chinese population: A community-based study in Kinmen, Taiwan ", *World Journal of Gastroenterology* (世界胃肠病学杂志(英文版，北京市：太原消化病研治中心)，2005年45期，pp. 7159-7164.

2006 Tao-Hsin Tung, Jorn-Hon Liu, Fenq-Lih Lee, Shih-Jen Chen and An-Fei Li, et al., "Population-Based Study of Nonproliferative Diabetic Retinopathy Among Type 2 Diabetic Patients in Kinmen, Taiwan", *Japanese Journal of Ophthalmology*, 2006, Volume 50, Number 1, pp. 44-52.

2006 Tung T. H.; Lee F.-L.; 张少娟，〈中国台湾金门地区2型糖尿病患者的非增殖性糖尿病性视网膜病变的人群研究〉，《世界核心医学期刊文摘(眼科学分册)》(陕西省西安市：世界图书出版公司)，2006年08期，頁47-48。

2006 Tao-Hsin Tung, Hsiao-Man Ho, Hui-Chuan Shih, Pesus Chou, Jorn-Hon Liu, Victor TK Chen, De-Chuan Chan, Chi-Ming Liu, "A population-based follow-up study on gallstone disease among type 2 diabetics in Kinmen,Taiwan", *World Journal of Gastroenterology* (世界胃肠病学杂志(英文版，北京市：太原消化病研治中心)，2006年28期，pp. 4536-4540.

TVBS無線

2007 TVBS無線衛星電視臺、聯意製作股份有限公司製作，《一步一腳印發現新臺灣》，2, 真情系列(7, 金門旱地高粱情；8, 我在金門當導遊)，臺北市：臺視文化公司，2007.05。

Wei

2008.01 Jian-Feng Wei, " An Examination of College Students' Identities in Quemoy (Kinmen)", *China Media Research*, Jan 01, 2008; Vol. 4, No. 1, p. 71-78.

Witter

1996 Willis Witter, "No Fear on Quemoy: Taiwanese Islanders Face Possible Chinese Incursion with Resignation", *The Washington Times*, March 21, 1996.

Woo

1998.08 Woo Fu-san,〈金馬地區低雲幕氣候特性研究〉，《氣象預報與分析》156，1998.08，頁43-54。

Yang

2003.02 Yang Kuisong, Reorientation of China's Foreign Policy and Its Causes: As Seen from the Two Bombardments of

Jinmen, *Social Sciences in China* (中国社会科学英文版) (北京市：中国社会科学杂志社), 2003年 02期，頁136-143。

Young

1993 John W. Young, *The Longman companion to Cold War and detente, 1941-91*. London : New York ; Longman, 1993. "Sect. II, 19 First Quemoy-Matsu crisis, 1954-55; 26 Second Quemoy-Matsu crisis, August-October 1958."

Yuan

2006 Hsiao-Wei Yuan, Ming-Kuang Wang, Wen-Lian Chang, Lee-Ping Wang and Yue-Min Chen, et al., "Soil composition affects the nesting behavior of blue-tailed bee-eaters (Merops philippinus) on Kinmen Island", *Ecological Research*, 2006, Volume 21, Number 4, pp. 510-512.

Zhai

1994 Qiang Zhai, *The dragon, the lion & the eagle : Chinese-British-American relations, 1949-1958*. Kent, Ohio : Kent State University Press , 1994. "8 First Offshore-Island Crisis, 1954-1955"; "9 Second Offshore-Island Crisis, 1958."

Zora-

1989 Bruno Zoratto, *Inseln der Freiheit: Quemoy, Matsu und Westberlin : die Unterschiede und die Gemeinsamkeiten (German Edition)*. Boblingen : A. Tykve, 1989.

1989 Bruno Zoratto, *Quemoy-Matsu : la "grande muraglia" della Cina libera*. Palermo, Italy : Libri Thule-Romano editore, [1989] .

1劃

一岫

1991.02 一岫，〈金門農業發展之特色〉，《臺灣農業探索》(福建省福州市：福建省農業科學院)，1991年02期，頁23。

乙照

2009.07 乙照，〈宗功祖德，文化華嚴--文化金門推廣族譜補助出版的精神意涵〉，《金門文藝》31 ，2009.07，頁26-27。

2劃

丁宗裕

1977.12 丁宗裕，〈古寧頭大捷記——我對金門戰役的回憶之一〉，《中外雜誌》22:6，1977.12，頁121-122。

丁宗蘇

2005 丁宗蘇研究主持，《鸕鶿生態調查研究》，金門縣：內政部營建署金門國家公園管理處，2005年。

2006 丁宗蘇研究主持，《鸕鶿生態調查研究(二)》，金門縣：內政部營建署金門國家公園管理處，2006年。

2007.01 丁宗蘇，〈到金門看鸕鶿〉，《國家公園》，2007.01，頁18-25。

丁長發

2007 丁長發，〈構建廈金特別市的戰略設想〉，李建平、李閩榕、林卿著，《海峽经济区發展探索》（北京市：社会科学文献出版社，2007年），頁157-167。

丁善璽

1998 丁善璽編導，《八二三炮戰》，中央電影專業股份有限公司、銀鳳影業有限公司聯合出品，香港：美亞鐳射影碟有限公司，[1998?]年。

丁錦泉

2008 丁錦泉等著，《逍遙書會金門詩書創作展集》，臺北市：逍遙詩書研究會，2008年。

八一電影

2005 八一电影制片厂；编剧石青野；董兆琪导演，《烈火真金》，[China]：中国三环音像社， [2005?]年。1 videodisc (ca. 75 min.)

八二三戰

1996 八二三戰役戰友總會，《臺海戰史概要：中華民國八二三戰役戰友總會為八二三戰役作戰有功官兵請命公聽會參考資料 》，台北市：八二三戰役戰友總會 ，1996年。

2008 八二三戰役紀念專輯小組執行編輯，《戰爭無情和平無價：823金門戰役五十週年專輯》，金門縣金城鎮 ：金門縣文化局， 2008年。

卜一

2009.1 卜一，〈金門古寧頭大捷李良榮功不可沒〉，《歷史月刊》261，2009.10，頁20-23。

卜幼夫

1979.1 卜幼夫，〈金門古寧頭大捷採訪追記〉，《傳記文學》35:4，1979.10， 頁32-36。

3劃

三立節目

2002 三立節目部製作，《台湾全記錄：金門》，臺北市：台視文化，2002年。(3張數位影音光碟(DVD)，各約50分)

三浦隆藏

1963 三浦隆藏，《金門島》，東京都：河出書房新社，1963年 [昭和38年]。

下野

1971.1 下野谷豊一、余清金，〈台湾産蝶の未記録種および金門島産の蝶に関する覚書〉，日本鱗翅目学会，《蝶と蛾》(Transactions of the Lepidopterological Society of Japan)22(1・2), 1971-10-30, pp. 57-61.

于宏燦

1998.01 于宏燦、彭優慧、楊尚達、林芳郁、游復熙，〈金門的小家鼠——兼記實驗小鼠的野生族群〉，《國家實驗動物繁殖及研究中心簡訊》5:3，1998.01，頁3-8。

于佳萍

2008 于佳萍，《清代闽人迁移东南亚的原因——以闽南人为中心》，厦门大学人文学院历史学系，2008年，硕士论文。

于祖范

1993.03 于祖范，〈金門島“解嚴”話今昔〉，《南風窗》(廣東省廣州市：廣州日報報業集團)，1993年03期，頁34-36。

大乙傳播

2000 大乙傳播事業有限公司製作；行政院文化建設委員會錄製 ，《金門珠山社區》，台北市：行政院文化建設委員會 ，2000年。(1捲卡式錄影帶)

2000 大乙傳播事業有限公司，《打造新故鄉. 二 》，台北市：行政院文化建設委員會 ，2000年。(1捲卡式錄影帶)

大輿出版

2003 大輿出版社股份有限公司編，《澎湖縣金門連江縣地圖導覽手冊》，臺北市 ：大輿，2003年。

小白鷺

2008.05 小白鷺，〈撫今追昔話金門〉，《金門文藝》24，2008.05，頁45-47。

小金老師

2004 小金老師著，《戀戀小金門》，臺北市，紫光出版，2004年。

山馥嫻

2007.09 山馥嫻、董景生 、許嘉錦、 陳世煌、楊平世，〈金門地區動物群聚監測方法初探〉，《國立臺灣大學生物資源暨農學院實驗林研究報告》21:3=257， 2007.09，頁207-227。

川島真

2008.11 川島真，〈金門的軍事基地化與僑鄉因素的變遷：1949年前後的連續與斷絕〉，楊加順總編輯，《2008金門學學術研討會論文集——烽火僑鄉敘事記憶　：戰地、島嶼、移民與文化》(金門縣：金門縣文化局，2008.11)，頁207-220。

4劃

中央大學

2004 中央大學太空及遙測中心，《SPOT金門地區衛星影像圖》，桃園縣中壢市：中央大學太空及遙測中心，[2004?] 年。

中央電影

1997 中央電影公司，《[臺閩地區]第一級古蹟》，台北市：中央電影 ，[1997?] 。(1捲(第11集)卡式帶(VHS))

2003 中央電影公司製作，《臺閩地區第一級古蹟 [錄影資料]》，臺北市 ：中央電影，2003年?。(第十一集：王得祿墓、邱良功母節孝坊)

中央圖書館

八 中央圖書館臺灣分館拓製，〈八二三砲戰勝利紀念誌〉，中央圖書館臺灣分館藏。

八 中央圖書館臺灣分館拓製，〈八達樓子誌〉，臺北市：國立中央圖書館臺灣分館拓製，1999年。

天 中央圖書館臺灣分館拓製，〈天后宮重脩捐題碑記〉，臺北市：國立中央圖書館臺灣分館拓製，1999年。

北 中央圖書館臺灣分館拓製，〈北山村巷戰紀念誌〉，臺北市：國立中央圖書館臺灣分館拓製，1999年。

古 中央圖書館臺灣分館拓製，〈古崗樓記〉，臺北市：國立中央圖書館臺灣分館拓製，1999年。

玉 中央圖書館臺灣分館拓製，〈玉章路誌〉，臺北市：國立中央圖書館臺灣分館拓製，1999年。

名　中央圖書館臺灣分館拓製，〈名賢翫跡〉，臺北市：國立中央圖書館臺灣分館拓製，1999年。

明　中央圖書館臺灣分館拓製，〈明監國魯王疑墓掘考誌〉，臺北市：國立中央圖書館臺灣分館拓製，1999年。

明　中央圖書館臺灣分館拓製，〈明延平郡王祖墳遷葬記〉，臺北市：國立中央圖書館臺灣分館拓製，1999年。

邱　中央圖書館臺灣分館拓製，〈邱良功旌功碑記〉，臺北市：國立中央圖書館臺灣分館拓製，1999年。

邱　中央圖書館臺灣分館拓製，〈邱良功夫婦墓道碑〉，臺北市：國立中央圖書館臺灣分館拓製，1999年。

邱　中央圖書館臺灣分館拓製，〈邱良功夫婦墓碑〉，臺北市：國立中央圖書館臺灣分館拓製，1999年。

金　中央圖書館臺灣分館拓製，〈金門交通建設史蹟〉，臺北市：國立中央圖書館臺灣分館拓製，1999年。

金　中央圖書館臺灣分館拓製，〈金門華僑之家落成誌〉，臺北市：國立中央圖書館臺灣分館拓製，1999年。

金　中央圖書館臺灣分館拓製，〈金門縣縣長韓福海去思碑文〉，臺北市：國立中央圖書館臺灣分館拓製，1999年。

建　中央圖書館臺灣分館拓製，〈建立吳稚暉銅像碑記〉，臺北市：國立中央圖書館臺灣分館拓製，1999年。

皇　中央圖書館臺灣分館拓製，〈皇明石井鄭氏祖墳誌銘〉，臺北市：國立中央圖書館臺灣分館拓製，1999年。

重　中央圖書館臺灣分館拓製，〈重脩奎閣記〉，臺北市：國立中央圖書館臺灣分館拓製，1999年。

重　中央圖書館臺灣分館拓製，〈重建倒影塔碑記〉，臺北市：國立中央圖書館臺灣分館拓製，1999年。

修　中央圖書館臺灣分館拓製，〈修建雙鯉古地關帝宮落成誌〉，臺北市：國立中央圖書館臺灣分館拓製，1999年。

島　　中央圖書館臺灣分館拓製，〈島孤人不孤〉，臺北市：國立中央圖書館臺灣分館拓製，1999年。

浯　　中央圖書館臺灣分館拓製，〈浯江書院膏火碑記〉，臺北市：國立中央圖書館臺灣分館拓製，1999年。

浯　　中央圖書館臺灣分館拓製，〈浯江書院捐膏火題名碑記〉，臺北市：國立中央圖書館臺灣分館拓製，1999年。

陸　　中央圖書館臺灣分館拓製，〈陸軍一級上將胡伯玉將軍紀念碑〉，臺北市：國立中央圖書館臺灣分館拓製，1999年。

慈　　中央圖書館臺灣分館拓製，〈慈暉亭記〉，臺北市：國立中央圖書館臺灣分館拓製，1999年。

慈　　中央圖書館臺灣分館拓製，〈慈湖工程施工紀要〉，臺北市：國立中央圖書館臺灣分館拓製，1999年。

經　　中央圖書館臺灣分館拓製，〈經國先生金門紀念館落成誌〉，臺北市：國立中央圖書館臺灣分館拓製，1999年。

興　　中央圖書館臺灣分館拓製，〈興建中正堂序〉，臺北市：國立中央圖書館臺灣分館拓製，1999年。

嚴　　中央圖書館臺灣分館拓製，〈嚴禁爭佔許氏渡船世業碑記〉，臺北市：國立中央圖書館臺灣分館拓製，1999年。

嚴　　中央圖書館臺灣分館拓製，〈嚴禁傷礙邱良功母牌坊碑記〉，臺北市：國立中央圖書館臺灣分館拓製，1999年。

中村誠道

1997　　中村誠道著；金門縣文化局編譯，《日據時期金門調查實錄1937-1945》，南洋協會台灣支部出版，中文版，1997年。

中國現代

2011　　中國現代國畫研究學會，《金門風華[中英文版]》，金門：內政部營建署金門國家公園管理處，2011年。

中國人民

1978 中国人民解放军福州军区炮兵政治部编，《炮战金门》，福州：福建人民出版社，1978年。

中國文化

2008.06 中國文化學院金門史蹟研究隊，〈金門史蹟考略-3-〉，《文藝復興》63，1975.06，頁58-64。

中國水產

1978.04 中國水產，〈金門鰻線採捕概況〉，《中國水產》304，1978.04 ，頁16-17 。

中國國民黨

1961 中國國民黨中央委員會第五組編，《工、農、攤販及金門地區訪問報告》，台北市：中國國民黨中央委員會第五組，1961年。

1994 中國國民黨中央委員會政策研究工作會編，《金馬撤軍與國防安全評估》，臺北市：中國國民黨中央委員會政策研究工作會，1994年。

中國華僑

1995 中国华侨历史学会、福建省金门同胞联谊会编，《洪丝丝纪念集》，北京市：中国华侨， 1995年。

中國集郵

2006 中國集郵協會，《中國郵刊——九十五年金門郵展紀念特刊》，台北市：中國集郵協會，2006年。

中國農村

1960 中國農村復興聯合委員會農業經濟組[編]，《金門社會經濟之近貌》，台北 ：中國農村復興聯合委員會，1960年。

中國電影

1998 中國電影製片廠製作，《金門八二三砲戰紀錄片》，出品日期：1998-01-01，資料來源：黨史會。

中華民國

1998 中華民國教育部，《認識我們，愛護我們 [電子資源]：台灣樹蛙與金門鳥類的呼喚》，台北市 ：國立自然科學博物館，[1998?]。一張光碟。

中鼎工程

1988 中鼎工程股份有限公司，《金門太湖、榮湖與擎天水庫水污染改善工程規劃服務建議書》，臺北市：行政院環保署，1988年。

丹青

2010.19 丹青，〈“金門王”胡璉〉，《晚霞》（四川省成都市：四川省委老干部局；云南省委老干部局；貴州省委老干部庫；西藏自治區委老干部局），2010年19期，頁47-49。

尹家民

2004 尹家民，《两岸惊涛中的毛泽东与蒋介石》，百花洲文艺出版社，2004年。

尹章華

2002.06 尹章華，〈金馬外島及澎湖離島法律地位之探討〉，《臺灣海洋法學報》1:1，2002.06，頁1-36。

尹章義

1989.12 尹章義，〈金門望族瓊林蔡氏的族譜與宗祠群〉，聯合報文化基金會國學文獻館，《第四屆亞州族譜學術研討會會議紀錄》(台北市：聯合報文化基金會國學文獻館，1989.12)，頁561-566。

尹龍杰

2010.08 尹龙杰，〈巨鹿之战与金门海战为何不同——一个来自博弈论的解释〉，《改革与开放》（江苏省南京市：南京出版社），2010年18期（8月），頁198+27。

五餅二魚

2001 五餅二魚文化事業公司、行政院文化建設委員會，《認識古蹟日瀏覽手冊》，台北市：行政院文化建設委員會，2001年。

內政部

2004 內政部，《臺閩地區考古遺址普查研究計畫第六期報告》，台北市：內政部，2004年。（1張光碟片）

內政部地

2007 內政部地政司編輯；九福科技顧問股份有限公司編輯製作，《高雄市、金門縣及連江縣人文地圖集》，臺北市：內政部，2007年。

內政部營

1997 內政部營建署金門國家公園管理處，《浯洲羽踪：金門國家公園鳥類生態》，金門縣：內政部營建署金門國家公園管理處，1997年。（1捲卡式帶）

2010 內政部營建署，《金門國家公園步道解說攝影手冊》，台北市：內政部，2010年。

1999 內政部營建署金門國家公園管理處編，《國家公園法令彙編》，金門縣：內政部營建署金門國家公園管理處，1999年。

2002 內政部營建署金門國家公園管理處，《金門國家公園計畫第一次通盤檢討（草案）摘要說明本》，臺北市：內政部營建署金門國家公園管理處，2002年。

公共電視

1996 公共電視臺，《金門前哨遊》，台北市：公共電視文化事業基金會，1996年。（1捲卡式錄影帶）

1998 公共電視臺，《新聞局紀錄影片.第五集：生活中的金門》，台北市：公共電視，1998年。（1捲錄影帶）

2000 公共電視文化事業基金會，《金門、金城、金湖、金沙之旅》，台北市：公共電視文化事業基金會，2000年。（1捲卡式帶）

2000 公共電視臺製作，《黑名單爸爸》，台北市：公共電視文化事業基金會，2000年。（1捲卡式錄影帶）

2001 公共電視臺、群視國際文化事業公司，《流離島影》，台北市：公共電視文化事業基金會，2001?年。（1捲卡式帶）

2001 公共電視[製作]，《下課花路米[DVD]：影音教材資料庫第二輯》，「17-1, 金門的夏日訪客」、「18-3, 金門砲彈菜刀」，臺北市：公共電視，2001年。

2001 公共電視[製作]，《下課花路米[DVD]：影音教材資料庫第四輯》，「44-4, 金門的冬日明星:鸕」、「45-8, 金門不一樣的房子」、「46-4, 出洋客的故事」，臺北市：公共電視，2001年。

2002 公共電視臺製作，《臺灣人文系列影集[VCD]. 1》，台北市：故鄉，2002年。

2003 公共電視臺，《走入金門》，台北市：公共電視，2003年。（1張影音光碟）

2008 公共電視台金門縣紀錄片文化協會監製；簡偉斯導演；許慧如製片，《流離島影v.5：馬祖舞影（馬祖）：噤聲三角（北方三島）》，台北市：公共電視文化事業基金會，[2008?]年。1張VCD（約50分）。

2009 公共電視台製作，《金門的離島心願 [錄影資料]》，臺北市：公共電視文化事業基金會，[2009]年。1張數位影音光碟（約60分）。

公孫嬿

1956 公孫嬿，《火綫上》，香港：亞洲出版社，1956年。

1957.01 公孫嬿，〈新詩選——向大專教授金門訪問團致敬〉，《幼獅文藝》5:6，1957.01，頁12。

孔憲法

1990.02 孔憲法，〈金門風獅爺及其與聚落關係初探〉，《國立臺灣大學建築與城鄉研究學報》5:1，1990.02，頁29-39。

2004.03 孔憲法，〈祈求國運——民初金門與南洋建築的旗徽裝飾〉，李金振編，《閩南文化學術研討會論文集》（金門縣：金門縣立文化中心，2004年），頁341-353。

戈基

1991 戈基，《一个国民党中尉从金门归来》，太原：希望，1991年。

戶外生活

1995 戶外生活圖書公司臺灣製作群，《金門馬祖澎湖最佳去處》，台北市：戶外生活，1995年。

2007 戶外生活圖書股份有限公司地圖製作，《金門縣旅遊地圖》，金門縣金城鎮：金門縣政府，2007年。

文一智

2009 文一智、古淑惠、韓佳修、郭威傑，〈金門文化觀光產業發展與提升之策略研究〉，《2009文化創意產業永續與前瞻研討會》，屏東：國立屏東教育大學，2009年。

文史精華

2005 文史精华编辑部编，《炮击金门的国际较量》，北京市：中国文史出版社，2005年。

文立徽

1994.1 文立徽，〈金門古寧頭戰役之探討——為紀念古寧頭戰役四十五週年而作〉，《近代中國》103，1994.10，頁117-129。

方友德

2006 方友德，《福建省金门同胞联谊会二十周年纪念刊》，福州恒福彩印有限公司，2006年。

方水金

2009 方水金等口述；呂紀葆訪談、撰著，《金門鄉僑訪談錄. 四, 新加坡篇》，金門縣：金門縣政府，2009年。

方石埈

1980 方石埈抄錄，《河南堂台灣省澎湖縣白沙鄉後寮村方姓族譜 [微縮資料]》，Salt Lake City, Utah：The Genealogical Society of Utah, 1980攝製。（移澎湖白沙後寮祖方為修，原籍福建省泉州府同安縣翔風里貳拾都烈嶼護頭鄉（今烈嶼鄉），渡台散居澎湖縣白沙鄉後寮村為主）

方亞先

2005 方亞先，《金門情深》，台北：秀威資訊，2005年。

方彥博

2010.06 方彥博、袁小雄，〈金門縣教師休閒活動參與及休閒阻礙之研究〉，《觀光旅遊研究學刊》5:1，2010.06，頁77-94。

方清河

2008 方清河，《叢青軒集譯注》，金門縣：金門縣文化局，

2008年。

2009.07 方清河，〈有聲有色有文章〉，《金門文藝》31，2009.07，頁16-19。

方然

1982 方然，《岩下草》，新加坡：捷勝出版社，1982年。

1987 方然，《黑馬》，新加坡：東昇出版社，1987年。

1990 方然，《大都會・小插曲》，新加坡：赤道風出版社，1990年。

1997 方然，《那箬葉包裹著的》，新加坡：赤道風出版社，1997年。

2002 方然，《方然短詩選》，香港：銀河出版社，2002年。

2002.11 方然，〈共塑雙喜的明天——獻給金門鄉親〉，《金門日報》，2002/11/28，副刊。

2004 方然，《鴉聲凶影》，新加坡：赤道風出版社，2004年。

2005 方然，《烤紅薯》，金門：金門縣政府，2005年。

2005.05 方然，〈專輯——文學回原鄉——一碗外賣的蚵仔麵線〉，《金門文藝》6，2005.05，頁34-35。

2005.07 方然，〈堆疊金門組畫〉，《金門文藝》7，2005.07，頁45-47。

2007.05 方然，〈萬基山發展之縮寫〉，《金門文藝》18，2007.05，頁99-100。

2007.07 方然，〈阿公與萬基山〉，《金門文藝》17，2007.07，頁53-54。

2007.11 方然，〈金門一行解鄉愁〉，《金門文藝》21，2007.11，頁31-32。

2010.02 方然，〈匯流盡處是朝暉——新華詩壇側寫〉，《葡萄園詩刊》185，2010.02，頁35-37。

方豪

1969 方豪，〈鄭和時代金門在中外航海上的地位〉，方豪，《方豪六十自定稿》（台北市：臺灣學生書局，1969

年），頁87-90。

1971.05 方豪，〈金門出土宋墓買地券考釋〉，《中國歷史學會史學集刊》3，1971.05，頁1-16。

方鳳玉

2004.03 方鳳玉、邱上嘉，〈金門地區「五方」之初步研究〉，李金振編，《閩南文化學術研討會論文集》（金門縣：金門縣立文化中心，2004年），頁209-220。

2004.12 方鳳玉，〈金門「五營」的形式〉，《金門》81，2004.12，頁64-69。

2008 方鳳玉（國立臺中技術學院室內設計系），《聚落「貞定物」類別之研究：以金門縣金城鎮為例》，國科會專題研究計畫，執行起迄：2007/08/01～2008/07/31。

毛偉

2006 毛伟，《一个闽南民间信仰宫庙的新经营模式思考》，厦门大学人文学院人类学研究所，2006年，硕士论文。

牛大勇

2010 牛大勇，〈危機與控制：1960年代初期美臺關係中的金門馬祖問題〉，沈志华、唐启华主編，《金门：内战与冷战・美、苏、中档案解密与研究》（北京市：九州出版社，2010年），頁194-206。

牛軍

2009.03 牛军，〈1958年炮击金门决策的再探讨〉，《国际政治研究》（北京市：北京大学），2009年03期，頁161-184+112。

2010 牛軍，〈1958年炮擊金門決策的再探討〉，沈志华、唐启华主編，《金门：内战与冷战・美、苏、中档案解密与研究》（北京市：九州出版社，2010年），頁104-130。

牛頓出版

2007 牛頓出版公司製作，《金門不一樣的房子》，台北市：公共電視製作發行；新小牛頓，2007?年。VCD一張（約25分）。

王力平

2001.07 王力平，〈美麗的空中殺手——栗喉蜂虎〉，《動物園雜誌》21:3=83，2001.07，頁28-34。

2002 王力平，〈太武山巔的蕨學——太武山區常見蕨類植物〉，《金門》73，2002，頁47-54。

2005 王力平，《金門潮間帶生物世界》，金門縣：內政部營建署金門國家公園管理處，2005年。

2007.01 王力平，〈金門鳥類世界〉，《國家公園》，2007.01，頁6-13。

2007.03 王力平，〈浯嶼（金門）——海潮之冬〉，《探索人文地理雜誌》7，2007.03，頁72-81。

2007.08 王力平，〈遇見春、夏的浯嶼海潮〉，《探索人文地理雜誌》12，2007.08，頁88-97。

王子冲

1968 王子冲編著，《八二三砲戰：金門砲戰十週年紀念》，嘉義市：臺灣志成，1968年。

王小莉

2000.02 王小莉，〈僻地上的文采詩情——我看「金門縣志・藝文志」〉，《中國地方自治》55:2=630，2002.02，頁27-46。

王小源

2005.03 王小源、廖新華，〈台海空戰系列戰略篇克制與沖突——金門空戰雙方作戰指導思想淺析〉，《國際瞭望》

511，2005.03，頁12。

王友燮

1963.06 王友燮，"Serica IQ: Millipedes and Centipedes of Quemoy, Fukien Province and Taiwan Island. Botel Tobago（Lan Yu）, Taiwan Province and of Singapore", *Quarterly Journal of the Taiwan Museum*, 16:1/2, 1963.06, pp. 89-96.

王天進

1971 王天進（翹楚），《七色球》，彰化市：現代潮，1971年。

王天源

2007.02 王天源，〈浯江詩選血濃於水的親情〉，《金門日報》，2007/02/17，副刊。

2007.03 王天源，〈浯江詩選　此時的你在天上好嗎?〉，《金門日報》，2007/03/27，副刊。

2007.05 王天源，〈浯江詩選　青澀之戀〉，《金門日報》，2007/05/20，副刊。

2007.06 王天源，〈離家500哩——紀念法籍神父羅寶田〉，《金門日報》，2007/06/26，副刊。

2007.08 王天源，〈寄給母親的報值掛號〉，《金門日報》，2007/08/15，副刊。

2007.08 王天源，〈沒有電燈的日子〉，《金門日報》，2007/08/28，副刊。

2008 王天源，《金門沙美老街重生之探討》，臺北市：王天源，2008年。

2008.06 王天源、王天福、宋永鑾、田耀遠，〈金門沙美老街風華再現之研究〉，《中華建築技術學刊》5:1，2008.06，頁73-81。

2008.06 王天源，〈那段地下坑道探險的日子〉，《金門日報》，2008/06/27，副刊。

2008.09 王天源，〈花好月圓人團圓〉，《金門日報》，2008/09/04，副刊。

2008.09 王天源，〈那段無法忘懷的事〉，《金門日報》，2008/09/16，副刊。

2008.09 王天源，〈極短篇思念的心〉，《金門日報》，2009/03/22，副刊。

2009.06 王天源，〈家鄉瑣憶三則〉，《金門日報》，2009/06/21，副刊。

2009.09 王天源，〈熟悉的記憶〉，《金門日報》，2009/09/17，副刊。

2010.02 王天源，〈難以忘懷的味道〉，《金門日報》，2010/02/13，副刊。

王文稷

2002.06 王文稷，〈談十八軍徐蚌會戰之失敗暨胡璉上將與金門古寧頭大捷〉，《陸軍學術月刊》38:442，2002.06，頁15-27。

王日根

2008 王日根、李弘棋主编，《闽南书院与教育》，福州市：福建人民出版社，2008年。（閩南文化叢書）

王水彰

2008 王水彰，《小三通與金門住民生活需求、滿意度之研究》，國立政治大學行政管理碩士學程，2008年，碩士論文。

王世勤

2008.09 王世勤，〈金門戰地政務憶往〉，《金門日報》，2008/09/07，副刊。

王民鋒

2009 王民鋒等口述；董群廉、王先鎮、王金鍊訪問、紀錄整理，《金門鄉僑訪談錄. 六, 菲律賓卡加鄢、依里岸篇》，金門縣：金門縣政府，2009年。

王永仁

1994 王永仁編纂，《金門王氏族譜》，據民國八十三年（1994）鉛印本縮製，故宮博物院藏。

王永堅

2007 王永堅，《地方文化觀光的策略管理——以金門山后民俗文化村為例》，國立台北大學公共行政暨政策學系碩士在職專班，2006年，碩士論文。

王永欽

2003 王永钦主编，《中国结——两岸关系重大事件内幕》，新华出版社，2003年。

王田孫

2006.09 王田孫，〈金廈一家同安樂——探鄉手記〉，《金門文藝》14，2006.09，頁15-16。

2007.01 王田孫，〈異鄉作家原鄉緣〉，《金門文藝》16，2007.01，頁7-9。

2007.03 王田孫，〈金門飲食文化活動〉，《金門文藝》17，2007.03，頁9-11。

2007.05 王田孫，〈千年島鄉百家姓——金門村落形成與姓氏淵源〉，《金門文藝》18，2007.05，頁8-10。

2007.07 王田孫，〈文化金門白皮書——為滄海桑田立傳〉，《金門文藝》19，2007.07，頁9-11。

2007.11 王田孫，〈金門書香滿庭芳——關於島嶼的閱讀運動〉，《金門文藝》21，2007.11，頁8-10。

王甲輝

2005 王甲辉，《台湾民间文学》，上海文艺出版（总）社，

2005年。〈下编 中青年学者：第六章 唐蕙韵《金门民间故事研究》〉。

王石堆

2007 王石堆，《小三通後金門人對中國大陸社會信任之研究》，銘傳大學社會科學院國家發展與兩岸關係碩士在職專班，2007年，碩士論文。

王立本

2009.09 王立本，〈臺灣軍事地位的提升——孫立人鳳山整軍與古寧頭戰役〉，《中華軍史學會會刊》14，2009.09，頁367-397。

王立敏

2001.11 王立敏、黃彥粹、陳啟華、羅鴻彰、李建賢、唐大鈿、何橈通，"Tele-Emergency Medicine: The Evaluation of Taipei Veterans General Hospital and Kinmen-Granite Hospital in Taiwan"，《中華醫學雜誌》64:11，2001.11，頁621-628

王先正

1999 王先正等，《金門詩文歌謠選析，五卷》，臺北市：設計家，1999年。

2002.1 王先正，〈新詩與金門（1949-2002）——「寫金名詩」與「金門詩人」〉，《金門日報》，2002/10/12，副刊。

2002.1 王先正，〈古寧頭大戰知多少——先解人數之謎〉，《金門日報》，2002/10/24，副刊。

2003.1 王先正，〈胡璉與李光前〉，《金門日報》，2003/10/23，副刊。

2004.06 王先正，〈辛勞且堅強的雙親〉，《金門日報》，2004/04/26，副刊。

2005 王先正等編撰；金門縣政府教育局編輯，《金門鄉賢詩文集》，金門縣金城鎮：金門縣政府，2005年。

2006.04 王先正，〈后盤山古井深情誌〉，《金門日報》，2006/04/26，副刊。

2006.04 王先正，〈后盤山風獅守護記〉，《金門日報》，2006/04/27，副刊。

王先勝

1989.09 王先勝、李恆祥、張繼溱，〈金門地區田野昆蟲標本製作及研究〉，《國民教育》30:1/2，1989.09，頁35-41。

王作人

1969.11 王作人，〈金門鹽務〉，《鹽務月刊》2，1969.11，頁31-33。

王君宇

2009.05 王君宇，〈金門生活〉，《幼獅文藝》665，2009.05，頁80-83。

王宏武

2007 王宏武等執行編輯，《臺金廈三地書家聯展專輯.2007》，金門縣金城鎮：金門縣書法學會，2007年。

王志宇

2008.11 王志宇，〈方志論述中的「祥異」觀念及其意義：以金門林豪及其相關方志為中心〉，楊加順總編輯，《2008金門學學術研討會論文集——烽火僑鄉敘事記憶：戰地、島嶼、移民與文化》（金門縣：金門縣文化局，2008.11），頁171-184。

王秀

1992.04 王秀，〈金門農業發展剖析〉，《臺灣農業探索》（福建省福州市：福建省農業科學院），1992年04期，頁19-20。

王秀好

2006 王秀好，《台灣推動兩岸小三通政策之探討》，國立中山大學大陸研究所，2006年，碩士論文。

王秀禎

2004 王秀禎，《傳統漢式民宅建築再利用之探討——以金門傳統民宅為例》，樹德科技大學建築與古蹟維護研究所，2004年，碩士論文。

王其鈞

2005 王其钧、谈一评，《图解中国古建筑丛书——民间住宅》，中国水利水电出版社，2005年。

2007 王其钧，《金门》，北京市：生活.讀書.新知三联，2007年。

王和協

2003 王和協，《金門酒廠產品經營大陸市場廣告訴求與產品涉入程度對廣告效果影響之研究》，大葉大學國際企業管理學系碩士在職專班，2006年，碩士論文。

王怡平

2005.12 王怡平、袁孝維，〈金門栗喉蜂虎營巢地及生殖族群變遷監測〉，《國家公園學報》15:2，2005.12，頁31-41。

王怡昌

1973.12 王怡昌，〈金門的血絲蟲病〉，《大眾醫學》24:3，1973.12，頁104-108。

王明任

2010 王明任等口述；董群廉、王先正訪問、記錄整理，《金門鄉僑訪談錄. 八, 獅城、檳城篇》，金門縣：金門縣政府，2010年。

王金國

1996 王金國、陳炳容，《築夢金門城專輯》，金門：金門縣政府，1996年。

王金鍊

2005 王金鍊，《星期三的文藝課》，金門金城鎮：城中文藝社，2005年。

2005.07 王金鍊，〈從文化沙漠到文學島嶼〉，《金門日報》，2005/07/30，副刊。

2005.07 王金鍊，〈夢巢痕——《星期三的文藝課》自序〉，《金門日報》，2005/07/24，副刊。

2007.11 王金鍊，〈悲欣交集——悼媽輝兄〉，《金門日報》，2007/11/29，副刊。

王建成

2003.07 王建成，〈《砲火餘生錄》磚磚瓦瓦都是命搏來〉，《金門日報》，2003/07/25，副刊。

2003.08 王建成，〈《感恩的故事》我的「二黃」同學〉，《金門日報》，2003/08/22，副刊。

2004.05 王建成，〈《康乃馨的季節》天下媽媽都是一樣的〉，《金門日報》，2004/05/11，副刊。

2004.12 王建成，〈金門祠廟的祭祖活動與儀式〉，《金門宗族文化》1，2004.12，頁77-89。

2005 王建成著/葉鈞培、陳木漳攝影，《金門的閩南式傳統建築與聚落舉隅》，金門：金門縣文化局，2005年。

2005.01 王建成，〈《生活札記》一場倉促而惆悵的尋根之旅〉，《金門日報》，2005/01/30，副刊。

2007.08 王建成，〈首墾竹塹城的金門人——王世傑身世平議初探〉，《金門日報》，2007/08/21，副刊。

2007.09 王建成，〈如是我聞——與鄭成功有關的鄉野傳奇〉，《金門日報》，2007/09/01，副刊。

2007.09 王建成，〈如是我聞——石獅披鐵甲與延平郡王祖塋〉，《金門日報》，2007/09/11，副刊。

2007.1 王建成，〈楊康好退不退〉，《金門日報》，2007/10/03，副刊。

2007.1 王建成，〈如是我聞——龜朝天子〉，《金門日報》，2007/10/20，副刊。

2007.1 王建成，〈如是我聞——龍蝦脫殼出港〉，《金門日報》，2007/10/21，副刊。

2007.11 王建成，〈如是我聞——脫褲坡的故事〉，《金門日報》，2007/11/10，副刊。

2007.11 王建成，〈如是我聞——一棚戲仔〉，《金門日報》，2007/11/17，副刊。

2007.12 王建成，〈老人的情與愛〉，《金門日報》，2007/12/04，副刊。

2007.12 王建成，〈如是我聞——黑將暴〉，《金門日報》，2007/12/13，副刊。

2007.01 王建成，〈如是我聞一條神魂「鷗鳥仔精伯爵」〉，《金門日報》，2007/01/06，副刊。

2007.01 王建成，〈一塘春色展童顏〉，《金門日報》，2007/01/17，副刊。

2008.05 王建成，〈金門的閩南式傳統建築與聚落舉隅〉，《金門日報》，2008/05/21，副刊。

2008.1 王建成，〈概述金門家廟的建築形式與空間格局〉，《金門縣宗族文化研究協會會刊》5（2008年10月），頁55-64。

王建裕

1978 王建裕，《寄語山居》，苗栗縣竹南鎮：七燈，1978年。

1991.12 王建裕，〈金門縣立社教館的過去、現在與未來〉，《文訊》35=74，1991.12，頁88-90。

2008.1 王建裕，〈虛度六十〉，《金門日報》，2008/10/21，副刊。

2008.11 王建裕，〈悼念父親〉，《金門日報》，2008/11/05，副刊。

2009.01 王建裕，〈童年瑣憶〉，《金門日報》，2009/01/18，副刊。

2009.02 王建裕，〈初冬手記〉，《金門日報》，2009/02/12，副刊。

王彥

1992.07 王彥，《炮击金门》，厦门大学超星数字图书馆电子图书，1992年07月第1版。

王春源

2007.02 王春源，〈論金門之政經文教理想與偉大商人行商應有之道〉，楊加順總編輯，《2006年金門學學術研討會論文集》（金門縣：金門縣文化局，2007年2月），頁123-141。

王昭偉

2007.02 王昭偉，〈金門興建金廈大橋之效益與金門政府宜採之建設因應政策分析〉，楊加順總編輯，《2006年金門學學術研討會論文集》（金門縣：金門縣文化局，2007年2月），頁163-176。

王柏林

2004.03 王柏林，〈金門山后鄉王家三代記：一個移民神戶華僑家族的傳記〉，李金振編，《閩南文化學術研討會論文集》（金門縣：金門縣立文化中心，2004年），頁31-39。

王禹廷

1978.11 王禹廷，〈「上海保衛戰與古寧頭大捷」讀後——敬答鄭遠釗先生〉，《傳記文學》33:5，1978.11，頁73-76。

王美媛

2006 王美媛，《金門傳統飲食文化之研究》，銘傳大學應用中國文學系碩士在職專班，2006年，碩士論文。

王貞君

2003 王貞君、唐樂榕、松尾直太、賴建作，《經典金門：春風得意馬蹄疾》，金門縣：金門縣政府，2003年。

王飛躍

2010.01 王飞跃、戴天元、沈长春，〈两岸携手养护厦金海域海洋生物资源策略探讨〉，《福建水产》（福建省厦门市：福建省水产学会），2010年01期，頁91-94。

王振坤

2009 王振坤等口述；董群廉、王建成訪問、紀錄整理，《金門鄉僑訪談錄. 七, 印尼篇》，金門縣：金門縣政府，2009年。

王振東

1998.08 王振東，〈對「八二三」金門砲戰莊嚴意義的體認〉，《空軍學術月刊》501，1998.08，頁3-19。

王振漢

2006 王振漢，《金門萬縷情》，金門：金門縣文化局，2006年。

2007 王振漢，《宗族因素對金門縣選民投票行為之影響：以第一至第四屆金門縣長選舉為例》，銘傳大學公共事務學系碩士在職專班，2007年，碩士論文。

2009 王振漢，《東門傳奇——金門閩南文化之美》，台北：秀威資訊，2009年。

2010.05 王振漢，〈金門的王爺文化——由「沙美萬安堂己丑年彩乩乩示文輯錄」談起〉，《金門日報》，2010/05/22-3，副刊。

王素涼

1996 王素涼、鍾易真、李美玲，《金門風情》，台北市：臺灣省政府教育廳，1996年。

2010 王素涼作；曾翔瑜繪圖，《金門ㄨㄛˇ來了！金門國家公園樂遊記》，金門縣金寧鄉：內政部營建署金門國家公園，2010年。

王常亮

2008 王常亮，《金门战役进度计划与风险管理研究》，国防科学技术大学，碩士論文，2008年。

王添富

1996 王添富報告，《國立金門高級農工職業學校施政計畫及收支預算案口頭報告》，台北市：立法院，1996年。

王淑貞

2002 王淑貞，《金門高粱酒文化對金門發展之影響》，銘傳大學應用中國文學研究所碩士在職專班，2002年，碩士論文。

王淑慎

2002 王淑慎，《地方財政管理之研究——金門縣總預算之編列與執行》，銘傳大學公共管理與社區發展研究所碩士在職專班，2002年，碩士論文。

2005.03 王淑慎，〈金門縣預算編列與執行之檢視與策進〉，《中國地方自治》，Vol.58 No.3，2005.03，頁4-24。

王惠君

2008.12 王惠君、陳威志，〈金門水頭聚落形成與特質之研究〉，《國家公園學報》18:2，2008.12，頁29-44。

王湘

1995.05 王湘，〈美食當前話金門〉，《美食天下》43，1995.05，頁97-100。

王湘江

1992.06 王湘江，〈1954年人民解放軍兩次炮擊金門〉，《軍事歷史》（北京市：軍事科學院軍事歷史研究部），1992年06期，頁55-56。

王紫雲

1998.06 王紫雲，〈八二三金門砲戰概述〉，《軍事史評論》5，1998.06，頁25-38。

王翔煒

2000.12 王翔煒，〈社會行銷於志工人力資源招募策略之應用——以金門縣立醫院為例〉，《高雄應用科技大學學報》30，2000.12，頁601-622。

2007 王翔煒，《離島小三通政策對金門地區經濟發展變遷之實證研究》，國立中山大學公共事務管理研究所，2007年，博士論文。

王賀舜

2008 王賀舜，《民眾對結核病防治知識與政策認知程度之研究——以金門縣為例》，銘傳大學公共事務學系碩士在職專班，2008年，碩士論文。

王傳照

2007.02 王傳照，〈金門在我國國家戰略中地位的回顧與前瞻〉，楊加順總編輯，《2006年金門學學術研討會論文集》（金門縣：金門縣文化局，2007年2月），頁74-89。

王意飛

2009 王意飛，《一九八七大約在冬季——「金門前線」步兵之自我敘說與傳說》，輔仁大學心理學系，2009年，碩士論文。

王歆掬

2009 王歆掬，《金門地區青少年身體活動、靜態活動與身心健康之相關探討》，國立臺北教育大學教育行政碩士在職進修專班，2009年，碩士論文。

王煒中

2005 王炜中主编，《闽南文化与潮汕文化比较研讨会论文集》，汕头市：公元出版，2005年。

王嘉新

2008.09 王嘉新，〈金門行三部曲〉，《金門文藝》26，2008.09，頁48-50。

王榮城

1990.03 王榮城，〈金門地區綜合建設方案：金門地區郵政建設計畫〉，《交通建設》39卷3期，1990/03，頁40-48。

王漢文

2003 王漢文，《以Hamel經營模式探討金門陶瓷廠之經營策略》，銘傳大學管理科學研究所碩士在職專班，2003

年，碩士論文。

王維如

2004 王維如，《金門脊墜研究》，臺北藝術大學傳統藝術研究所，2004年，碩士論文。

王遠華

1995.1 王遠華，〈陳清寶談金門的童年生活、教書十三年以及到立法院為金門民眾喉舌〉，《自立晚報》，1995.10.15，第13版。

王魁

1995 王魁，《金門軍區鬧鬼檔案 1》，禾揚出版事業（有）公司，1995年。

1996 王魁，《金門軍區鬧鬼檔案 2》，禾揚出版事業（有）公司，1996年。

王衛煌

2003 王衛煌，《小三通後金廈經濟整合可行性之評析》，淡江大學中國大陸研究所碩士在職專班，2003年，碩士論文。

王錫杰

2004 王錫杰，《金門縣鼠形動物之恙蟲病病媒及病原體監測與分子鑑定》，臺灣大學昆蟲學研究所，2004年，博士論文。

2004.09 王錫杰、鍾兆麟、林鼎翔、王重雄、吳文哲，〈金門縣鼠類恙蟲病病媒與病原體調查研究〉，《臺灣昆蟲》24:3，2004.09，頁257-272。

王錫傑

2005.01 王錫傑、鄧華真、黃淑卿、陳世和、林鼎翔、楊世仰，

〈金門縣恙蟲病病媒恙蟎（trombiculid mites）防治田野報告〉，《疫情報導》，Vol.21 No.1，2005.01，頁36-45。

王霓

2009.12 王霓，〈金門古寧頭戰勝共軍六十周年——一場扭轉乾坤的血戰〉，《明報》528期，2009/12/01，頁27-35。

王鴻楷

1986 王鴻楷計劃、國立臺灣大學土木工程學研究所都市計劃室，《金門中正紀念林規劃與設計》，台北市：國立臺灣大學土木工程學研究所都市計劃室，1986年。

2007 王鴻楷、劉昭吟，〈金廈大橋：台金閩區域發展架構下的跨界流動〉，王鴻楷、洪啟東編著，《誰的空間誰的地？：回眸臺海兩岸都市發展三十年：臺灣大學建築與城鄉研究所王鴻楷教授榮退論文選集》（台北市：國立臺灣大學出版中心，2007年），頁235-247。

王麗珠

1998 王麗珠，《金門地區一條根藥材之生藥學研究》，中國醫藥學院中國藥學研究所，1998年，碩士論文。

王鑫

2005.09 王鑫，〈金門地區永續發展之探討〉，《金門宗族文化》2，2005.09，頁45-52。

王觀漁

1957 王觀漁著；張作梅編校，《燕南行卷》，臺北市：中華詩苑，1957年。

1966 王觀漁，《金臺笠影集》，臺北市：詩文之友，1966年。

5劃

丘秀芷

1986.04 丘秀芷，〈先民的腳印——金門到臺灣〉，《臺灣月刊》40，1986.04，頁28-29。

丘葵

1970 丘葵（元），《釣磯詩集》，金門：金門縣文獻委員會，1970年。

1997 丘葵（元），《周禮補亡 六卷》，臺南縣：莊嚴文化，1997年。

北市府

1999.05 北市府名人畫廊，〈金門古厝風情〉，《藝術家》48:5=288，1999.05，頁486。

卡斯米

2005 卡斯米，《金門縣社區文化性資產資料手冊》，金門：金門縣文化局，2005年。

古正金

2006.07 古正金，〈傳說與傳說之外——尋找島鄉書寫的文學基因〉，《金門文藝》13，2006.07，頁4-9。

2006.09 古正金，〈酒鬼、詩仙、俠客行〉，《金門文藝》14，2006.09，頁7-8。

2007.01 古正金，〈江洋流寓——金門僑鄉書寫的背景描繪〉，《金門文藝》16，2007.01，頁10-12。

2007.03 古正金，〈尋找金門的美食紀錄〉，《金門文藝》17，2007年3月，頁12-13。

2007.05 古正金，〈關於家族・關於譜碟——金門家族書寫與譜碟活動紀實〉，《金門文藝》18，2007.05，頁11-14。

2007.07 古正金，〈社造，由書寫開盤奠基！——為歷史彩繪更多人文紀憶〉，《金門文藝》19，2007.07，頁12-14。

2007.09 古正金，〈溫厚的遊戲——當金門文學與文獻相遇〉，《金門文藝》20，2007.09，頁12-14。

2007.11 古正金，〈金門書城狂想曲〉，《金門文藝》21，2007.11，頁11-13。

司徒政

1976 司徒政，《金門小品》，台北市：臺灣商務，1976年。

史振洪

2000.01 史振洪等著，《威震华东》，厦门大学超星数字图书馆电子图书，2000年01月第1版。

台北市

清 台北市文獻會藏，《金門 水頭黃氏族譜》二冊，光緒24年。

清 台北市文獻會藏，《金門 汶水黃氏族譜（影印本）》，清光緒5年。

台北市金門

2006 台北市金門同鄉會編，《臺北市金門鄉訊》，台北市：台北市金門同鄉會，2006年。

台灣雨水

2005 台灣雨水利用協會編著，《雨水利用規劃手冊. 金門篇》，臺北市：經濟部水利署，2005年。

台灣省政

1965　台灣省政府農林廳材務局，《金門林業》，台灣省政府農林廳材務局出品，1965-12-01，資料來源：電影資料館（1974年中華民國電影年鑑），第十一屆金馬獎優等紀錄片（民62年）。

外交部歐

1952　外交部歐洲司主辦，《改善金門僑匯案》，臺北市：外交部，1952-1956年。

左樹夔

2004　左樹夔、劉敬，《金門縣志》，北京市：九州出版社，2004年。

市川信愛

2001　市川信愛，《金門出身旅日華僑の僑郷社会分析》，九州：九州国際大学社会文化研究所，平成13[2001]年。

布白

2008.01　布白，〈民國以前，金門的自然寫作〉，《金門文藝》22，2008.01，頁64-66。

2008.03　布白，〈民國以後，金門的自然書寫〉，《金門文藝》23，2008.03，頁76-78。

平路

2008.11　平路，〈金門的層次感〉，《金門文藝》27，2008.11，頁17-19。

幼耆

2008.05　幼耆，〈我和國防部長蔣經國在金門砲陣地聚餐〉，《金門文藝》24，2008.05，頁6-7。

幼獅文藝

2006.11 幼獅文藝編輯室，〈「來金門作客」徵文——評審意見〉，《幼獅文藝》635，2006.11，頁66-67。

正氣

1955 正氣中華報社編，《戰鬥金門》，金門縣：編者，1955年。

甘篤

1959 甘篤（Rosendo Canto Hernandez）著；英文自由中國評論社譯述，《香檳與火藥之間：訪問金門紀實》，臺北市：英文自由中國評論社，1959年。

田立仁

2007.02 田立仁，〈民國三十八年金門保衛戰期間李良榮將軍運用裝甲兵之研究〉，楊加順總編輯，《2006年金門學學術研討會論文集》（金門縣：金門縣文化局，2007年2月），頁183-194。

2007.04 田立仁，〈民國38年金門保衛戰時裝甲部隊運用之研究〉，《陸軍學術雙月刊》43:492，2007.04，頁4-16。

2008 田立仁，《金門之熊：國軍裝甲兵金門保衛戰史》，臺北縣新店市：田立仁發行，臺北縣中和市：潺川總經銷，2008年。

田興柱

2002.1 田興柱，〈太武山的雲——《金門》讀後〉，《金門日報》，2002/10/11，副刊。

2002.12 田興柱，〈邂逅學生〉，《金門日報》，2002/12/01，副刊。

2003 田興柱，《「金門戰役——古寧頭大捷」：五十周年紀念專輯》，金門縣：內政部營建署金門國家公園，2003年。

2003.02 田興柱，〈清境群峰入畫來〉，《金門日報》，2003/02/25，副刊。

2003.04 田興柱，〈小鳥枝頭唱——東店之晨〉，《金門日報》，2003/04/30，副刊。

2003.06 田興柱，〈地瓜砲彈〉，《金門日報》，2003/06/11，副刊。

2003.06 田興柱，〈《金門憶往》太武山下的往事〉，《金門日報》，2003/06/25，副刊。

2004.04 田興柱，〈《感恩的故事》溢滿愛心的金門公車駕駛〉，《金門日報》，2004/04/02，副刊。

2004.1 田興柱，〈淺談戰史館虎旗——紀念古寧頭大捷五十五周年〉，《金門日報》，2004/10/26，副刊。

2008.05 田興柱，〈古寧頭大捷油畫——資料淺說〉，《金門日報》，2008/05/28，副刊。

2008.07 田興柱，〈「五二〇」感言〉，《金門日報》，2008/07/05，副刊。

2009 田興柱、張火木，《戰爭歲月，和平世紀：金門古寧頭戰役六十週年紀念專輯》，金門縣金寧鄉：內政部營建署金門國家公園管理處，2009年。

2009.1 田興柱，〈一九四九在金門〉，《金門日報》，2009/10/25，副刊。

2010.1 田興柱，〈洳江村的悲鳴〉，《金門日報》，2010/10/20，副刊。

申振華

2007.06 申振华、张姣慧、赵艳红，〈炮击金门与领海权〉，《湘潭师范学院学报：社会科学版》（湖南省湘潭市：湖南科技大学），2007年06期，頁12-13。

白天霖

1978.01 白天霖，〈由「風雨生信心」想到「古寧頭作戰」〉，《三軍聯合月刊》15:11，1978.01，頁87-92。

白宜君

2009 白宜君，《軍事地景與邊陲認同：烈嶼（小金門）雙口村的人類學個案研究》，臺灣大學人類學研究所，2009年，碩士論文。

白靈

2002.05 白靈，〈暗箱前後——一個金門人如何看待廢墟〉，《文訊》199，2002.05，頁4-5。

2002.12 白靈，〈詩寫金門——昨日之肉（II）、望遠鏡中的金門、當候鳥飛臨金門〉，《幼獅文藝》588，2002.12，頁45-47。

2003.07 白靈文，顏艾琳賞析，〈新詩賞析——金門高粱〉，《幼獅文藝》595，2003.07，頁44-45。

2005.04 白靈，〈詩的文藝——金門的骰子理論:李錫奇「戰爭賭和平」〉，《幼獅文藝》616，2005.04，頁1。

2005.05 白靈，〈詩的文藝——翻滾的金門：汪建偉「軟目標」〉，《幼獅文藝》617，2005.05，頁1。

2008 白靈，《白靈詩選》，北京市：作家出版社，2008年。

2008 白靈，《桂冠與荊棘：白靈詩論集》，北京市：作家出版社，2008年。

2010 白靈，《昨日之肉——金門馬祖綠島及其他》，台北市：秀威資訊，2010年。

石之瑜

1995.1 石之瑜，〈金門危機與中共自我定位變遷〉，《共黨問題研究》21:10，1995.10，頁64-68。

石玉鳳

2002 石玉鳳、杜佳玲、賴淑玲，《遊金門玩廈門》，台北市：三采文化，2002年。

石奕龍

2007 石奕龙、余光弘主编，《闽南乡土民俗》，福州市：福建人民出版社，2007年。（閩南文化叢書）

石原忠浩

2008.11 石原忠浩，〈從制度、政策層面來探討金廈小三通的過去與展望〉，楊加順總編輯，《2008金門學學術研討會論文集——烽火僑鄉敘事記憶：戰地、島嶼、移民與文化》（金門縣：金門縣文化局，2008.11），頁49-60。

石馬祥

2003 石馬祥、莊鎮忠、陳秀竹合著，《榮民口述歷史：用生命寫歷史的英雄》，金門縣金寧鄉：內政部營建署金門國家公園管理處，2003年。

石瑞仁

2004.12 石瑞仁，〈藝術msn 金門碉堡藝術館——18個個展〉，《典藏今藝術》147，2004.12，頁144-145。

石憲宗

2002.09 石憲宗、何琦琛、吳文哲，〈金門產金花蟲科（昆蟲綱：鞘翅目）昆蟲〉，《中華農業研究》51:3，2002.09，頁45-55。

石曉娉

1996 石曉娉，《從自主音段音韻學觀點看金城方言聲調學》，國立清華大學語言學研究所，1996年，碩士論文。

石曉楓

1995 石曉楓，《豐子愷散文研究》，師大國文研究所，1995年，碩士論文。

2004 石曉楓，《八、九〇年代兩岸小說中的少年家變》，國立臺灣師範大學國文研究所，2004年，博士論文。

2005.07 石曉楓，〈特輯/金門文藝周年紀：活力的島嶼〉，《金門文藝》7，2005.07，頁4-10。

2006 石曉楓，《兩岸小說中的少年家變》，台北：里仁書局，2006年。

2006 石曉楓，《臨界之旅》，金門：金門縣政府，2006年。

2006.03 石曉楓，〈持續而緩慢的書寫〉，《金門文藝》11，2006.03，頁13-14。

2007 石曉楓，《白馬湖畔的輝光——豐子愷散文研究》，台北：秀威資訊科技公司，2007年。

2007.01 石曉楓，〈生存的哀歌——黃東平《僑歌首部曲》評介〉，《金門文藝》，2007年1月，頁61-63。

2007.01 石曉楓，〈在地人情的如實展現——《藤壺之戀》評介〉，《金門文藝》，2007年1月，頁76-78。

2007.03 石曉楓，〈在鄉土，與鄉土之外——《時間懺悔錄》評介〉，《金門文藝》，2007年3月，頁76-77。

2007.05 石曉楓，〈「彷彿就在這裡」的臨場感——吳鈞堯《如果我在那裡》評介〉，《金門文藝》18，2007年5月，頁69-71。

2007.07 石曉楓，〈青春的回眸，樂土的想像——陳長慶《失去的春天》評介〉，《金門文藝》19，2007.07，頁76-78。

2007.09 石曉楓，〈烽火下的浮世情懷——陳文慶《戰地兒女》評介〉，《金門文藝》20，2007年9月，頁76-78。

2007.11 石曉楓，〈生存的哀歌——黃東平《僑歌首部曲》評介〉，《金門文藝》21，2007.11，頁61-63。

2009.05 石曉楓，〈想我金門的朋友們——《星月無盡》裡的青春謳歌〉，《幼獅文藝》665，2009.05，頁76-77。

2009.05 石曉楓，〈我的戰地回憶〉，《金門文藝》30，2009.05，頁6-7。

2011.03 石曉楓，〈枝繁葉茂後的歸根與尋根——關於《落番》〉，《金門日報》，2011/03/17，副刊。

石謙

2007.04 石谦、蔡爱智、金磊、傅海燕、柴天、严滨，〈厦门——金门岛输水管道选址探讨〉，《厦门理工学院学报》（福建省厦门市：厦门理工学院），2007年04期，頁20-24。

6劃

交通部

1996 交通部運輸研究所編，《民間參與金門大橋投資方式與可行性研究》，台北市：交通部運研所，1996年。

伍木林

1996 伍木林、中華民國國家公園學會，《金門國家公園地理資訊系統之建立》，金門縣：內政部營建署金門國家公園管理處，1996年。

任家弘

1999.03 任家弘，〈金門之地景登錄〉，《地景保育通訊》10，1999.03，頁11-14。

任雅秀

2007 任雅秀，《質化與量化評鑑小三通通航服務品質——以金門水頭商港旅客服務中心為個案》，銘傳大學觀光研究所碩士在職專班，2007年，碩士論文。

光國文教

2005 光國文教資訊公司製作，《紀念性建築：牌坊、碑碣、陸墓》，台北市：光國文教資訊公司，[2005?]。（1片VCD）

2005 光國文教資訊公司，《閩粵遺風：宅第建築》，台北市：光國文教資訊公司，2005年。（1張VCD）

2007 光國文教製作，《台灣世界遺產潛力點 [錄影資料]：8,

金門島與列嶼》，台北市：光國發行，2007年。

2008 光國視聽文教有限公司製作，《閩遺風（一）：宅第建築》，臺北市：光國文教，2008年。1張數位影音光碟（約30分）。

199? 光國視聽文教有限公司，《戰地公園：金門》，台北市：光國，199?年。（1捲卡式錄影帶）

匡華出版

1986 匡華出版公司，《我們走過的路：中華民國在臺灣、金門、馬祖地區的建設過程，中華民國三十五年到七十五年（1946-1986）》，臺北市：編者，1986年。

吉米

1996.12 吉米，〈「風獅爺坐鎮」——金門一號環保公園誕生了！〉，《金門》51，1996.12，頁14-19。

吉路

2010.01 吉路，〈神秘的“金門檔案”〉，《北京檔案》（北京市：北京市檔案局；北京市檔案學會），2010年01期，頁41。

吉爾遜

1959 吉爾遜等人原著，《正義之聲：外報關於防衛金馬言論輯譯》，出版地不詳：英文自由中國評論社，1959?年。

向美田

1996 向美田，《公車動態資訊與撥召系統之研究與建立——以金門縣為例》，國立交通大學交通運輸研究所，1996年，碩士論文。

多默

1962.03 多默，〈柏林與金門德國與中國——中華民國聯合國同志會第二六九次座談會紀要〉，《大陸雜誌》24:6，1962.03，頁29-31。

宇寰

1967.1 宇寰，〈金門行〉，《幼獅文藝》27:4，1967.10，頁6-13。

安永綏

1986 安永綏，〈金門縣風俗記〉，《福建泉州文史資料》，1986年1輯。

安後暐

2000.06 安後暐，〈古寧頭戰役之經過與分析〉，《軍事史評論》7，2000.06，頁1-51。

寺尾五郎

1960 寺尾五郎，《勝利なき戰争：一三八度線から金門.馬祖まで》，京都市：三一書房，1960年。

尖端公司

2003 尖端公司，《夏日的精靈：栗喉蜂虎》，金門縣：內政部營建署金門國家公園管理處，2003年。（1捲卡式帶）

2003 尖端公司，《金門印象》，金門縣：內政部營建署金門國家公園管理處，2003年。DVD（中英雙語）一張。

成耆仁

2001.09 成耆仁，〈金門古厝窗牖之美〉，《國立歷史博物館館刊》11:9=98，2001.09，頁73-79。

2002 成耆仁、吳國淳、羅煥光，《金門地區陶瓷史城牆遺跡喪葬習俗調查研究》，臺北市：史博館，2002年。

2003 成耆仁，〈金門歷史考古採集陶瓷與其意義〉，江柏煒編，《金門歷史、文化與生態國際學術研討會論文集》，金門縣：金門縣立文化中心，2003年。

2003 成耆仁，〈金門、澎湖考古出土貿易瓷〉，中央研究院考古學研究專題中心主辦，《臺灣地區出土瓷器資料研究論文發表會論文集》，臺北市：中央研究院蔡元培人文社會科學研究中心，2003年。

2006.05 成耆仁，〈金門古厝窗牖之美〉，《泉南文化》12，2006.05，頁119-124。

2009 成耆仁執行編輯；國立歷史博物館編輯委員會編輯，《天青.秘色：高麗青瓷展》，臺北市：史博館，2009年。

成進

2009 成進等編撰；金門縣後豐港洪氏族譜編撰小組編修，《金門縣後豐洪氏族譜》，金門縣金城鎮：金門縣後豐港洪氏宗親會，2009年。

朱文熙

2005 朱文熙，《鄉鎮級都市設計準則建立之研究——以金門縣金城鎮為例》，國立臺北科技大學建築與都市設計研究所，2005年，碩士論文。

朱水涌

2008 朱水涌、周英雄主编，《闽南文学》，福州市：福建人民出版社，2008年。（閩南文化叢書）

朱火金

2001.03 朱火金，〈朱熹：開金門辦學之先河〉，《臺聲》（北京市：中華全國臺灣同胞聯誼會），2001年03期，頁43。

朱永釗

1981.03 朱永釗，〈金門結核病防治計劃評估〉，《中華醫學雜誌》28:1，1981.03，頁9-13。

朱白水

1990.09 朱白水，〈金門陶瓷廠的新貌〉，《臺灣月刊》93，1990.09，頁57-60。

朱立立

2006 朱立立，《近15年来金门原乡文学略论》，福建师范大学，2006年，碩士論文。

朱光彩

1961.08 朱光彩，〈金門之水利建設〉，《中國地方自治》14:4=152，1961.08，頁14-15。

朱西寧

1980 朱西寧，《八二三注》（上）（下），臺北：三三書坊，1980年。

朱和之

2009.03 朱和之，〈固若金湯，雄鎮海門——金門的戰爭與和平〉，《歷史月刊》254，2009.03，頁4-19。

朱星鶴

1978.1 朱星鶴，〈金門又來的時候〉，《金門》1，1978.10，頁32-33。

朱禹潔

2008 朱禹潔，《金門祠堂空間組織研究》，臺北藝術大學建築與古蹟保存研究所，2008年，碩士論文。

朱紅

2005 朱紅 文、高宏昇 攝影，《功夫牆：尋覓金門老牆》，金門：金門縣文化局，2005年。

朱家慧

2006.1 朱家慧，〈造訪風獅爺的故鄉——浯洲紀行〉，《儀科中心簡訊》77，2006/10，頁14-14。

朱家骏

2008 朱家骏、宋光宇主编，《闽南音乐与工艺美术》，福州市：福建人民出版社，2008年。（閩南文化叢書）

朱復良

2002.04 朱復良，〈大小金門好風光〉，《臺灣月刊》232，2002.04，頁64-65。

朱棟槐

1975.11 朱棟槐，〈金門島及奧華合作社流通券〉，《新光郵鈔》101，1975.11，頁1-7。

朱瑞墉

2009.03 朱瑞墉，〈金門的發電廠〉，《源雜誌》74，2009.03-04，頁4-13。

2009.03 朱瑞墉，〈小金門的發電廠〉，《源雜誌》74，2009.03-04，頁14-19。

朱德蘭

2007 朱德蘭，〈金門商人陳發興家族的東亞貿易活動（1861-1940）〉，中央研究院人文社會科學研究中心海洋史研究專題中心、國立臺灣海洋大學通識中心、國立金門技術學院主辦，《第二屆海洋史研習營》，金門縣：國立金門技術學院，2007年。

朱鋒

1960.12 朱鋒，〈金門發現的南明碑碣二件〉，《文史薈刊》2，1960.12，頁97-100。

朱雙一

2010.02 朱双一，〈金门：郑愁予的生命原乡〉，《华文文学》（广东省汕头市：汕头大学），2010年02期，頁16-18。

朵思

2004.09 朵思，〈以透明思維擁抱故土——讀張國治詩集《戰爭的顏色》〉，《金門文藝》2，2004.09，頁38。

江子韜

2007 江子韜，《金門機場進場風險評估及分析》，國立成功大學民航研究所，2007年，碩士論文。

江守寰

2004 江守寰，《警察工作壓力與職業倦怠關係之研究——以金門縣警察局為例》，銘傳大學公共事務學系碩士在職專班，2004年，碩士論文。

江建誼

1995 江建誼、周志華、阿德等作曲，《燈：金門百姓電影「單打雙不打」配樂》，臺北市：水晶有聲，1995年。CD一張。

江柏煒

1993 江柏煒，《宗族移民聚落空間變遷的社會歷史分析：金門瓊林與澎湖興仁的比較研究》，國立台灣大學建築與城鄉研究所，1993年，碩士論文。

1998 江柏煒，《大地上的居所——金門國家公園傳統聚落導覽》，金門：金門國家公園，1998年。

1998 江柏煒、陳閔惠、莊舜惠，《老聚落新生命——金門社區總體營造之觀念・作法與借鏡》，金門：金門縣政府，1998年。

1998.09 江柏煒，〈建築物的繼承與分配：金門珠山薛永南兄弟“洋樓”「鬮書」之研究〉，《城市與設計學報》5/6，1998.09，頁105-128。

1999 江柏煒，《「洋樓」：閩粵僑鄉的社會變遷與空間營造（1840s-1960s）》，國立臺灣大學建築與城鄉研究所，1999年，博士論文。

1999.03 江柏煒，〈從軍事城堡到宗族聚落：福建金門城之研究〉，《城市與設計學報》7/8，1999.03，頁133-177。

1999.11 江柏煒，〈從軍事城堡到宗族聚落：福建金門城之研究〉，國立傳統藝術中心籌備處編，《金門傳統藝術研討會會議論文集》（台北市：國立傳統藝術中心籌備處，2000年），頁1-68。

2000 江柏煒，《金門國家公園傳統聚落之調查研究：從使用管理維護的觀點提出細部計畫——以珠山歐厝為例》，台北市：內政部營建署金門國家公園管理處，2000年。

2001.1 江柏煒，〈在歷史中展望未來——金門歷史建築保存的課題〉，《金門》69，2001.10，頁4-11。

2001.1 江柏煒，〈底蘊豐厚的金門僑鄉文化〉，《文化視窗》34，2001.10，頁61-63。

2001.12 江柏煒，〈「落番」與歸鄉——近代金門的海外移民及僑鄉文化〉，《金門》71，2001.12，頁4-9。

2002 江柏煒，《金門莒光樓——戰地精神與民族形式》，金門：金門縣政府，2002年。

2002 江柏煒，《庶民生活的空間美學》，金門：金門縣立文化中心，2002年。

2002 江柏煒，《城市的身世——金門後浦城的城市故事》，金門：金門縣立文化中心，2002年。

2002.04 江柏煒計畫主持（金門縣立文化中心委託），《金門縣歷史建築第一期清查計畫（上冊、下冊）》，2002.04印行，1,100頁。

2002.11 江柏煒，〈從傳統聚落到國家公園：金門傳統聚落的文化地圖與導覽系統的初步分析〉，《金門國家公園傳統聚落保存與建築修復研討會》，金門：金門國家公園管理處（金門國家公園遊客活動中簡報室），2002/11/29。

2002.12 江柏煒計畫主持（金門縣立文化中心委託），《金門縣歷史建築第二期清查計畫（上冊、中冊、下冊）》，2002.12印行，1,784頁。

2003 江柏煒，《中西合璧的僑鄉文化——洋樓》，金門縣：內政部營建署金門國家公園管理處，2003年。DVD一張。

2003 江柏煒，《金門建築史研究論文集——金門的歷史建築概說》，金門：金門縣立文化中心，2003年。

2003 江柏煒、陳佳佳、張慧雯、詹智匡，《金門城古城牆遺址調查》，金門縣：內政部營建署金門國家公園管理處，2003年。

2003 江柏煒，〈「五腳基」：近代閩粵僑鄉洋樓建築的原型〉，江柏煒編，《金門歷史、文化與生態國際學術研討會論文集》，金門縣：金門縣立文化中心，2003年。

2003 江柏煒編，《金門歷史、文化與生態國際學術研討會論文集》，金門縣：金門縣立文化中心，2003年。

2003.01 江柏煒，〈鄉關何處——金門歷史建築保存的時代意義〉，《金門日報》。2003/01/17，副刊。

2003.03 江柏煒，〈晚清時期的華僑家族及其僑資聚落：福建金門山后王氏中堡之案例研究〉，《人文及社會科學集刊》15:1，2003.03，頁1-57。

2003.03 江柏煒，〈歷史的再現與建築的再生：金門水頭僑鄉主題館規劃紀事〉，《金門》72，2003.03，頁4-9。

2003.03 江柏煒，〈一頁動人的史詩：出洋客的故事〉，《金門》72，2003.03，頁10-13。

2003.03 江柏煒，〈「五腳基」：近代閩粵僑鄉洋樓建築的原型〉，《城市與設計學報》13/14，2003.03，頁177-243。

2003.05 江柏煒，〈老街易容術〉，《金門日報》，2003/05/01，副刊。

2003.05 江柏煒，〈南洋來的「五腳基」〉，《金門日報》，2003/05/09，副刊。

2003.05 江柏煒，〈柱頭上的印度兵〉，《金門日報》，2003/05/26，副刊。

2003.05 江柏煒，〈告別的季節〉，《金門日報》，2003/05/27，副刊。

2003.06 江柏煒，〈微笑的街口〉，《金門日報》，2003/06/07，副刊。

2003.06 江柏煒，〈會元與總兵〉，《金門日報》，2003/06/17，副刊。

2003.06 江柏煒，〈《浯島風情》血濃於水的凝聚〉，《金門日報》，2003/06/29，副刊。

2003.07 江柏煒，〈歷史文化的載體：金門歷史建築引介〉，《臺灣美術》53，2003.07，頁15-30。

2003.07 江柏煒，〈《浯島風情》淺談「金門」英文譯名〉，《金門日報》，2003/07/13，副刊。

2003.07 江柏煒，〈《浯江風情》紀念性的空間象徵〉，《金門日報》，2003/07/24，副刊。

2003.08 江柏煒，〈動手動腳找東西：金門傳統聚落與民居建築研究之初步回顧〉，《全國新書資訊月刊》56，2003.08，頁10-13。

2003.08 江柏煒，〈《浯島風情》上帝的禮物〉，《金門日報》，2003/08/04，副刊。

2003.09 江柏煒，〈《浯島風情》陳坑陳景蘭洋樓史話〉，《金門日報》，2003/09/02，副刊。

2003.09 江柏煒，〈《浯島風情》歸人〉，《金門日報》，2003/09/17，副刊。

2003.09 江柏煒，〈世界無車日的啟示〉，《金門日報》，2003/09/22，副刊。

2003.1 江柏煒，〈金東的璀璨明珠碧山〉，《金門日報》，2003/10/05-07，副刊。

2003.1 江柏煒，〈《金門莒光樓走過五十年烽火歲月》金門莒光樓——民族形式與戰地精神之空間象徵〉，《金門日報》，2003/10/24，副刊。

2003.11 江柏煒，〈建築史學與考古學的遭遇北京楊鴻勛教授《宮殿考古通論》一書的引介〉，《金門日報》，2003/11/09-10，副刊。

2003.11 江柏煒，〈世界遺產的概念與推動——金門申遺的可行性評估〉，《金門日報》，2003/11/14-16，副刊。

2003.11 江柏煒，〈《浯島風情》亂世裡的詼諧與悲傷〉，《金門日報》，2003/11/23，副刊。

2003.12 江柏煒，〈一場文化的盛宴——「二〇〇三閩南文化學術研討會」籌備紀事〉，《金門日報》，2003/12/04，副刊。

2004 江柏煒，《閩粵僑鄉的社會與文化變遷》，金門縣：內政部營建署金門國家公園管理處，2004年。

2004 江柏煒，《閩粵僑鄉的空間營造》，金門縣：內政部營建署金門國家公園管理處，2004年。

2004 江柏煒（國立金門大學觀光管理學系），《僑鄉金門的近代化歷程：以珠山《顯影》僑刊為史料之考察》，國科會專題研究計畫，執行起迄：2003/08/01～2004/07/31。

2004.01 江柏煒，〈千年島嶼的哀傷與繁華〉，《金門日報》，2004/01/11，副刊。

2004.01 江柏煒，〈走在歷史分水嶺上的金門〉，《金門日報》，2004/01/22，副刊。

2004.02 江柏煒，〈迢迢歸鄉路〉，《金門日報》，2004/02/06，副刊。

2004.02 江柏煒，〈金門島風〉，《金門日報》，2004/02/07，副刊。

2004.02 江柏煒，〈寫給空間專業者的信〉，《金門日報》，2004/02/19-20，副刊。

2004.03 江柏煒，〈僑刊、鄉訊與僑鄉研究：福建金門珠山《顯影》（The Shining）之考察〉，李金振編，《閩南文化學術研討會論文集》（金門縣：金門縣立文化中心，2004年），頁169-188。

2004.03 江柏煒，〈塵灰中的汗水〉，《金門日報》，2004/03/08，副刊。

2004.04 江柏煒，〈一位與諾貝爾獎擦身而過的金門人〉，《金門日報》，2004/04/0副刊。

2004.06 江柏煒，〈古城繁華錄〉，《金門日報》，2004/06/07-8，副刊。

2004.08 江柏煒，〈當這座島嶼不再是戰地〉，《誠品好讀》46，2004.08，頁70-74。

2004.09 江柏煒，〈金門文化資產保存芻議〉，《金門日報》，2004/09/12-13，副刊。

2004.09 江柏煒，〈善用文化資產走出戰地悲情〉，《金門日報》，2004/09/25，副刊。

2004.09 江柏煒，〈善用文化資產走出戰地悲情〉，《金門日報》，2004/09/25-26，副刊。

2004.12 江柏煒，〈閩粵僑鄉的洋樓：空間類型及文化意義之探討〉，《金門歷史、文化與生態國際學術研討會論文集》（台北：財團法人施合鄭民俗文化基金會，2004年12月），頁423-521。

2004.1 江柏煒，〈經略四方的南洋金僑楊忠禮的成功故事〉，《金門日報》，2004/12/31，副刊。

2005 江柏煒、翁芬蘭，《金門戰事紀錄及調查研究 二》，金門縣：內政部營建署金門國家公園管理處，2005年。

2005 江柏煒計畫主持，《金門縣烏坵鄉歷史建築清查計劃》，金門縣：金門縣文化局，2005年。

2005.01 江柏煒，〈金門社區總體營造困局與展望〉，《金門日報》，2005/01/08，副刊。

2005.01 江柏煒，〈僑鄉與戰地的再生〉，《金門日報》，2005/01/13-14，副刊。

2005.02 江柏煒，〈戰地金門的空間營造〉，《金門日報》，

2005/02/20-21，副刊。

2005.03 江柏煒，〈僑刊史料中的金門（1920s-40s）：珠山「顯影」（Shining）之考察〉，《人文及社會科學集刊》17:1，2005.03，頁159-216。

2005.04 江柏煒，〈無言的山丘〉，《金門日報》，2005/04/09，副刊。

2005.12 江柏煒，〈淺談傳統戲臺之形制：以金門戲臺建築為例〉，《傳統藝術》61，2005.12，頁14-18。

2006 江柏煒，《金門城北門外明遺老街（建築修復與再利用調查研究）》，金門：金門縣文化局，2006年。

2006 江柏煒，《金門模範街：建築調查及保存、再利用規劃》，金門縣：金門縣文化局，2006年。

2006 江柏煒主編，《顯影》，金門縣：金門技術學院，2006年。4,106頁。

2006 江柏煒（國立金門大學觀光管理學系），《金門的教育啟蒙與學校建築（1920s-40s）：近代華僑興學之考察》，國科會專題研究計畫，執行起迄：2005/08/01～2006/07/31。

2007 江柏煒、楊天厚、林麗寬合著，《文化的載體：金門影像記事》，金門縣：金門縣文化局，2007年。

2007 江柏煒計畫主持；蔡淩、卓雯雯、陳書毅協同主持，《金門傳統祠廟建築之比較研究》，金門縣金寧鄉：內政部營建署金門國家公園管理處，2007年。

2007 江柏煒計畫主持，《金門縣景觀綱要第二期計畫期末報告書》，金門縣：金門縣政府，2007年。

2007 江柏煒，〈台灣研究的新版圖：以跨學科視野重新認識"金門學"之價值〉，楊加順總編輯；郭朝暉、曾淑鈴主編，《2007年閩南文化學術研討會論文集》（金門縣：金門縣文化局，2007年），頁17-34。

2007 江柏煒（國立金門大學觀光管理學系），《身體規訓、性產業與空間：戰地金門的「特約茶室」（八三一）（1954-1990）》，國科會專題研究計畫，執行起迄：2006/08/01～2007/07/31。

2007.01 江柏煒，〈金門的傳統聚落與民居建築〉，《國家公園》，2007.01，頁32-39。

2007.06 江柏煒，〈誰的戰爭歷史？金門戰史館的國族歷史vs.民間社會的集體記憶〉，《民俗曲藝》156，2007.06，頁85-155。

2007.07 江柏煒，〈臺灣十大古宅——金門山后中堡十八間〉，《新活水》13，2007.07，頁72-77。

2008 江柏煒，《金門模範街》，金門：金門縣文化局，2008年。

2008 江柏煒，《海外金門會館調查實錄馬來西亞篇》，金門：金門縣文化局，2008年。

2008 江柏煒、劉華嶽、林美吟主編，《金門都市計畫國際研討會論文集，2008》，金門縣：金門縣政府，2009.06。

2008 江柏煒（國立金門大學建築學系），《海外僑社與僑鄉社會之關係：以馬來西亞金門人社團為例》，國科會專題研究計畫，執行起迄：2007/08/01～2008/07/31。

2008.11 江柏煒，〈台灣研究的新版圖：以跨學科視野重新認識「金門學」之價值〉，楊加順總編輯，《2008金門學學術研討會論文集——烽火僑鄉敘事記憶：戰地、島嶼、移民與文化》（金門縣：金門縣文化局，2008.11），頁99-120。

2008.12 江柏煒、劉華嶽，〈金門「世界冷戰紀念地」：軍事地景的保存與活化芻議〉，2008金門都市計劃國際研討會，2008.12。

2009 江柏煒、王建成，《文化金門全紀錄——貳：安定的家園（金門民居宗祠寺廟）》，金門：金門縣文化局，2009年。

2009 江柏煒、陳書毅，《傳承與創新：金門縣城鄉風貌發展紀實》，金門縣：金門縣政府，2009年。

2009 江柏煒（國立金門大學建築學系），《城市發展與海外華人社會變遷：新加坡金門人"駁船業估俚間"之考察》，國科會專題研究計畫，執行起迄：2008/08/01～

2009/07/31。

2009.12 江柏煒，〈軍事治理下的地方社會：以金門華僑網絡為中心之考察（1949～1970s）〉，《考古人類學刊》71，2009.12，頁11-46。

2010 江柏煒（國立金門大學建築學系），《島嶼環境、移民歷史與海外華人社會的建立：以馬來西亞雪蘭莪州浮羅吉膽（Pulau Ketam）的金門人為例》，國科會專題研究計畫，執行起迄：2009/08/01～2010/07/31。

2010 江柏煒，《星洲浯民：新加坡金門人的宗鄉會館》，金門縣：金門縣文化局，2010年。

2010.05 江柏煒、宋怡明，〈美國國家檔案館文獻中的金門〉，《金門日報》，2010/05/20，副刊。

2010.12 江柏煒計畫主持（金門縣文化局委託），《金門縣定古蹟小西門模範廁修復及再利用計畫成果報告書》，金門：國立金門大學，2010年12月。

2010.12 江柏煒，〈方言群認同之外：戰前新加坡金門人鄉團組織的分類意識〉，《「華族再現：海外華人的全球化與在地化」論文研討會》，金門：金門大學（國際會議廳/閩南文化研究所研討室），2010/12/31——2011/01/01。

2011 江柏煒（國立金門大學建築學系），《“混雜的現代性”：近代金門的華僑影響及其物質文化變遷》，國科會專題研究計畫，執行起迄：2010/08/01～2011/07/31。

江桂珍

1996.12 江桂珍，〈臺閩文物工作小組初勘行——金門史蹟巡禮〉，《國立歷史博物館館刊》6:6，1996.12，頁88-97。

2002 江桂珍、黃光男、國立歷史博物館編輯委員會，《金門水頭官澳瓊林歷史考古試掘報告》，台北市：國立歷史博物館，2002年。

2002.09 江桂珍，〈浯洲探源——記國立歷史博物館「歷史考古小組」金門地區歷史考古工作成果〉，《國立歷史博物館館刊》12:9=110，2002.09，頁32-41。

2002.12 江桂珍，〈試論金門地區歷史考古之意義〉，《國立歷史博物館學報》23，2002.12，頁99-115。

江國斌

1967.05 江國斌，〈漫談金門空飄作戰〉，《心戰研究》83，1967.05，頁31-32。

江培明

2008.06 江培明，〈参加炮击金门〉，《福建党史月刊》（福建省福州市：中共福建省委党史研究室），2008年06期，頁35-38。

江琦敏

2006.11 江琦敏，〈戰地傳奇——《來金門作客》讀後感〉，《幼獅文藝》635，2006.11，頁54-55。

江菊松

2004.12 江菊松，〈從盧若騰到章甫的十篇臺灣古典散文語體書寫——以田啟文「臺灣古典散文選讀」為文本呈現〉，《淡水牛津臺灣文學研究集刊》7，2004.12，頁1-22。

江慈恩

2007 江慈恩，《金門島的民俗植物知識傳承教育初探——以古寧頭、五虎山為例》，國立臺灣師範大學環境教育研究所，2007年，碩士論文。

江寧

2004.1 江寧，〈文化七月天古燈定新義〉，《金門》80，2004.10，頁36-39。

2006.06 江寧，〈縣志數位化，金門E典通〉，《全國新書資訊月刊》90，2006.06，頁14-15。

江韶瑩

1999.11 江韶瑩，〈金門傳統工藝美術發展的脈絡與機制——以金門文化園區之規劃為核心論述〉，國立傳統藝術中心籌備處編，《金門傳統藝術研討會會議論文集》（台北市：國立傳統藝術中心籌備處，2000年），頁385-426。

江樹生

1999 江樹生譯註，《熱蘭遮城日誌》，臺南市：臺南市政府，1999年。

江錦財

1991 江錦財，《金門傳統民宅營建計劃之研究》，國立成功大學建築研究所，1991年，碩士論文。

1992.04 江錦財，〈金門傳統民宅營建用語彙整-上-〉，《文化與建築》1，1992.04，頁2-17。

米復國

1989 米復國，〈金門地區觀光資源調查與整體發展計劃〉，淡江大學建築學系暨研究所研究報告，1989年。

1989 米復國，〈金門縣非都市地區建築管理計劃〉，淡江大學建築學系暨研究所研究報告，1989年。

1990 米復國，〈金門縣都市計畫法施行細則及建築管理規則之研究〉，淡江大學建築學系暨研究所研究報告，1990年。

1990 米復國、林豐澤（淡江大學建築學系），《金門地區區域計畫》，[建築學系暨研究所] 研究報告，1990年。

1991 米復國（淡江大學建築學系），《金門地區聚落保存之研究》，[建築學系暨研究所] 研究報告，1991年。

1992 米復國，〈金門與澎湖地區傳統聚落與民宅調查與研究〉，淡江大學建築學系暨研究所研究報告，1992年。

1994.06 米復國、湯文昊，〈解嚴前金門的四個城市——金城（後浦城）、舊金城、沙美、新市〉，《中華民國建築師雜誌》234，1994.06，頁107-119。

1995 米復國，《金門與澎湖地區傳統聚落及民宅之調查研究附錄》，台北市：行政院文化建設委員會，1995年。

1995 米復國（淡江大學建築研究所），《金門洋樓建築之研究》，國科會計畫，執行起迄：1995/02/01～1995/07/31。

1996.04 米復國，〈當前金門觀光發展的社經影響及對未來發展的建議〉，《金門生活圈綜合發展研討會》，1996/04/15。

1996.04 米復國、徐志仁，〈金門洋樓〉，《臺灣建築報導雜誌》7，1996.04，頁12-15。

1997.04 米復國，〈金門洋樓的形成及其社會意義〉，財團法人中華民俗藝術基金會主辦，海峽兩岸傳統民居建築保存維護觀摩研討會，1997年4月。

自由中國

2003 自由中國影片資料供應社，《生活中的金門》，台北市：廣播電視事業發展基金，2003?年。（1捲卡式帶）

艾米

2010 艾米作，《風獅爺：Wind Lion》，金門縣金城鎮：金門縣文化局，2010年。

艾翎

1998 艾翎編，《陳長慶作品評論集》，台北：大展出版社，1998年。

行政院戶

1992 行政院戶口普查處編，《中華民國七十九年臺閩地區戶口及住宅普查報告. 第二七卷金門縣》，台北市：行政院戶口普查處，1992年。

行政院文

1996 行政院文化建設委員會、福建省金門縣政府，《中華民國八十五年全國文藝季金門縣高粱、酒鄉、金門城活動成果專輯》，金門縣：金門縣政府，1996年。

19?? 行政院文化建設委員會製作，《水頭厝風情：金門縣》，台北市：文建會，19??。（1捲卡式錄影帶）

行政院主

1992 行政院主計處編，《臺閩地區農林漁牧業普查金門縣報告. 中華民國七十九年》，台北市：行政院主計處，1992年。

1997 行政院主計處編，《臺閩地區農林漁牧業普查報告. 中華民國八十四年》，台北市：行政院主計處，1997年。

2002 行政院主計處編印，《中華民國八十九年臺閩地區戶口及住宅普查第26卷金門縣報告》，台北市：主計處，2002年。

2008 行政院主計處，《95年工商及服務業普查第14卷——金門縣報告》，台北市：行政院主計處，2008年。

1987 行政院主計處編，《中華民國七十四年臺閩地區農漁業普查報告》，台北市：行政院主計處，1987年。

1991 行政院主計處編，《中華民國七十九年台閩地區農林漁牧業普查》，台北市：行政院主計處，1991年。

行政院飛

2010 行政院飛航安全委員會，《飛航事故調查報告：中華民國97年5月24日，中興航空公司BK-117型機，國籍註冊編號B-77008，於金門機場落地時墜毀》，台北市：行政院飛航安全委員會，2010年。

行政院秘書

1961 行政院秘書處編，《中華民國臺灣省及福建省之金馬地區文教概況》，臺北市：行政院秘書處，1961年。

1961 行政院秘書處編，《中華民國臺灣省及福建省之金馬地區經濟建設概況》，臺北市：行政院秘書處，1961年。

行政院國防

1964 行政院國防部總政治作戰部，《金門故事》，台北：行政院國防部總政治作戰部，1964年。

行政院新

1958 行政院新聞局編，《金門情況與遠東局勢》，臺北市：編者，1958年。

行遍天下

2004 行遍天下GPS小組文字攝影，《金門馬祖：衛星定位旅遊地圖書》，宏碩文化，2004年。

西瓜哥哥

2008 西瓜哥哥；吳啟騰、楊天厚撰文，《金門有喜》，金門縣：金門縣文化局，2008年。有聲童書。

7劃

何世榮

2000.1 何世榮，〈金門古寧頭作戰之回顧〉，《陸軍學術月刊》36:422，2000.10，頁14-25。

何孟興

2008.11 何孟興，〈海門鎖鑰：明代金門海防要地「料羅」之研究（1368-1566）〉，楊加順總編輯，《2008金門學學術研討會論文集——烽火僑鄉敘事記憶：戰地、島嶼、移民與文化》（金門縣：金門縣文化局，2008.11），頁21-48。

2010.06 何孟興，〈金門、澎湖孰重？論明代福建泉州海防佈署重心之移轉（1368-1598年）〉，《興大人文學報》44，2010.06，頁179-206。

何明

2007 何明，《中苏关系重大事件述实》，人民出版社，2007年。〈十五、炮击金门风波〉。

何迪

1988.02 何迪，〈"台海危机"和中国对金门、马祖政策的形成〉，《美国研究》（北京市：中国社会科学院美国研究所;中华美国学会），1988年03期，頁44-47。

何飛

2010.06 何飛，〈試探以詩存史——邱葵〈七歌效杜陵體〉〉，

《金門日報》，2010/06/20，副刊。

何國祥

2009 何國祥、吳碧瑤、許秀珍撰稿.攝影，《金的好所在：金門地方文化館巡禮》，金門縣：金門縣文化局，2009年。

何國傑

2008.07 何國傑，〈感恩的歲月，感謝的金門〉，《金門文藝》25，2008.07，頁37-40。

何培夫

1999 何培夫主編；林文睿監修，《金門馬祖地區現存碑碣圖誌》，臺北市：國立中央圖書館臺灣分館，1999年。

何莉莉

2006 何莉莉，《生命教育課程對國中生「自我概念」與「行為困擾」影響之研究——以金門縣立金城國中為例》，銘傳大學公共事務學系碩士在職專班，2006年，碩士論文。

何期望

2005 何期望，《從觀光城市效應探討金門傳統聚落保存與復甦之連鎖策略》，國立成功大學都市計劃學系碩博士班，2005年，碩士論文。

何端端

2006 何端端，〈“8·23炮擊金門”的歷史反思〉，《人民日報海外版》，2006/08/24，版號003。

伯驊

1998.06 伯驊，〈老聚落新生——金門國家公園整建地區七處傳統聚落〉，《金門》57，1998.06，頁16-21。

余子道

1993.01 余子道，〈金门炮战述论〉，《军事历史研究》（上海市：上海南京政治学院上海分院），1993年01期，頁30-46。

2006.03 余子道，〈第一次台海危机与美台关系中的“外岛”问题〉，《军事历史研究》（上海市：上海南京政治学院上海分院），2006年03期，頁67-90。

余光弘

1994 余光弘、魏捷茲編，《金門暑期人類學田野工作教室論文集》，台北市：中研院民族所，1994年。

余光雄

2009 余光雄作，《國立金門技術學院年度研討會論文集.九十七年度》，臺北縣新店市：京峰數位，2009年。

余季如

1970 余季如，《金門行》，台北市：與台彩色印刷廠，1970年。

余明英

2004 余明英，《华侨华人在现代化观念传播中的中介作用与闽南侨乡现代化——从文化角度来考察》，厦门大学人文学院历史学系，2004年，硕士论文。

余泰魁

2001.12 余泰魁、李能慧，〈臺灣地區北部民眾對金門旅遊滿意度模式之建構與實證〉，《戶外遊憩研究》14:4，2001.12，頁51-76。

2005.12 余泰魁、李能慧、吳桂森，〈金門觀光客旅遊行為意向實證研究——線性結構模式之交叉效度驗證〉，《觀光研究學報》，Vol.11 No.4，2005.12，頁355-384。

余嫈嬪

2003 余嫈嬪，《政府採購招標爭議之研究——以金門縣為例》，銘傳大學公共事務學系碩士在職專班，2003年，碩士論文。

余澄堉

2000.06 余澄堉，〈金門的歐亞水獺——兼論保育研究方向〉，《金門國家公園簡訊》15，2000.06，頁13-16。

2001 余澄堉，《金門慈湖仔稚魚調查》，金門縣：內政部營建署金門國家公園管理處，2001年。

2002 余澄堉，《金門產歐亞水獺活動型態初探》，金門縣：內政部營建署金門國家公園管理處，2002年。

余曉梅

2009.05 余曉梅，〈戰地金門情〉，《金門文藝》30，2009.05，頁87-89。

佚名

2004 佚名抄，《福建浯洲場大使錢利用任內公牘匯鈔》，廈門：廈門大學出版社；北京：九州出版社，2004年。（臺灣文獻匯刊第五輯／臺灣輿地資料專輯／第13冊）

2009 佚名編纂，《金門金砂二房張氏房譜》，桂林市：廣西師範大學出版社，2009年。

2009 佚名編纂，《詔安官陂玉田樓張廖世系》，桂林市：廣西師範大學，2009年。（2,金門金砂二房張氏房譜/佚名編纂）

吾辰篁

2008.05 吾辰篁，〈緣起不滅——金門映像〉，《金門文藝》24，2008.05，頁66-68。

吳一萍

2008 吳一萍，《退伍軍人懷舊情感、地方依附及戰地觀光意願之研究，兼論金門戰地觀光政策》，靜宜大學管理碩士在職專班，2008年，碩士論文。

2010.12 吳一萍，〈退伍軍人懷舊情感、地方依附及戰地觀光意願之研究〉，李沃士等撰文，《2010年金門學學術研討會論文集，第三屆》（金門縣：金門縣文化局，2010年12月）。

吳一德

2005.05 吳一德、胡巧欣，〈體育教學對大專生健康體適能之影響——以國立金門技術學院為例〉，《國立金門技術學院學報》1，2005.05，頁129-144。

吳大平

1993 吳大平，《中共對台談判原則及策略運用之研究：金門協議個案分析》，國立政治大學東亞研究所，1993年，碩士論文。

吳尹文

2005 吳尹文，《連江縣及金門縣小型動物體外病媒與潛在病原體關係之研究》，臺灣大學昆蟲學研究所，2005年，博士論文。

吳允田

1984.05 吳允田，〈金門漁業〉，《中國水產》377，1984.05，頁13-21。

1984.06 吳允田，〈金門「白丁蝦」養殖〉（上），《豐年半月刊》34:11，1984.06，頁52-55。

1984.06 吳允田，〈金門「白丁蝦」養殖〉（下），《豐年半月刊》34:12，1986.06，頁30-32。

吳友欽

2003 吳友欽，《金門縣設置社區大學需求規劃之研究》，國立高雄師範大學成人教育研究所，2003年，碩士論文。

吳天進

1997.09 吳天進、陳炳容，〈金門的風獅爺和石獅爺〉，《金門》54，1997.09，頁48-55。

吳世榮

2006 吳世榮主編，《金門縣政發展研討會實錄》，金門縣：金門縣政府，2006年。

吳世德

2006 吳世德，《金門地區高中職學生休閒態度與休閒阻礙之研究》，銘傳大學觀光研究所碩士在職專班，2006年，碩士論文。

吳正庭

2006 吳正庭，《金門日報與金門縣政府施政之關係探討——2004至2005年為例》，銘傳大學應用中國文學系碩士在職專班，2006年，碩士論文。

吳志偉

2008 吳志偉，《金門縣金城民防坑道展示館之旅遊動機、服務品質與滿意度之研究》，銘傳大學觀光研究所碩士在職專班，2008年，碩士論文。

吳秀英

2004 吳秀英，《金門地區以代謝症候群預測全死因及心血管疾病死亡率之研究》，國立陽明大學公共衛生研究所，2004年，博士論文。

2004.02 吳秀英、周碧瑟、蔡世澤、游惠茹、呂宗學、陳天順、陳水湖，"Comparison of Major Aeroallergens in Taipei and Kin-Men"，《臺灣醫學會雜誌》103:2，2004.02，頁151-154。

2004.02 吳秀英、周碧瑟、蔡世澤、游惠茹、呂宗學、陳天順、陳水湖, "Quality of Death Certificates in Quemoy, Taiwan", 《臺灣醫學會雜誌》103:2, 2004.02, pp. 151-154.

吳秀梅

2007 吳秀梅，《金門自助旅行手冊》，金門縣：金門縣政府，2007年。

吳秀嬌

2003.08 吳秀嬌，〈重振浯島牧馬雄風〉，《金門日報》，2003/08/18-19，副刊。

2003.1 吳秀嬌，〈尋找莒光樓設計師沈學海先生〉，《金門日報》，2003/10/17，副刊。

2003.1 吳秀嬌，〈雕出一門英才——張再興的石雕歲月〉，《金門日報》，2003/10/25，副刊。

2004.01 吳秀嬌，〈二〇〇三年閩南文化學術研討會遊程規劃追記〉，《金門日報》，2004/01/09-10，副刊。

2004.07 吳秀嬌，〈從修譜展望金門文化願景〉，《金門日報》，2004/07/03，副刊。

2004.12 吳秀嬌，〈從修譜展望金門文化願景〉，《金門宗族文化》1，2004.12，頁11-14。

2005.01 吳秀嬌，〈《生活札記》跨世紀的尋根盛會〉，《金門日報》，2005/01/26，副刊。

2005.05 吳秀嬌，〈族譜架金橋〉，《金門日報》，2005/05/25-26，副刊。

2005.08 吳秀嬌，〈三百年來第一回——血脈相連敘宗情，金澎族譜聯展後記〉，《金門日報》，2005/08/16，副刊。

2005.09 吳秀嬌，〈木有本而華實並麗，水有源則川流不息〉，《金門日報》，2005/09/30，副刊。

2005.11 吳秀嬌，〈認識拿督陳成龍博士〉，《金門日報》，2005/11/25，副刊。

2006.03 吳秀嬌，〈一個沙美老街的清晨〉，《金門日報》，2006/03/21，副刊。

2006.05 吳秀嬌，〈盛事空自知〉，《金門日報》，2006/05/14，副刊。

2006.05 吳秀嬌，〈話鳳山的滄桑・譜西洪的願景〉，《金門日報》，2006/05/28，副刊。

2006.08 吳秀嬌，〈沙美萬安堂傳奇故事蕭本陣向王爺借燈油〉，《金門日報》，2006/06/28，副刊。

2006.1 吳秀嬌，〈回首來時路〉，《金門日報》，2006/10/08-10，副刊。

2006.12 吳秀嬌，〈浯風南渡：為2006年世界金門日而寫〉，《金門日報》，2006/12/10，副刊。

吳佳玫

2003.01 吳佳玫，〈金馬小三通開放兩年成效總檢——不合法的「岸邊交易」愈來愈嚴重〉，《商業時代》113，2003.01.02，頁32-33。

吳佩芳

2007 吳佩芳，《金門縣早期療育服務實施現況調查》，國立臺東大學幼兒教育學系碩士班，2007年，碩士論文。

吳佩貞

2008 吳佩貞，《金門縣解嚴後兒童文學發展之研究——以金門日報為觀察重心》，銘傳大學應用中國文學系碩士在職專班，2008年，碩士論文。

吳卓憲

2006 吳卓憲，《「小三通」對金門地方經濟發展之探討》，銘傳大學公共事務學系碩士班，2006年，碩士論文。

吳姍姍

2008.05 吴姗姗、石海静，〈酒香半世纪——专访台湾金门高粱酒总经理 王毅民〉，《中国酒》（北京市：中国酿酒工业协会），2008年05期，頁36-37。

吳宗江

2011 吳宗江（國立金門大學防災與永續研究所），《典藏金門戰地文化——坑道3D數位化與展示》，國科會專題研究計畫，執行起迄：2010/08/01～2011/07/31。

吳宗器

1986 吳宗器，《中華民國現階段戰地政務之研究——金門地區三民主義模範縣的建設》，國立臺灣師範大學三民主義研究所，1986年，碩士論文。

2003 吳宗器，《金門地區實驗戰地政務及其制度轉型之研究》，中國文化大學中山學術研究所，2003年，博士論文。

2007.02 吳宗器，〈走過從前——金門地區戰地政務之回顧與轉型〉，楊加順總編輯，《2006年金門學學術研討會論文集》（金門縣：金門縣文化局，2007年2月），頁195-211。

吳宜昌

2010.01 吳宜昌、黃積淵，〈生防菌之一種新的篩選研究——以金門地區防治植物寄生性線蟲為例〉，《國立金門技術學院學報》4，2010.01，頁179-191。

吳忠南

1997.1 吳忠南，〈巴黎VS金門〉，《藝術家》45:4=269，1997.10，頁495。

吳明忠

2009 吳明忠，《國民中學家長參與學校教育之研究——以金門縣和高雄市為例》，國立嘉義大學教育行政與政策發展研究所，2009年，碩士論文。

吳武忠

2007 吳武忠、申雨慧、張煜權、楊文仁，〈金門地區軍事設施發展觀光潛力之初步評估〉，《2007海峽兩岸金廈觀光旅遊交流暨學術研討會》（廈門：廈門大學，2007年），頁111-124。

吳金贊

1987 吳金贊，《敬恭桑梓十四年》：1987年。

吳俊宗

2005 吳俊宗（中央研究院生物多樣性研究中心），《金門淡水藻類資源與有害藻類研究》，國科會專題研究計畫，執行起迄：2004/08/01～2005/07/31。

吳俊輝

2004 吳俊輝，《金門地區大陸食品之現況與危害》，銘傳大學社會科學院國家發展與兩岸關係碩士在職專班，2004年，碩士論文。

2007.12 吳俊輝、黃志成，〈金門地區國中生家庭生活需求調查〉，《生活科學學報》11，2007.12，頁135-172。

吳奕德

1996 吳奕德主持，《臺閩地區第二級古蹟：金門朱子祠之調查研究》，台北市：漢光建築師事務所，1996年。

吳玲瑤

1986 吳玲瑤，《女人難為》，台北：希代出版公司，1986年。

1986 吳玲瑤，《洛城隨筆》，台北：星光出版社，1986年。

1987 吳玲瑤，《化外集》，台北：希代出版公司，1987年。

1989 吳玲瑤，《婚前‧婚後》，台北：健行文化出版公司，1989年。

1990 吳玲瑤，《女人的幽默》，台北：躍昇文化公司，1990年。

1991 吳玲瑤，《幽默心情》，台北：躍昇文化公司，1991年。

1991 吳玲瑤，《誰說女人不幽默》，台北：一葦國際公司出版部，1991年。

1992 吳玲瑤，《女人Love幽默》，台北：文經出版社，1992年。

1993 吳玲瑤，《比佛利傳奇》，台北：躍昇文化公司，1993年。

1993 吳玲瑤，《幽默女人心》，台北：躍昇文化公司，1993年。

1994 吳玲瑤，《媽咪愛說笑》，台北：文經出版社，1994年。

1995 吳玲瑤，《做個幽默的女人》，台北：躍昇文化公司，1995年。

1995 吳玲瑤，《孩子的幽默》，台北：建新書局，1995年。

1996 吳玲瑤，《做個快樂的女人》，台北：躍昇文化公司，1996年。

1996 吳玲瑤，《家庭幽默大師》，台北：躍昇文化公司，1996年。

1996 吳玲瑤，《愛你愛得很幽默》，台北：方智出版社，1996年。

1997 吳玲瑤，《不幽默也難》，台北：躍昇文化公司，1997年。

1998 吳玲瑤，《非常幽默男女》，台北：躍昇文化公司，1998年。

1998 吳玲瑤，《幽默酷小子》，台北：方智出版社，1998年。

1998 吳玲瑤，《幽默人生》，西安：陝西人民出版社，1998年。

1999 吳玲瑤，《鬥智鬥趣酷小子》，台北：方智出版社，1999年。

2000 吳玲瑤，《請幽默來證婚》，台北：方智出版社，2000年。

2001 吳玲瑤，《美國孩子中國娘》，台北：躍昇文化公司，2001年。

2001 吳玲瑤，《Easy生活放輕鬆》，台北：健行文化出版公司，2001年。

2003 吳玲瑤，《幽默百分百》，台北：躍昇文化公司，2003年。

2004 吳玲瑤，《用幽默來拉皮》，台北：躍昇文化公司，2004年。

2005 吳玲瑤，《幽默伊甸》，金門：金門縣文化局，2005年。

2005.05 吳玲瑤，〈專輯——文學回原鄉——帶著幽默歡樂回家鄉〉，《金門文藝》6，2005.05，頁40-41。

2006 吳玲瑤，《生活麻辣燙》，台北：米樂文化出版社，2006年。

2008 吳玲瑤，吕红主编，《女人的天涯：新世纪海外华文女性文学奖作品精选》，石家庄：河北教育出版社，2008年。

2010 吳玲瑤，《明天會更老》，臺北市：躍昇文化出版，2010年。

吳美瑩

2006 吳美瑩，《金門地區水域運動推廣效益之研究：以2006年料羅灣海上長泳及亞洲動感挑戰賽為例》，國立臺灣體育大學休閒產業經營學系碩士班，2006年，碩士論文。

吳家淩

2002 吳家淩，《島嶼公民環境素養之探討——以金門島為例》，國立臺灣師範大學環境教育研究所，2002年，碩士論文。

吳家箴

2005.08 吳家箴，〈卓環與述美之回顧〉，《金門日報》，2005/08/20，副刊。

2008 吳家箴，《浯島情懷》，金門：作者自印，2008年。

2011.03 吳家箴，〈金門與各地俗諺之比較〉，《金門日報》，2011/03/13-14，副刊。

吳島

2002 吳島校釋，《滄海紀遺校釋》，台北市：台灣古籍出版社，2002年。

2003 吳島校釋；盧若騰著，《島噫詩校釋》，台灣古籍出版有限公司，2003年。

2008.01 吳島，〈淺談陳長慶《金門特約茶室》〉，《金門文藝》22，2008.01，頁54-56。

2008.03 吳島，〈淺談黃振良戰地史蹟〉，《金門文藝》23，2008.03，頁66-68。

吳振輝

2006.11 吳振輝、陳敦禮、陳小平，〈離島地區公務人員休閒活動參與型態、休閒參與動機與休閒阻礙之調查研究——以金門與澎湖為例〉，《弘光學報》49，2006.11，頁299-312。

吳能惠

1997.06 吳能惠，〈金門青少年對金門觀光開發滿意度與期望之研究〉，《商學學報. 空大》5，1997.06，頁37-66。

吳堅

2007 吳堅、林勁，〈金門發展與海峽西岸經濟區建設的關係〉，李建平、李閩榕、林卿著，《海峽经済区發展探索》（北京市：社会科学文献出版社，2007年），頁148-156。

吳培暉

1991 吳培暉，《金門聚落的變遷與空間意義的再界定》，淡江大學建築（工程）研究所，1991年，碩士論文。

1994.07 吳培暉、洪曉聰、徐明福，〈17至19世紀間烈嶼村落擇址模式的試建〉，Proceedings of the National Science Council. Part C, Humanities and Social Sciences，4:2, 1994.07, pp. 133-150。

1994.11 吳培暉、徐明福，〈金門與澎湖洋樓式民宅的營建體系〉，《成功大學學報（人文‧社會篇）》29，1994.11，頁1-25。

1996 吳培暉，《1911年以前金門與澎湖村落空間的比較》，國立成功大學建築（工程）學系，1996年，博士論文。

1996 吳培暉，《金門聚落風情》，金門：金門縣政府，1996年。

1998 吳培暉，《金門澎湖聚落》，金門：金門縣政府，1998年。

2002.11 吳培暉，〈塑造金門國家公園「新」的傳統聚落〉，《金門國家公園傳統聚落保存與建築修復研討會》，金門：金門國家公園管理處（金門國家公園遊客活動中簡報室），2002/11/29。

2004.03 吳培暉、林健育，〈從金門后湖昭應廟之建醮儀式探討其聚落空間之界定〉，李金振編，《閩南文化學術研討會論文集》（金門縣：金門縣立文化中心，2004年），頁221-231。

2004.03 吳培暉、張銘益，〈金門宗祠建築形式之探討——以金寧鄉為例〉，李金振編，《閩南文化學術研討會論文集》（金門縣：金門縣立文化中心，2004年），頁427-441。

吳啟騰

1994 吳啟騰、葉鈞培，《金門太武山探索（教師手冊）》，臺北：北師環境教育中心，1994年。

1995.07 吳啟騰，〈往下紮根，向上結果——金門環境教育資源之開發與探討〉，《大自然》48，1995.07，頁90-91。

1998 吳啟騰、林英生，《金門地質地貌》，金門：金門縣政府，1998年。

2002 吳啟騰，《金門地區環境綠美化管理策略研究》，銘傳大學管理科學研究所碩士在職專班，2002年，碩士論文。

2003.06 吳啟騰，〈回顧烽火歲月〉，《金門日報》，2003/06/02，副刊。

2006.03 吳啟騰，〈垵湖憶舊〉，《金門日報》，2006/03/11，副刊。

2008.01 吳啟騰，〈赴美參加校長領導統御能力研習記實〉，《金門日報》，2008/01/07-09，副刊。

吳望如

1997 吳望如，《風獅爺傳奇》，台北縣：稻田，1997年。

吳淑鈴

2004.04 吳淑鈴，〈愛鄉的心——參加「家鄉守護成果交流研習營」有感〉，《金門日報》，2004/04/12-15，副刊。

2005.01 吳淑鈴，〈與金門有約〉，《金門日報》，2005/01/09-10，副刊。

2005.09 吳淑鈴，〈《第一屆浯島文學獎》散文佳作 花、霧情事——在金門〉，《金門日報》，2005/09/10，副刊。

2005.1 吳淑鈴，〈《第二屆浯島文學獎》散文佳作 綠蔭下的童年〉，《金門日報》，2005/10/12，副刊。

2005.12 吳淑鈴，〈一場文學的饗宴——「海島與文學的對話」文藝研習營有感〉，《金門日報》，2005/12/04-19，副刊。

2006.02 吳淑鈴，〈快樂的人生從閱讀開始〉，《金門日報》，2006/01/20-2006/02/05，副刊。

2008.01 吳淑鈴，〈第四屆浯島文學獎散文組佳作 天際線〉，《金門日報》，2008/01/09，副刊。

2008.01 吳淑鈴，〈美好的仗您已打過——紀念楊媽輝老師〉，《金門日報》，2008/01/23，副刊。

2008.07 吳淑鈴等，〈給金門文藝的話〉，《金門文藝》25，2008.07，頁26-32。

2009.05 吳淑鈴，〈我想念你，金門〉，《金門文藝》30，2009.05，頁14-15。

吳祥坤

2008 吳祥坤，《國中學生基本學力測驗城鄉差距成因之比較研究——以台北市A校與金門縣B校為例》，銘傳大學公共事務學系碩士在職專班，2008年，碩士論文。

吳連賞

2010.12 吳連賞，〈金門縣產業發展變遷與前瞻規劃〉，李沃士等撰文，《2010年金門學學術研討會論文集，第三屆》（金門縣：金門縣文化局，2010年12月）。

吳朝暐

1998.01 吳朝暐，〈鄭成功金廈外圍戰評析〉，《陸軍學術月刊》34:389，1998.01，頁89-95。

吳森榮

2006.07 吳森榮，〈洪乾祐苦島紅樹梅〉，《金門文藝》13，2006.07，頁123-128。

2006.09 吳森榮，〈洪進業回鄉報告書〉，《金門文藝》14，2006.09，頁123-128。。

2006.11 吳森榮，〈洪絲絲鄉關萬縷情〉，《金門文藝》15，2006.11，頁123-128。

2007.01 吳森榮，〈蔡振念島鄉記憶谷〉，《金門文藝》16，2007.01，頁123-128。。

2007.03 吳森榮，〈石曉楓陽光臨界點〉，《金門文藝》17，2007.03，頁123-128。。

2007.05 吳森榮，〈陳文慶戰地島鄉情〉，《金門文藝》18，2007.05，頁123-128。

2007.07 吳森榮，〈李金昌牧童耕讀樂〉，《金門文藝》19，2007.07，頁122-128。。

2007.09 吳森榮，〈洪春柳島鄉現清音〉，《金門文藝》20，2007.09，頁123-128。。

2007.11 吳森榮，〈陳秀端西廂木棉情〉，《金門文藝》21，2007.11，頁123-128。。

吳鈞堯

1992 吳鈞堯，《單性情人》，台北：號角出版社，1992年。

1995 吳鈞堯，《泡沫城之魚》，台北：羚傑公司出版部，1995年。

1995 吳鈞堯，《情幻色影》，台北：探索文化公司，1995年。

1996 吳鈞堯，《紅色情迷》，台北：探索文化公司，1996年。

1996 吳鈞堯，《十分好色》，台北：探索文化公司，1996年。

1996 吳鈞堯，《夢的故事海》，台北：探索文化公司，1996年。

1996 吳鈞堯，《十分真相》，台北：探索文化公司，1996年。

1997 吳鈞堯，《夢的原色》，台北：探索文化公司，1997年。

1997 吳鈞堯，《我愛搖滾》，台北：健行文化出版公司，1997年。

1998 吳鈞堯，《夢的反叛》，台北：探索文化公司，1997年。

1998 吳鈞堯，《三個人的愛情遊戲》，台北：探索文化公司，1998年。

1998 吳鈞堯，《情人絮語》，台北：探索文化公司，1998年。

1998 吳鈞堯，《女孩們經常被告知》，台北：九歌出版社，1998年。

1998 吳鈞堯，《愛情總是壞壞的》，台北：探索文化公司，1998年。

1998 吳鈞堯，《龍的憂鬱（我所能做的只是失眠）》，台北：九歌出版社，1998年。

1998 吳鈞堯，《我的女巫們》，台北：華文網公司，2000年。

2000 吳鈞堯，《尋找一個人》，台北：臺北縣文化局，2001年。

2001 吳鈞堯，《那邊》，台北：華文網公司，2001年。

2002 吳鈞堯，《金門》，台北市：爾雅，2002年。

2003 吳鈞堯，《如果我在那裡》，金門縣：財團法人金門縣社教文化活動基金會，2003年。

2004 吳鈞堯，《坐在沙發上老去》，台北：臺北縣文化局，2004年。

2004 吳鈞堯，《地址——不同的寓所相同的悲喜交集》，台北：鷹漢文化公司，2004年。

2004.02 吳鈞堯，〈金門：印璽〉，《聯合文學》20:4=232，2004.02，頁117-120。

2005 吳鈞堯，《崢嶸：金門歷史小說集，1911-1949》，金門：金門縣文化局，2005年。

2006 吳鈞堯，《荒言》，台北：三民書局，2006年。

2006.01 吳鈞堯，〈行腳臺灣——金門：尚饗〉，《聯合文學》22:3=255，2006.01，頁114-117。

2007 吳鈞堯，《凌雲：金門歷史小說集，1949-1978》，金門：金門縣文化局，2007年。

2008 吳鐵堯，《履霜：金門歷史小說集，1978-2008》，金門：金門縣文化局，2008年。

2008 吳鈞堯，《金門現代文學發展之研究》，東吳大學中國文學系，2008年，碩士論文。

2008.07 吳鈞堯，〈試析金門文學發展的有利因素〉，《金門文藝》25，2008.07，頁10-13。

2010 吳鈞堯，《撥霧：金門現代文學發展之研究》，金門：金門縣文化局，2010年。

2010 吳鈞堯，《火殤世紀：傾訴金門的史家之作》，台北：遠景，2010年。

2010 吳鈞堯文；鄭淑芬圖，《三位樹朋友》，金門：金門縣文化局，2010年。

吳陽龍

2009.02 吳陽龍、翁自保、柯祖穎、張武達、曾景良，〈金門地區供水改善之擬議〉，《自來水會刊雜誌》28:1=109，2009.02，頁33-41。

吳新興

1993.1 吳新興，〈變遷中的兩岸關係與金馬定位和前途——兼評「兩岸和平實驗區」的構想〉，金門縣臨時縣議會主辦，《紀念金門古寧頭大截四十五週年兩岸關係學術研討會》，1993/10/25。

吳詩婷

2004 吳詩婷，《金門地區民俗植物之研究》，國立中興大學森林學系，碩士論文，2004年。

吳鼎仁

1995 吳鼎仁，《鼎軒吳鼎仁畫集》，金門縣金城鎮：鼎軒畫室，1995年。

1997 吳鼎仁，《吳鼎仁水墨畫回顧篇》，金門縣金城鎮：鼎軒畫室，1997年。

1998 吳鼎仁，《吳鼎仁金石篆刻集》，金門縣金城鎮：鼎軒畫室，1998年。

1998 吳鼎仁，《吳鼎仁水墨畫遊錄》，金門縣金城鎮：鼎軒畫室，1998年。

1999 吳鼎仁，《吳鼎仁書法翰墨緣》，金門縣金城鎮：鼎軒畫室，1999年。

2000 吳鼎仁，《吳鼎仁陶作與工藝》，金門縣金城鎮：鼎軒畫室，2000年。

2001.1 吳鼎仁，〈現代繪畫的一頁傳奇——金門李錫奇〉，《金門》69，2001.10，頁59-63。

2002 吳鼎仁，《金山浯海總關情：吳鼎仁水墨畫集》，金門縣金城鎮：鼎軒畫室，2002年。

2002 吳鼎仁，《浯風和暢——金門扇面古字畫珍藏集》，金門：金門縣立文化中心，2002年。

2003 吳鼎仁，《呂世宜書學風格研究》，銘傳大學應用中國文學研究所碩士在職專班，2003年，碩士論文。

2003.1 吳鼎仁，〈西村呂世宜在廈門的故居〉，《金門日報》，2003/10/29-30，副刊。

2004 吳鼎仁，《西村呂世宜》，金門縣金城鎮：鼎軒畫室，2004年。

2004.01 吳鼎仁，〈呂世宜書法風格對後世之影響〉，《金門日報》，2004/01/24-27，副刊。

2005 吳鼎仁，《金門文史叢刊系列（一）金門古書畫藝術》，金門：金門縣文化局，2005年。

2005.11 吳鼎仁，〈吳鼎信的鋼鐵雕塑藝術〉，《金門日報》，2005/11/18，副刊。

2006 吳鼎仁，《萬里風煙入罨畫：吳鼎仁彩墨畫集》，金門縣金城鎮：鼎軒畫室，2006年。

2006.04 吳鼎仁，〈「高擎地球接軌世界」——吳鼎信鋼雕展〉，《金門日報》，2006/04/23，副刊。

2006.12 吳鼎仁，〈發現大清呂西村墓塚〉，《金門日報》，

2006/12/20，副刊。

2007 吳鼎仁作；陳秀竹編輯，《金門風情畫：畫我故鄉》，金門縣金寧鄉：內政部營建署金門國家公園管理處，2007年。

2007.11 吳鼎仁，〈鹿港浯江館〉，《金門日報》，2007/11/24，副刊。

吳福河

2003 吳福河，《玉山星情》，南投縣水里鄉：玉山國家公園，2003年。

2006 吳福河，《金門星空》，金門：金門縣文化局，2006年。

吳劍明

2010 吳劍明，《浯江憶往》，金門縣：金門縣文化局，2010年。

吳慧菱

2000 吳慧菱，《愛戀City——Melissa與城市的對話》，台北：世茂出版社，2000年。

2004.11 吳慧菱，〈散文——生活原味的感動：文學的美麗正微醺〉，《金門文藝》3，2004.11，頁40-42。

2005.07 吳慧菱，〈散文——歡迎光臨迷彩小鎮〉，《金門文藝》7，2005.07，頁106-107。

2005.07 吳慧菱，〈文藝年代〉，《金門日報》，2005/07/29，副刊。

2006 吳慧菱，《謝謝你赫蓮娜》，金門：金門縣政府，2006年。

2006.03 吳慧菱，〈親愛的8號同學〉，《金門文藝》11，2006.03，頁86-89。

2007.01 吳慧菱，〈蘭花開了〉，《金門文藝》16，2007.01，頁79-80。

2007.03 吳慧菱，〈北京一夜未眠〉，《金門文藝》17，2007.03，頁78-80。

2007.05 吳慧菱，〈東京春小玉〉，《金門文藝》18，2007.05，頁72-73。

2007.07 吳慧菱，〈豔陽天卡布里島〉，《金門文藝》19，2007.07，頁79-80。

2007.09 吳慧菱，〈隱形之初在也納〉，《金門文藝》20，2007.09，頁79-80。

2007.11 吳慧菱，〈霓虹的意義〉，《金門文藝》21，2007.11，頁64-65。

吳學明

2001.12 吳學明，〈鄉土史田野工作的理論與實務〉，《九十年度金門地區村史寫作與文化資產保存維護研討會》，金門縣文史工作協會，2001.12。

吳樹

1994.07 吳樹，〈金門的「風獅爺」〉，《臺南文化》37，1994.07，頁95-98。

吳興邦

2003 吳興邦，《金門縣民眾對金廈小三通政策滿意度之研究（2001-2003年）》，銘傳大學社會科學院國家發展與兩岸關係碩士在職專班，2003年，碩士論文。

吳龍海

1989 吴龙海，《饮恨金门》，厦门：鹭江出版社，1989年。

吳禮字

2001.09 吳禮字、吳岳文、施純青、柯裕仁、林文川，〈臺灣金線連和闊葉大豆（金門產一條根）之初步基因毒性試驗〉，《中醫藥雜誌》12:3，2001.09，頁173-178。

吳騰達

1999.11 吳騰達，〈金門民間陣頭的發展——以宋江陣、舞獅、跳鼓陣為例〉，國立傳統藝術中心籌備處編，《金門傳統藝術研討會會議論文集》（台北市：國立傳統藝術中心籌備處，2000年），頁167-186。

呂允在

2003 呂允在，《東坑呂氏家廟族譜、六姓宗祠族譜、清雲祖師廟》，金門：列嶼鄉公所，2003年。

2003 呂允在，《盡攬東坑風華》，金門：烈嶼鄉公所，2003年。

2003 呂允在、林馬騰，《細說烽火話烈嶼：從東坑談起》，金門：烈嶼鄉公所，2003年。

2003 呂允在，《典藏東坑：烈嶼歲月憶往》，金門縣：烈嶼鄉公所，2003年。

2008 呂允在，《明人的讀書生活：知識階層生涯規劃的一個歷史側面》，中國文化大學史學研究所，2008年，博士論文。

2009.11 呂允在，〈讀林馬騰《祕島——大二膽島的祕境祕史》有感〉，《金門日報》，2009/11/15，副刊。

2009.12 呂允在，〈重逢〉，《金門日報》，2009/12/14，副刊。

2010.01 呂允在，〈雕刻鄉愁〉，《金門日報》，2010/01/01，副刊。

2010.02 呂允在，〈鴻爪話當年 烈嶼舊照憶從前——林馬騰《風雞履痕——烈嶼老照片說故事》訴真情雪泥〉，《金門日報》，2010/02/08，副刊。

2010.08 呂允在，〈生命是一場盡力的演出——縣籍版畫家黃世團在框架中的歲月履痕〉，《金門日報》，2010/08/24，副刊。

呂文珠

2007 呂文珠，《金門縣公立幼稚園點心供應現況調查》，國立臺東大學幼兒教育學系碩士班，2007年，碩士論文。

呂月鳳

2006 呂月鳳，《金門縣議會組織變遷之研究》，銘傳大學公共事務學系碩士在職專班，2006年，碩士論文。

呂世宜

1923 呂世宜（清）撰；林維源校，《愛吾廬題跋》，日大正15年東京築地活版製造所排印本，1923年。

呂永裕

2003 呂永裕，《金門縣烈嶼鄉為民服務手冊》，金門縣：金門縣烈嶼鄉公所，2003年。

呂光洋

1998 呂光洋，《金門國家公園兩棲爬行動物調查報告》，金門縣：金門國家公園管理處，1998年。

呂合成

2009 呂合成主編；金門縣烈嶼鄉公所編，《烈嶼鄉鄉政紀要. 中華民國九十四年一月～九十六年十二月》，金門縣烈嶼鄉：金門縣烈嶼鄉公所，2009年。

呂成發

2003 呂成發，《金門縣選民投票行為之研究——2004年總統選舉個案分析》，銘傳大學社會科學院國家發展與兩岸關係碩士在職專班，2003年，碩士論文。

呂志廣

2000 呂志廣，《金門地區木麻黃生長輪與氣候關係之研究》，國立東華大學自然資源管理研究所，2000年，碩士論文。

呂坤和

1995 呂坤和，《呂坤和畫集：雨後江山》，臺北市：三采文化，1995年。

2003 呂坤和，《城市造境：以臺北多面向建築為創作題材的探討》，國立臺灣師範大學美術研究所國畫創作組，2003年，碩士論文。

2007.07 呂坤和，〈金門藝文展覽的省思——以金門文化局成立二週年來所辦的展覽為例〉，《視覺藝術論壇》2，2007.07，頁47-58。

2010 呂坤和，《如夢之境山水的建構：再造太魯閣峽谷的創作研究》，國立臺灣師範大學美術學系，2010年，博士論文。

呂欣融

2007 呂欣融，《戰後台灣金門同鄉會發展》，長榮大學台灣研究所，2007年，碩士論文。

2008 呂欣融，《戰後臺灣金門同鄉會發展》，長榮大學臺灣研究所碩士班，2008年，碩士論文。

呂金誠

1980 呂金誠，《金門植群之研究》，國立中興大學森林研究所，碩士論文，1980年。

1980.04 呂金誠，〈金門植物之初步探討〉，《國立中興大學農學院實驗林研究報告》2，1980.04，頁168-194。

1994.1 呂金誠，〈神奇的綠色大地——金門原生植物巡禮-1-，《金門》43，1994.10，頁48-55。

1995.01 呂金誠，〈神奇的綠色大地——金門原生植物巡禮-2-，《金門》44，1995.01，頁46-53。

1995.08 呂金誠，〈神奇的綠色大地——金門原生植物巡禮-3-，《金門》46，1995.08，頁38-43。

1995.11 呂金誠，〈神奇的綠色大地——金門原生植物巡禮-4-，《金門》47，1995.11，頁56-61。

2005 呂金誠、歐辰雄、劉思謙、曾彥學，《金門地區民俗植物調查》，金門縣：內政部營建署金門國家公園管理處，2005年。

2008.12 呂金誠主持（國立中興大學森林學系），《金門地區民俗植物調查》，金門：金門國家公園管理處委託研究報告，2008/12。

呂祝義

2010.12 呂祝義，〈我從金門來：澎湖東衛呂氏源流暨族譜之研究〉，李沃士等撰文，《2010年金門學學術研討會論文集，第三屆》（金門縣：金門縣文化局，2010年12月）。

呂清福

2004 呂清福，《社區營造與永續發展之研究——以金門縣古寧頭社區為例》，銘傳大學公共事務學系碩士在職專班，2004年，碩士論文。

呂嘉凱

2010 呂嘉凱、鄭守鈞、張海南總策劃，《古寧頭戰役參戰官兵口述歷史暨60週年紀念戰地巡禮紀實》，台北：退輔會，2010年。

呂榮和

2006 呂榮和，《陶然歲月：六十還曆的回顧》，金門縣：金門縣文史工作協會，2006年。

呂福和

1980 呂福和、臺灣省政府教育廳兒童讀物編輯小組，《尋松到金門》，台北市：臺灣省政府教育廳，1980年。

呂福原

2008.12 呂福原、廖宇賡主持（國立嘉義大學森林暨自然資源學系），《金門植物資源調查與金門植物誌編纂計畫》，金門：金門國家公園管理處委託研究報告，2008/12。

2011 呂福原編輯撰文，《金門植物園植物資源解說手冊》，金門縣：金門縣林務所，2011年。

呂慧琳

2009 呂慧琳，《服務品質、醫病關係、信任與病患滿意度關係之研究-以署立金門醫院為例》，國立高雄大學高階經營管理碩士在職專班（EMBA），2009年，碩士論文。

呂學良

2004.08 吴学良，〈金门岛的战地妓院〉，《文史博览》（湖南省长沙市：中国人民政治协商会议湖南省委员会），2004年 08期，頁32。

呂靜怡

2007 呂靜怡，〈金門戰爭背景下的「出操」文化之探討〉，慈濟大學人類發展研究所主辦，《中央研究院民族學研究所暨慈濟大學人類發展研究所合作培訓計畫（2007）成果發表會》，花蓮市：慈濟大學人類發展研究所，2008年。

妙風

1958.1 妙風，〈由金門的佛教談到當前軍中的佛教〉，《中國佛教》3:2，1958.10.

宋克偉

2009.01 宋克偉，〈企盼中的人文金門〉，《金門文藝》28，2009.01，頁48-49。

宋孝和

2005.03 宋孝和、郭杰，〈威慑与谋略——炮击金门行动在维护“一个中国”中的军事价值〉，《徐州师范大学学报》（江苏省徐州市：徐州师范大学），2005年03期，頁76-79。

宋怡明

2009 宋怡明、李仁淵譯，〈戰火下的記憶政治：金門，1949～2008〉，《考古人類學刊》71， 2009.12，頁51-69。

宋明亮

2006.11 宋明亮，〈回首金門〉，《幼獅文藝》635，2006.11，頁50-51。

宋連生

2000.01 宋连生，《穿越台湾海峡的中美较量》，厦门大学超星数字图书馆电子图书，2001年01月第1版。

2000.11 宋连生，《对峙五十年》，厦门大学超星数字图书馆电子图书，2000年11月第1版。

宋智明

2007 宋智明，〈撩開金門文學創作的面紗〉，《廈門日報》，2007/04/26，版號018。

巫文隆

2004 巫文隆、張寶仁、楊誠國，《金門沿海貝類》，金門縣：金門縣水產試驗所，2004年。

2006 巫文隆研究主持；楊誠國共同主持；張寶仁協同主持，《金門地區軟體動物相調查》，金門縣金寧鄉：內政部營建署金門國家公園管理處，2006年。

扶元衡

1976.07 扶元衡，〈淺談金門漁業發展〉，《戰地政務》167，1976.07，頁10-11。

李一梅

2004.06 李一梅，〈2004年把愛傳出去——金門乳癌篩檢活動行〉，《聲洋防癌之聲》，No.106, 2004.06，頁25-29。

李中和

1969 李中和，《金門之音》，金門：金門文獻委會，1969年。

李仁木

2004.12 李仁木，〈金沙山西李氏淵源與人文地理概況〉，《金門宗族文化》1，2004.12，頁41-45。

2007 李仁木、李國偉、李榮瑜編修，《浯洲山西李氏族譜》，金門縣金沙鎮：金縣李氏基金會，2007年。

李元平

1988 李元平，《「八二三」金門砲戰秘錄》，台中縣：臺灣日報出版，1988年。

李元全

2005 李元全，《航空站營運管理績效之研究——以金門及馬祖地區機場為例》，銘傳大學公共事務學系碩士在職專班，2005年，碩士論文。

李天任

2010 李天任，《金門城市色彩意象建構論壇》，金門縣：金門縣文化局，2010年。

李文林

2009.02 李文林，〈厦门——金门海域漂浮垃圾污染调查及对策〉，《环境卫生工程》（天津市：天津市市容环境工程设计研究），2009年02期，頁46-48+51。

李文選

2003 李文選，《台電公司金門區營業處服務品質之研究》，銘傳大學公共事務學系在職專班，2003年，碩士論文。

李木隆

2006 李木隆，《解嚴前「金門報導」對金門發展之分析》，銘傳大學應用中國文學系，碩士論文，2006年。

李氏基金會

2007 財團法人金門縣山西德宗李氏基金會，《浯洲山西李氏族譜》，金門縣：財團法人金門縣山西德宗李氏基金會，2007年。

李仕德

1992.12 李仕德，〈金門與早期臺灣開發的關係〉，《臺北文獻直字》102，1992.12，頁97-106。

1995 李仕德撰，《英國與中國的外交關係（1929-1937）》，文化大學史學研究所，1995年，博士論文。

2004 李仕德，《十七世紀的海上金門》，金門：金門縣文化局，2004年。

2004.03 李仕德，〈明清之際中荷交往史上的金門〉，李金振編，《閩南文化學術研討會論文集》（金門縣：金門縣立文化中心，2004年），頁273-286。

2006 李仕德，《追尋明清時期的海上馬祖》，連江縣：連江縣政府，2006年。

2007.02 李仕德，〈金門旅日華商陳國樑與益泰號〉，楊加順總編輯，《2006年金門學學術研討會論文集》（金門縣：金門縣文化局，2007年2月），頁11-36。

李永中

2005 李永中，《金門宗廟與居民社會生活之研究》，銘傳大學應用中國文學系碩士在職專班，2005年，碩士論文。

李永鳳

2008 李永鳳等口述；董群廉訪問、紀錄整理，《金門鄉僑訪談錄. 二, 汶萊、砂勝越篇》，金門縣：金門縣政府，2008年。

李玉珍

2001 李玉珍，《聽、見金門：金門觀光節成果專刊，第二屆》，金門縣：金門縣政府，2001年。

李玉荷

2009 李玉荷等口述；董群廉、王先鎮、王金鍊訪問、紀錄整理，《金門鄉僑訪談錄. 五, 菲律賓馬尼拉、宿霧篇》，金門縣：金門縣政府，2009年。

李生春

2008 李生春，《金門縣政府與金門國家公園管理處協力治理之研究——以金門污水系統之建設與管理為例》，銘傳大學公共事務學系碩士在職專班，2008年，碩士論文。

李光明

1996 李光明報告，《國立金門高級農工職業學校施政計畫及收支預算案口頭報告》，台北市：立法院，1996年。

2001 李光明編，《金門高級中學建校五十週年紀念特刊》，金門縣：國立金門高級中學，2001年。

李再杭

2010 李再杭總編輯，《金門童軍活動紀念專輯》，金門縣：金門縣政府，2010年。

2011 李再杭總編輯，《金門縣運動會成果專輯. 第17屆》，金門：金縣體育場，2011年。

李如儀

1996 李如儀，《金門國家公園榕園遊憩區（戰役史蹟紀念館區）細部計畫》，金門縣：內政部營建署金門國家公園管理處，1996年。

李如龍

2008 李如龙、姚荣松等主编，《闽南方言》，福州市：福建人民出版社，2008年。（閩南文化叢書）

李守孔

1979.1 李守孔，〈金門古寧頭奏捷三十周年〉，《傳記文學》35:4，1979.10，頁11-15。

李安

1977.02 李安，〈金門建設與金門精神〉，《東方雜誌》10:8，1977.02，頁62-70。

1977.12 李安，〈憲法基本國策在金門的實踐〉，《國民大會憲政研討委員會年刊》，1977.12，頁80-89。

李成義

2009 李成義，《總體環境及產業競爭力分析——以金門酒廠為例》，國立高雄大學高階經營管理碩士在職專班

（EMBA），2009年，碩士論文。

李伯年

1961.06 李伯年，〈金門早生球莖甘藍採種試驗〉，《中華農業研究》，Vol.10 No.2，1961.06，頁16-24。

1964.03 李伯年，"Report on Experiments about the Seeds' Size of Kinmen Early Kohlrabi"，《中華農業研究》，Vol.13 No.1，1964.03，頁28-31。

李志泓

2003.06 李志泓、洪集輝，〈金門地區資訊網路發展現況〉，《第三屆離島資訊技術與應用研討會》，2003年6月，國立高雄應用科技大學金門分部資訊管理系。

李沛慶

1994.05 李沛慶，〈金門地區觀光客消費行為分析——實證調查研究〉，《商學學報. 空大》2，1994.05，頁93-119。

1995.06 李沛慶，〈金門觀光客旅遊動機及其滿意度之研究〉，《商學學報. 空大》3，1995.06，頁17-47。

1996.06 李沛慶，〈金門居民對金門觀光開發滿意度之研究〉，《商學學報. 空大》4，1996.06，頁19-86。

1999.06 李沛慶，〈個人——環境配適與金門觀光滿意度之研究〉，《商學學報. 空大》7，1999.06，頁33-68。

李沃士

2004 李沃士，《「小三通」後金門永續發展的策略規劃》，銘傳大學社會科學院國家發展與兩岸關係碩士在職專班，2004年，碩士論文。

2010 李沃士等撰文，《2010年金門學學術研討會論文集，第三屆》，金門縣：金門縣文化局，2010年12月。

李沃牆

1995.07 李沃牆，〈金門經濟發展的過去、現在與未來〉，《經濟前瞻》10:4=40，1995.07，頁126-129。

1998.09 李沃牆，〈從兩岸小三通到金廈共榮圈〉，《經濟前瞻》59，1998.09，頁132-138。

2002.03 李沃牆，〈從金門發展現況看未來政經走向〉，《經濟前瞻》80，2002.03，頁116-119。

李秀秀

2009 李秀秀，《金門陳景蘭洋樓修復與活化：以營造體系與經營管理之觀點檢視》，國立金門技術學院閩南文化研究所，2009年，碩士論文。

李秀治

2010 李秀治（北珊），《小瓦房》，金門縣金城鎮：金縣文化局，2010年。

李秀荷

2005 李秀荷，《金門地區少年犯罪成因及防制對策之研究（1995-2004年）》，銘傳大學公共事務學系碩士在職專班，2005年，碩士論文。

李良榮

1989 李良榮文教基金會籌備處編輯，《李良榮與金門保衛戰》，台北市：福州月刊社，1989年。

李佳琳

2000 李佳琳，《金門地區糖尿病高危險群固定世代之長期追蹤研究：空腹與負荷後血糖耐受性異常自然病史之比較》，國立陽明大學公共衛生研究所，2000年，博士論文。

李佳發

2006 李佳發，《建立金廈漁業協調管理與合作機制之研究》，國立臺灣海洋大學環境生物與漁業科學學系，2006年，碩士論文。

李其昌

2008 李其昌，《國中生健康體適能差異因素之探討——以金門縣立金城國中為例》，銘傳大學公共事務學系碩士在職專班，2008年，碩士論文。

李姍容

2009 李姍容，《金門高粱酒之品牌形象對顧客滿意度和品牌忠誠度影響之研究》，世新大學公共關係暨廣告學研究所（含碩專班），2009年，碩士論文。

李宗璋

2008 李宗璋，《金廈地區懸浮微粒物化特性分析及污染源解析探討》，國立中山大學環境工程研究所，2008年，碩士論文。

李宜涯

1999 李宜涯，《臺海第一戰：古寧頭戰役五十週年紀念文集》，台北市：青年日報，1999年。

李怡來

1968.03 李怡來，〈金門築屋禮俗〉，《福建文獻》1，1968.03，頁46。

1971 李怡來編纂，《金門華僑志》，金門：金門縣文獻委員會，1971年。

1978.1 李怡來，〈金門氏族淵源考〉，《金門》1，1978.10，頁41-42。

1982.06 李怡來，〈金門民間傳統建築漫談（附：名木匠王益順傳略）〉，《臺灣文獻》33:2，1982.06，頁121-123。

李明娟

2008 李明娟，《金門縣提升幼兒閱讀能力之行動研究——以金湖國小附設幼稚園大藍班為例》，銘傳大學應用中國文學系碩士在職專班，2008年，碩士論文。

李金生

1998 李金生，《雞奄山頂談珠山歷史》，金門：金門縣政府，1998年。

1999 李金生，《烽火紅樓模範街》，金門：金門縣政府，1999年。

1999.1 李金生，〈浴火重生——古寧頭今昔〉，《國魂》647，1999.10，頁26-29。

2000 李金生，《金門水頭》，金門：金門縣政府，2000年。

2001 李金生，《金門聚落映象導覽手冊》，金門縣：金門縣立文化中心，2001年。

2002 李金生，《金門歷史建築的故事》，金門：金門縣立文化中心，2002年。

李金昌

1999 李金昌（印尼泗水），《金門憶昔——日軍強徵馬夫》，印尼：祖國文藝協會，1999年。

2005 李金昌，《浯島啟示錄》，金門：金門縣政府，2005年。

2006.12 李金昌，〈我哭得很痛！〉，《金門日報》，2006/12/28，副刊。

2007.01 李金昌，〈記著母親的話〉，《金門日報》，2007/01/13，副刊。

2008.08 李金昌，〈前沿地帶的余華（印尼泗水）〉，《金門日報》，2008/08/01，副刊。

2008.09 李金昌，〈三言兩語話金門〉，《金門日報》，2008/09/24，副刊。

2010.09 李金昌，〈思念故鄉——近代詩八首〉，《金門日報》，2010/09/15，副刊。

2010.12 李金昌，〈與君相約〉，《金門日報》，2010/12/16，副刊。

李金振

2002 李金振研究主持；吳濟華、黃營芳、李榤堅協同主持；行政院研究發展考核委員會編，《金門設立特別行政區可行性之評估》，臺北市：行政院研究發展考核委員會，2002年。

2003 李金振、江柏煒共同主持，《2003年閩南文化學術研討會》，金門縣文化局委託，國立金門技術學院研究，2003.12。

2003.04 李金振，〈《金寧鄉石蚵文化節》系列專文烽火下的童年生活〉，《金門日報》，2003/04/19，副刊。

2007 李金振計畫主持；陳水龍等協同主持，《「96加強金門縣政府防救災作業能力計畫」期中報告》，[臺北縣新店市]：內政部消防署，2007年。

李金鎗

2004.12 李金鎗，〈金門鄉親赴台打拚，成立同鄉會聯誼〉，《金門日報》，2004/12/31。

李長青

2007.09 李長青，〈我的，金門〉，《金門文藝》20，2007.09，頁120-122。

李長貴

2008 李長貴，《口蹄疫撲滅防疫政策回應性評估之研究——以金門縣烈嶼鄉生產畜牧場業者為例》，銘傳大學公共事務學系碩士在職專班，2008年，碩士論文。

李俊延

1995 李俊延、王效岳，《台灣蝶類圖說三：金門馬祖和台灣地區蝴蝶之綜述》，台灣省：台灣省立博物館，1995年。

李俊彥

2008 李俊彥，《從澳門、濟州島等國外島嶼觀光再發展經驗探討金門地區未來觀光發展方向之研究》，銘傳大學觀光研究所碩士在職專班，2008年，碩士論文。

李俊賢

2007.09 李俊賢，〈驚豔金門空間美學〉，《國家公園》，2007.09，頁70-77。

李俊融

2000.04 李俊融，〈中共發動一九五八年金門砲戰的國際因素〉，《東亞季刊》31:2，2000.04，頁63-78。

李俊龍

2003 李俊龍，《大陸遊客對金門意象認知與訊息傳播媒介關係之探討》，銘傳大學觀光研究所碩士班，2003年，碩士論文。

李勇

2006 李勇，《从闽南人到"福建人"：殖民地时代新加坡华人社群建构的历史考察》，厦门大学人文学院历史学系，2006年，硕士论文。

李彥賢

2008.08 李彥賢、李錫添，〈口述歷史專訪古寧頭高甲戲〉，《金門日報》，2008/08/18，副刊。

李思賢

2004.12 李思賢，〈為什麼去金門看碉堡藝術「館」？試析蔡國強BMoCA的內外權力顛覆〉，《典藏今藝術》147，2004.12，頁111-113。

李春城

1978.04 李春城，〈金門恙蟲病〉，《軍醫文粹》22:4，1978.04，頁49-53。

李津

1996 李津，《八閩同心：福建省政府遷治金門紀念特刊》，金門：福建省政府，1996年。

李玲玲

1994.06 李玲玲、林宜靜，〈金門地區自然資源基礎調查與保育方針之研究——野生動物資源〉，《國家公園學報》5:1，1994.06，頁1-20。

1997 李玲玲主持，《金門近海地區哺乳動物調查研究》，金門縣：內政部營建署金門國家公園管理處，1997年。

1997.06 李玲玲，〈活躍在濕地上的野生動物——水獺：金門地區水獺之分布與現況〉，《金門》53，1997.06，頁30-35。

2000 李玲玲、莊西進、李溫林、洪志銘、黃傳景，《金門地區水獺族群之調查研究》，金門縣：內政部營建署金門國家公園管理處，2000/12。

2003 李玲玲，〈金門地區水瀨研究現況〉，江柏煒編，《金門歷史、文化與生態國際學術研討會論文集》，金門縣：金門縣立文化中心，2003年。

2006 李玲玲研究主持，《金門地區蝙蝠相調查研究》，金門縣：內政部營建署金門國家公園管理處，，2006年。

李盈潔

2007 李盈潔，《國小學童英語口語評量工具發展模式之建立：以金門地區國小六年級學童為例》，國立臺北教育大學教育行政碩士在職進修專班，2007年，碩士論文。

李英吉

1984 李英吉，《中共「八二三」軍事衝突行為之研究》，中國文化大學政治研究所，1984年，博士論文。

李重耀

2009 李重耀計劃主持，《金門縣縣定古蹟『黃偉墓』修復工程工作報告書》，金門縣：金門縣文化局，2009年。

李炷烽

1994 李炷烽主編，《金門情：83年全國文藝季專輯》，金門：金門縣政府，1994年。

1994 李炷烽、黃國泰，《金門風獅爺調查研究》，金門縣：金門縣立社會教育館，1994年。

2002 李炷烽，《壬午年湄洲媽祖巡安金門紀要》，金門：金門縣政府，2002年。

2004.09 李炷烽，〈金門，真心打造文化城〉，《金門文藝》2，2004.09，頁70-71。

2006.12 李炷烽，〈浯島與浯民〉，《金門日報》，2006/12/10，副刊。

2008.03 李炷烽，〈30年後的金門〉，《文訊》269，2008.03，頁94-95。

2008.1 李炷烽，〈九十七年宗族文化協會年刊序——兼誌翔安世界金門日〉，《金門縣宗族文化研究協會會刊》5（2008年10月），頁1-2。

2009 李炷烽監修，《金門縣志：96年續修》，金門縣：金門縣政府，2009年。

李哲威

2003.1 李哲威，〈兩岸「小三通」下之金門經貿往來〉，《今日海關》30，2003.10，頁24-27。

李振東

2009 李振東等口述；董群廉、黃振良訪問紀錄整理，《金門鄉僑訪談錄. 三, 香港、越南篇》，金門縣：金門縣政府，2009年。

李根炎

2006 李根炎，《國立金門農工職校轉型策略之研究》，銘傳大學觀光研究所碩士在職專班，2006年，碩士論文。

李根樂

1996 李根樂，《慈湖水鳥之美──金門慈湖水鳥調查研究成果報告》，金門：古寧國小，1996年。

李益杰

2008 李益杰，《金門縣道路交通事故肇事因素與防制策略之探討》，銘傳大學公共事務學系碩士在職專班，2008年，碩士論文。

李能慧

2004.02 李能慧、古東源、吳桂森、余泰魁，〈金門觀光客行為傾向模式之建構〉，《管理學報》21:1，2004.02，頁131-151。

2007 李能慧，《金門觀光客行為傾向模式之建構與實證》，雲林科技大學管理研究所博士班，2007年，博士論文。

李乾朗

1975.03 李乾朗，〈金門的建築〉，《臺灣風物》25:01，1975.

03，頁31。

1978.04 李乾朗，〈新金門的古建築〉，《綜合月刊》113，1978.04，頁66-72。

1983 李乾朗，《金門民居建築》，金門：雄獅，1983年。

1991 李乾朗計畫主持，《金門提衙振威第調查研究》，金門：金門縣政府，1991年。

1995 李乾朗計畫主持，《金門海印寺調查研究》，金門：金門縣政府，1995年。

1997 李乾朗，《金門提衙振威第修護工程報告書》，金門：金門縣政府，1997年。

1999.11 李乾朗，〈金門古建築的水車垛〉，國立傳統藝術中心籌備處編，《金門傳統藝術研討會會議論文集》（台北市：國立傳統藝術中心籌備處，2000年），頁91-98。

1980.1 李乾朗，〈傳統建築——金門的傳統建築〉，《房屋市場》86，1980.10，頁108-111。

李國忠

1992 李國忠（國立臺灣大學森林環境暨資源學系暨研究所），《特徵資源開發觀光遊憩之效益評估——金門觀光發展個案研究》，國科會專題研究計畫，執行起迄：1991/10/01～1992/09/30。

1993.06 李國忠，〈特徵觀光遊憩資源開發之效益評估——金門觀光發展個案〉，國立臺灣大學農學院研究報告33:2，1993.06，頁87-109。

2003 李國忠、蔡明哲，《金門傳統建築白蟻防治與維護（修正本）》，金門縣：內政部營建署金門國家公園管理處，2003年。

李國俊

1998 李國俊，〈金門鼓吹樂的整理與傳習〉，國立傳統藝術中心籌備處編，《傳統藝術研討會論文集：傳承、交流、成長》（台北市：國立傳統藝術中心籌備處，1998年），頁3-20。

1998 李國俊（國立中央大學中國文學系），《金門九甲戲史研究》，國科會專題研究計畫，執行起迄：1997/08/01～1998/07/31。

1998.06 李國俊，〈金門地區兒童歌謠研究〉，胡萬川，《臺灣民間文學學術研討會論文集》（南投市：臺灣省政府文化處，1998年6月），頁117-126。

1999.11 李國俊，〈金門九甲戲的發展與變遷研究〉，國立傳統藝術中心籌備處編，《金門傳統藝術研討會會議論文集》（台北市：國立傳統藝術中心籌備處，2000年），頁265-280。

2001.11 李國俊，〈金門高甲戲演出劇目與劇本〉，國立傳統藝術中心籌備處編，《兩岸高甲戲研討會論文集》（高雄市：國立傳統藝術中心籌備處，2001年11月），頁87-106。

李國偉

2005.06 李國偉，〈金門振威將軍李光顯之研究〉，《臺灣源流》31，2005.06，頁30-35。

2007 李國偉重脩，《浯洲古龍頭李氏族譜》，金門縣金城鎮：李國偉，2007年。

2009 李國偉主編；李怡來原撰，《浯洲古龍頭鄉土志》，金門：金門縣文化局，2009年。

李國盛

2003.05 李國盛，〈戰地的寶藏——走訪金門〉，《文化視窗》51，2003.05，頁53-57。

李培芬

2009 李培芬主持，《金門國家公園太武山區環境資源調查（一）》，金門縣：內政部營建署金門國家公園，2009年。

李培榮

1989 李培榮，《兩部戰爭小說朱西寧的《八二三注》與特歐多、普里維爾的《史達林格勒》中的軍人形象》，輔仁大學德國語文研究所，1989年，碩士論文。

李常生

2008.05 李常生，〈從1973年起，我就深愛著金門與官澳村〉，《金門文藝》24，2008.05，頁8-11。

李清來

2006 李清來，《從「小三通」實施探討金門 地區安全之研究》，銘傳大學社會科學院國家發展與兩岸關係碩士在職專班，2006年，碩士論文。

李紹君

2010 李紹君，《應用RFID於防偽辨識系統之研究——以金門高粱酒產品為例》，長庚大學電子工程研究所，2010年，碩士論文。

李逢時

2010.12 李逢時，〈金門地方產業交流中心設置探討〉，李沃士等撰文，《2010年金門學學術研討會論文集，第三屆》（金門縣：金門縣文化局，2010年12月）。

李堯

2002.08 李尧，〈浅析金门登陆战役中的重大战场情报失误〉，《情报杂志》（陕西省西安市：陕西省科学技术信息研究所），2002年08期，页103-104。

李智源

2003 李智源，《金門婚姻暴力之研究——傳統家庭結構下婚姻暴力的個案研究》，銘傳大學公共事務學系碩士在職專班，2003年，碩士論文。

李朝賢

2000 李朝賢，《金門縣農林漁牧產業調整措施研究規劃報告書》，台中市：國立中興大學，2000年。

李森永

2003.09 李森永，〈從府際關係探討「金門小三通」政策〉，行政院大陸委員會主辦，《「兩岸關係與大陸問題研究」研究生論文研討會》，2003/09/26。

李超倫

1977 李超倫導演，《生活中的金門》，製作公司：自由中國影片供應社，出品日期：1977-01-01，資料來源：電影資料館。

李鈞寰

200? 李鈞寰導演，《在地生活：14, 金門》，臺北市：廣電基金, 200?年。影音光碟（約25分鐘）。

李開盤

1984.1 李開盤，〈金門試用木麻黃燒炭報告〉，《臺灣林業》10:9，1984.10，頁21-26。

1989.09 李開盤，〈金門林相更新十年紀實〉，《現代育林》5:1=9，1989.09，頁24-30。

1989.11 李開盤、何逸民，〈金門森林的害蟲〉，《臺灣林業》15:11，1989.11，頁22-25。

李雯

2009 李雯，《從漁村、軍港到商港——金門料羅村及其港口之空間變遷》，國立金門技術學院閩南文化研究所，

2009年，碩士論文。

李琮閔

2003 李琮閔，《金門地區居民對傳統聚落文化之不同態度間相關研究》，大葉大學休閒事業管理學系碩士班，2003年，碩士論文。

李新鄉

2009.12 李新鄉、楊成業，〈金門地區國中小教師工作壓力與組織承諾之研究〉，《教育行政論壇. 屏東教育大學》1:2，2009.12，頁1-23。

李楊勝

1995 李楊勝，《以形狀文法建構金門傳統民宅基型平面之研究——自傳統民宅既有文獻中建 構形狀文法應用架構之初探》，東海大學建築學系，1995年，碩士論文。

1997.03 李楊勝、劉舜仁，〈金門傳統民宅平面形狀文法構成之初探〉，《建築學報》20，1997.03， 頁17-35。

李毓秀

2007 李毓秀，《觀光服務業者對舉辦節慶活動滿意度之研究——以2006年金門坑道藝術節為例》，銘傳大學觀光研究所碩士在職專班，2007年，碩士論文。

李瑞芳

2005.05 李瑞芳，〈從成國形象看金門人性格特徵〉，《金門文藝》6，2005.05，頁44-47。

李瑞圓

2005 李瑞圓，《金門國家公園傳統聚落保存活化旅遊之公共價值與策略規劃》，國立中山大學公共事務管理研究所，2005年，碩士論文。

李路加

2004 李路加總編纂，《2004-2005金門縣觀光全覽》，台北市：假日，2004年。

李達

1987 李達編著，〈金門島的吸引力〉，《一國兩制與臺灣》，香港：廣角鏡出版社有限公司；華風書局有限公司發行，1987年，頁91-2。

李嘉珍

2005 李嘉珍，《金門高粱酒行銷大陸市場策略之研究》，銘傳大學觀光研究所碩士在職專班，2005年，碩士論文。

李壽先

2007 李壽先研究主持、洪心怡研究，《金門環頸雉暨相關棲息生態環境調查》，金門縣金寧鄉：內政部營建署金門國家公園，2007年。

李榮章

2001 李榮章，《「西山前李宅」古蹟之維護與管理及民宿計畫之探討》，銘傳大學管理科學研究所碩士在職專班，2001年，碩士論文。

李榮團

2003 李榮團總編輯，《浯島跫音：金門縣寫作協會會員作品集（四）》，金門縣金城鎮：金門縣寫作協會，2003年。

李榮聰

2003.06 李榮聰，〈館藏「木雕六合同春按金門扇花窗」賞析〉，《臺灣文獻》別冊5，2003.06，頁42-50。

李福井

1998 李福井，《與心靈有約》，台北：小報文化，1998年。

1999 李福井，《古寧頭歲月》，台北：稻田出版有限公司，1999年。

1999 李福井，《古寧頭戰紀》，台北縣：稻田，1999年。

2003.04 李福井，〈江山那有許與人——從兩岸人民觀點看古寧頭戰役〉，《金門日報》，2003/04/07，副刊。

2005.03 李福井，〈古寧頭戰役的歷史觀點〉，《金門日報》，2005/03/24，副刊。

2005.04 李福井，〈《生活札記》路，我們一起走過！〉，《金門日報》，2005/04/29，副刊。

2005.05 李福井，〈記者之路〉，《金門日報》，2005/05/21-，副刊。

2005.07 李福井，〈「話題與觀念」賣金酒，也賣文化！〉，《金門日報》，2005/07/30，副刊。

2006.01 李福井，〈談金門習俗〉，《金門日報》，2006/01/28，副刊。

2006.03 李福井，〈給文學一點奶水〉，《金門文藝》11，2006.03，頁6-7。

2008 李福井，《他們怎麼說歷史》，金門：金門縣文化局，2008年。

2008 李福井，《丹心：金門歷史故事集. 一九七九～二〇〇八》，金門：金門縣文化局，2008年。

2008 李福井，《A.T.檔案大解碼：福爾摩沙不再為伊哭泣》，臺北縣新店市：新來文化，2008年。

2008.01 李福井，〈金門最後的騾馬伕——陳文通的人生故事〉，《金門文藝》22，2008.01，頁32-35。

2008.03 李福井，〈走擔人生馬伕淚——許文涵的人生故事〉，《金門文藝》23，2008.03，頁35-39。

2008.09 李福井，〈當年變色中秋節血染灘頭動地哀〉，《金門日報》，2008/09/14，副刊。

2009 李福井，《無法解放的島嶼：古寧頭戰役的背影》，台北市：臺灣書房，2009年。

2009.01 李福井，〈胡璉38〉，《金門日報》，2009/01/17，副刊。

2009.05 李福井，〈走過〉，《金門文藝》30，2009.05，頁8-9。

2010 李福井，《我與動物的異想世界》，金門：金門縣文化局，2010年。

2010 李福井，《以狗為師》，台北市：旺文社，2010年。

2010.08 李福井，〈歷史的步履——《以狗為師》序〉，《金門日報》，2010/08/21，副刊。

2010.11 李福井，〈金門冷戰的歷史〉，《冷戰的歷史文化——東亞批判刊物會議》，金門：國立金門大學圖資大樓黃進益會議廳、金門國家公園中山林遊客中心第二視聽室，2010/11/26-28。

2011 李福井，《風雨江山：金門百年庶民列傳. 本土篇》，金門縣：金門縣文化局，2011年。

2011 李福井，《金色年代：金門百年庶民列傳. 經濟篇》，金門縣：金門縣文化局，2011年。

2011.01 李福井，〈金門冷戰的歷史與其影響〉，《金門日報》，2011/01/08-09，副刊。

李維菁

2004.09 李維菁，〈金門碉堡藝術館——18個個展〉，《聯合文學》20:11=239，2004.09，頁153-157。

李翠鳳

1991 李翠鳳，《影響金門地區婦女抹片篩檢行為相關因素的探討》，國立陽明醫學院公共衛生研究所，1991年，碩士論文。

1997.06 李翠鳳、郭旭崧、陳錫中、陳天順、周碧瑟，〈金門縣婦女子宮頸防癌抹片檢查的影響因素〉，《中華公共衛生雜誌》16:3，1997.06，頁198-209。

李銓

2001.03 李銓、林進財、張皆欣，〈金門觀光產業服務品質與遊客滿意度之研究〉，《銘傳學刊》11，2001.03，頁1-14。

李鳳斌

2006 李鳳斌，《金門高中學生政治態度之研究》，銘傳大學社會科學院國家發展與兩岸關係碩士在職專班，2006年，碩士論文。

李增

2004 李增，〈鄭成功與金門人之關係述論〉，國立政治大學文學院，《中國近代文化的解構與重建（鄭成功、劉銘傳）：第五屆中國近代文化問題學術研討會論文集》（台北市：國立政治大學文學院，2004年），頁181-204。

2007.02 李增，〈從邱葵蔡獻臣論證朱熹對金門理學之影響〉，楊加順總編輯，《2006年金門學學術研討會論文集》（金門縣：金門縣文化局，2007年2月），頁37-62。

李增倫

2007 李增倫，《大陸台商子弟赴金門就學之研究》，南華大學教育社會學研究所，2007年，碩士論文。

李增探

2001 李增探，《金門地區金融業消費者行為之探討》，銘傳大學管理科學研究所碩士在職專班，2001年，碩士論文。

李增德

1991 李增德，《金門縣政府便民手冊》，金門：金門縣政府，1991年。

1993 李增德總編輯，《金門縣臨時縣議會簡介》，金門縣：金門縣臨時縣議會，1993年。

1995 李增德、李炳團，《金門提徬振威第——展示規畫與展品製作計畫》，金門：金門縣政府，1995年。

1995 李增德，《金門宗祠之美》，金門：財團法人金門縣史蹟維護基金會，1995年。

1996 李增德計畫主持，《金門人文采丰：金門國家公園人文史蹟調查》，金門：內政部營建署金門國家公園管理處，1996年。

1998 李增德計畫主持；李炳團、陳敬興計畫執行，《振威將軍李光顯府第：金門提督徬振威第展示規劃與展品製作計畫報告書》，金門縣金城鎮：金門縣史蹟維護基金會，1998年。

1999.11 李增德，〈金門宗祠建築之匠藝探討〉，國立傳統藝術中心籌備處編，《金門傳統藝術研討會會議論文集》（台北市：國立傳統藝術中心籌備處，2000年），頁69-90。

2001 李增德計劃主持；許維民等研究員兼撰述主編，《金門人文采丰：金門國家公園人文史蹟調查》，金門縣金寧鄉：內政部營建署金門國家公園管理處，2001年。

2001.11 李增德，〈金門居民的山尖墜飾〉，《金門》70，2001.11，頁25-31。

2002 李增德，《金門古寧頭聚落營造的探討》，金門：金門縣立文化中心，2002年。

2002 李增德，《金門古寧頭聚落營造的探討》，銘傳大學應用中國文學研究所碩士在職專班，2002年，碩士論文。

2002.04 李增德，〈金門傳統民居保存的課題〉，《91年度金門地區歷史建築古蹟與文化資產保存研討會》，金門：金門縣金城鎮救國團會議室，2002.04.14。

2002.07 李增德，〈探尋「風動石」〉，《源雜誌》40，2002.07，頁46-47。

2003 李增德，〈金門古寧頭聚落營造的探討〉，江柏煒編，

《金門歷史、文化與生態國際學術研討會論文集》，金門縣：金門縣立文化中心，2003年。

2003.04 李增德，〈金門古寧高甲戲簡介〉，《金門日報》，2003/04/17，副刊。

2003.06 李增德，〈風水術與傳統聚落的營造——以古寧頭聚落為例探討之〉，《金門》74，2003.06，頁39-54。

2004.03 李增德，〈金門宗廟匾聯所體現社會意義的探討〉，李金振編，《閩南文化學術研討會論文集》（金門縣：金門縣立文化中心，2004年），頁293-319。

2005 李增德，《金門文史叢刊系列（二）金門史話》，金門：金門縣立文化中心，2005年。

2005 李增德總編輯，《金寧鄉志》，金門縣：金寧鄉公所，2005年。

李廣榮

2009 李廣榮，《地方文化資產如何助益社區永續發展——以金城鎮前水頭社區為例》，國立高雄大學高階經營管理碩士在職專班（EMBA），2009年，碩士論文。

李慶堯

2006 李慶堯（東方設計學院觀光事業系），《金門后湖地區植物化石群之研究》，國科會專題研究計畫，執行起迄：2005/08/01～2006/07/31。

2008 李慶堯（東方設計學院觀光事業系），《金門后湖地區植物化石群之研究（II）》，國科會專題研究計畫，執行起迄：2006/08/01～2008/07/31。

李慶豐

2004 李慶豐，《生物總動員：金門地區的生物多樣性》，金門縣：金門縣政府，2004年。

2005 李慶豐、林永鎮、周志強，《浯洲鷹颺：金門地區猛禽觀賞手冊》，金門縣：金門縣政府，2005年。

2006　李慶豐，《賞鳥趣：金門地區鳥類多樣性》，金門縣：金門縣政府，2006年。

李樑堅

2001.04　李樑堅，〈金門從小三通到大三通　加入WTO之產業影響及發展策略分析〉，中華公共事務管理學會主辦，《二十一世紀海峽兩岸合作與發展研討會》，2001/04/12。

李瑾珊

2006　李瑾珊，《觀光相關科系學生對學校圖書館利用及需求之研究——以銘傳大學和金門技術學院為例》，銘傳大學觀光研究所碩士在職專班，2006年，碩士論文。

李養盛

1997.04　李養盛，〈金門國家公園環境教育〉，《環境科學技術教育專刊》12，1997.04，頁23-28。

李學忠

2000　李學忠，《金門古洋樓整修工程：前水頭段57地號及417地號古洋樓修復工作報告書》，台北市：重耀建築師事務所，[2000]年。

李曉藍

2008　李曉藍，《海峽兩岸國小家長教育投資之比較分析——以金門及廈門的小學為例》，國立嘉義大學教育行政與政策發展研究所，2008年，碩士論文。

李樸生

1966.01　李樸生，〈與華僑朋友遊金門前線〉，《藝文誌》4，1966.01，頁30-33。

李蕙萍

2008 李蕙萍，《金門廟宇彩繪研究——以烈嶼「連環畫式」彩繪為例》，銘傳大學應用中國文學系碩士在職專班，2008年，碩士論文。

2009 李蕙萍，《金門廟宇彩繪研究：以烈嶼「連環畫式」彩繪為例》，金門：金門縣文化局，2009年。

李錫回

1988 李錫回主編，《金門史蹟源流》，金門：金門縣政府，1988年。

1989 李錫回主編，《金門新貌》，金門：金門縣政府，1989年。

1989 李錫回主編，《飛躍與前瞻》，金門：金門縣政府，1989年。

1991 李錫回主編，《我的家鄉我的愛——金門綜合建設方案的內容與八十年度執行成果》，金門：金門縣政府，1991年。

1992 李錫回主編，《金門巡禮》，金門：金門縣政府，1992年。

1992 李錫回主編，《愛心關懷與你同行——金門縣婦女會推展社會服務工作紀實》，金門：金門縣婦女會，1992年。

1992 李錫回主編，《攜手同手邁向新起點——金門縣八十一年度縣政建設成績單》，金門：金門縣政府，1992年。

1994 李錫回主編，《古寧頭李氏家廟重建落成奠安紀念專輯》，金門：李氏宗親會，1994年。

1994 李錫回主編，《金門縣行政要覽》，金門縣：金門縣政府，1994年。

1996 李錫回主編，《古寧頭李氏族誌——李氏家廟整建落成奠安慶典紀實》，金門：古寧頭李氏宗親會，1996年。

1998 李錫回主編，《耕耘與收獲——行政院八十二年與八十六年補助金門地區建設執行成果》，金門：金門縣政府，1998年。

1998 李錫回主編，《連院長與金門：行政院八十二年至八十六年補助會門地區建設執行成果》，福建省：金門縣政府，1998年。

2001 李錫回，《陳水在先生與新聞媒體》，金門縣：金門縣政府，2001年。

2002 李錫回，《讓兩岸認識金門讓金門走向世界：金門縣第三屆縣長就職紀念專輯》，金門縣：金門縣政府，2002年。

2002 李錫回主編，《金門縣參加廈門臺博會暨宣慰鄉親汶萊展覽會暨宣慰僑胞活動專輯》，金門縣金城鎮：金門縣政府，2002年。

2004 李錫回主編，《太武雄風、英烈千秋》，金門縣：金門縣政府，2004年。。

2006 李錫回，《金門縣縣政紀要：打造金門品牌 共創發展生機，中華民國九十四年》，金門縣：金門縣政府，2006年。

2007 李錫回，《金門縣縣政紀要：打造金門品牌 共創發展生機》，金門縣：金門縣政府，2007年。

2008 李錫回主編，《金門海上長泳：2008搶灘料羅灣》，金門縣：金門縣政府、金門縣立體育場，2008年。

2009 李錫回主編，《金門馬拉松》，金門縣：金門縣政府、金門縣立體育場，2009年。

李錫奇

2001 李錫奇作，《歷史、本位、李錫奇：李錫奇創作歷程學術研討會》，臺北市：財團法人賢志文教基金會，2001年。（展覽地點：金門縣立文化中心）

2002.11 李錫奇，〈再現浯洲儒林冠冕〉，《金門日報》，2002/11/27，副刊。

2004.03 李錫奇，〈這僅是一個開端〉，《金門日報》，2004/03/11，副刊。

2006.09 李錫奇，〈伏碼・流影的捕捉與重生〉，《金門日報》，2006/09/07，副刊。

李錫南

2001 李錫南，《學校社區化與社區發展以金門縣國民中小學教育優先區規劃為例》，銘傳大學公共管理與社區發展研究所碩士在職專班，2001年，碩士論文。

李錫奎

2004 李錫奎，《金門地區觀光客旅遊行為之研究》，銘傳大學管理研究所碩士在職專班，2004年，碩士論文。

李錫祥

1993.06 李錫祥，〈金門民間信仰的區域特色——以金城鎮為例〉，《地理教育》19，1993.06，頁165-187。

1996.06 李錫祥，〈山前山後一家親——談金門地區血緣聚落的特質〉，《金門》49，1996.06，頁64-69。

1996.06 李錫祥，〈漢人的民間信仰、社會組織與宗教空間——金門田野調查的例證〉，《地理教育》22，1996.06，頁73-90。

1997 李錫祥，《金門地區血緣聚落的社會空間組織》，國立臺灣師範大學地理研究所，1997年，碩士論文。

李錫隆

1996 李錫隆，《金門島地采風》，金門：金門縣政府，1996年。

1998 李錫隆，《金門島地漫步》，金門：金門縣政府，1998年。

2003 李錫隆總編輯，《金門歷史建築影像》，金門：金門縣立文化中心，2003年。

2003 李錫隆總編輯，《歷史建築與金門》，金門：金門縣立文化中心，2003年。

2003 李錫隆總編輯，《世界遺產與金門：2003年世界遺產理念宣導成果》，金門：金門縣立文化中心，2003年。

2003 李錫隆總編輯，《金門縣世界遺產潛力點研究書目》，金門：金門縣立文化中心，2003年。

2003 李錫隆總編輯，《金門文化年鑑，2004-2009》，金門縣金城鎮：金門縣立文化中心，2003-2009年。

2003.08 李錫隆，〈文化金門，用書香鼓動新紀元〉，《全國新書資訊月刊》56，2003.08，頁6-9。

2004 李錫隆，《傳承與躍昇》，金門縣：金門縣文化局，2004年。

2004 李錫隆，《大哉金門 閩南原鄉》，金門縣：金門縣政府，2004年。

2004 李錫隆總編輯，《觀念文化資產》，金門縣金城鎮：金門縣文化局，2004年。

2004.07 李錫隆，〈創刊詞〉，《金門文藝》1，2004.07，頁4-5。

2005 李錫隆總編輯，《金門文化藝術節成果專刊》，金門縣金城鎮：金門縣文化局,，2005年。

2005.07 李錫隆，〈深耕密植・華麗豐收〉，《金門文藝》7，2005.07，頁14-16。

2005.11 李錫隆，〈柏林，金門來了！〉，《金門文藝》9，2005.11，頁6-9。

2006.07 李錫隆，〈文化局二周年誌喜——文化新篇，豐華升騰〉，《金門文藝》13，2006.07， 頁26-27。

2007.07 李錫隆，〈永恆的志業——寫在文化局三週年誌慶之前〉，《金門文藝》19，2007.07，頁19-20。

2008 李錫隆總編輯，《雲山萬里：馬來西亞浯江華僑訪談錄》，金門：金門縣文化局，2006年。

2008 李錫隆總編輯，《二〇〇八金門文化藝術節成果專刊》，金門：金門縣書法學會，2008年。

2008.01 李錫隆，〈這一切是值得的——民國96年金門藝文活動觀察〉，《金門文藝》22，2008.01，頁4-7。

2008.07 李錫隆，〈精緻璞玉・璀璨明珠——寫在2008金門學學術研討會之前〉，《金門文藝》25，2008.07，頁17-

19。

2009 李錫隆總編輯，《2008金門文化年鑑》，金門：金門縣文化局，2009年。

2009 李錫隆總編輯，《驚艷金門‧文化新象——慶賀金門縣文化局五周年專輯》，金門：金門縣文化局，2009年。

2009 李錫隆總編輯，《2009金門戰地國際藝術節成果專刊》，金門：金門縣文化局，2009年。

2009 李錫隆，《文化躬耕屐痕：金門文化服務手記》，金門：金門縣文化局，2009年。

2010 李錫隆，《編輯檯的管窺》，金門：金門縣文化局，2010年。

2010 李錫隆，《新聞編採歲月》，金門：金門縣文化局，2010年。

2010 李錫隆總編輯，《金門國際文化藝術節，2010》，金門縣：金門縣文化局，2010年。

2010 李錫隆總編輯，《金門洋樓風華》，金門縣：金門縣文化局，2010年。

李錦洪

1990 李錦洪，〈從開放金門觀光說起〉，《不快樂的中國人》（香港：繁榮出版社有限公司，1990年），頁36-37。

李靜宜

2005 李靜宜，《「小三通」後金門地區「安全」之研究》，國立東華大學公共行政研究所，2005年，碩士論文。

李聰明

2007 李聰明，《金門地區開放人民幣兌換政策民眾滿意度之研究》，銘傳大學觀光研究所碩士在職專班，2007年，碩士論文。

李翘宏

1997.03 李翹宏、莊英章，〈夫人媽與查某佛：金門與惠東地區女性神媒及其信仰比較〉，黃應貴、葉春榮編，《從周邊看漢人的社會與文化——王崧興先生紀念論文集》（台北市：中央研究院民族學研究所，1997年3月），頁63-89。

2005.05 李翘宏，〈金门民间道教仪式的知识流动与重组〉，《湖北民族学院学报（哲学社会科学版）》（湖北省恩施市：湖北民族学院），2005年05期，頁14-21。

李豐楙

1994.09 李豐楙，〈金門閭山派奠安儀式及其功能——以金湖鎮復國墩關氏家廟為例〉，《民俗曲藝》91，1994.09，頁395-464。

2003 李豐楙，〈禮生、道士、法師與宗族長老、族人——一個金門宗祠奠安的拼圖〉，江柏煒編，《金門歷史、文化與生態國際學術研討會論文集》，金門縣：金門縣立文化中心，2003年。

2003 李豐楙（中央研究院中國文哲研究所），《禮生、道士與法師：金門禮儀實踐的調查研究（1/2）》，國科會專題研究計畫，執行起迄：2002/08/01～2003/07/31。

2005 李豐楙（中央研究院中國文哲研究所），《禮生、道士與法師：金門禮儀實踐的調查研究（2/2）》，國科會專題研究計畫，執行起迄：2003/08/01～2005/07/31。

李瓊芳

2008 李瓊芳，《戰地政務時期的金門學校教育》，國立金門技術學院閩南文化研究所，2008年，碩士論文。

李麗娟

2000 李麗娟，《國小鄉土教學活動課程之研究——以金門中正國小鼓吹樂課程與教學為例》，國立台北師範學院課程與教學研究所，2000年，碩士論文。

李麗萍

2007.03 李麗萍，〈世界金門日・宏觀新視野〉，《金門文藝》17，2007年3月，頁24-25。

李顯榮

2008 李显荣，《炮击金门：战略思维的经典之作》，北京：人民出版社，2008年。

李皓

2005 李皓，《金門戰地政務下的民防自衛體系》，國立政治大學歷史研究所，2005年，碩士論文。

李乾朗

1975.04 李乾朗，〈浯洲建築紀遺〉，《境與象》25，1975.04，頁20-27。

杜虹

2000.05 杜虹，〈金門印象〉，《聯合文學》16:7=187，2000.05，頁34-39。

沈世豪

2010.02 沈世豪，〈古厝無言——大嶝金門縣政府遺址尋蹤〉，《炎黃縱橫》，2010年02期，頁14-18。

沈志華

2004 沈志华、〈1958年炮击金门前中国是否告知苏联？——兼谈冷战史研究中史料的解读与利用〉，《中共党史研究》（北京市：中共党史研究室），2004年03期，頁37-42。

2010 沈志华、唐启华主編，《金门：内战与冷战·美、苏、中档案解密与研究》，北京市：九州出版社，2010年。

2010 沈志華，〈炮擊金門：蘇聯的應對與中蘇分歧〉，沈志华、唐启华主編，《金门：内战与冷战·美、苏、中档案解密与研究》（北京市：九州出版社，2010年），頁131-157。

沈育鈴

2003 沈育鈴，《金門地區居民對永續觀光態度之研究》，大葉大學休閒事業管理學系碩士班，2003年，碩士論文。

沈建全

2001.01 沈建全、吳念祖、龔誠山，〈金門水頭建港海象條件〉，《港灣報導》55，2001.01，頁30-38。

沈國瑾

1962 沈國瑾撰；中國農村復興聯合委員會編，《金門十年建設》，臺北市：編者，1962年。

沈衛平

2000 沈衛平原作，《金門大戰：台海風雲之歷史重演》，臺北市：中國之翼，2000年。

2004 沈卫平，《「八二三」炮击金门》，北京市：华艺出版社，2004年。

沈靜

2009.07 沈靜，〈以書寫展現文化金門魅力——淺談博碩士論文補助出版〉，《金門文藝》31，2009.07，頁24-25。

沈覲鼎

1985.1 沈覲鼎，〈金門八二三炮戰廿七週年〉，《傳記文學》47:4=281，1985.10，頁14-16。

汪振堂

1979 汪振堂，《金門行》，台北市：黎明文化，1979年。

汪荷清

1995 汪荷清，《金門國家公園遊客中心及古寧頭戰役紀念地解說服務設施規劃》，台北市：內政部營建署，1995年。

1997 汪荷清、皓宇工程顧問股份有限公司，《金門國家公園珠山傳統聚落細部計畫》，台北市：內政部營建署，1997年。

汪毅夫

1999 汪毅夫、楊彥杰、謝重光，《金門史稿》，廈門市：鷺江出版社，1999年。

2004.01 汪毅夫，〈林樹梅作品里的閩臺地方史料〉，《臺灣研究集刊》（福建省廈門市：廈門大學臺灣研究院），2004年01期，頁67-72。

2006 汪毅夫，《闽台缘与闽南风：闽台关系, 闽台社会与闽南文化研究》，福建教育出版社，2006年。

沐巨樑

1986 沐巨樑、歐陽濟，《金門大捷戰鬥經過寫真》，臺灣省：出版者不詳，1986年。

2001 滇東沐巨樑著，《雙堆集突圍金門保衛戰實錄》：出版者不詳、出版地不詳（新竹縣湖口鄉真好打字印刷行承印），2001年。

系統公司

系統公司製作；公共電視台監製；黃治偉導演，《大自然請客 [錄像資料]》，台北市：公共電視文化事業基金會，[199-?]年。（31. 金門之旅, 金城之旅, 金湖之旅, 金

沙之旅, 金寧之旅, 烈嶼之旅）

谷鳳翔

1957.02 谷鳳翔，〈司法行政部谷部長第十二屆司法節告金門全體司法同仁書〉，《司法專刊》71，1957.02.

辛晚教

1999.11 辛晚教、楊敏芝，〈金門傳統文化產業與地方經濟發展策略研究〉，國立傳統藝術中心籌備處編，《金門傳統藝術研討會會議論文集》（台北市：國立傳統藝術中心籌備處，2000年），頁349-384。

那路灣公

2000 那路灣公司旅遊資訊部，《臺灣遊透透百科大事典：別冊、金門、馬祖》，台北市：那路灣，2000年。

阮正雄

1996.06 阮正雄，〈解決金門地區離島醫療問題的芻議〉，《臺灣醫界》39:6，1996.06，頁64-68。

阮冠穎

2002 阮冠穎，《跨界地下經濟：「金門小貿易」之社會分析》，國立臺灣大學建築與城鄉研究所，2002年，碩士論文。

阮道明

2006.06 阮道明，〈金門中堡古民居掠影〉，《福建鄉土》（福建省福州市：中國民主同盟福建省委會），2006年06期，頁19-20。

芊華

1991 芊華，《绿的希望》，新加坡：赤道風，1991年。

2002.11 芊華，〈離〉，《金門日報》，2002/11/28，副刊。

2002.11 芊華，〈兩代人的祖國〉，《金門日報》，2002/11/30，副刊。

2002.12 芊華，〈詩寫金門——離棄〉，《幼獅文藝》588，2002.12，頁55。

2005.05 芊華，〈散文——阿嬤住在文忠律〉，《金門文藝》6，2005.05，頁59-63。

2006 芊華，《外婆的发髻》，新加坡：赤道風，2006年。

2006.01 芊華，〈南僑遊子心——番薯情結〉，《金門文藝》10，2006.01，頁30。

2006.11 芊華，〈第三屆浯島文學獎——翻動的情思〉，《金門文藝》15，2006.11，頁46-47。

2007.09 芊華，〈情怯金門〉，《金門文藝》20，2007.09，頁49-51。

2007.11 芊華，〈剪輯記憶中的金門〉，《金門文藝》21，2007.11，頁35-38。

8劃

卓克華

1997.05 卓克華，〈金門朱子祠（浯江書院）的歷史研究〉，王恢教授九秩嵩壽論文集編委會，《慶祝王恢教授九秩嵩壽論文集》（臺北市：中國文化大學史學系，1997年5月），頁215-239。

1998.06 卓克華，〈金門黃氏酉堂之歷史研究〉，《史聯雜誌》32，1998.06，頁111-138。

2000.11 卓克華，〈金門縣一門三節坊古蹟之調查研究〉，何智霖編，《宋旭軒教授八十榮壽論文集第一冊》（台北縣：宋旭軒教授八十榮壽論文集編輯委員會，2000.11），頁615-628。

2003.07 卓克華，〈金門將軍第的歷史研究——盧成金其人其事〉，《社會科教育學報》6，2003.07，頁147-170。

2004 卓克華，〈金門魯王「漢影雲根」摩崖石刻新解——一代末路王孫的悲情〉，《從古蹟發現歷史－卷の一：家族與人物》（台北市：蘭臺出版社，2004年），頁275-308。

2004 卓克華，〈金門「提督衙」之歷史背景——身經百戰、提督江南的楊華〉，《從古蹟發現歷史－卷の一：家族與人物》（台北市：蘭臺出版社，2004年），頁309-330。

2004 卓克華，〈金門將軍第的歷史研究——大腳將軍盧成金的傳奇〉，《從古蹟發現歷史－卷の一：家族與人物》（台北市：蘭臺出版社，2004年），頁331-365。

2004 卓克華，〈金門黃氏酉堂之歷史研究——一位黃姓郊商的故事〉，《從古蹟發現歷史－卷の一：家族與人物》（台北市：蘭臺出版社，2004年），頁385-425。

2004.03 卓克華，〈鹿港金門館——一座清代班兵伙館的新發現〉，《新世紀宗教研究》2:3，2004.03，頁130-181。

2006 卓克華，「第十二章　金門朱子祠——廟內讀書學聖賢」，《寺廟與台灣開發史》，台北：揚智文化，2006年。

2008 卓克華，《古蹟、歷史、金門人》，台北市：蘭臺網路，2008年。

卓逸民

2004 卓逸民、陳家諾、陳裕昇、謝宜恆，《金門地區蜘蛛相調查（修正本）》，金門縣：內政部營建署金門國家公園管理處，2004年。

卓遵宏

2000.12 卓遵宏，〈中央遷臺前後與金門關係之蠡測——1949年7月至1951年6月〉，中華民國史專題第五屆討論會秘書處編，《中華民國史專題論文集第五屆討論會》（台北市：國史館，2000年12月），頁2091-2127。

周子欽

2006.08 周子欽，〈金馬小三通政策猶待釐清的問題〉，《臺灣經濟研究月刊》29:8=344，2006.08，頁85-89。

周之道

1998 周之道，《金門烽火：郝柏村的歷史恥辱》，台北市：新高地文化，1998年。

周民雄

2001 周民雄，《夏日的精靈：栗喉蜂虎》，金門縣：內政部營建署金門國家公園管理處，2001年。

周宇廷

1999　周宇廷，《澎湖縣金門縣離島地圖》，大輿，1999年。

2005　周宇廷，《澎湖縣金門連江地圖導覽手冊》，大輿，2005年。

周成來

2001　周成來等編輯，《金門高級中學建校五十週年紀念特刊》，金門縣金城鎮：國立金門高級中學，2001年。

周自強

1979.1　周自強，〈金廈戰役追憶〉，《軍事雜誌》48:1，1979.10，頁65-69。

周妙真

2007　周妙真，《官方影像中的金門戰地婦女形象（1949-1978）》，國立金門技術學院閩南文化研究所，2007年，碩士論文。

2009　周妙真，《戰地時期金門婦女與形象（1949-1978）》，金門：金門縣文化局，2009年。

2011　周妙真，《浯家新婦：金門百年庶民列傳. 媳婦篇》，金門縣：金門縣文化局，2011年。

2011　周妙真，《戰地阿嬤：金門百年庶民列傳. 婦女篇》，金門縣：金門縣文化局，2011年。

周志強

2005　周志強、莊西進，《與蟲共舞：金門地區的昆蟲多樣性》，金門縣：金門縣政府，2005年。

2009　周志強撰文；廖翊蓁圖照，《陪阿嬤去拜拜——歡喜迎城隍》，金門：金門縣文化局，2009年。

周宗賢

1993.1　周宗賢，〈新加坡的金門會館〉，鄭樑生編，《中國與亞洲國家關係史學術研討會論文集》（台北縣：淡江大學歷史學系，1993年10月），頁301-329。

1994 周宗賢，《金門牧馬候祠的研究》，金門：金門縣政府，1994年。（淡江大學歷史學系暨研究所研究報告）

1998 周宗賢，《臺閩地區古蹟價值之研究》，臺北：行政院內政部，1998年。（淡江大學歷史學系暨研究所研究報告）

周英戀

2004 周英戀，《金門民居「花杆博古圖」研究──以金門國家公園區內傳統聚落前水頭63號為例》，臺北藝術大學傳統藝術研究所工藝美術組，2004年，碩士論文。

周軍橋

2003 周軍橋，《社會變遷與住民意識之研究──以金門為例》，國立政治大學行政管理碩士學程，2003年，碩士論文。

周娜

2010 周娜，〈試論艾森豪威爾和杜勒斯在美國對臺海危機決策過程中的地位和作用：以第二次臺海危機為例〉，沈志华、唐启华主編，《金门：内战与冷战・美、苏、中档案解密与研究》（北京市：九州出版社，2010年），頁182-193。

周振華

1998.11 周振華，〈金門「八二三砲戰」的時代背景與歷史意義──一個親歷戰役者的回顧與感懷〉，《源遠學報》10，1998.11，頁15-29。

周淑貞

2008.11 周淑貞，〈關於金門，我們都有一枚歲月的鄉愁〉，《金門文藝》27，2008.11，頁29-31。

周祥文

2009 周祥文，《『金廈大橋』議題在兩岸關係架構下之探討》，國立金門技術學院中國大陸研究所，碩士論文，2009年。

周祥敏

2006 周祥敏主編，《島嶼的容顏：金門懷舊影像集珍》，金門：金門縣文化局，2006年。

2007 周祥敏、翁明嘉，《金門社區文化英文單字簿》，金門縣金城鎮：金門縣文化局，2007年。

2009 周祥敏總編輯，《和平金門／華人百位國畫家彩瓷作品集》，金門：金門縣文化局，2009年。

2009 周祥敏總策劃，《美的社區：發現社區總體營造》，金門縣：金門縣文化局，2009年。

2011 周祥敏總策劃，《金門藝術與人文社區》，金門縣：金門縣文化局，2011年。

周凱

清 周凱修（清）；林焜熿纂；林豪續纂，《金門志十五卷》，臺北：中華叢書委員會，1956年，據光緒八年刊本景印，現藏東京大學東洋文化研究所。

周順瑋

2003 周順瑋，《金門地區醫療資源整合政策之評估研究》，銘傳大學公共事務學系碩士在職專班，2003年，碩士論文。

周幹家

2002 周幹家，《八二三砲戰中的LVT部隊》，高雄市：LVT部隊隊友聯誼會，2002年。

周道

2006 周道著；秦自然繪，《天啊！天書！：當人文遇上野性》，金門縣金湖鎮：黨譜設計，2006年。

周碧瑟

1991 周碧瑟（國立陽明大學醫學系公共衛生學科），《以擴大行為模式分析金門縣婦女子宮頸抹片篩檢行為》，國科會專題研究計畫，執行起迄：1990/08/01～1991/07/31。

1992 周碧瑟（國立陽明大學公共衛生研究所），《金門糖尿病盛行率與危險因子之探討》，國科會專題研究計畫，執行起迄：1991/08/01～1992/07/31。

1993 周碧瑟（國立陽明大學公共衛生研究所），《金門地區第一型及第二型人類T細胞白血病病毒的分子流行病學研究》，國科會專題研究計畫，執行起迄：1992/08/01～1993/07/31。

1993.1 周碧瑟、廖敏仁、郭旭崧、吳金順、葉振聲、江宏、張茂松，"Program Description and Preliminary Health Survey Data in Kin-Hu, Kinmen"，《中華醫學雜誌》52:4，1993.10，頁241-248。

1994 周碧瑟（國立陽明大學公共衛生研究所），《高血壓和胰島素、C- 胜之關係——金門縣高血壓社區流行病學研究》，國科會專題研究計畫，執行起迄：1994/02/01～1995/01/31。

1995 周碧瑟（國立陽明大學公共衛生研究所），《高血壓和胰島素、C- 胜之關係——金門縣高血壓社區流行病學研究》，國科會專題研究計畫，執行起迄：1994/08/01～1995/07/31。

1999 周碧瑟主持，《金門研究論文》，臺北市：國立陽明大學公共衛生研究所，1999年。

2000 周碧瑟計畫主持，《金門地區六十五歲以上老人生活品質與相關因素之研究》，臺北市：行政院衛生署，2000

年。

2000.04 周碧瑟、曹雪琳、董道興、曾國亮、陳水湖，〈金門縣金城鎮第二型糖尿病患者視網膜病變盛行率及相關因素〉，《中華公共衛生雜誌》，Vol.19 No.2，2000.04，頁109-118。

2002 周碧瑟（國立陽明大學社區醫學研究中心），《糖尿病視網膜病變流行病學研究與早期篩檢之經濟評估——金門縣社區性研究》，國科會專題研究計畫，執行起迄：2001/08/01～2002/07/31。

2003 周碧瑟（國立陽明大學社區醫學研究中心），《金門地區第2型糖尿病視網膜病變追蹤研究-社區性視網膜病變篩檢及經濟評估（1/2）》，國科會專題研究計畫，執行起迄：2002/08/01～2003/07/31。

2004 周碧瑟（國立陽明大學社區醫學研究中心），《金門地區第2型糖尿病視網膜病變追蹤研究-社區性視網膜病變篩檢及經濟評估（2/2）》，國科會專題研究計畫，執行起迄：2003/08/01～2004/07/31。

2005 周碧瑟（國立陽明大學社區醫學研究中心），《金門縣第2型糖尿病追蹤研究（1）十年之死亡情形追蹤（2）糖尿病患腎病變之流行病學研究（3）糖尿病患腎病變篩檢之經濟評估（1/2）》，國科會專題研究計畫，執行起迄：2004/08/01～2005/07/31。

2006 周碧瑟（國立陽明大學社區醫學研究中心），《金門縣第2型糖尿病追蹤研究（1）十年之死亡情形追蹤（2）糖尿病患腎病變之流行病學研究（3）糖尿病患腎病變篩檢之經濟評估（2/2）》，國科會專題研究計畫，執行起迄：2005/08/01～2006/07/31。

2008 周碧瑟（國立陽明大學社區醫學研究中心），《金門地區第2型糖尿病患者膽結石社區性長期追蹤研究》，國科會專題研究計畫，執行起迄：2007/08/01～2008/07/31。

周鳳珠

2008 周鳳珠，《金門縣國民小學教師知覺學校行政支援與新移民子女生活適應之相關研究》，國立臺北教育大學教育行政碩士在職進修專班，2008年，碩士論文。

周慧芝

1996 周慧芝，《臺灣金門馬祖地圖集》，臺北市：環輿，1996年。

周賢欽

2007 周賢欽、張邦彥，〈金門傳統建築形式特色彙整〉，楊加順總編輯；郭朝暉、曾淑鈴主編，《2007年閩南文化學術研討會論文集》（金門縣：金門縣文化局，2007年），頁63-70。

周驚濤

2008 周惊涛，《海洋史视野下明清闽台区域的教育发展与社会变迁》，厦门大学人文学院历史学系，2008年，博士论文。

周艷玲

2009 周艳玲，《闽南乡土文化与南洋华侨社会——民国时期厦门、晋江与南洋的互动》，厦门大学人文学院历史学系，2009年，硕士论文。

孟浪

1970 孟浪，《孤獨城的獨白》，彰化市：現代潮，1970年。
1972 孟浪，《金門風光簡介》，彰化市：現代潮，1972年。
1972 孟浪，《鋼盔和方帽子》，台北市：商務，1972年。
1973 孟浪編，《初翔鳥：金門青年散文選》，台北市：現代潮，1973年。

1973　孟浪，《尋夢者的歌》，彰化市：現代潮，1973年。

1974.02　孟浪，〈《金門行》（金門文獻委員會編）評介〉，《新文藝》215，1974.02，頁67-74。

1983　孟浪，《碧潭居散記》，台北市：水芙蓉，1983年。

1986　孟浪，《鴿樓小扎》，台北市：采風，1986年。

孟培傑

2002　孟培傑研究主持，《金門地區水體水質基本資料之調查研究》，金門縣金寧鄉：內政部營建署金門國家公園管理處，2002年。

季松青

2005　季松青，《大地電磁資料多站多頻分析於台灣中部及金門地區地殼電性構造》，國立中央大學地球物理研究所，2005年，博士論文。

季麟揚

2000　季麟揚（國立陽明大學牙醫學系），《金門社區老人糖尿病、低血糖症與失智症的相關研究——雙向前瞻性研究設計》，國科會專題研究計畫，執行起迄：1999/08/01～2000/07/31。

官桂銓

1991.01　官桂銓，〈清林樹梅《說劍軒余事》中的印刷史料〉，《文獻》（北京市：國家圖書館），1991年01期，頁280-283。

宜夫

1999.06　宜夫，〈風獅爺遊新加坡〉，《金門期刊》67，金門：金門縣文化局，1999年6月。

忠華

1959.07　忠華，〈金門名稱的由來〉，《臺灣風物》9:1，1959.07，頁24。

明秋水

1973 明秋水，《蔣總統（中正）與金門》，金門：金門戰地政務委員會，1973年。

服部武彥

1938 服部武彥，《福建省金門島產粘土の試驗成績》，臺灣總督府中央研究所，1938年（昭和13年）。（臺大圖書館總館）

東南大學

2006.07 东南大学建筑学院，《东亚建筑遗产的历史和未来——东亚建筑文化国际研讨会.南京2004优秀论文集》，东南大学出版社，2006.07。第1部分 城市化进程中的建筑遗产保护：〈地域建筑保存与地方永续发展之策略——以台湾金门传统聚落为例〉。

東瑞

1976 東瑞，《精緻短文》，香港：獲益出版公司，2003年。

1976 東瑞，《瑪依莎河畔的少女》，香港：香港大光出版社，1976年。

1977 東瑞，《彩色的愛》，香港：上海書局，1977年。

1977 東瑞，《周末良夜》，香港：香港中流出版社，1977年。

1977 東瑞，《天堂與夢》，香港：香港中流出版社，1977年。

1977 東瑞，《少女的一吻》，香港：駱駝出版社，1978年。

1978 東瑞，《出洋前後》，香港：南粵出版社，1979年。

1979 東瑞，《魯迅「故事新編」淺析》，香港：中流出版社，1979年。

1979 東瑞，《南洋集錦》，香港：駱駝出版社，1979年。

1979 東瑞，《老舍小識》，香港：世界出版社，1979年。

1979 東瑞，《繫在狗腿上的人》，新加坡：萬里書局，1979年。

1982 東瑞，《香港一角》，廣州：花城出版社，1982年。

1982 東瑞，《愛的旅程》，香港：山邊社，1984年。

1983 東瑞，《湖光心影》，香港：山邊社，1983年。

1983 東瑞，《玻璃隧道》，香港：華南圖書文化中心，1983年。

1984 東瑞，《琳娜與嘉尼》，香港：香港兒童文藝協會，1984年。

1985 東瑞，《象國・獅城・椰島》，廣州：花城出版社，1985年。

1985 東瑞，《日本十日遊》，香港：綠州出版公司，1985年。

1985 東瑞，《看那燈火燦爛》，香港：金陵出版社，1985年。

1985 東瑞，《露絲不再回來》，南昌：江西人民出版社，1985年。

1985 東瑞，《鐵蹄人生》，北京：中國友誼出版公司，1985年。

1985 東瑞，《一對安琪兒》，香港：綠州出版公司，1985年。

1985 東瑞，《再見黎明島》，香港：綠州出版公司，1985年。

1986 東瑞，《印尼之旅》，香港：綠州出版公司，1986年。

1986 東瑞，《旅情》，長沙：湖南文藝出版社，1986年。

1986 東瑞，《小島黃昏》，廣州：廣東旅遊出版社，1986年。

1987 東瑞，《晨夢錄》，香港、綠州出版公司，1987年。

1987 東瑞，《共剪西窗燭》，香港：綠州出版公司，1987年。

1987 東瑞，《白領麗人》，北京：中國文聯出版社，1987年。

1987 東瑞，《夜來風雨聲》，貴陽：貴州人民出版社，1987年。

1987 東瑞，《珠婚之戀》，香港：麒麟書業公司，1987年。

1987 東瑞，《夜香港》，廣州：廣東旅遊出版社，1987年。

1988 東瑞，《爸爸手記》，香港：金陵出版社，1988年。

1988 東瑞，《籬笆小院》，香港：大家出版社，1988年。

1988 東瑞，《王子的蜜月》，寧夏：人民出版社，1988年。

1988 東瑞，《未來小戰士》，香港：日月出版公司，1988年。

1988 東瑞，《小華遊福建》，香港：明華出版公司，1988年。

1988 東瑞，《小華遊星馬》，香港：明華出版公司，1988年。

1988 東瑞，《小華遊菲律賓》，香港：明華出版公司，1988年。

1988 東瑞，《燃燒的生命》，合肥：安徽少年兒童出版社，1994年。

1989 東瑞，《都市男女萬花筒》，香港：麒麟公司，1989年。

1989 東瑞，《印尼萬里遊》，香港：明天出版社，1989年。

1989 東瑞，《夜夜歡歌》，廣州：廣東旅遊出版社，1989年。

1990 東瑞，《文林漫步》，香港：現代教育研究社，1990年。

1991 東瑞，《永恆的美眸》，北京：中國華僑出版公司，1991年。

1991 東瑞，《創作手記》，香港：突破出版社，1991年。

1991 東瑞，《你就是作家——精選126篇學生佳作並評析》，香港：獲益出版公司，1991年。

1991 東瑞，《塵緣》，新加坡：成功出版社，1991年。

1991 東瑞，《人海梟雄》，北京：中國華僑出版公司，1991年。

1991 東瑞，《都市神話》，香港：獲益出版公司，1992年。

1992 東瑞，《暗角》，香港：獲益出版公司，1992年。

1992 東瑞，《似水流年》，香港：獲益出版公司，1993年。

1992 東瑞，《一百分的秘密》，香港：獲益出版公司，1992年。

1993 東瑞，《你喜愛的作家》，香港：獲益出版公司，1993年。

1993 東瑞，《都市的眼睛》，香港：獲益出版公司，1993年。

1993 東瑞，《陪你一程——如何認識自我》，香港：獲益出版公司，1993年。

1993 東瑞，《森林霸王》，香港：獲益出版公司，1993年。

1993 東瑞，《祖祖變形記》，香港：獲益出版公司，1993年。

1994 東瑞，《父親的水手帽——東瑞兒童小說集》，合肥：安徽少年兒童出版社，1994年。

1995 東瑞，《我看香港文學》，香港：獲益出版公司，1995

年。

1995　東瑞，《豐盛人生——東瑞人生小品》，香港：獲益出版公司，1995年。

1995　東瑞，《逃出地獄門——東瑞少年小小說40篇》，香港：獲益出版公司，1995年。

1995　東瑞，《夜祭》，香港：獲益出版公司，1995年。

1995　東瑞，《叛逆出貓黨》，香港：獲益出版公司，1995年。

1996　東瑞，《一串燒烤的日子》，香港：獲益出版公司，1996年。

1996　東瑞，《寫作路上》，香港：獲益出版公司，1996年。

1996　東瑞，《迷城》，香港：獲益出版公司，1996年。

1996　東瑞，《還是覺得你最好》，香港：獲益出版公司，1996年。

1996　東瑞，《帶CALL機的女孩》，香港：獲益出版公司，1996年。

1996　東瑞，《相約在未來》，香港：獲益出版公司，1996年。

1996　東瑞，《怪獸島歷險記》，香港：獲益出版公司，1996年。

1997　東瑞，《藝術感覺》，香港：獲益出版公司，1997年。

1997　東瑞，《再來的愛情》，香港：獲益出版公司，1997年。

1997　東瑞，《東瑞小說選》，香港：香港作家出版社，1997年。

1998　東瑞，《留在記憶裡》，香港：獲益出版公司，1998年。

1998　東瑞，《尖沙咀叢林》，香港：獲益出版公司，1998年。

1998　東瑞，《讓我們再對坐一次》，香港：獲益出版公司，1998年。

1998　東瑞，《無言年代》，香港：獲益出版公司，1998年。

1998　東瑞，《笑》，香港：獲益出版公司，1998年。

1998　東瑞，《馬戲團小丑》，香港：獲益出版公司，1998年。

1999 東瑞，《一天——東瑞散文詩》，香港：獲益出版公司，1999年。

1999 東瑞，《行李・照片・人》，香港：獲益出版公司，1999年。

1999 東瑞，《活著，真好》，香港：獲益出版公司，1999年。

1999 東瑞，《透視者》，香港：獲益出版公司，1999年。

1999 東瑞，《雪糕屋裡的友情》，新山：彩虹出版公司，1999年。

1999 東瑞，《不願開屏的孔雀》，香港：新雅文化公司，1999年。

2000 東瑞，《流金季節——印華文學之旅》，香港：獲益出版公司，2000年。

2000 東瑞，《美文一籃》，香港：獲益出版公司，2000年。

2000 東瑞，《談談情・交交心》，香港：獲益出版公司，2000年。

2000 東瑞，《甜夢》，香港：獲益出版公司，2001年。

2000 東瑞，《朝朝暮暮》，香港：獲益出版公司，2000年。

2001 東瑞，《重要的是活下去——願你擁有快樂人生》，香港：山邊社，2001年。

2001 東瑞，《生命芳香》，香港：獲益出版公司，2001年。

2001 東瑞（與蔡瑞芬合著），《虎山行》，香港：獲益出版公司，2001年。

2001 東瑞，《匿名信》，香港：獲益出版公司，2001年。

2001 東瑞，《擒兇記》，香港：獲益出版公司，2001年。

2002 東瑞，《從食品零售到跨島超市——印尼「英雄機構」創立人回憶錄》，香港：獲益出版公司，2002年。

2002.11 東瑞，〈「湖光山色畫中情」為何勝出？〉，《金門日報》，2002/11/06，副刊。

2003 東瑞，《奶茶一杯》，香港：獲益出版公司，2003年。

2003 東瑞，《東瑞小小說》，香港：獲益出版公司，2003年。

2004 東瑞，《校園偵破事件簿》，香港：獲益出版公司，

2004年。

2004 東瑞，《我在等你》，香港：獲益出版公司，2004年。

2004.05 東瑞，〈故鄉原來這樣美——五十八年來第一次還鄉記〉，《金門日報》，2004/05/16-18，副刊。

2004.06 東瑞，〈重逢在酒鄉——《表妹自海峽那邊來》續篇〉，《金門日報》，2004/06/15-17，副刊。

2005 東瑞，《失落的珍珠》，金門：金門縣政府，2005年。

2005 東瑞，《魔幻樂園》，香港：獲益出版公司，2005年。

2005.07 東瑞，〈海外金門籍作家精品書展——失落的珍珠傘〉，《金門日報》，2005/07/16-21，副刊。

2006 東瑞，《循序漸進》，香港：獲益出版公司，2000年。

2006 東瑞，《流金季節續篇——印華文學之旅》，香港：獲益出版公司，2006年。

2006 東瑞，《地鐵非常事件簿》，香港：獲益出版公司，2006年。

2010.09 東瑞（香港），〈金門老家回不厭〉，《金門日報》，2010/09/27，副刊。

2010.1 東瑞，〈夜住慢漫民宿〉，《金門日報》，2010/10/03，副刊。

2010.11 東瑞，〈朱家角的一天〉，《金門日報》，2010/11/27，副刊。

2010.12 東瑞，〈珠山的清晨〉，《金門日報》，2010/12/14，副刊。

2011.01 東瑞，〈鼓浪嶼老市場〉，《金門日報》，2011/01/02，副刊。

2011.01 東瑞，〈赤柱明信片〉，《金門日報》，2011/01/13，副刊。

2011.01 東瑞，〈婚紗〉，《金門日報》，2011/01/28，副刊。

2011.03 東瑞，〈美人魚的第一次〉，《金門日報》，2011/03/05，副刊。

果子電影

1999 果子電影公司，《金門——披風小島》，金門縣：內政部營建署金門國家公園管理處，1999年。DVD一張。

林一宏

2009 林一宏、蔡靜娟撰文，《國立金門高級中學「中正堂」調查研究及修復計畫成果報告書》，金門縣：金門高中，2009年。

林上根

2001 林上根，《由經貿角度探討小三通及金馬發展兩岸經貿和平特區之研究》，國立高雄第一科技大學運輸倉儲營運所，2001年，碩士論文。

林天祝

2005 林天祝，《上后垵的故事》，金門：金門縣文化局，2005年。

林文川

2000.12 林文川、柯裕仁、吳岳文，〈闊葉大豆（金門產一條根）水粗萃取物對大鼠28天餵食毒性作用〉，《中醫藥雜誌》11:4，2000.12，頁205-215。

2002 林文川、柯裕仁、林維莉，《金門產保健植物一條根之護肝功能評估》，金門縣：金門縣政府，2002年。

林文炳

1993 林文炳，《金門民居形式及意義變遷之研究》，淡江大學建築（工程）學系，1993年，碩士論文。

林文義

2009.05 林文義，〈我在金門想妳〉，《金門文藝》30，2009.05，頁62。

林文鍊

1995 林文鍊主編，《小金門上林村——宋江陣》，金門：小金門上林村，1995年。

2000 林文錬，《烈嶼上林采風》，金門：金門縣政府，2000年。

2001 林文錬、洪國泰、葉鈞培，《小金門休閒文化》，金門縣：烈嶼鄉公所，2001年。

2004.04 林文錬，〈《地方傳說》烈嶼風雞傳奇故事〉，《金門日報》，2004/04/30，副刊。

2004.05 林文錬，〈《地方傳說》厲王爺的傳奇故事〉，《金門日報》，2004/05/23，副刊。

2004.05 林文錬，〈《地方傳說》八保老大大道公傳奇〉，《金門日報》，2004/05/30，副刊。

2004.06 林文錬，〈《咱的俗語話》俗語話、話俗語〉，《金門日報》，2004/06/04，副刊。

2004.06 林文錬，〈《地方傳說》林希元軼事傳奇〉，《金門日報》，2004/06/12，副刊。

2004.07 林文錬，〈《地方傳說》玄天上帝〉，《金門日報》，2004/07/17，副刊。

2004.08 林文錬，〈《地方傳說》抗清捐軀的名將林習山〉，《金門日報》，2004/08/12，副刊。

2004.1 林文錬，〈萬人井與國姓井的傳說〉，《金門日報》，2004/10/19，副刊。

2004.11 林文錬，〈烈嶼芋・毋免哺〉，《金門日報》，2004/11/08，副刊。

2004.11 林文錬，〈《地方傳說》烈嶼地名傳說〉，《金門日報》，2004/11/25，副刊。

2004.12 林文錬，〈《地方傳說》烈嶼民間諺語〉，《金門日報》，2004/12/01，副刊。

2004.12 林文錬，〈《地方傳說》大膽島胡仙廟傳奇〉，《金門日報》，2004/12/02，副刊。

2004.12 林文錬，〈《地方傳說》談閩南人生禮俗及歲時節俗〉，《金門日報》，2004/12/06-08，副刊。

2004.12 林文錬，〈《地方傳說》護佑島民的圖像〉，《金門日報》，2004/12/11，副刊。

2005.01 林文錬，〈《地方傳說》烈嶼北風王傳奇與風雞〉，《金門日報》，2005/01/03，副刊。

2005.01 林文錬，〈《地方傳說》烈嶼王爺、青岐皇帝〉，《金門日報》，2005/01/15，副刊。

2006.07 林文錬，〈烈嶼是個好地方〉，《金門文藝》13，2006.07，頁49-51。

2008 林文錬，《俚諺歌謠語文趣》，金門：金門縣文化局，2008年。

林水福

2007.03 林水福，〈金門印象〉，《金門文藝》17，2007年3月，頁35-37。

林世強

2005.12 林世強，〈以生態觀點探討小型島嶼之最高道路密度——以金門為例〉，《國家公園學報》15:2，2005.12，頁17-30。

2007.02 林世強，〈金門海砂軍事設施存活因素之探討〉，《國立金門技術學院學報》2，2007.02，頁61-72。

2009.03 林世強，〈金門動物車禍調查與分析〉，《國家公園學報》19:1，2009.03，頁31-46。

林世超

2004.03 林世超，〈傳統民宅形貌變遷與年代判定之研究：以金門浦邊周宅為例〉，李金振編，《閩南文化學術研討會論文集》（金門縣：金門縣立文化中心，2004年），頁495-508。

林正士

2001.06 林正士，〈統一超商來金設立據點之可行性研究〉，《國立高雄科學技術學院金門分部學報》2，2001.06，頁47-64。

2002 林正士，〈金門縣觀光餐飲業產業普查分析之研究〉，《國立高雄科學技術學院金門分部學報》3，2002，頁1-8。

2007 林正士、林明月、陳佳欣，〈特色民宿體驗行銷之研究——以金門為例〉，國立金門技術學院主編，《2007休閒資源與健康管理學術研討會論文專刊》，台北：師大書苑，2007年。

2008 林正士、張梨慧、黃詩媛，〈金門安全農業品牌行銷調查研究〉，2008台閩生活圈行銷物流與觀光休閒研討會，國立中興大學、勤益大學、金門技術學院合辦，2008年。

2009 林正士，《金門西方宗教探源》，金門：金門縣文化局，2009年。

2010.06 林正士、呂曉娟，〈台商子女至金門就學之政策與問題研究〉，2010年海峽兩岸人才教育暨卓越管理研討會，河南鄭州：鄭州大學昇達經貿管理學院，2010.06.07-09.

2010.11 林正士、陳莉雯，〈金門休閒農業發展之探索性研究〉，首屆鄉村旅遊發展研討會，南投：國立暨南國際大學休閒學與觀光管理學系；台灣鄉村旅遊協會，2010.11.10。

林正珍

2008.11 林正珍，〈「消失」在台灣歷史文化中的金門〉，楊加順總編輯，《2008金門學學術研討會論文集——烽火僑鄉敘事記憶：戰地、島嶼、移民與文化》（金門縣：金門縣文化局，2008.11），頁221-236。

林正璽

2008 林正璽，《基督教在金門地區發展歷程之研究》，銘傳大學應用中國文學系碩士在職專班，2008年，碩士論文。

林永發

1995.12 林永發，〈金門國家公園傳統聚落景觀維護發展規劃〉，《營建季刊》6:3，1995.12，頁23-28。

林永塘

2009 林永塘，《浯洲俗諺集》，金門：金門縣文化局，2009年。

林玉茹

1995.1 林玉茹採訪、記錄，〈清末至日據烈嶼與福建之商船貿易活動——林天助先生訪問記錄〉，《史聯雜誌》，第25期，高雄台灣史跡研究中心，1995年10月。

林有清

1995.12 林有清，〈武將興學，金門子弟永懷恩情〉，《青年日報》1995.12.29，第4版。

林佑真

2010 林佑真（國立臺北教育大學初等教育學系），《社會經濟不均等與金門地區青少年健康行為及身心健康之相關探討》，國科會專題研究計畫，執行起迄：2009/08/01～2010/07/31。

林克昌

2004 林克昌，〈金廈地區治安管理之研究〉，林克昌著，《行政專題論述》（修訂版）（台北市：秀威資訊科技，2004年），頁93。

林君長

1981 林君長，《馬山之鶯，又名，金門文集》，台北市：黎明文化公司，1981年。

林宏信

2009 林宏信，《觀察1990年代後地方文學的興起與發展——以金門文學為觀察對象》，國立中正大學台灣文學所，2009年，碩士論文。

林宏璋

2004.1 林宏璋，〈「註腳」的姿態蔡明亮的作品於金門碉堡藝術館〉，《典藏今藝術》145，2004.10，頁120-122。

林志龍

2008.11 林志龍、張傳聖，〈天主教與金門（1950-70s）〉，楊加順總編輯，《2008金門學學術研討會論文集——烽火僑鄉敘事記憶：戰地、島嶼、移民與文化》（金門縣：金門縣文化局，2008.11），頁61-76。

林杉錦

1995 林杉錦、黃鴻堅、王俊秀、董光中，〈金門地區鼠類體內寄生蟲之調查〉，《臺灣省畜牧獸醫學會會報》65，增刊2:18，1995年。

林秀珊

2007 林秀珊，《大陸遊客對金門觀光旅遊體驗之研究》，銘傳大學觀光研究所碩士在職專班，2007年，碩士論文。

林秀瑾

2003 林秀瑾、劭廣昭、林芳郁，〈海峽兩岸文昌魚之親緣關係及生態研究〉，江柏煒編，《金門歷史、文化與生態國際學術研討會論文集》，金門縣：金門縣立文化中心，2003年。

林良

2010 林良，《中秋博狀元餅》，金門縣：金門縣文化局，

2010年。

林佳芸

2009 林佳芸，《金門地區海茄苳族群生態之研究》，中興大學森林學系所，2009年，碩士論文。

林奇伯

2000.08 林奇伯文、薛繼光圖，〈先民遺風，數典不忘——金門宗族文化〉，《光華》25:8，2000.08，頁28-31。

2000.08 林奇伯文；薛繼光圖，〈金門人回家——戰地兒女再造文化原鄉〉，《光華》25:8，2000.08，頁20-27。

2000.08 林奇伯文、薛繼光圖，〈「反攻歷史」——金門導演董振良〉，《光華》25:8，2000.08，頁32-35。

2010.09 林奇伯，〈國立金門大學揭牌，挾離島條例優勢，搶進兩岸高教前線〉，《遠見》291，2010/09/01，頁51-52。

林宗儀

1998 林宗儀、張逸中，《金門電力公司水頭塔山發電廠重油供應設施工程之可行性研究，方案規劃暨環境影響說明——海上地質調查》，台南：國立成功大學水工試驗所，研究試驗報告第212號，第6章，1998年。

林宜汝

2009 林宜汝，《金門高中職學生選擇升學或就業的影響因素與意向之研究》，國立臺北教育大學教育政策與管理研究所，2009年，碩士論文。

林怡種

2006.08 林怡種，〈辛勤的筆耕豐碩的果實〉，《金門日報》，2006/08/02，副刊。

2008 林怡種，《心寬路更廣》，台北：秀威資訊，2008年。

2008 林怡種，《天公疼戇人》，台北：秀威資訊，2008年。

2008 林怡種，《走過烽火歲月》，台北：秀威資訊，2008年。

2008 林怡種，《拾血蚶的少年》，台北：秀威資訊，2008年。

2008 林怡種，《人間有情》，台北：秀威資訊，2008年。

2009 林怡種，《金門奇人軼事》，台北：秀威資訊，2009年。

2010.12 林怡種，〈《憶往情深》系列之一 白色的回憶〉，《金門日報》，2010/12/19-27，副刊。

林明德

1994 林明德、曾永義、林茂賢，《臺澎金馬地區匾聯調查研究》，台北市：行政院文化建設委員會，1994年。

林明議

1990 林明議，《金門傳統建築保存之研究》，淡江大學建築（工程）研究所，1990年，碩士論文。

林東昇

1996 林東昇、中華民國建築學會，《金門國家公園自然與文化解說步道規劃設計》，金門縣：內政部營建署金門國家公園管理處，1996年。

林果顯

2010 林果顯，〈兩次臺海危機的戰爭宣傳布置（1954-1958）〉，沈志华、唐启华主編，《金门：内战与冷战·美、苏、中档案解密与研究》（北京市：九州出版社，2010年），頁78-103。

林松柏

2007 林松柏，《金門民眾對『金門無線島』科技接受度之研究》，銘傳大學公共事務學系碩士在職專班，2007年，碩士論文。

林芳裕

2008 林芳裕，《金門地區推展替代型觀光與遊客身心收穫之研究》，國立臺灣體育大學休閒產業經營學系碩士班，2008年，碩士論文。

林金榮

1998.03 林金榮，〈滄海拾遺——明清時期金門地區使用的陶瓷器探源〉，《金門》56，1998.03，頁52-59。

1998.06 林金榮，〈由人文景觀找尋金門古石塔的風采〉，《金門》57，1998.06，頁62-67。

1998.06 林金榮，〈番客 過番屏 起番仔樓——僑匯影響下的金門建築〉，《金門》57，1998.06，頁38-45。

1998.09 林金榮，〈打開傳統建築的明眸——金門窗形之美〉，《金門》58，1998.09，頁42-49。

1998.12 林金榮，〈門戶之見——金門傳統建築門面的裝飾美〉，《金門》59，1998.12，頁46-51。

1999.11 林金榮，〈金門地區早期使用的陶瓷器文化探源〉，國立傳統藝術中心籌備處編，《金門傳統藝術研討會會議論文集》（台北市：國立傳統藝術中心籌備處，2000年），頁237-264。

1999.12 林金榮，〈金門傳統建築泥塑的裝飾藝術〉，《金門》63，1999.12，頁70-75。

2000.03 林金榮，〈明末清初金門局勢探討——鄭成功家族與金門的歷史關係〉，《金門》64，2000.03，頁54-63。

2000.06 林金榮，〈后豐港海域的古陶瓷破片調查初探〉，《金門》65，2000.06，頁52-59。

2000.09 林金榮，〈迎向海洋，還是在碉堡裡自我禁錮？〉，《新故鄉雜誌》7，2000.09，頁66-69。

2000.12 林金榮，〈迎向海洋——金門的海外交通史略〉，《金門》67，2000.12，頁22-29。

2001.03 林金榮，〈金門傳統民宅的營建與習俗信仰〉，《金門》68，2001.03，頁70-81。

2001.12 林金榮，〈金門媽祖信仰的形成與海事行為探索〉，《金門》71，2001.12，頁22-27。

2002 林金榮，〈日軍佔領金門的那一年冬至的圓仔湯搶搶滾！〉，《金門》72，2002，頁24-29。

2003.04 林金榮，〈走一條漫長的孤獨路——選讀金門文史書籍側記〉，《金門日報》，2003/04/28，副刊。

2003.06 林金榮，〈七百年的鹽場歷史——期待一座鹽業文化館的誕生〉，《金門日報》，2003/06/13，副刊。

2003.06 林金榮，〈金門歷史提前一萬年發現打製石器〉，《金門日報》，2003/06/30，副刊。

2003.07 林金榮，〈祖籍金門的開臺進士——鄭用錫〉，《金門日報》，2003/07/10，副刊。

2003.09 林金榮，〈明鄭時期金門籍的重臣——戶官兼兵官忠振伯洪旭〉，《金門》75，2003.09，頁50-57。

2003.1 林金榮，〈「金門莒光樓走過五十年烽火歲月」六〇年代的莒光樓風貌〉，《金門日報》，2003/10/21，副刊。

2004.12 林金榮，〈明末清初金門局勢探討〉，《金門宗族文化》1，2004.12，頁23-26。

2005 林金榮，《認識古蹟日——與古蹟共舞.人文漫步》，金門：金門縣文化局，2005年。

2005 林金榮、董倫如，《金門傳統漁業調查研究》，金門縣：內政部營建署金門國家公園管理處，2005年。

2005.04 林金榮，〈清朝金門鎮總兵事蹟探微——壯烈殉國的民族英雄陳化成將軍〉，《金門》82，2005.04，頁52-57。

2005.05 林金榮，〈停泊的港灣是我不能靠近的傷痕〉，《金門文藝》6，2005.05，頁74-75。

2005.07 林金榮，〈星星的故鄉〉，《金門文藝》7，2005.07，頁54-55。

2006 林金榮，《金門地區使用的陶瓷器文化探源》，金門縣：金門國家公園，2006年。

2007 林金榮研究主持；林金台協同主持，《金門傳統建築的裝飾藝術調查研究》，金門縣金寧鄉：內政部營建金門國家公園管理處，2007年。

2008 林金榮撰文、攝影，《金門傳統建築的裝飾藝術》，金門縣：內政部營建署金門國家公園管理處（初版），2008年。

2008.05 林金榮，〈舞動神靈的祭典——清代后浦迎城隍習俗人文采風〉，《金門日報》，2008/05/21，副刊。

2008.08 林金榮，〈金門傳統建築裝飾藝術的人文特色〉，《國立歷史博物館館刊》18:8=181，2008.08，頁64-75。

2009.12 林金榮研究主持；林金台協同主持，《金門傳統聚落形成發展族譜資料彙編》，金門縣金寧鄉：內政部營建金門國家公園管理處，2009年12月。

2011 林金榮撰文，《後浦人.看熱鬧：舞動神靈的祭典》，金門：金縣金城鎮公所，2011年。

林長禮

2005 林長禮，《金門縣烈嶼鄉東林靈忠廟重建奠安紀念特刊》，金門縣：金縣烈嶼東林靈忠廟管委會，2005年。

林信政

2002 林信政，《試辦金門馬祖與大陸地區通航（小三通）之政策分析》，東海大學公共行政學系，2002年，碩士論文。

林保寶

2000 林保寶，《牆上烽火》，台北：博陽文化，2000年。

林俊宏

2003.09 林俊宏，〈南明盧若騰詩歌風格研析〉，《臺灣文獻》54:3，2003.09，頁249-273。

林俊穎

2008.11 林俊穎，〈老兵與軍妓，不死的傳奇——評舒暢《那年在特約茶室》〉，《文訊》277，2008.11，頁112-113。

林勁

2008.04 林劲、聂学林，〈1949年以来金门在两岸关系中的地位与作用〉，《台湾研究集刊》（福建省厦门市：厦门大学台湾研究院），2008年04期，頁22-32。

林建成

1995 林建成，《小金門上林村宋江陣》，金門縣：林榮堯，1995年。

林建育

2004.12 林建育主持，《金門聚落宮廟宇五方信仰界定領域空間之研究計畫》，金門：金門國家公園管理處，2004/12。

2005 林建育，《金門傳統漢人聚落領域的空間界定：一個五營信仰的考察》，樹德科技大學建築與古蹟維護研究所，2005年，碩士論文。

林建忠

2003 林建忠，《金門的人文探索與省思》，國立臺灣師範大學美術系在職進修碩士學位班，2003年，碩士論文。

林柏年

1997.01 林柏年、高擎天，〈鉴往知来——以金门建筑之发展为例〉，《建筑学报》（北京市：中国建筑学会），1997年01期，頁11-14。

林美君

2007 林美君，《金門高中職學生環境素養調查研究》，國立臺灣師範大學環境教育研究所，2007年，碩士論文。

林美吟

2007 林美吟，《金門城舊城區暨北門外明遺老街歷史風貌再生先期研究計畫》，文化建設委員會區域型文化資產保存及活化計畫，95年度規劃案，金門縣文化局委託，2007.03～2007.11.

2008.12 林美吟，〈金門地區區域型文化資產保存的實踐——以金門城為例〉，2008金門都市計畫國際研討會，金門縣政府建設局；金門技術學院建築系，2008年12月。

2009 林美吟，《金門城歷史聚落保存與再發展細部計畫》，文化建設委員會區域型文化資產保存及活化計畫，96年度執行案，金門縣文化局委託，2008.03-2009.1.

2009 林美吟，《金門城歷史文獻與文物普查計畫》，文化建設委員會區域型文化資產保存及活化計畫，96年度執行案，金門縣文化局委託，2008.03-2009.1.

2010 林美吟、唐蕙韻，《金門城歷史文獻與文物調查》，金門縣：金門縣文化局，2010年。

2010 林美吟（國立金門大學閩南文化研究所），《金門地區傳統聚落保存區劃設方式與執行機制研究》，國科會專題研究計畫，執行起迄：2009/08/01～2010/12/31

林美桂

1991 林美桂，《開發許可制應用於金門地區土地開發管制之研究》，淡江大學建築（工程）研究所，1991年，碩士論文。

2001 林美琪，《金門洋樓民居外廊立面形式變遷之研究》，雲林科技大學空間設計系碩士班，2001年，碩士論文。

林美華

2008 林美華，《傾聽戰地的聲音：金門的戰地廣播（1949-1992）》，國立金門技術學院閩南文化研究所，2008年，碩士論文。

林茂春

1972.03 林茂春，〈金門水產養殖考察報告〉，《中國水產》231，1972.03，頁2-5。

1972.03 林茂春，〈金門龍鬚菜引進試養初步報告〉，《中國水產》231，1972.03，頁10。

林茂興

1995.03 林茂興，〈大陸淪陷前後金門地區郵資使用研究〉，《郵史研究》8，1995.03，頁117-120。

林茂耀

2003 林茂耀撰文、游登良等攝影，《金門國家公園：無情戰火,錘煉有情天地》，臺北市：百巨國際文化，2003年。

林英生

1997 林英生主編，《金門縣立烈嶼國民中學慶祝建校三十週年紀念專輯》，金門烈嶼鄉：烈嶼國民中學，1997年。

1999.09 林英生，〈烈嶼海岸地景之美〉，《金門國家公園簡訊》12，1999.09，頁4-7。

2002 林英生，《烈嶼的自然大地》，金門：金門縣立文化中心，2002年。

2002 林英生，《烈嶼鄉志：打造我們的烏托邦》，金門縣：烈嶼鄉公所，2002年。

2006.12 林英生，〈烈嶼巡檢司城始末——兼論鄭成功與烈嶼〉，《金門日報》，2006/12/09，副刊。

2010 林英生等撰述；呂允在總編纂，《增修烈嶼鄉志》，金門縣：烈嶼鄉公所，2010年。

2010 林英生、陳西村作，《島外島的明珠：烈嶼容顏》，金門縣：金門縣政府，2010年。

2010.07 林英生，〈金門、烈嶼、大二膽及鄰近島嶼的地質地形〉，《金門日報》，2010/07/22，副刊。

2010.09 林英生，〈父親——您是我們永遠的明燈〉，《金門日報》，2010/09/13，副刊。

林虹妤

2007.05 林虹妤，〈金門與烈嶼人文風土踏察——兼述一府二鹿三艋舺的「金門館」和武科舉考試〉，《松商學報》9，2007.05，頁169-185。

林振查

1999 林振查主編，《金門地區綜合建設方案：計畫綱要與內容》，金門縣：金門縣政府，1999年。

2004 林振查、董應發、翁宗平，《金風玉露憶相逢》，金門縣：金門酒廠，2004年。

2011 林振查總策劃，《驚奇100遊金門》，金門縣：金門縣文化局，2011年。

林桑

2008.01 林桑，〈戰力來源——金門八三么〉，《金門文藝》22，2008.01，頁71-72。

林海珠

2005 林海珠，《個案管理模式對血液透析病患成效之評估——以金門地區為例》，銘傳大學公共事務學系碩士在職專班，2005年，碩士論文。

林耕亦

1996 林耕亦，《金門古厝情懷》，金門：金門縣社教育館，1996年。

林馬騰

2002 林馬騰，《走過滄桑歲月》，金門：金門縣立文化中心，2002年。

2003 林馬騰，《列嶼的烽火歲月》，金門：金門縣政府，2003年。

2006 林馬騰，《金門的烽火煙塵》，金門縣：林馬騰，2006年。

2007 林馬騰主編，《烈火焠煉的島嶼：烈嶼鄉耆老「口述歷史」彙編》，金門縣：烈嶼鄉公所，2007年。

2009　林馬騰主編，《風雞履衡痕：烈嶼老照片說故事》，金門縣烈嶼鄉：烈嶼鄉公所，2009年。

2009　林馬騰，《秘島：大二膽島的秘境秘史》，金門：金門縣文化局，2009年。

2010.08　林馬騰，〈「八二三砲戰」之最〉，《金門日報》，2010/08/24，副刊。

2010.08　林馬騰，〈大膽島風雲〉，《金門日報》，2010/08/09，副刊。

林桶法

2010　林桶法，〈金門的撤守問題：以蔣日記與蔣檔為中心的探討〉，沈志华、唐启华主編，《金门：内战与冷战・美、苏、中档案解密与研究》（北京市：九州出版社，2010年），頁1-17。

林清渠

2010　林清渠總編輯，《走入東林：社區導覽》，金門縣烈嶼鄉：金門縣東林社區發展協會，2010年。

林清陽

2008.07　林清陽，〈乘風破浪金門行〉，《金門文藝》25，2008.07，頁60-63。

林淑心

1998.04　林淑心，〈古樸實用的金門古燈具〉，《藝術家》46:4=275，1998.04，頁532-537。

林淑玟

2007　林淑玟、陳月文撰文；劉伯滌、余麗婷、劉素珍、官月淑繪圖，《來金門作客（注音版）》，金門：金門縣文化局，2007年。

2009　林淑玟文；洪義男圖，《咪咪・古厝・魚》，金門：金門縣文化局，2005年。

林淑珊

2008 林淑珊執行編輯，《金門縣金湖鎮正義國民小學創校八十三週年專刊》，金門縣：金門縣正義國小，2008年。

林博文

2009.06 林博文，〈從美中檔案回顧五〇年代兩次臺海危機——九三砲戰與八二三砲戰的歷史意義〉，《歷史月刊》257，2009.06，頁87-97。

林堯土

2008 林堯土執行編輯，《金門縣自來水廠統計年報 中華民國九十六年》，金門縣：金門縣自來水廠，2008年。

8 劃

林富士

2008.11 林富士、蔡英文、王秋桂、陳春聲、白永瑞、吳密察、戴寶村，〈「亞洲視野下的金門學」圓桌會議〉，楊加順總編輯，《2008金門學學術研討會論文集——烽火僑鄉敘事記憶：戰地、島嶼、移民與文化》（金門縣：金門縣文化局，2008.11），頁251-262。

林焜熿

1958 林焜熿（清）、林豪、左樹夔，《金門縣志：二十四卷／卷首一卷／卷末一卷》，金門：金門文獻委員會，1958年。

林華東

2006 林华东，《泉州学研究-[第二辑]》，厦门大学出版社，2006年。

林菊美

2005 林菊美，《金門國幼班實施生活教育相關因素之探討》，國立台北護理學院嬰幼兒保育研究所，2005年，碩士論文。

林進財

2000 林進財、張皆欣，《第一屆金門觀光節 浯島城隍活動季 問卷調查研究報告，金門：金門縣政府，2000年。

2000.11 林進財、張皆欣，〈金門地區「第一屆觀光節」系列活動滿意度之研究〉，《觀光研究學報》，Vol.6 No.2，2000.11，頁119-138。

2002.12 林進財、陳建民、張皆欣，〈金門地區觀光競爭態勢之研究〉，《觀光研究學報》，Vol.8 No.2，2002.12，頁151-175。

林隆華

2007 林隆華主編，《金門縣烈嶼鄉上林頂林林氏仲禮祖族譜》，金門縣烈嶼鄉：上林林氏族譜編修小組，2007年。

林隆燦

1998.03 林隆燦文、吳秀琪圖，〈知性感性之旅——金門國家公園〉，《臺灣月刊》183，1998.03，頁44-46。

林媽肴

1973 林媽肴，《那夕迷霧》，台北：彩虹出版社，1973年。

1975 林媽肴，《焚骷髏的人》，台北：生生出版社，1975年。

1975 林媽肴，《金色驛馬車》，台北：生生出版社，1975年。

1975 林媽肴，《鄉居草笛》，台北：生生出版社，1975年。

1975 林媽肴，《井湄少年》，高雄：勝夫書局，1975年。

1980 林媽肴，《月光・枯枝・窗》，台南：鳳凰城圖書公司，1980年。

2002.11 林媽肴，〈邊際島嶼〉，《金門日報》，2002/11/19，副刊。

2003 林媽肴，《浴在火光中的鄉愁》，金門：財團法人金門縣社教文化活動基金會，2003年。

2003.1 林媽肴，〈穿越鐵蒺藜與軌條砦〉，《中國時報》，2003/10/12/，副刊。

2004.07 林媽肴，〈穿越鐵蒺藜與軌條砦〉，《金門文藝》1，2004.07，頁104-107。

2005.03 林媽肴，〈貢糖石〉，《金門文藝》5，2005.03，頁4-7。

2005.09 林媽肴，〈《第一屆浯島文學獎》散文佳作 貢糖石〉，《金門日報》，2005/09/09。

林敬恒

2006 林敬恒，《金門地區慢性腎病變之流行病學研究》，國立陽明大學公共衛生研究所，2006年，博士論文。

林敬凱

1997 林敬凱，《金門地區過敏性鼻炎之研究》，國立陽明大學公共衛生研究所環境與職業醫學組，1997年，碩士論文。

林義青

2006 林義青，《文化資產行銷識別系統之研究——以金門古蹟、歷史建築為例》，中國科技大學建築研究所，2006年，碩士論文。

林義勇

2005 林義勇，《金門機場擴建遷村之可行性評估》，銘傳大學公共事務學系碩士在職專班，2005年，碩士論文。

林詩旦

1958 林詩旦、林列同編，《金門土地改革》，臺北市：中國農村復興聯合委員會，1958年。

林道生

1978 林道生、汪振堂，《金門行：為八二三戰役勝利二十周年高歌》，金門縣：金門戰地政務委員會，1978年。

林達陽

2006 林達陽，《虛構的海》，高雄：松濤文社，2006年。

林榮裕

2005 林榮裕作，《金門畜產美食：酒糟黃金牛健康豬饗宴》，金門縣：金門縣政府，2005年。

林豪

2006 林豪（清），《誦清堂詩集》，台北：龍文出版社，2006年。

林銘鴻

2004 林銘鴻，《離島地區傳統製造業轉型觀光工廠發展策略研究——以金門地區為例》，中華大學建築與都市計畫學系碩士班，2004年，碩士論文。

林寬佳

2006 林寬佳（國立臺北護理健康大學護理研究所），《以流行病學轉移模式探討無症狀高尿酸血症之世代研究——金門十年追蹤研究》，國科會專題研究計畫，執行起迄：2005/08/01～2006/07/31。

林德星

1978 林德星（高雄市鼓山1路）編，《金門林氏族譜》，1978年。來源：複製自美國猶他家譜學會臺灣家譜微縮資料。國家圖書館藏。

林德恭

2006 林德恭，《金門區域產業對地方財政之影響》，銘傳大學公共事務學系碩士在職專班，2006年，碩士論文。

林蔚

1995.03 林蔚、李寄嵎，〈金門地區後造山型花崗岩：產狀及岩石化學特性之研究〉，台大地質系主辦，《海峽兩岸地質學術研討會》，1995/03/22。

2003 林蔚，《金門國家公園地質景觀：從一座消失的山脈談起》，2003年。世界遺產巡迴講座；921011。（1捲卡式帶）

林學金

2001 林學金，《金門地區中學生學校生活品質與學習成效關係之研究》，銘傳大學管理科學研究所碩士在職專班，2001年，碩士論文。

林憶蘋

2001 林憶蘋，《金門地區觀光發展衝擊認知變遷之研究》，國立中興大學園藝學系，碩士論文，2001年。

2002.12 林憶蘋、歐聖榮、林建堯，〈金門地區居民對觀光發展衝擊認知之研究〉，《興大園藝》27:4，2002.12，頁63-76。

林興財

2005 林興財，《金門民眾自衛隊參與軍事勤務之研究——以八二三戰役為例》，銘傳大學公共事務學系碩士在職專班，2005年，碩士論文。

林蕙玟

2004.03 林蕙玟，〈有形的軍事遺址vs.無形的戰地記憶：試論金門的戰地歷史場所與記憶〉，李金振編，《閩南文化學術研討會論文集》（金門縣：金門縣立文化中心，2004年），頁387-397。

2007.12 林蕙玟、傅朝卿，〈戰爭紀念性意義之差異性研究——以金門與美國蓋茲堡之役紀念物之設置意涵為探討〉，《建築學報》62，2007.12，頁23-48。

林衡道

1982.03 林衡道，〈金門與台灣〉，《高雄文獻》9、10，1982.03，頁235-247。

林錫嘉

1993 林錫嘉編，《碉堡與古厝》，台北市：黎明，1993年。

林聯勇

2008.08 林联勇，〈福抗战时期金门同胞避难永春〉，《福建史志》145，2008.08，页38-39。

林鴻圖

2004 林鴻圖，《烈嶼協會會刊》，金門縣：金門縣政府，2004年。

林麗香

2001.11 林麗香，〈金馬小三通政策對國家安全的影響〉，《空軍學術月刊》540，2001.11，頁18-29。

林麗卿

2006.01 林丽卿，〈门对门 手牵手 心连心 情系情——厦门金门关系的演变及其发展趋势〉，《统一论坛》（北京市：中国和平统一促进会），2006年01期，頁47-50。

林麗寬

1997 林麗寬，《中華民國八十六年金門縣珠山社區總體營造人文采微成果專輯》，金門縣：金門縣政府，1997年。

1999.11 林麗寬，〈金門麗英歌劇團變遷初探〉，國立傳統藝術中心籌備處編，《金門傳統藝術研討會會議論文集》（台北市：國立傳統藝術中心籌備處，2000年），頁281-312。

2001 林麗寬，《金門王爺民間信仰傳說之研究》，中國文化大學中國文學研究所碩士在職專班，2001年，碩士論文。

2002.07 林麗寬，〈金門高粱酒的傳奇〉，《源雜誌》40，2002.07-08，頁31-33。

2002.11 林麗寬，〈再寄平生懷——洪明燦書法水墨展側記〉，《金門日報》，2002/11/26，副刊。

2003 林麗寬，〈金門的王爺信仰〉，江柏煒編，《金門歷史、文化與生態國際學術研討會論文集》，金門縣：金門縣立文化中心，2003年。

2004.03 林麗寬，〈金門新市里禮生的基礎調查〉，李金振編，《閩南文化學術研討會論文集》（金門縣：金門縣立文化中心，2004年），頁249-260。

2005.05 林麗寬，〈《生活札記》把情言歡天地徜徉〉，《金門日報》，2005/05/07，副刊。

2008.03 林麗寬，〈金門太武山海印寺匾聯碑文化探索〉，《國立金門技術學院學報》3，2008.03，頁47-70。

2009 林麗寬，《文化金門全紀錄——貳：生命的歷程（金門的節慶與禮俗）》，金門：金門縣文化局，2009年。

林寶玉

2009 林寶玉等著，《浯島文學獎第五、六屆得獎集》，金門縣金城鎮：金門縣文化局，2009年。

林寶秀

2010.03 林寶秀、林晏州，〈島嶼型遊憩區遊客量推估與預測——以金門國家公園為例〉，《國家公園學報》20:1，2010.03，頁1-14。

林晏州

2010.12 林晏州計畫主持（台灣大學），《金門國家公園自然人文資源保育整體價值評估》，金門：金門國家公園管理處委託研究報告，2010/12。

松浦章

2008.12 松浦章撰；蔡雅云、王亦铮译，〈清代帆船航运与金门船员〉，《海交史研究》54，2008.12，页27-46。

武美齡

2006.05 武美齡，〈閩式、南洋風味建築在金門——黎明儀專訪〉，《國家公園》，2006.05，頁74-75。

波多野想

2007 波多野想主持；閻亞寧、李東明協同主持，《金門縣文化景觀普查計畫. 第二年》，金門縣金寧鄉：金門縣文化局，2007年。

2008 波多野想主持，《金門縣文化景觀普查計畫. 第三年》，金門縣金寧鄉：金門縣文化局，2008年。

狀態網際

2004 狀態網際網路股份有限公司，《金門縣金城鎮導覽簡介》，金門縣：金城鎮公所，2004年。（1片VCD）

近代中國

1979.08 近代中國，〈金門大捷三十週年特輯〉，《近代中國》12，1979.08，頁5-69。

邵荣祯

2007.08 邵荣祯，〈面对金门的越海广播〉，《档案春秋》（上海市：上海市档案馆），2007年08期，頁41-44。

邵維強

2008 邵維強，《金門設置博奕產業之可行性研究——經濟效益分析》，銘傳大學社會科學院國家發展與兩岸關係碩士在職專班，2008年，碩士論文。

邱天火

2010 邱天火主編；黃嘉隆等撰文，《金門國家公園總論》，金門縣金寧鄉：內政部營建署金門國家公園，2010年。

邱少華

1998 邱少華，《琴心劍膽謁金門》，金門：金門書法學會，1998年。

邱正智

1970.05 邱正智，〈海上公園地下堡壘——金門〉，《幼獅文藝》197，1970.05，頁227-230。

邱兆偉

1996.02 邱兆偉，〈臺澎金馬中小學教育普及實況與相關問題〉，《師說》90，1996.02，頁1-14。

邱年永

1977.06 邱年永、楊榮季，〈金門之藥用植物研究（第一報）：金門之藥用植物調查〉，《私立中國醫藥學院研究年報》8，1977.06，頁891-904。

邱坤良

1983 邱坤良，〈金門民間戲曲調查報告〉，邱坤良，《現代社會的民俗曲藝》（台北市：遠流出版事業股份有限公司，1983），頁57-72。

邱定炎

2007 邱定炎，《金門金門城邱氏族譜》，金門縣：金門縣金門城村邱氏族譜編纂委員會，2007年。

邱俞菱

2007 邱俞菱，《終身學習專案管理之研究——以建立金門社區教育學習體系計畫為例》，國防管理學院國防資訊研究所，2007年，碩士論文。

邱垂正

2010 邱垂正總編輯，《國立金門技術學院改名國立金門大學紀念特刊》，金門縣：金門大學，2010年。

邱柏翰

2008 邱柏翰，《數位落差與終身學習需求之研究——以金門縣為例》，國防大學管理學院資訊管理學系，2008年，碩士論文。

邱祈榮

2007.06 邱祈榮、潘孝隆、葉媚媚、黃愷茹，〈金門地區防風保安林劃設之研究〉，《中華林學季刊》40:2，2007.06，頁229-240。

2007.09 邱祈榮、黃愷茹、葉媚媚、潘孝隆、葉名容，〈金門地區森林經營計畫目標及策略制訂之研究〉，《中華林學季刊》40:3，2007.09，頁357-375。

邱偉泰

2007 邱偉泰，《終身學習專案平台建置之研究——以建立金門社區教育學習體系計畫為例》，國防管理學院國防資訊研究所，2007年，碩士論文。

邱竣華

2007.09 邱竣華，〈金門乳房健康篩檢暨子宮頸抹片檢查活動行〉，《聲洋防癌之聲》，No.118，2007.09，頁31-34。

邱賢農

1997 邱賢農文、攝影，《烈嶼群島》，台灣省：台灣省教育廳，1997年。

金山

2009.01 金山，〈金門家書：千里情，萬里路〉，《金門文藝》28，2009.01，頁58-59。

金以蕾

1993 金以蕾，《金門開放觀光的社會變遷研究》，國立中興大學都市計劃研究所，碩士論文，1993年。

金台人

2006.04 金台人，〈金台人曹楷智博士畫家選村長；許玉音行腳金馬澎三島〉，《金門日報》，2006/04/30，副刊。

2006.04 金台人，〈藝文片羽：蔡顯國浙江二十四小時；李金昌錯亂顏艾琳身世〉，《金門日報》，2006/04/30，副刊。

2006.04 金台人，〈弦情歸浯島等待落籍；鄭珍飛往香江會鄭愁予〉，《金門日報》，2006/04/17，副刊。

2006.04 金台人，〈陳高二氏循蔡廷蘭行跡；石曉楓孕育出臨界之旅〉，《金門日報》，2006/04/09，副刊。

2006.04 金台人，〈牧羊女失散多年回來了；李錫奇七十大展大卡司〉，《金門日報》，2006/04/06，副刊。

2006.04 金台人，〈李福井榮總急診無大礙；顏艾琳請假一年養病中〉，《金門日報》，2006/04/05，副刊。

2006.04 金台人，〈季青漫畫時事退而不休；吳慧菱新書發表飛行中〉，《金門日報》，2006/04/01，副刊。

2006.05 金台人，〈顏炳洳施志勝五月前進大陸；陳憲仁張麗珠會診郁達夫詩〉，《金門日報》，2006/05/27，副刊。

2006.05 金台人，〈藝文片羽：李金生楊秋蘋金台新聞連線；高啟進瞄準開澎進士蔡廷蘭〉，《金門日報》，2006/05/26，副刊。

2006.05 金台人，〈唐敏達洪明燦集美聯展；顏國民創辦星象雜誌〉，《金門日報》，2006/05/18，副刊。

2006.05 金台人，〈藝文片羽：李錫奇秘密身世浮現了；許鴻文唐敏銳中台出家〉，《金門日報》，2006/05/15，副刊。

2006.05 金台人，〈陳漢平、黃克全、楊樹清、吳鈴瑤四家入列閩南籍知名文化人〉，《金門日報》，2006/05/04，副刊。

2006.06 金台人，〈藝文片羽：黃一農候選中央研究院院士；宋怡明李木隆研究金門報導〉，《金門日報》，2006/06/29，副刊。

2006.06 金台人，〈藝文片羽：劉再復今來金門論紅樓；張國治掌台藝大系主任〉，《金門日報》，2006/06/22，副刊。

2006.06 金台人，〈歐陽柏燕圖像文字個展；許水富嫁女兒詩情畫意〉，《金門日報》，2006/06/15，副刊。

2006.06 金台人，〈藝文片羽：管管鐘永和盧根陣結義；楊媽輝廖尚夫師生奇遇〉，《金門日報》，2006/06/12，副刊。

2006.06 金台人，〈藝文片羽：洪雅純超視擔任製作人；楊樹森傳藝中心畫船帆〉，《金門日報》，2006/06/01，副刊。

2006.07 金台人，〈藝文片羽：王金鍊與蔣家語相見歡；顏湘芬蒐尋父親講古篇〉，《金門日報》，2006/07/31，副刊。

2006.07 金台人，〈藝文片羽：顏靜筠攻讀台師大博士；鐘永和與金門影像有約〉，《金門日報》，2006/07/28，副刊。

2006.07 金台人，〈藝文片羽：菩提金門種樹耕耘詩園；黃玉芬典藏芬芳的情書〉，《金門日報》，2006/07/20，副刊。

2006.07 金台人，〈藝文片羽：東瑞引介黨軍佩劍圖考；陳來華收藏紅頭巾賦詩〉，《金門日報》，2006/07/01，副刊。

2006.08 金台人，〈藝文片羽：鄭愁予返金祭祖譜寫校歌；翁惠玫完成金門文學研究〉，《金門日報》，2006/08/27，副刊。

2006.09 金台人，〈藝文片羽：洪進業高考文化類狀元；蘇蘭聽盧根花開的聲音〉，《金門日報》，2006/09/30，副刊。

2006.1 金台人，〈藝文片羽：陳榮昌榮獲時報文學獎；李宜藍主編侯老師週刊〉，《金門日報》，2006/10/02，副刊。

2006.11 金台人，〈藝文片羽：陳慶瀚陽翟一家四博士；牧羊女土木家族五博士〉，《金門日報》，2006/11/30，副刊。

2007.02 金台人，〈藝文片羽：陳亞馨台藝大當新鮮人；李沃源以盜板水墨走春〉，《金門日報》，2007/02/17，副刊。

2007.03 金台人，〈藝文片羽：菩提今回金門湖下老屋；鄭愁予進駐金技院講學〉，《金門日報》，2007/03/02，副刊。

2007.04 金台人，〈藝文片羽：阿德返鄉部落格寫真情；洪敏珍入列年度小說選〉，《金門日報》，2007/04/27，副刊。

2007.05 金台人，〈藝文片羽：翁翁浯江夜話傳遞音緣；劉亮雅掌台大中外文學〉，《金門日報》，2007/05/31，副刊。

2007.06 金台人，〈藝文片羽：林世英結伴開心返鄉行；謝以欣三立用心看台灣〉，《金門日報》，2007/06/29，副刊。

2007.07 金台人，〈藝文片羽：馬志剛騷動國樂界尋人古月詩集浮生北京出版〉，《金門日報》，2007/07/31，副刊。

2007.08 金台人，〈藝文片羽：洪世國遠鄉的眺望登場；徐瑞都市女郎個展揭秘〉，《金門日報》，2007/08/03，副刊。

金宏

2010 金宏影視錄音有限公司，《金門傳統歌謠》，金門：內政部營建署金門國家公園管理處，2010年。DVD一片。

金門大學

2010.01 金門大學人文社會學院等主辦，《冷戰的歷史文化——東亞批判刊物會議》，金門：國立金門大學圖資大樓黃進益會議廳、金門國家公園中山林遊客中心第二視聽室，2010/11/26-28。

金門文史

2002.04 金門文史工作協會主辦，《91年度金門地區歷史建築古蹟與文化資產保存研討會》，金門：金門縣金城鎮救國團會議室，2002.04.14。

金門文藝

2004 金門文藝編輯小組編輯，《金門文藝》（創刊號），金門縣：金門縣文化局，2004年7月。

2005.07 金門文藝編輯小組，〈金門文藝第1～6期總目錄〉，《金門文藝》7，2005.07，頁11。

金門月刊

1969 金門月刊編輯委員會編，《金門》，金門：救國團金門支隊部，1969年。

金門王氏

1994 金門王氏宗親會編修，《金門王氏族譜》，金門縣：金門王氏宗親會，1994年。

金門正氣

1959 金門正氣中華日報社編，《十年來的正氣中華》，金門：金門正氣中華日報社，1959年。

金門地區鄉

2000 金門地區鄉鎮志纂修經驗研討會編輯組編，《金門鄉鎮志纂修論文集：金門地區鄉鎮志纂修經驗研討會》，金門縣金城鎮：中華民國青芯志工服務協會編印，2000年。

金門技術

2004 金門技術學院編撰小組編撰，《金門戰地政務的法制與實踐》，金門縣金城鎮：金門縣政府，2004年。

2005 金門技術學院主辦；中國大陸研究學會協辦，《兩岸政經發展學術研討會》，2005.12。

2005 金門技術學院編，《2005兩岸經貿與教育交流學術研討會論文集》，金門縣：金門技術學院，2005年。

2005 金門技術學院學報編輯委員會編輯，《國立金門技術學院學報》（第一至四期），金門縣：金門技術學院，2005-2010年。

2006 金門技術學院運動管理系主編，《運管論壇. 創刊號》，臺北市：師大書苑，2006年。

2006 金門技術學院，《離島資訊技術與應用研討會論文集. 第五屆》，臺北市：全華，2006年。

2007 金門技術學院主編，《休閒資源與健康管理學術研討會論文專刊. 2007年》，臺北市：師大書苑出版，2007.12。

2008 金門技術學院主編，《「臺閩生活圈」行銷物流與觀光休閒研討會論文集. 2008》，金門縣金寧鄉：金門技術學院，2009年。

2008.12 金門技術學院、東海大學、成功大學、廈門大學共同舉辦，《高峰論壇：思考金門大未來研討會》，金門：金門技術學院圖書資訊大樓演藝廳，2008/12/25。

金門防衛

1962 金門防衛司令部政務委員會，《金門五十一年度經濟建設計畫》，金門：金門防衛司令部政務委員會，1962年。

1962 金門防衛司令部政務委員會，《第一期金門經濟建設四年計畫》，金門：金門防衛司令部政務委員會，1962年。

1963 金門防衛司令部撰，《外賓訪問金門觀感》，[出版地不詳]：[出版者不詳]，1963年。

1965 金門防衛司令部，《金門工程簡史》，未出版，1965年。

1968 金門防衛司令部政治作戰部編，《十年：八二三砲戰勝利十週年記》，金門：金門防衛司令部政治作戰部，1968年。

1996 金門防衛司令部研究，《金門國家公園戰役史蹟戶外實景展示設計》，金門縣：內政部營建署金門國家公園管理處，1996年。

金門防衛司令部編印，《浯江夜語》，台北市：出版者不詳，出版時間不詳。

金門季刊

1978.1 金門季刊，〈金門歷史沿革〉，《金門》1，1978.10，頁23。

1995 金門季刊編輯小組編，《金門建縣八十週年紀念專輯》，金門縣：金門縣政府，1995年。

金門青年

1958 金門青年雙月刊編輯委員會主編，《文藝選集》，金門：金門青年雙月刊社，1958年。

金門政務

1969 金門政務委員會編，《金門》，金門縣：編者，1969年。

1974 金門政務委員會編，《蔣總統與金門》，金門縣：編者，1974年。

金門烈嶼公共

2001 金門烈嶼公共事務協會，《烈嶼協會會刊》，臺北縣中和市：中華民國金門烈嶼公共事務協會，2001年7月，第一期，半年刊。

金門酒廠

2003 金門酒廠實業公司，《金酒王國》，金門縣：金門酒廠

實業公司，2003年。（1張影音光碟）

金門許氏

1987 金門許氏族譜編輯委員會編修，《金門珠浦許氏族譜》，金門縣：金門許氏宗親會，1987年。

金門報導

1990 金門報導雜誌，《金門報導雜誌》，台北市：金門報導雜誌，1990年。

1991 金門報導社主編，《1958以後金門藝文紀事》，金門縣：金門報導雜誌社，1991年。

金門學研究

2009 金門學研究會總編纂，《金城鎮志》，金門縣：金城鎮公所，2009年。

金門盧氏

2006 金門盧氏族譜編修委員會，《盧氏族譜》，金門縣：金縣盧氏宗親會，2006年。

2006 金門盧氏族譜編修委員會編修，《金門賢聚盧氏族譜》，金門縣金城鎮：金門縣盧氏宗親會，2006年。

金門縣文化

2006 金門縣文化局主辦，《蔡繼堯師生美展：教學相長 藝術情深‧2006》，臺北市：設計家，民2006年。

2007 金門縣文化局，《96年度金門縣歷史建築登錄清冊》，金門縣：金門縣文化局，2007年。

金門縣文獻

1969 金門縣文獻委員會編，《金門縣誌》，金門：金門文獻委員會，1969年。

1970 金門縣文獻委員會，《金門勝蹟》，金門縣：金門日報，1970年。

1970 金門縣文獻委員會編，《金門之戀：五十八年暑期金門戰鬥營專輯》，金門：金門文獻委員會，1970年。

1970 金門縣文獻委員會編，《鄭成功與金門》，金門：金門文獻委員會，1970年。

1970 金門縣文獻委員會編，《金門先賢錄. 第一輯》，金門：金門文獻委員會，1970年。

1970 金門文獻委員會編，《永遠與自然同在》，金門：金門文獻委員會，1970年。

金門縣水產

1995 金門縣水產試驗所主辦，《福建省金門縣水產試驗所八十四年試驗成果論文集》，金門縣金城鎮：主辦者，1995年。

1996 金門縣水產試驗所主辦，《福建省金門縣水產試驗所八十五年試驗成果論文集》，金門縣金城鎮：主辦者，1996年。

2003 金門縣水產試驗所編，《金門沿海魚介貝類圖說合輯》，金門縣金城鎮：金門縣水產試驗所，2003年。

金門縣水頭

1995 金門縣水頭厝風情籌備工作組編輯，《金門縣水頭厝風情專輯》，金門縣：金門縣政府，1995年。

金門縣主計

1955 金門縣政府主計室編，《金門統計年報》，金門縣：金門縣政府，1955年。

1976 金門縣政府主計室編，《金門縣社會指標統計》，金門縣：金門縣政府主計室，1993年。

1976 金門縣政府主計室編，《金門縣農業生產統計年報》，金門縣：金門縣政府主計室，1976年。

1994 金門縣政府主計室編，《金門縣縣民所得報告》，金門縣：金門縣政府主計室，1994年。

1994 金門縣政府主計室編，《金門縣家庭收支調查報告》，金門縣：金門縣政府主計室，1994年。

1994 金門縣政府主計室編，《金門縣物價統計年報》，金門縣：金門縣政府主計室，1994年。

2003 金門縣政府主計室編輯，《金門縣人力資源調查報告》，金門縣金城鎮：金門縣政府，2003年。

2003 金門縣政府主計室編，《金門縣縣民所得報告，中華民國九十一年》，金門縣：金門縣政府主計室，2003年。

2003 金門縣政府主計室編輯，《金門縣農業生產統計，中華民國九十一年》，金門縣金城鎮：金門縣政府，2003年。

2005 金門縣政府主計室編，《中華民國...金門縣社會指標統計》，金門縣金城鎮：金門縣政府，2005年。

2010 金門縣政府主計室編輯，《金門縣農業生產統計. 第三十四卷. 中華民國九十八年》，金門縣金城鎮：金門縣政府，2010.11。

金門縣合唱

2006 金門縣合唱團、金門少年兒童合唱團演出，《金門英雄組曲》，金門縣：金門縣政府，2006年。（1張光碟：影像,有聲；4.8吋）

金門縣宗族

2008.1 金門縣宗族文化研究協會，《金門縣宗族文化研究協會會刊》，第5期，2008年10月。

金門縣林務

2002 金門縣林務所，《金門縣紅樹林自然手冊》，金門縣：金門縣林務所，2002年。

2003 金門縣林務所[編]，《林業建設執行成果摘要報告》，金門縣金沙鎮：金門縣林務所，2003年。

金門縣社會

1992 金門縣社會教育館，《金門縣志》，金門縣：金門縣政府，1992年。

金門縣政府

1969 金門縣政府，《古寧頭大捷廿週年紀念:金門地方建設專輯》，金門縣：金門縣政府，1969年。

1969 金門縣政府，《金門縣礦業資料彙編》，金門：金門縣政府，1969年。

1996 金門縣政府、國立中興大學都市計劃研究所主辦，《金門生活圈綜合發展研討會論文集》，台北市：經建會都住處，1996年。

1997 金門縣政府，《浯洲飛羽：金門常見鳥類圖鑑》，金門縣：金門縣政府，1997年。

1998 金門縣政府、金門縣立社會教育館主辦；金門縣金城鎮公所協辦，《八采揚徽書畫集》，金門縣金城鎮：金門縣美術學會，1998年。

1998 金門縣政府編，《金門縣縣政要覽》，金門縣：金門縣政府，1998年。

1998 金門縣政府發行，《金門縣觀光夜市設置地點整體規劃評估》，金門縣：金門縣政府，1998年。

2001 金門縣政府，《金門鄉土自然》，金門縣：金門縣政府，2001年。

2001 金門縣政府編，《「小三通」知多少? ：小三通參考手冊》，金門縣金城鎮：金門縣政府，[2001?]年。

2001 金門縣政府編，《金廈首航：金門廈門門對門，族同情同同安同》，金門縣：金門縣政府，2001年。

2002 金門縣政府、國立高科大、廈門大學，《金廈大橋方案與影響學術研討會論文集》，金門：金門縣政府，2002年。

2002 金門縣政府，《金門詩酒文化節全紀錄》，金門：金門縣政府，2002年。

2005 金門縣政府編，《金門畜產美食》，金門縣：金門縣政府，2005年。

2007 金門縣政府編，《Kinmen金門58。C Guidebook：外國

人在地生活手冊》，金門縣：金門縣政府，2007年。

2008 金門縣政府編，《金門旅遊伴手禮：好伴手指南》，金門縣金城鎮：金門縣政府，2008年。

2009 金門縣政府、金門縣文化局、中正紀念堂主辦，《和平金門：華人百位國畫家彩瓷作品集》，金門縣：金門縣文化局，2009年。

2010 金門縣政府監製；東映製作有限公司製作，《慢遊金門》，[金門縣]：[金門縣政府]，[2010?]年。1張數位影音光碟（約50分）。

金門縣紀綠

2004.03 金門縣紀錄片文化協會，〈非戰區之夢——「一種凝視——金門影展」記事〉，《文化視窗》61，2004.03，頁18-21。

金門縣美術

1991 金門縣美術學會編輯，《金門縣美術家聯展》，金門縣金城鎮：金門縣政府，1991年。

1996 金門縣美術學會主辦；金門縣立社會教育館協辦，《陳來添董皓雲二人展》，金門縣金湖鎮：金門縣美術學會，1996年。

金門縣書法

2001 金門縣立文化中心主辦；金門縣書法學會承辦，《辛巳金門書法年展作品集》，金門縣金城鎮：金門縣書法學會，2001年。

2008 金門縣書法學會，《二〇〇八年海峽兩岸書法家聯展專輯》，金門：金門縣書法學會，2008年。

金門縣商會

1950 金門縣商會成立五十週年特輯金門工商大觀編輯委員會編，《金門工商大觀》，金門縣：金門縣商會成立五十週年特輯金門工商大觀編輯委員會，1950?年。

金門縣教育

2007 金門縣政府教育局編輯，《褒吟故鄉的聲嗽 歌唱土地的芬芳：金門縣「褒歌教學與創作」成果專輯. 九十五年度》，金門縣：金門縣政府，2007年。

金門縣農業

1965 金門縣農業試驗所，《金門縣農試所植物病蟲害防治試驗研究調查報告（50-54年度）》，金門縣：編者，1965年。

1965 金門縣農業試驗所，《金門農業試驗所概況》，金門縣：金門農業試驗所，1965年，

金門縣漁會

1979 金門縣漁會，《金門之漁具與漁法》，金門：金門縣漁會，1979年。

金門縣寫作

1999 金門縣寫作協會會員作，《仙洲群唱：金門寫作協會會員專輯（一）》，金門縣：金門縣寫作協會，1999年。

金門縣衛生

2010 金門縣衛生局，《養生醫療健康島：金門衛生報導》，金門縣金湖鎮：金門縣衛生局，2010年。

金門縣蕭氏

2001 金門縣蕭氏宗親會，《古榮衍派金沙蕭氏家譜》，金門縣金沙鎮：金門縣蕭氏宗親會，2001年。

2009 金門縣蕭氏宗親會編，《浯洲蕭氏族譜（重修初稿本）》，金門縣：金門縣蕭氏宗親會，2009年。

金門縣選舉

2005 金門縣選舉委員會編，《國民大會代表選舉金門縣選舉

實錄》，金門縣：金門縣選舉委員會，2005年。

2010 金門縣選舉委員會編著，《金門縣第10屆（烏坵鄉第8屆）鄉鎮民代表暨村里長選舉 選舉實錄》，金門縣金城鎮：金門縣選舉委員會，2010年。

金門縣環境

2002 金門縣環境保護局，《金門縣環境保護計畫》，金門縣：金門縣環境保護局，2002年。

2002 金門縣環境保護局，《金門縣區域性一般廢棄物衛生掩埋場環境影響說明書》，金門縣：環境保護局，2002年。

金門縣籍作

2007 金門縣籍作家著，《文學醉酒：金門縣作家選集「散文卷」二〇〇六年》，金門縣：金門縣文化局，2007年。

金門縣議會

2006 金門縣議會編，《金門縣議會常用法規彙編》，金門縣金城鎮：金門縣議會，2006年。

金門縣攝影

2006 金門縣攝影學會撰稿，《金門漁鄉風情攝影比賽精選集. 2006》，金門縣金湖鎮：金門區漁會，2006年。

金城國中

2005 金城國中建校四十週年紀念特刊編輯委員會編輯，《晨鐘：金門縣立金城國中建校四十週年紀念特刊》，金門縣：金城國中，2005年。

金烈

1998 金烈，《愛梅：金門八二三砲戰四十週年的歷史、戰史及情史》，中和市：黎明文化出版，1998年。

金耕餘

2008 金門耕餘詩社諸詩友，《耕餘酬唱集》，金門：金門縣文化局，2008年。

金智

2010.09 金智，〈第一次臺海危機之研究〉，《中華軍史學會會刊》15，2010.09，頁153-184。

金湖鎮公

2007 金湖鎮公所編，《金湖鎮飲水思源，太湖四十：太湖建濬40週年老照片選集》，金門縣：金湖鎮公所，2007年。

金榮華

1991 金榮華，〈金門民間故事擬補三則〉，《第一屆中國民間文學國際學術會議》，高雄市，1991年，頁6。

1992.05 金榮華，〈金門「七尺無露水」故事的各種傳說和原有脈絡之探測〉，第二屆國際華學研究會議秘書處編，《第二屆國際華學研究會議論文集》（台北市：中國文化大學文學院，1992年5月），頁236-243。

1997 金榮華，《金門民間故事集》，金門：金門縣政府，1997年。

金管處

1995.12 金門國家公園管理處，〈金門國家公園規劃建設簡介〉，《營建季刊》6:3，1995.12，頁29-37。

2001 金門國家公園管理處等主辦，《金門歷史、文化與生態國際學術討論會會議論文集》，金門：金門國家公園管理處，2001年。

2002.11 金門國家公園管理處，《金門國家公園傳統聚落保存與建築修復研討會》，金門：金門國家公園管理處（金門國家公園遊客活動中簡報室），2002/11/29。

2004　金門國家公園管理處，《聽！是誰在歌唱：金門的候鳥》，金門縣：內政部營建署金門國家公園管理處，2004年。（1張唱片）

2004　金門國家公園管理處，《金門國家公園93年度傳統建築保育暨經營管理研討會修復研討會論文集》，金門：金門國家公園管理處，2004年。

2008　金門國家公園管理處，《簷間戴勝飛》，金門縣：內政部營建署金門國家公園管理處，2008年。DVD一張。

2008　金門國家公園管理處，《鐵漢雄姿——金門軍事戰鬥演練》，金門縣：內政部營建署金門國家公園管理處，2008年。DVD一張。

2008　金門國家公園管理處（解說課）撰文；安世中等攝影，《金門國家公園》，金門縣：金門國家公園管理處，2008年。

2009　金門國家公園管理處，《黑色舞影：鸕鶿生態紀實》，金門縣：內政部營建署金門國家公園管理處，2009年。DVD一張。

2009　金門國家公園管理處（解說教育課）撰文，《金門國家公園》，金門縣：金門國家公園管理處，2009年。

金慶怡

2007　金慶怡，《金門縣公立幼稚園親師互動之研究》，國立臺東大學幼兒教育學系碩士班，2007年，碩士論文。

金穗

1999.12　金穗文圖，〈金門辟邪物——五花八門 引人入勝〉，《臺灣月刊》204，1999.12，頁72-76。

2002.05　金穗，〈金門牌坊之美〉，《臺灣月刊》233，2002.05，頁54-57。

2003.08　金穗，〈金門民俗文化村〉，《臺灣月刊》248，2003.08，頁62-64。

長樂

1959.06 長樂，〈書「金門鑒古錄」後〉，《大陸雜誌》18:12，1959.06，頁10。

1995.08 長樂，〈金門國家公園——全國第六座國家公園誕生了！〉，《金門》46，1995.08，頁8-15。

1996.06 長樂，〈有水吃，吃好水——省水、蓄水、截水,積極開發金門水資源〉，《金門》49，1996.06，頁30-37。

阿信

2007 阿信等著；高丹樺主編，《毋忘在金：台灣大頭兵與金門的故事》，[台北市]：難得緣份。金誠連部落格：民主進步黨發行，2007年。

青揚國際

1996 青揚國際工程顧問公司，《金門縣第三級古蹟邱良功墓園之調查研究》，金門縣：金門縣政府，1996年。

9劃

侯文祥

2007.12 侯文祥、梁維真、游政勳、葉曉娟、陳以容，〈金門太湖水庫優養化之溶氧分層特徵與底層增氧改善效率研究〉，《農業工程學報》，Vol.53 No.4，2007.12，頁44-55。

侯錦雄

1996 侯錦雄、太乙工程顧問服份有限公司，《金門國家公園遊憩服務系統規劃設計》，金門縣：內政部營建署金門國家公園管理處，1996年。

1999.06 侯錦雄，〈形式的魅影——金門觀光的戰地異境想像與體驗〉，《觀光研究學報》5:1，1999.06，頁39-52。

2003 侯錦雄，《金門國家公園傳統聚落風貌景觀改善可行性與營造方法》，金門：內政部營建署金門國家公園管理處，2003年。

南洋方氏

1983 南洋方氏总会，《南洋方氏总会成立卅七周年纪念特刊》，新加坡：南洋方氏总会，1983年。（附录：福建金门烈屿后头乡方姓始祖族谱及辈数，頁219）

姜天陸

2005 姜天陸著；貝果繪，《在地雷上漫舞》，臺北市：九歌，2005年。

姚小敏

2008　姚小敏、孫立極，〈金門：從炮對炮到門互開〉，《人民日報海外版》，2008-12-04。版號003。

姚雲

2007.09　姚云，〈金门向何处去？〉，《两岸关系》（北京市：海峡两岸关系协会），2007年09期，頁41-44。

姚慶元

1985.01　姚慶元，〈福建金門島東北海區牡蠣礁的發現及其古地理意義〉，《臺灣海峽》（福建省廈門市：國家海洋局第三海洋研究所；福建省海洋學會），1985年01期，頁108-109。

施並錫

2009　施並錫等總編輯，《婆娑列嶼系列金門行：員青美展2009第24回》，彰化縣員林鎮：員青藝術協會，2009年。

2009　施並錫等編輯，《婆娑列嶼系列金門行：員青美展. 2009第24回》，彰化縣員林鎮：員青藝術協會，2009年。

施叔青

1998.05　施叔青，〈金門踏青行〉，《幼獅文藝》533，1998.05，頁75-78。

施彥綸

2008　施彥綸，《金門地區公共圖書館空間與環境需求探討》，輔仁大學圖書資訊學系，2008年，碩士論文。

施政廷

2007　施政廷，《鬻》，金門：金門縣文化局，2007年。

施偉青

2007 施伟青、徐泓主编，《闽南区域发展史》，福州市：福建人民出版社，2007年。（閩南文化叢書）

2007 施伟青，《闽南文化丛书：闽南区域发展史》，福建：人民，2007年。

施慧美

1987.03 施慧美，〈金門銀首飾〉，《歷史月刊》122，1987.03，頁4-11。

施懿琳

2010 施懿琳，〈金門文人林樹梅的海洋書寫〉，《國文新天地》21，2010.04，頁83-91。

星兆鐸

1984.03 星兆鐸，〈金門推行「結核病化學藥物治療計劃」成效之啟示〉，《中華醫學雜誌》33:3，1984.03，頁191-194。

柯明光

2008.03 柯明光，〈金門軍中伙食甘苦談〉，《金門文藝》23，2008.03，頁82-83。

柯建輝

2004 柯建輝，《金馬小三通之政策網絡分析》，國立東華大學公共行政研究所，2004年，碩士論文。

柯海韻

2008.04 柯海韻、王賀舜、黃志傑、呂良振、陳昶勳，〈金門地區白蛉分布調查與利什曼原蟲症傳播之風險〉，《疫情報導》，Vol.24 No.4，2008.04，頁269-278。

柯索孟

2004 柯索孟，《金門地區的高粱種傳真菌病害》，屏東科技大學熱帶農業暨國際合作研究所，2004年，碩士論文。

柯逢樟

1995.01 柯逢樟、鄭火元、陳朝金、陳良德，〈金門地區母嶼海域定置網漁場調查 -1-〉，《中國水產》505，1995.01，頁43-59。

柯裕仁

1998 柯裕仁，《金門縣藥用植物資源之調查研究》，中國醫藥學院中國藥學研究所，1998年，碩士論文。

1999.09 柯裕仁、謝明村、謝文全、陳忠川、邱年永，〈金門自生植物：漖槁樹之藥用植物學考察〉，《中國醫藥學院雜誌》8:3，1999.09，頁25-31。

2005 柯裕仁等著作攝影，《金門藥草簡介》，金門縣：金門縣農業試驗所，2005年。

柯筱榕

2008 柯筱榕，《金門縣幼教師參與在職進修動機取向、需求與其接受創新程度之研究》，國立臺東大學幼兒教育學系碩士班，2008年，碩士論文。

柯遠芬

1979.03 柯遠芬，〈記古寧頭戰役——胡璉將軍扭轉乾坤及有關重要史實〉，《傳記文學》34:3，1979.03，頁139-142。

柯錫聰

2003 柯錫聰，《現行小三通政策與海岸國境安全——以金門地區為例》，逢甲大學公共政策所，2003年，碩士論文。

段曉川

2010.01 段晓川、洪荣文，〈金门风狮爷探析〉，《泉州师范学院学报》（福建省泉州市：泉州师范学院），2010年01期，頁24-28。

洪千惠

1992.04 洪千惠，〈金門傳統民宅營建用語彙整-下-〉，《文化與建築》1，1992.04，頁18-36。

洪大偉

2010 洪大偉、洪崇禧、劉如桂編輯撰文，《青岐社區總體營造》，金門縣烈嶼鄉：青岐社區發展協會，2010年。

洪小夏

2001 洪小夏，《血祭金門》，中國：新大陸出版社有限公司，2001年。

2002.02 洪小夏，〈金门战斗研究綜述〉，《党史研究与教学》（福建省福州市：中共福建省委党校；福建省中共党史学会），2002年02期，頁62-67。

2002.03 洪小夏，〈对金门战斗“三不打”的质疑与考证——兼论回忆录的史料价值及其考辨〉，《近代史研究》（北京市：中国社会科学院近代史研究所），2002年03期，頁248-278。

2010 洪小夏，〈關於金門戰役幾個史實的考證：兼論金門戰役的歷史定位〉，沈志华、唐启华主編，《金门：内战与冷战・美、苏、中档案解密与研究》（北京市：九州出版社，2010年），頁61-77。

洪心怡

2009.12 洪心怡、林容仟、姚正得、劉影、李壽先，〈金門地區環頸雉亞種地位鑑定〉，《國家公園學報》19:4，

2009.12，頁21-31。

洪文章

2003 洪文章，《金門縣後豐誌：洪門港燒酒矸》，金門：金縣文化中心，2003年。

2004 洪文章，《後豐港的海田雲天》，金門縣：金門縣政府，2004年。

洪世國

2007.08 洪世國，〈遠鄉的眺望——我的島鄉攝影心路歷程〉，《金門日報》，2007/08/04，副刊。

洪永善

2006 洪永善等，《金門縣立烈嶼國中建校40週年專刊》，金門縣：烈嶼國民中學，2006年。

2007 洪永善主編，《趨山走海：金門寫生作品集 三》，金門縣金城鎮：金縣美術學會，2007年。

洪玉芬

2009 洪玉芬，《希望不滅》，台北市：聯合文學，2009年。

2009.05 洪王芬，〈向過往的歲月致敬——《希望不滅》自序與後記〉，《金門日報》，2009/05/18，副刊。

2009.07 洪王芬，〈「希望不滅」迴響又一章〉，《金門日報》，2009/07/25，副刊。

2009.12 洪王芬，〈另一種鄉愁——你對金門沒有期許嗎？〉，《金門日報》，2009/12/08，副刊。

洪志成

2007 洪志成，《洪氏族譜》，金門縣：金門縣烈嶼鄉青岐洪氏家廟慈善會，2007年。

洪受

1969 洪受（明），《滄海紀遺》，金門：金門縣文獻委員會，1969年。

洪念慈

2005 洪念慈，《金門尚義機場航廈設施BOT之可行性評估》，銘傳大學公共事務學系碩士在職專班，2005年，碩士論文。

洪明宏

2010 洪明宏（國立高雄師範大學視覺設計學系），《風獅爺於金門、沖繩之視覺設計表現與應用的比較性研究》，國科會專題研究計畫，執行起迄：2009/08/01～2010/07/31。

洪明珠

2007.12 洪明珠，〈2007年把愛傳出去——金門金沙、金寧乳篩子宮頸抹片義診〉，《聲洋防癌之聲》，No.119，2007.12，頁28-29。

洪明標

2003.05 洪明標，〈二〇〇三年——金門縣美術家聯展後記〉，《金門日報》，2003/05/03，副刊。

2004 洪明標，《冬晨中行走》，金門：洪明標，2004年。

2004.05 洪明標，〈松翠拂人衣——驅山走海誌〉，《金門日報》，2004/05/28，副刊。

2005.03 洪明標，〈澄懷觀藝書法展〉，《金門日報》，2005/03/27，副刊。

2006.02 洪明標，〈黑白畫——洪明標寫生素描展〉，《金門日報》，2006/02/23，副刊。

2006.03 洪明標，〈展覽五日誌〉，《金門日報》，2006/03/07-09，副刊。

2006.05 洪明標，〈沙美老街〉，《金門日報》，2006/05/24，副刊。

2007 洪明標主編，《松翠拂人：洪明標金門鄉野畫旅》，金門縣金城鎮：洪明標，2007年。

2008 洪明標，《金門寫生行旅》，金門：金門縣文化局，2008年。

2008.08 洪明標，〈《島光嶼影》封面的圖〉，《金門日報》，2008/08/11，副刊。

2008.09 洪明標，〈瓊林巷閭〉，《金門日報》，2008/09/25，副刊。

2009.01 洪明標，〈一棵棵的大樹——【鄉野畫旅】展覽後語〉，《金門日報》，2009/01/05，副刊。

2009.01 洪明標，〈羅厝街角〉，《金門日報》，2009/01/23，副刊。

洪明燦

1993 洪明燦等執行編輯，《金門縣書藝特展專輯》，金門縣金城鎮：金門縣書法學會，2003年。

1998 洪明燦，《藝動的心：1994-1998年金門歷次美展介紹》，金門縣金城鎮：洪明燦，1998年。

2002.11 洪明燦，〈「平生寄懷」書畫展前序〉，《金門日報》，2002/11/20，副刊。

2003 洪明燦等執行編輯，《金門縣書藝特展專輯》，金門縣金城鎮：金門縣書法學會，2003年。

2003.05 洪明燦，〈二〇〇三年——金門縣美術家族聯展後記〉，《金門日報》，2003/05/02-03，副刊。

2003.12 洪明燦，〈寫生・追懷——寫在「驅山走海」第六回年展之前〉，《金門日報》，2003/12/01-03，副刊。

2004 洪明燦等執行編輯，《金門縣書法家年展專輯》，金門縣金城鎮：金門縣書法學會，2004年。

2005 洪明燦，《華枝春滿》，金門縣：金門縣文化局，2005年。

2005 洪明燦等執行編輯，《筆墨相親兩岸三地書法聯展專輯》，金門縣金城鎮：金門縣書法學會，2005年。

2005.11 洪明燦，〈乘著歌聲的翅膀——許玉音油畫展〉，《金門日報》，2005/11/07，副刊。

2006.02 洪明燦，〈黑白畫——洪明標寫生素描展〉，《金門日報》，2006/02/23，副刊。

2007 洪明燦主編，《平生寄懷金門寫生集, III》，金門縣：金門縣美術學會，2007年。

2007.06 洪明燦，〈沈耀初百年紀念展〉，《金門日報》，2007/06/26，副刊。

2007.1 洪明燦，〈「水墨浯江」在廈門〉，《金門日報》，2007/10/26-27，副刊。

2008 洪明燦，《藝海騰波》，金門：金門縣文化局，2008年。

2010.09 洪明燦，〈游於藝——寫在含松書會金門聯展之前〉，《金門日報》，2010/09/27，副刊。

2010.1 洪明燦，〈從威遠樓的「和平頌」談起〉，《金門日報》，2010/10/19，副刊。

洪松柏

2000 洪松柏，《洪松柏書法專集》，金門縣烈嶼鄉：金瑞成藝術中心，2000年。

洪炎秋

1966 洪炎秋，《金門馬祖》，臺北市：臺灣商務印書館，1966-1967年。

洪春柳

1995.03 洪春柳、楊振忠，〈金門縣選舉小史〉，《金門》45，1995.03頁38-45。

1996 洪春柳，《七鶴戲水的故鄉》，金門：金門縣政府，1996年。

1997 洪春柳，《浯江詩話》，金門：金門縣社會教育館，1997年。

1998.12 洪春柳，〈浯江詩話導讀〉，《明道文藝》273，1998.12，頁65-73。

1999.01 洪春柳文攝影，〈上下太武山〉，《源雜誌》19，1999.01，頁42-45。

1999.03 洪春柳，〈胡璉將軍與金門文教建設-上-〉，《金門》60，1999.03，頁52-59。

1999.06 洪春柳，〈胡璉將軍與金門文教建設-下-〉，《金門》61，1999.06，頁68-75。

2000 洪春柳、黃靜柯、陳西村，《太武山導覽》，金門縣：金門縣政府，2000年。

2001 洪春柳，《金門島居聲音》，金門：金門縣政府，2001年。

2002.07 洪春柳文、林枝旺攝影，〈金廈小三通〉，《源雜誌》40，2002.07-08，頁24-25。

2004.07 洪春柳，〈散文——番薯、蚵仔、麵線〉，《金門文藝》1，2004.07，頁58-59。

2006 洪春柳，《不知春去》，金門：金門縣政府，2006年。

2006.01 洪春柳，〈不知春去〉，《金門文藝》10，2006.01，頁56。

2008.1 洪春柳，〈我把金門日報翻了一遍〉，《金門日報》，2008/10/31，副刊。

2009.04 洪春柳，〈十場樂齡的影像對談——小眾多元不同的觀點不同的關懷〉，《金門日報》，2009/04/19，副刊。

2010.01 洪春柳，〈天主教在金門〉，《金門日報》，2010/01/29，副刊。

2010.08 洪春柳整理，〈對談金門本土演藝〉，《金門日報》，2010/08/19，副刊。

洪桂己

1989 洪桂己總編輯，《烈嶼后頭方氏族譜》，高雄市：高雄市六桂堂宗祠，1989年。

洪海樹

1980 洪海樹抄，《始祖十七郎公傳派頂蓁私錄族譜（洪氏）[微縮資料]》，Salt Lake City, Utah：The Genealogical

Society of Utah, 1980攝製。

洪乾祐

1987 洪乾祐，《夢棋緣——清代南鄙遯叟傳奇》，自印，1987年。

1989 洪乾祐，《愛應是別離時，又名：金門六傳奇》，自印，1989年。

1992 洪乾祐，《閩南語考釋》，台北市：文史哲出版社，1992年。

1996 洪乾祐，《先商學術蠡測》，台中：國彰出版社，1996年。

1996 洪乾祐，《漢代經學史》，台中：國彰出版社，1996年。

1999 洪乾祐，《金門話考釋》，金門：金門縣政府，1999年。

2003 洪乾祐，《紅樹梅》，金門：財團法人金門縣社教文化活動基金會，2003年。

2003.1 洪乾祐，〈《紅樹梅》自序〉，《金門日報》，2003/11/28，副刊。

2003 洪乾祐，《閩南語考釋 續集》，台北市：文史哲出版社，2003年。

2004 洪乾祐，《金門話研究》，台北市：文史哲，2004年。

洪國正

1999 洪國正總策劃，《烈嶼鄉情》，金門縣烈嶼鄉：烈嶼鄉公所，1999年。

2002 洪國正，《列嶼鄉鄉志》，金門：列嶼鄉公所，2002年。

2005 洪國正主編，《金門兩岸和平水陸法會活動特刊》，金門縣：金門縣政府，2005年。

2007 洪國正主編，《金門地區（二〇〇六年）啟建兩岸和平消災祈福超薦水陸大法會活動特刊》，金門縣：金門大佛園區開發基金會，2007年。

洪國泰

2005 洪國泰、洪永善、孫國欽，《金門縣烈嶼鄉保生大帝廟重建落成奠安大典專輯》，金門縣：烈嶼鄉保生大帝廟管理委員會，2005年。

洪國興

2008 洪國興主編，《兩位蔣總統身邊的金門人》，金門：金門縣文化局，2008年。

洪培蘭

2007 洪培蘭，《航空公司服務品質、服務失誤及服務補救相關性之研究——以金門航線為例》，銘傳大學觀光研究所碩士在職專班，2007年，碩士論文。

洪啟義

2002 洪啟義，《洪啟義書法集》，臺北縣永和市：康莊文化企業，2002年。

2004.08 洪啟義，〈為「建縣九十年大慶」獻芹〉，《金門日報》，2004/08/09，副刊。

2006.01 洪啟義，〈二度返鄉書展記〉，《金門日報》，2006/01/04-09，副刊。

2007.06 洪啟義，〈浯島墜落一文星——悼念鄉賢張榮強先生〉，《金門日報》，2007/06/28，副刊。

2007.12 洪啟義，〈南海有幸藏忠骨緬懷完人吳稚暉〉，《金門日報》，2007/12/01-02，副刊。

2008.09 洪啟義，〈金門酒廠憶往〉，《金門日報》，2008/09/06，副刊。

2009 洪啟義，《感恩與回饋：洪啟義捐獻書法作品集》，金門：金門縣文化局，2009年。

洪清漳

2008 洪清漳主編，《烈嶼風情》，金門縣烈嶼鄉：金門縣烈嶼鄉公所，2008年。

洪惠鈴

2007　洪惠鈴，《蔡廷蘭研究》，東海大學中國文學系碩士在職專班，2007年，碩士論文。

洪湘明

1995　洪湘明，《血岛：八千壮士战死金门纪实》，广州：花城，1995年。

洪絲絲

2005　洪絲絲，《異鄉奇遇》，金門：金門縣政府，2005年。

洪進業

1991　洪進業，《西漢初年的黃老及其盛衰的考察》，國立臺灣大學歷史學研究所，1991年，碩士論文。

1996.06　洪進業，〈大專散文組得獎作品（上）——尾牙番薯〉，《明道文藝》243，1996.06，頁74-80。

2003　洪進業，《具象與抽象：從形制到觀念的秦漢服飾之研究》，國立臺灣大學歷史學研究所，，2003年，博士論文。

2004.11　洪騂，〈回鄉：獻給故鄉金門〉，《金門文藝》3，2004.11，頁24-27。

2004.1　洪進業，〈新金門人〉，《金門日報》，2004/10/11，副刊。

2004.11　洪進業，〈散文——尾牙番薯〉，《金門文藝》3，2004.11，頁34-37。

2005　洪進業，《金門風雲：胡璉將軍百年紀念專刊，1907-1977》，台北市：黎明文化，2005年。

2005.09　洪進業，〈克全兄，我為你寫下〉，《金門日報》，2005/09/29，副刊。

2006　洪進業，《離開或者回來》，金門：金門縣政府，2006年。

2006.01 洪進業，〈詩是吾家事〉，《金門文藝》10，2006.01，頁58。

2006.01 洪進業，〈洪進業文學獎作品展回鄉〉，《金門日報》，2006/01/03，副刊。

2007.01 洪進業，〈盧若騰或錢琦詩的一段公案〉，《金門日報》，2007/01/29，副刊。

2007.07 洪騂，〈邱葵與蒲心泉〉，《金門日報》，2007/07/23，副刊。

2007.08 洪騂，〈讀《鈞磯詩集校釋》雜感〉，《金門日報》，2007/08/01，副刊。

洪瑛鈞

2001 洪瑛鈞，《金門地區地下水污染潛勢分析研究》，國立交通大學土木工程系，2001年，碩士論文。

洪楙彧

2009 洪楙彧，《金門地區文化創意產業發展之研究》，國立臺灣師範大學創造力發展碩士在職專班，2009年，碩士論文。

2010 洪楙彧，《金門文化創意產業發展之研究：尋找金門的下一尊風獅爺》，金門縣：作者，2010年。

洪榮利

2005.1 洪榮利，〈為「金門縣宗族文化研究協會」喝采與加油〉，《金門日報》，2005/10/07，副刊。

2010 洪榮利等編輯撰文，《後豐港人文與社造》，金門縣金城鎮：金縣後豐港社區發展協會，2010年。

洪銀娥

2005 洪銀娥，《朱熹在金門之意象及其影響研究》，銘傳大學應用中國文學系碩士在職專班，2005年，碩士論文。

洪德舜

2006 洪德舜著. 攝影，《尋找後豐港》，金門縣金城鎮：金門縣文化局出版，2006年。金門縣休閒農漁業促進會發行。

2010.11 洪德舜，〈金門的精神病狀況〉，《冷戰的歷史文化——東亞批判刊物會議》，金門：國立金門大學圖資大樓黃進益會議廳、金門國家公園中山林遊客中心第二視聽室，2010/11/26-28。

洪曉聰

1993 洪曉聰，《烈嶼傳統聚落之研究：村落領域關係、擇址和空間組織之探討》，國立成功大學建築研究所，1993年，碩士論文。

2010.12 洪曉聰，〈烈嶼傳統聚落之研究：村落領域關係、擇址和空間組織之探討〉，李沃士等撰文，《2010年金門學學術研討會論文集，第二屆》（金門縣：金門縣文化局，2010年12月）。

洪篤欽

1988 洪篤欽等編輯，《金中青年》，金門縣金城鎮：國立金門高級中學，1988-1997年。

洪篤湖

2010.04 洪篤湖，〈洪氏開閩始祖公楷十七郎登進士及入閩概況——兼述洪氏源流〉，《金門日報》，2010/04/06-10，副刊。

洪錦川

1980 洪錦川抄，《（洪氏）隘門東寮厦谷派族譜溪墘貳房在後[微縮資料]》，Salt Lake City, Utah：The Genealogical Society of Utah, 1980攝製。（來澎湖祖洪堯（鍾瑛），

原籍福建省同安縣烈嶼（今烈嶼鄉），後散居澎湖縣湖西鄉等地）

洪錦墩

2004.11 洪錦墩、林佳玲、梁亞文、官錦鳳、吳惠琪，〈離島居民就醫選擇與醫療服務滿意度之研究——以金門烈嶼地區為例〉，《中臺學報》16:1，2004.11，頁81-100。

洪啟東

2005.09 洪启东、吴豪哲，〈地方治理及其产业重构——台湾金门酒厂个案〉，《城市规划》（北京市：中国城市规划学会），2005年09期，頁26-30。

流氓阿德

2003 流氓・阿德，《天使之城——阿使的孤單》，台北：寶瓶文化公司，2003年。

砂勝越

1991 砂勝越金門會館成立慶典紀念特刊組編，《砂勝越金門會館成立慶典紀念特刊》，砂勝越：砂勝越金門會館成立慶典紀念特刊組，1991年。

科華圖書

1987 科华图书出版公司编，《国共金门岛惨战经过》，香港：科华，[1987]年。

秋心

2002.07 秋心，〈獨特的金門避邪物〉，《源雜誌》40，2002.07-08，頁50-51。

紀念金門

1993 紀念金門古寧頭大捷四十五週年兩岸關係學術研討會，

《紀念金門古寧頭大捷四十五週年兩岸關係學術研討會論文集》，金門縣：金門縣臨時縣議會，1993年。

胡文輝

1993 胡文輝等著，《鄉土情懷》，台北：聯經，1993年。

胡美真

2004 胡美真，《多種銷售量預測模型之評估比較——以金門高粱酒為例》，國立高雄應用科技大學工業工程與管理系碩士班，2004年，碩士論文。

胡峻僥

2006 胡峻僥，《複雜空間的實體寫作——金門瓊林的斷章與續述》，雲林科技大學空間設計系碩士班，2006年，碩士論文。

胡淨妮

2009.07 胡淨妮，〈充滿故事的烈嶼鄉文化館〉，《大世紀》，2009年7月11日。

胡斐穎

2009.12 胡斐穎，〈"永續經國——蔣故總統經國先生百年誕辰紀念特展"臺北展換展及金門展概述〉，《國史館館訊》，2009.12，頁22-39。

胡遠智

2008.11 胡遠智，〈映像・金門〉，《金門文藝》27，2008.11，頁23-25。

胡適

1960.01 胡適，〈跋金門新發見「皇明監國魯王壙誌」〉，《臺灣風物》10:01，1960.01，頁38-41。

胡璉

1976 胡璉，《泛述古寧頭之戰》，金門：出版者，出版地不詳，1976年。

1976.07 胡璉，〈「古寧頭戰役」獲勝因素之檢討〉，《中國憲政》11:7，1976.07，頁26-28+19。

1977.11 胡璉遺著，〈泛述古寧頭之戰-1-〉，《傳記文學》31:5，1977.11，頁43-50。

1977.12 胡璉遺著，〈泛述古寧頭之戰-2-〉，《傳記文學》31:6，1977.12，頁68*74。

1979 胡璉，《金門憶舊》，臺北：黎明，1979年。

1979.1 胡璉遺稿，〈古寧頭作戰經過之概述（手稿）〉，《傳記文學》35:4，1979.10，頁24-29。

1975 胡璉，《泛述古寧頭之戰》，台北市：胡璉，[1975]年。

胡璞玉

1979.1 胡璞玉，〈金門古寧頭之戰〉，《明道文藝》43，1979.10，頁120-125。

范世平

2010 范世平，「陸客藉由小三通進行離島旅遊之效果與影響」，《大陸觀光客來台對兩岸關係影響的政治經濟分析》（台北市：秀威資訊科技，2010年），頁212-215。

范正義

2004 范正义，《民间信仰与地域社会——以闽台保生大帝信仰为中心的个案研究》，厦门大学人文学院历史系，2004年，博士论文。

范孟雯

2007.06 范孟雯、謝仲甫、方偉，〈浯洲無處不飛鳥——金門鳥類冬季調查記行〉，《自然保育季刊》58，2007.06，頁45-53。

范秉真

1975.08 范秉真等著，〈海喘散包衣食鹽對金門烈嶼（小金門）血絲蟲病防治之研究 第二報 金門烈嶼（小金門）血絲蟲病之防治〉，《科學發展月刊》3（8）, 1975.08.

1977.08 范秉真等著，〈海喘散包衣食鹽對金門烈嶼（小金門）血絲蟲病防治之研究 第三報 血絲蟲病防治後之觀察〉，National Science Council Monthly, 5（8）, 1977.08.

1978.07 范秉真等著，〈海喘散包衣食鹽對金門血絲蟲病防治之研究 第一報 血絲蟲病防治在大金門之初步報告及在小金門之追蹤觀察〉，National Science Council Monthly, 6（7）, 1978.07.

1979.03 "范秉真等著，〈海喘散包衣食鹽對金門血絲蟲病防治之研究 第二報 金門血絲蟲病防治後之追蹤觀察〉，National Science Council Monthly, 7（3）, 1979.03."

1979.07 范秉真，〈大金門血絲蟲病防治之研究〉，《科學發展月刊》7:7，1979.07，頁707-723。

1982.07 范秉真、徐郁坡, "Possibility of Military Personnel Acquiring Bancroftian Filariasis in Endemic Area of Kinmen（Quemoy）Islands, ROC", *Proceedings of the National Science Council. Part A, Applied Sciences*, 6:3, 1982.07, pp. 180-184.

1987.04 范秉真，〈血絲蟲病研究之回顧——著重於金門血絲蟲病之根除〉，《衛生月刊》1:6，1987.04，頁30-43。

1987.05 范秉真，〈血絲蟲病研究之回顧——著重於金門血絲蟲病之根除-2-〉，《衛生月刊》1:7，1987.05，頁9-18。

范珮琦

2002.05 范珮琦，〈紙世界——照片：那年飛到金門〉，《幼獅文藝》581，2002.05，頁82-83。

范惟翔

2005.12 范惟翔、侯鳳雄、陳滄江，"Service Quality of Government, Satisfaction and Afterward Intension of the Public: Case Study of Kinmen Mini-Three Links"，《中國行政評論》，Vol.15 No.1，2005.12，頁79-97。

范勝雄

1994.07 范勝雄，〈明監國魯王三塚略記〉，《臺南文化》37，1994.07，頁33-40。

范義彬

1990.12 范義彬、張玉珍，〈金門蝴蝶相之研究〉，《臺灣省立博物館年刊》33，1990.12，頁1-16。

2000.06 范義彬、楊平世、何逸民，〈金門地區昆蟲相之調查研究〉，《國家公園學報》10:1，2000.06，頁128-143。

2001.11 范義彬、楊平世，〈金門地區的昆蟲資源〉，《金門》70，2001.11，頁57-64。

2001.12 范義彬，〈黑夜中的舞孃——金門的蛾〉，《金門》71，2001.12，頁52-61。

軍事研究會

1992.12 軍事研究會，〈從當前情勢看金馬外島戰略地位〉，《中華戰略學刊》81:冬，1992.12，頁75-88。

郁郁

1963.09 郁郁，〈金門夢〉，《幼獅文藝》19:3，1963.09，頁16。

韋伯韜

2007.05 韋伯韜，〈建立國家級理財機制——以金門人民之需求為例〉，《卓越國際媒體月刊》273，2007.05，頁16-17。

种蘊

1959.04 种蘊，〈匪砲擊金門之研究與對策〉，《軍事雜誌》27:7，1959.04，頁45-49。

10劃

倪正卿

2007.12 倪正卿，〈金廈通信史（1900-1949）〉，《中國郵刊》83，2007.12，頁40-49。

倪再沁

2004.08 倪再沁，〈金門碉堡藝術館——碉堡奇謀 關於蔡國強的戰地藝術攻略方案〉，《典藏今藝術》143，2004.08，頁72-74。

倪致儒

2008 倪致儒，《金門酒廠包裝設計之研究》，雲林科技大學視覺傳達設計系碩士班，2008年，碩士論文。

倪振金

2009 倪振金，《情牽桑梓》，金門：金門縣文化局，2009年。

2009.01 倪振金，〈一封未寄出的信〉，《金門文藝》28，2009.01，頁53-55。

2010.1 倪振金，〈嘯臥古風談故園〉，《金門日報》，2010/10/23，副刊。

倪國炎

2008.08 倪國炎，〈見證戰地滄桑史，金門陳景蘭洋樓明重新揭幕〉，《大世紀》，2008/8/21日報導。

凌翔

1992.06 凌翔、根林、季平，〈金门悲歌——解放金门岛战争失利内幕〉，《航海》（上海市：上海市航海学会），1992年06期，頁4-6。

凌魂

1994 凌魂，《金門鬼話》，臺北市：紅螞蟻總經銷，1994年。

唐永紅

2005.04 唐永红，〈开放性厦——金自由经济区：两岸经济一体化的一个现实选择〉，《台湾研究集刊》（福建省厦门市：厦门大学台湾研究院），2005年04期，頁8-14+36。

2009.04 唐永红、孙海雅、王超，〈关于构建厦金特区问题的探讨〉，《台湾研究集刊》（福建省厦门市：厦门大学台湾研究院），2009年04期，頁44-54。

唐英

2007.03 唐英，〈大馬金門人、鄉賢薈萃地〉，《金門文藝》17，2007年3月，頁26-28。

唐振瑜

2009 唐振瑜導演；新汎亞國際多媒體有限公司，《星月無盡》，原創娛樂股份有限公司發行，2009年。

唐捐

2003.08 唐捐，〈斷代、離島、碎片：讀吳鈞堯《金門》〉，《全國新書月刊》56，2003.08，頁55。

唐淑芬

1994 唐淑芬主編，《八二三戰役文獻專輯》，南投縣：臺灣省文獻委員會，1994年。

唐雄飛

1989　唐雄飛，《飛躍的一年》，金門：金門縣政府，1989年。

唐蕙韻

1996　唐蕙韻，《金門民間傳說》，金門：金門縣政府，1996年。

1996　唐蕙韻，《金門民間故事研究》，文化大學中國文學研究所，1996年，碩士論文。

2001.08　唐蕙韻，〈澎湖與金門傳說比較三則〉，中國口傳文學學會，《澎湖民間文學學術研討會論文選》（台北縣：中國口傳文學學會，2001年8月），頁147-165。

2004　唐蕙韻，《中國風水故事研究》，中國文化大學中文研究所，2004年，博士論文。

2005.07　唐蕙韻，〈散文——金門筆記〉，《金門文藝》7，2005.07，頁100-104。

2005.08　唐蕙韻，〈我們的文學，我們的根〉，《金門日報》，2005/08/16，副刊。

2005.11　唐蕙韻，〈散文——原鄉記〉，《金門文藝》9，2005.11，頁100-102。

2006　唐蕙韻，《金門民間文學集——傳說故事卷附錄歌謠俚俗諺謎語精選集》，金門縣：金門縣文化局，2006年。

2007.11　唐蕙韻，〈田野調查的現實根據與真實差距——金門民間文學與民俗學田野調查成果回顧與觀察〉，《2007海峽兩岸民俗暨民間文學學術研討會論文集》（中國口傳文學學會、南亞技術學院，2007年11月），頁223-246。

2008.11　唐蕙韻，〈金門民間故事反映的歷史記憶和社會風俗〉，楊加順總編輯，《2008金門學學術研討會論文集——烽火僑鄉敘事記憶：戰地、島嶼、移民與文化》（金門縣：金門縣文化局，2008.11），頁121-138。

2009　唐蕙韻、王怡超，《金門縣寺廟裝飾故事調查研究》，金門：金門縣文化局，2009年。

2010 唐蕙韻計畫主持（金門縣文化局委託）；王怡超協同主持，《「金門傳統聚落傳統契約文書調查計畫」研究報告》，金門：國立金門大學，2010年12月。

唐鎔

1992.04 唐鎔，〈海外鄒魯——星島金門人〉，《光華》17:4，1992.04，頁100-105。

唐麗輝

2008 唐麗輝，《金門縣新移民女性婚姻生活適應之探討》，銘傳大學公共事務學系碩士在職專班，2008年，碩士論文。

夏祖麗

1983 夏祖麗，《金門大捷》，新店市：近代中國，1983年。（兒童連環書）

夏傳位

2001.07 夏傳位，〈金沙——風獅爺護祐風沙苦地〉，《天下雜誌》特刊34，2001.07，頁238-240。

夏鑄九

2007 夏鑄九（國立臺灣大學建築與城鄉研究所），《歷史視野中的中國地方社會比較研究——從僑村到戰地：以福建金門珠山村落為個案之考察》，國科會專題研究計畫，執行起迄：2006-08-01/2007-07-31。

孫弘鑫

2009 孫弘鑫，《烽火歲月：823戰役參戰官兵口述歷史》，國防部史政編譯室，2009年。

孫克勤

1986.07 孫克勤，Biting Midges（Dipetera: Ceratopogonidae）From Kinmen（Quemoy），《東海學報》9:2，1968.07，頁127-132。

孫念華

1996.07 孫念華，〈金廈兩「門」無所不通〉，《中國通商業雜誌》73，1996.07，頁63-67。

孫英龍

1999.11 孫英龍，〈解讀金門〉，《海洋世界》（北京市：中國科技協會），1999年11期，頁22-25。

孫虹

1970.12 孫虹，〈散文——金門之旅〉，《幼獅文藝》204，1970.12，頁181-183。

孫泰恆

1975.08 孫泰恆、丁道經，〈金門漁業考察報告〉，《漁牧科學》3:3，1975.08，頁44-48。

1976.1 孫泰恆、丁道經，〈金門漁業考察報告〉，《中國水產》286，1976.10，頁2-5。

孫啟璟

1980.03 孫啟璟、呂耀卿，〈金門學童皮膚疾患的變遷〉，《臺灣醫學會雜誌》79:3，1980.03，頁338-344。

孫紹正

2010 孫紹正，《美國政府在一九五八年臺海危機之決策過程》，淡江大學美洲研究所，2010年，博士論文。

孫勝輝

1999 孫勝輝建築師事務所，《金門縣金沙鎮后浦頭傳統聚落規劃及社區總體營造規劃設計：排水及道路工程細部設計報告書：期中報告》，出版地不詳：孫勝輝建築師事務所，1999年。

孫聞浪

2005.06 孙闻浪，〈上个世纪“炮击金门”事件的背后新闻〉，《档案天地》（河北省石家庄市：河北省档案局），2005年06期，頁4-6+1。

2006.09 "孙闻浪，〈炮击金门秘闻〉，《档案时空（史料版）》（湖南省长沙市：湖南省档案局；湖南省档案学会），2006年09期，頁4-7。"

孫麗敏

1990 孫麗敏，《金門及香港地區花岡岩之地球化學研究》，國立臺灣大學海洋學研究所，1990年，碩士論文。

孫麗婷

2002 孫麗婷，《金門國家公園》，金門：金門國家公園管理處，2002年。

孫麗琪

2004 孫麗琪、陳為信，《金門瓊林：走進萬歲爺的御花園》，金門縣：金門縣文化局，2004年。

宮守業

2007 宮守業研究主持；林英生協同主持，《金門烈嶼海岸地質地形調查》，金門縣金寧鄉：內政部營建署金門國家公園管理處，2007年。

席代麟

2003.09 席代麟、翁宗堯，〈金門地區走私偷渡問題之研究〉，《警學叢刊》34:2=150，2003.09，頁241-268。

徐子圭

2008.08 徐子圭、徐緯民，〈由金門八二三戰役剖析孫子兵法之務實〉，《空軍學術雙月刊》605，2008.08，頁112-124。

徐元民

2005 徐元民（國立體育大學技擊運動技術學系），《小金門「上林宋江陣」之文化意涵》，國科會專題研究計畫，執行起迄：2004/08/01～2005/07/31。

徐心富

2004 徐心富主編，《台中市金門同鄉會》，台中市：台中市金門同鄉會，2004年。

2007 徐心富作；金門縣文化局協辦；徐心富、林高賜編輯，《高粱紅了嗎：徐心富的個人first time畫展專輯》，金門縣金城鎮：金門縣美術學會，2007年。

徐光順

2000.01 徐光顺、刘勇，〈试谈毛泽东对金门炮战的指挥艺术〉，《空军雷达学院学报》（湖北省武汉市：空军雷达学院基础部），2000年01期，頁66-70。

徐志仁

1993 徐志仁，《金門洋樓建築形式之研究（1840～1949）》，淡江大學建築（工程）學系，1993年，碩士論文。

1999 徐志仁，《金門洋樓建築》，金門：金門縣政府，1999年。

徐志平

2004.11 徐志平，〈專輯：人文匯仙洲——「碉堡藝術館」首部曲〉，《金門文藝》3，2004.11，頁50-61。

2005.01 徐志平、顏炳洳、吳育仲、李俊瑋，〈專輯：浯島文學獎〉，《金門文藝》4，2005.01，頁16-31。

2005.01 徐志平，〈《生活札記》鄉愁，豈能回我一瓢閉門羹〉，《金門日報》，2005/01/01，副刊。

2005.11 徐志平，〈金門文化藝術節活力洋溢〉，《金門文藝》9，2005.11，頁28-29。

2006.05 徐志平，〈烽火在文字間蔓延——尋找金門島鄉的戰地書寫〉，《金門文藝》12，2006.05，頁4-8。

2006.07 徐志平，〈文化金門・書香傳世——近3年來有關金門研究相關圖書書目與評介〉，《金門文藝》13，2006.07，頁18-25。

2010.01 徐志平，〈酒香濃烈，文意雋永——寫在金門縣作家選集《小說卷》之後〉，《金門文藝》34，2010.01，頁62-63。

2010.03 徐志平，〈人文精釀，風韻洋溢——寫在金門縣作家選集《新詩卷》之後〉，《金門文藝》35，2010.03，頁55-56。

徐佳伶

2010 徐佳伶等撰文，《戰役史蹟：金門國家公園》，金門縣：內政部營建署金門國家公園管理處，2010年。

徐明福

1994 徐明福（國立成功大學建築學系），《金門與澎湖地區傳統聚落變遷之比較研究——營建體系的變遷對傳統聚落的影響》，國科會專題研究計畫，執行起迄：1993/03/01～1994/03/31。

1996 徐明福（國立成功大學建築學系），《金門與澎湖地區傳統聚落變遷之比較研究（II）——村落空間形成的比較研究》，國科會專題研究計畫，執行起迄：1995/08/01～1996/07/31。

徐泓

2009 徐泓計畫主持，《明清金門戰事紀錄調查》，金門：金門國家公園管理處委託辦理報告，2009年。

徐雨村

2003 徐雨村，〈家庭生計、祖靈觀念與國家力量——金門官澳的傳統地權關係的持續與變遷〉，江柏煒編，《金門歷史、文化與生態國際學術研討會論文集》，金門縣：金門縣立文化中心，2003年。

2005 徐雨村，《國家力量、人口流動與鄉民經濟變遷——以金門官澳為例》，國立台灣大學（考古）人類學系，2005年，碩士論文。

徐堉峰

2004 徐堉峰、呂至堅、羅尹廷，《金門常見昆蟲》，金門縣金寧鄉：內政部營建署金門國家公園管理處，2004年。

徐焰

1992 徐焰，《台海大戰——金門對決海峽風暴 下編：台灣觀點》：風雲時代出版公司，1992年。

1992 徐焰，《台海大戰——金門對決海峽風暴 上編：台灣觀點》：風雲時代出版公司，1992年。

1992 徐焰，《金门之战（1949-1959）》，北京市：徐焰，1992年。

徐業凱

2009 徐業凱，《虛擬水資源之價值評算——以金門高粱酒為例》，義守大學土木與生態工程學系碩士班，2009年，碩士論文。

徐源生

2002 徐源生，《兩岸聯姻跨制度婚姻調適之研究——以金門縣大陸新娘為例》，銘傳大學公共管理與社區發展研究所碩士在職專班，2002年，碩士論文。

徐源泰

2008 徐源泰主持（國立台灣大學），《金門稀有植物遺傳多樣性調查》，金門：金門國家公園管理處委託研究報告，2008年。

徐瑞坡

1985 徐瑞坡，《福建省同安縣烏塗社暨 金門 縣徐氏家族譜畧志第二版》，1985年。來源：複製自美國猶他家譜學會臺灣家譜微縮資料，國家圖書館藏。

徐裕健

2004 徐裕健計劃主持，《彰化縣縣定古蹟鹿港金門館調查研究報告書》，彰化縣：彰縣文化局，2004年。

2010 徐裕健計劃主持，《金門縣縣定古蹟東溪鄭氏家廟修復工程工作報告書》，金門縣金城鎮：金門縣文化局，2010年。

徐爾烈

2002.06 徐爾烈、吳尹文、楊鈞任、王敦濤、方尚仁，〈金門及馬祖地區農地鼠形動物之種類、分佈及密度調查〉，《植物保護學會會刊》44:2，2002.06，頁67-74。

徐韶良

2002.11 徐韶良，〈傳統聚落規劃與保存策略探究——以金門國家公園為例〉，《金門國家公園傳統聚落保存與建築修復研討會》，金門：金門國家公園管理處（金門國家公園遊客活動中簡報室），2002/11/29。

2003.06 徐韶良，〈金門傳統聚落遊憩衝擊及使用管理策略探討——以山后為例〉，《金門》74，2003.06，頁4-15。

2003 徐韶良，《保護區管理規劃之權益關係人分析——以金門國家公園慈湖地區為例》，臺灣大學地理環境資源學研究所，2003年。碩士論文。

徐鳳儀

2003 徐鳳儀，《金門地區公有土地申請歸還問題之研究——以金門馬祖東沙南沙地區安全及輔導條例為中心》，國立政治大學地政研究所，2003年，碩士論文。

徐曉倩

2010 徐晓倩，《从两次台海危机看大陆对台政策及美台反应》，黑龙江大学，碩士論文，2010年。

徐麗霞

2001.04 徐麗霞，〈自許先生——盧若騰〉，《中國語文》88:4=526，2001.04，頁101-114。

2005.02 徐麗霞，〈盧若騰「瞻魯王漢影雲根石刻」釋義-上-〉，《中國語文》96:2=572，2005.02，頁100-114。

2005.05 徐麗霞，〈盧若騰「瞻魯王漢影雲根石刻」釋義-下-〉，《中國語文》96:5=575，2005.05，頁102-114。

2008.04 徐麗霞，〈金門第一才子——許獬的傳說-上-〉，《中國語文》102:4=610，2008.04，頁116-130。

2008.05 徐麗霞，〈金門第一才子——許獬的傳說-下-〉，《中國語文》102:5=611，2008.05，頁101-114。

栗國成

2004.12 栗國成，〈一九五八年“台海危機”期間台、美、中之反應與互動〉，《國家發展研究》4：1，2004/12，頁151-206。

殷可馨

2006 殷可馨，《前水頭四十二號傳統建築修復工作紀錄報告書》，金門縣：金門國家公園，2006年。

2006 殷可馨，《北山十三號及古洋樓（含雙落大厝）傳統建築修復工作紀錄報告書》，金門縣：金門國家公園，2006年。

殷夢霞

2009 殷夢霞、田奇選編，《民國人口戶籍史料匯編（第10冊，金門縣人口農業調查）》，北京市：國家圖書館出版社，2009年。

海華雜誌

1992.12 海華雜誌，〈欣見開放的時刻:金門僑鄉新風貌〉，《海華雜誌》8:11=95，1992.12，頁4-21。

海潮

2004 海潮摄影艺术社，《迷彩金门》，海潮摄影艺术，2004年。

烈嶼公共

2001 烈嶼公共事務協會，《烈嶼協會會刊》，臺北縣中和市：中華民國金門烈嶼公共事務協會，2001年。

烈嶼國中

1996 烈嶼國中，《金門縣立烈嶼國民中學慶祝建校三十週年紀念專輯》，金門烈嶼鄉：編者，1996年。

珠山文獻

1990 珠山文獻會編，《金門薛氏族譜》，金門縣：珠山文獻會，1990年。

益善齋

1936 益善齋編纂，《金門　後浦東門姜氏家乘》，編者，1936年。萬萬齋藏。

秦子昌

1984.05 秦子昌、梁華英，〈金門縣婦女的常用避孕方法〉，《臨床醫學》13:5=77，1984.05，頁533-535。

秦雅君

2002.08 秦雅君，〈既「反攻大陸」也「解放臺灣」——記「金門碉堡美術館——18個個展」計畫〉，《典藏今藝術》119，2002.08，頁72-73。

秦椿林

2005 秦椿林，《台湾沿大陆岛屿水域运动发展之研究》，北京体育大学，2005年，博士論文。

翁文村

2006 翁文村，《產業遺產之脈絡性意義與詮釋——以金門太武電廠為例》，國立成功大學都市計劃研究所，2006年，碩士論文。

翁文彥

2007 翁文彥，《軍民推動協力治理之研究——以金門機場軍民合作為例》，銘傳大學公共事務學系碩士在職專班，2007年，碩士論文。

翁文舜

1995.12 翁文舜、李英周、林志國、陳朝金，〈金門漁業之回顧與展望〉，《中國水產》516，1995.12，頁21-32。

翁文贊

2002 翁文贊，《胡璉與金門之研究》，銘傳大學應用中國文學研究所碩士在職專班，2002年，碩士論文。

2007.01 翁文贊，〈為金門向世界發聲〉，《金門文藝》16，2007.01，頁114-116。

翁氏族譜

2007 翁氏族譜編輯委員會，《金門盤山翁氏族譜》，金門縣：翁氏族譜編輯委員會，2007年。

翁正義

1998 翁正義，《金門地區少年犯罪之家庭因素》，司法研究年報，第18輯，第20篇，臺北市：撰者，1998年。

翁在龍

1980 翁在龍作，《翁氏祖譜 金門 翁氏家譜》，1980年。來源:複製自美國猶他家譜學會臺灣家譜微縮資料，國家圖書館藏。

翁自保

2001 翁自保，《金門酒廠組織變革對經營績效及金門縣財政之影響》，銘傳大學管理科學研究所碩士在職專班，2001年，碩士論文。

翁志廷

2004 翁志廷，《金門蘇王爺之信仰研究》，銘傳大學應用中國文學系碩士在職專班，2004年，碩士論文。

翁志萍

2010 翁志萍等執行編輯，《金門縣消防局10週年紀念專輯》，金門縣金寧鄉：金縣消防局，2010年。

翁宗堯

2001 翁宗堯，《金門地區走私偷渡問題之研究》，銘傳大學公共管理與社區發展研究所碩士在職專班，2001年，碩士論文。

2001.01 翁宗堯，〈金馬試辦小三通後治安狀況研析〉，《警光》534，2001.01，頁36-39。

翁明哲

2002 翁明哲，《紅色橄欖》，台北：圓神出版社，2002年。

翁明國

2007 翁明國，《金門縣國民中小學校長遴選問題及其爭議》，國立臺北教育大學教育行政碩士在職進修專班，2007年，碩士論文。

翁春樹

1992 翁春樹等撰稿，《金門古樹》，金門縣：金門縣林務所，1992年。

翁恒忠

2009 翁恒忠執行編輯，《金門縣烈嶼鄉為民服務手冊》，金門縣：烈嶼鄉公所，2009年。

翁翁

2002.12 翁翁（翁國鈞），〈詩寫金門——白馬〉，《幼獅文藝》588，2002.12，頁54。

2005 翁翁，《書的容顏——封面設計的賞析語解構》，台北市：黎明文化，2005年。

2007.01 翁翁，〈花火戲影舞年少〉，《金門日報》，2007/1/5。副刊

2008 翁翁，《柴門輕扣》，台北市：上揚國際，2008年。

2008.01 翁翁，〈金門印象〉，《金門文藝》22，2008.01，頁46-48。

2008.03 翁翁，〈故鄉的滋味〉，《金門文藝》23，2008.03，頁22-23。

2008.07 翁翁，〈想像一座藝術村，在島上〉，《金門文藝》25，2008.07，頁78-79。

2008.09 翁翁，〈散文——酒入愁鄉〉，《金門文藝》26，2008.09，頁125-126。

2009.08 翁翁，〈五月——懷想一個消逝的時代和一位值得敬仰的人〉，《金門日報》，2009/08/02，副刊。

2010.07 翁翁，〈春雨沁樓頭寒梅歌風雪〉，《金門日報》，2010/07/23，副刊。

翁國嘉

2009 翁國嘉文；鍾易真圖，《坑坑洞洞》，金門：金門縣文化局，2005年。

翁朝安

2009 翁朝安，《峰迴路轉——回歸金門的有機心田》，金門：金門縣文化局，2009年。

2010.12 翁朝安，〈金門農村導入有機產業的發展模式——半山生態文化園區規劃概念〉，李沃士等撰文，《2010年金門學學術研討會論文集，第三屆》（金門縣：金門縣文化局，2010年12月）。

翁華壁

1984 翁華壁，《春暉集》，台北：好時年出版社，1984年。

1984 翁華壁，《讜言集》，台北：好時年出版社，1984年。

2005 翁華壁，《落日故人情》，金門：金門縣政府，2005年。

翁維璐

2010 翁維璐（一梅），《一曲鄉音情未了》，金門縣金城鎮：金縣文化局，2010年。

翁慧玫

2005　翁慧玫，《金門鄉土文學之研究——以軍管時期為中心》，銘傳大學應用中國文學系碩士在職專班，2005年，碩士論文。

翁錦棟

2007.02　翁錦棟，〈由金廈大橋論兩岸發展「金廈國際自由都市」之願景〉，楊加順總編輯，《2006年金門學學術研討會論文集》（金門縣：金門縣文化局，2007年2月），頁142-162。

能邦科技

2006　能邦科技顧問股份有限公司編著，《金門、連江縣自來水廠交由臺灣省自來水公司經營管理之整體可行性評估計畫》，台北市：經濟部水利署，2006年。

荊其敏

1991　荊其敏編著；邱上嘉校編，《中國傳統民居百題》，臺中市：東海大學建築研究中心，1991年。

袁于婷

2003.09　袁于婷，〈陽明十字軍2003暑金門金寧社區醫學服務隊〉，《聲洋防癌之聲》，No.103，2003.09，頁31-34。

袁小雄

2007　袁小雄，《金門縣教師休閒活動參與及休閒阻礙之研究》，銘傳大學觀光研究所碩士在職專班，2007年，碩士論文。

袁孝維

2003.12　袁孝維、王力平、丁宗蘇，〈金門島栗喉蜂虎（Merops

philipennus）繁殖生物學研究〉，《國家公園學報》13:2，2003.12，頁71-84。

2004 袁孝維、王怡平、王元均，《金門栗喉蜂虎營巢地復育及生殖生態學研究》（修正本），金門縣：內政部營建署金門國家公園管理處，2004年。

2007 袁孝維研究主持；蔡佩妤、黃婉如研究，《金門鳥類對農業產業之影響及因應對策之研究》，金門縣金寧鄉：內政部營建署金門國家公園管理處，2007年。

財團法人

2003 財團法人工業技術研究院能源與資源研究所執行，《基本地質調查金門二萬五千分之一地質圖幅測製期末報告2/2》，臺北市：經濟部中央地質調查所，2003年。

2004 財團法人工業技術研究院能源資源研究所，《臺灣省東部及福建省金門、連江等地區陸上砂石資源分布圖之建置》，台北市：經濟部礦業司，2004年。

財團法人

2009 財團法人成大研究發展基金會執行，《金門地區水再生利用規劃及試辦計畫》，台中縣：經濟部水利署水利規劃試驗所（第一版），2009年。

財團法人中

2001 財團法人中國生產力中心執行，《聽.見金門：第二屆金門觀光節成果專刊》，金門縣：金門縣政府，2001年。

郝晶瑾

2002.08 郝晶瑾，〈八二三戰役——美國對中華民國的角色〉，《歷史月刊》175，2002.08，頁67-74。

馬大動

2009.11 馬大動，〈金門記事〉，《臺灣醫界》52:11，2009.11，頁62-65。

馬叔禮

1979.09 馬叔禮，〈朱西寧的小說〈八二三註〉座談會〉，《幼獅文藝》50:3-4，1979.09-10，頁61-80。

馬振犢

2000.09 马振犊主编，《台前幕后：1949-1989年的国共关系》，厦门大学超星数字图书馆电子图书，2002年09月第1版。

馬筱鳳

1995 馬筱鳳，《阿公的布袋——台灣地名的故事》，台北：臺原出版社，1995年。

1996 馬筱鳳，《寫給青少年的——排灣族的一年》，台北：常民文化出版社，1996年。

2000 馬筱鳳，《住民的故事》，台北：聯經出版公司，2000年。

2000 馬筱鳳，《寫給青少年的——射耳的布農英雄》，台北：常民文化出版社，2000年。

2003 馬筱鳳，《泰雅少年巴隆》，台北：九歌出版社，2003年。

2005 馬筱鳳，《爸爸失業了》，台北：小兵出版社，2005年。

2005.01 馬筱鳳，〈小說林——告別金門那一天〉，《金門文藝》4，2005.01，頁51-55。

2006.01 馬筱鳳，〈散文——浪遊的過客〉，《金門文藝》10，2006.01，頁107-110。

2007.01 馬筱鳳，〈小老外回鄉行〉，《金門文藝》16，2007.01，頁110-113。

馬鋆

1959 馬鋆，《金門之戰》，台北市：國防部總政治部，1959年。

馬鐵丁

1988 马铁丁，〈读"万炮震金门"〉，山東大學中文系編，《劉白羽專集》（香港：神州圖書公司，[1988?]年），頁145-150。

高丹華

2001 高丹華編著，《發現烏坵嶼》，草根，2001年。

2003 高丹華總編輯，《邊境之境離島之島：發現烏坵嶼人文影像展》，連江縣：烏坵鄉公共事務協會，2003年。

2005 楊瑞大口述；楊明珠紀錄；高丹華整理，《楊瑞大與烏坵鄉傳奇：烏坵第一部口述歷史》，連江縣：高丹華，2005年。

高令印

2006 高令印，〈略论厦门金门的朱子文化〉，中国福建莆田：第三届闽台文化学术研讨会，2006年。

2007.02 高令印，〈漫談廈門、金門的朱子文化〉，楊加順總編輯，《2006年金門學學術研討會論文集》（金門縣：金門縣文化局，2007年2月），頁225-231。

高玉麟

2000.12 高玉麟，〈設計金門地區產業、產品與包裝形象煥然一新〉，《臺灣包裝工業雜誌》90，2000.12，頁58-59。

高立學

2009.09 高立學，〈價值觀對金門國家公園旅遊選擇之預測〉，《島嶼觀光研究》2:3，2009.09，頁1-18。

高怡萍

1996.06 高怡萍，〈民間宗教中兵馬儀式的地區性差異——以金門與澎湖的鎮符儀式為例〉，莊英章、潘英海，《臺灣與福建社會文化研究論文集（三》（台北市：中央研究院民族學研究所，1996年6月），頁243-269。

高啟進

2006.05 高啟進，〈開澎進士蔡廷蘭與金門〉，《金門日報》，2006/05/19，副刊。

2006.09 高啟進，〈金門舉人林豪與澎湖〉，《金門日報》，2006/09/27，副刊。

高淑貞

2006 高淑貞，《金門觀光遊憩資源暨服務品質 對大陸遊客的吸引力及滿意度關係之研究》，銘傳大學觀光研究所碩士在職專班，2006年，碩士論文。

高智陽

2002.11 高智陽，〈一個未曾實現的核武報復計畫——金門八吋榴砲使用核子彈之研究〉，《尖端科技》219期，2002.11。

高雄科學

1998 高雄科學技術學院金門分部承辦，《為金門觀光把脈學術研討會論文集》，金門縣：金門縣政府，1998年。

高瑋蓮

2008 高瑋蓮，《利用水生植物改善金門地區水質之最佳策略》，國立成功大學環境工程學系碩博士班，2008年，碩士論文。

高魁元

1980.08 高魁元，〈古寧頭大戰特輯〉，《文壇》242，1980.08，頁27-39。

高劍平

2010.06 高剑平，〈金门地区淡水供应现状及解决途径分析〉，《中国环境管理干部学院学报》（河北省秦皇岛市：中国环境管理干部学院），2010年06期，頁53-55+58。

高賢治

1996 高賢治主編，《金門志》，台北市：宗青出版社；博愛出版社，1996年。

高應篤

1953.07 高應篤，〈金門地方行政之改進問題〉，《中國地方自治》1:4=4，1953.07，頁13-14。

浯陽陳氏

2003 浯陽陳氏家譜編委會，《同安田洋 金門 庵前浯陽陳氏家譜》複印本，浯陽陳氏宗親會，2003年。「萬萬齋」收藏。

涂博文

2007 涂博文，《產業發展計畫競爭力分析及策略：以金門縣政府新肉牛發展計畫為例》，國立中正大學企業管理研究所在職專班，2007年，碩士論文。

11劃

國史館

1976 國史館史料處，《金門古寧頭舟山登步島之戰史料初輯》，台北縣：國史館，1976年。

1982 國史館史料處，《金門古寧頭舟山登步島之戰史料續輯》，台北縣：國史館，1982年。

國立中山

2009 國立中山大學編著，《金門漁村海岸復育水工模型試驗研究計畫（1/2）》，臺東市：水利署第八河川局，2009年。

2010 國立中山大學編著，《金門漁村海岸復育水工模型試驗研究計畫（2/2）》，臺東市：水利署第八河川局，2010年。

國立中興

1996 國立中興大學都市計劃研究所（金門縣政府委託），《金門生活圈綜合發展計畫——部門及鄉鎮計畫》，金門縣：金門縣政府，1996年。

1996 國立中興大學都市計劃研究所（金門縣政府委託），《金門生活圈綜合發展計畫——六年經濟建設計畫》，金門縣：金門縣政府，1996年。

國立自然

1998 國立自然科學博物館資訊組製作，《認識我們、愛護我們：臺灣樹蛙與金門鳥類的呼喚》，台中市：自然科學

博物館，1998年。（1張光碟片）

國立金門高

2001 國立金門高中編，《校友書畫展特刊：國立金門高中五十週年校慶》，金門縣金城鎮：國立金門高級中學，2001年。

國立政治

2000.06 國立政治大學編輯，《「金門、內戰與冷戰」學術研討會論文集》，台北市：政大，2000.06。

國立教育資

1961 國立教育資料館編，《中華民國臺灣省及福建省之金馬地區教育統計》，臺北市：國立教育資料館，1961年。

2002 國立教育資料館，《臺灣、金門與馬祖的地理環境》，台北市：國立教育資料館，2002年。（1張影音光碟）

國立傳統

2000 國立傳統藝術研究中心籌備處（金門縣政府承辦），《金門傳統藝術研討會論文集》，台北市：國立傳統藝術研究中心籌備處，2000年。

2001.11 國立傳統藝術中心籌備處編，《兩岸高甲戲研討會論文集》，高雄市：國立傳統藝術中心籌備處，2001年11月。

國立歷史

1998 國立歷史博物館監製；正一傳播公司製作；國立歷史博物館臺閩文物工作小組編輯，《金門古文物特展》，臺北：國立歷史博物館，[1998?]年。

1998 國立歷史博物館臺閩文物工作小組編輯，《金門古文物調查實錄》，臺北：國立歷史博物館出版社，1998年。

2002 國立歷史博物館、傳統與現代酒器展，《金門詩酒文化節：傳統與現代酒器展》，台北市：國立歷史博物館，

2002年。

國防部史政

1957 國防部史政處編，《金門戰役》，台北市：國防部史政處，1957年。

1959 國防部史政局编，《金門料羅灣海戰》，台北：國防部史政局，1959年。

1962 國防部史政局，《古寧頭殲滅戰》，台北市：國防部史政局，1962年。

1979 國防部史政編譯局，《古寧頭大捷卅週年紀念特刊》，台北市：國防部史政編譯局，1979年。

1979 國防部史政館，《金門古寧頭舟山登步島之戰史料》，台北市：國防部史政館，1979年。

1989 國防部史政編譯局，《古寧頭大捷四十週年紀念文集》，台北市：國防部史政編譯局，1989年。

1997 國防部史政編譯局，《金門保衛戰》，台北市：國防部史政編譯局，1997年。

國防部總政

1987 國防部總政治部編，《分析金馬局勢宣示臺海戰爭性質》，臺北市：中央圖書館複印，1987年。

國家圖書

1983 國家圖書館藏，《西河衍派 金門 上后土垵鄉林氏家譜》，1983年。來源：複製自美國猶他家譜學會臺灣家譜微縮資料。

1983 國家圖書館藏，《金門 水頭鄉家（謝氏家譜世代名冊）》，1983年。來源：複製自美國猶他家譜學會臺灣家譜微縮資料。

國寶環境

2005 國寶環境設計有限公司；孫勝輝建築師事務所，《金門縣金沙鎮后浦頭傳統聚落維護及社區總體營造整建工程期末報告暨工程預算說明書》，金門縣：金門縣金沙鎮公所，2005年。

婁子匡

1970 婁子匡編校，《金門民俗誌》，[台北]：[東方書局]，1970年。

婦女寫作

1965 婦女寫作協會，《金門、馬祖、澎湖》，台北：臺灣婦女寫作協會，1965年。

崔艾湄

2003 崔艾湄，《金門地區女性軍人社會支持網絡之研究——女性觀點的省思》，政治作戰學校軍事社會行為科學研究所，2003年，碩士論文。

崔春華

2002 崔春華，《外來人口與金門發展之研究》，銘傳大學公共管理與社區發展研究所碩士在職專班，2002年，碩士論文。

康才媛

2004.06 康才媛，〈金門戰地文化——從酒瓶談起〉，《國立歷史博物館館刊》14:6=131，2004.06，頁62-69。

康玉德

2009 康玉德，《霧罩金門》，金門縣：金門縣文化局，2009年。

康復明

2010.01 康復明，〈金門發展遊艇產業的法令障礙與突破〉，《國立金門技術學院學報》4，2010.01，頁165-178。

康景琅

2008.12 康景琅，〈2008年溫馨關懷，愛波義診——金門金城、烈嶼乳篩子宮頸抹片義診〉，《聲洋防癌之聲》，No.123, 2008.12，頁20-22。

康宮錫

1994.06 康宮錫，〈風獅、石獅爺、石獅公——到金門看風獅爺〉，《中華民國建築師雜誌》234，1994.06，頁94-97。

張力

2009.09 張力，〈《王叔銘將軍日記》中的八二三戰役〉，《中華軍史學會會刊》14，2009.09，頁45-63。

張子斌

2008.09 張子斌，〈散文——40年前我在金門〉，《金門文藝》26，2008.09，頁121-124。

張之麟

2007 張之麟，《小三通後金門地區走私問題之研究》，逢甲大學公共政策所，2007年，碩士論文。

張五岳

2007.08 張五岳主持，〈金門未來的發展模式與定位選擇〉，《中國評論》116期，2007/08，頁72-84。

張元祥

2006 張元祥，〈金門能往哪裡去？不僅小三通，還要通往大世界〉，《遠見雜誌》238，2006年，特別企劃。

張友驊

1998 張友驊、周之道合著，《砲擊金門實戰錄：八二三與郝柏村》，臺北市：新高地文化，1998年。

張文熙

2000.12 張文熙，〈金馬地區圖書館自動化系統規劃之我見〉，《國立中央圖書館臺灣分館館刊》6:6，2000.12，頁20-27。

張火木

1994.06 張火木，〈近代金門之研究〉，《實踐學報》25，1994.06，頁181-205。

1995 張火木，《兩岸關係與金門前途》，金門：培英出版社，1995年。

1996 張火木，《金門古今戰史》，金門：金門縣政府，1996年。

1996.06 張火木，〈金門在現階段兩岸關係中地位之研究〉，《實踐學報》27，1996.06，頁23-77。

1997 張火木，《金台史蹟源流考》，金門：金門縣社會教育館，1997年。

1997.06 張火木，〈鄭氏王朝與金門史蹟考（1622-1683）〉，《實踐學報》28，1997.06，頁243-268。

1998.06 張火木，〈金澎臺移民關係與族群發展〉，《實踐學報》29，1998.06，頁253-308。

1999 張火木，《古寧頭戰役與軼事》，金門縣：金門縣政府，1999年。

2001 張火木，《解嚴後金門地方學之發展》，金門：金門縣文史工作協會，2001年。

2001 張火木，《八二三烽火遊子》，金門縣：金門縣文史工作協會，2001年。

2002 張火木，《金門文化資產保存札記》，金門：金縣文史工作協會，2002年。

2002 張火木，《金門當代藝文史料彙編（1912～2001）》，金門縣金寧鄉：金縣文史工作協會，2002年。

2002 張火木，《胡璉將軍與金門社區營造》，金門縣：金門縣文史工作協會，2002年。

2002 張火木，《金門藝文人物誌》，金門縣：金門縣文史工作協會，2002年。

2003 張火木，〈近十年金門地區文史工作成果之初探：兼論地區文史工作與政府之互動關係，1990-2001〉，鄭水萍等編著，《第一屆地方文史工作者研討會論文選集》，台北市：行政院文化建設委員會，2003年。

2003.03 張火木，〈評介金馬離島二本鄉志之體例與內容〉，《金門日報》，2003/03/16-17，副刊。

2003.04 張火木，〈海島子民的南洋夢〉，《金門日報》，2003/04/01，副刊。

2003.06 張火木，〈金門古寧頭戰役〉，《金門》74，2003.06，頁23-38。

2005 張火木，〈東南亞海外僑社對僑民教育發展之貢獻——以金門縣僑社為例（1912-2004年）〉，夏誠華主編，《僑民教育研究論文集》，新竹市：玄奘大學海外華人研究中心，2005年。

2006 張火木，《金聲門振：金門鄉情語錄》，金門縣：金門縣文史工作協會，2006年。

2007 張火木，《先行的蹄聲：小三通新絲路》，臺北市：商周編輯顧問，2007年。

2008.03 張火木，〈思親與鄉愁〉，《金門文藝》23，2008.03，頁9-12。

2009 張火木，《戰地英豪：金門將軍錄》，金門縣：金門縣文史工作協會，2009年。

2010 張火木主編，《金門國家公園大二膽戰役六十週年研討會專輯》，金門縣：金門縣文史工作協會，2010.07。

2010.07 張火木，〈從兩岸關係論述大二膽與金馬離島60年來之角色變遷〉，《金門日報》，2010/07/29，副刊。

2010.11 張火木，〈海外金僑創業典範——張允中的傳奇故事〉，《金門日報》，2010/11/01，副刊。

張世熒

2004.09 張世熒、許金土，〈社會關係取向對選民投票行為之影響：2001年金門縣長選舉個案研究〉，《中國行政評論》，Vol.13 No.4，2004.09，頁143-175。

張世鋒

2007 張世鋒，《金門坑道的詩意構築——論述與實踐的循環辯證》，東海大學建築學系，2007年，碩士論文。

張以義

清 張以義編纂（清），《金門 青嶼張氏族譜》，據張光珣藏清光緒間寫本縮製，故宮博物院藏。

張永達

2003 張永達，《金門溼地及水韭之分類與生態調查研究（修正本）》，金門縣：內政部營建署金門國家公園管理處，2003年。

2004.12 張永達、郭章儀、賴明洲，〈金門太武山水韭的形態研究〉，《國家公園學報》14:2，2004.12，頁71-79。

張玉欣

2004.05 張玉欣，〈金馬澎湖之外島飲食文化〉，《中國飲食文化基金會會訊》10:2，2004.05，頁30-35。

張光海

2009 張光海等總編輯，《烽火歲月一甲子：金門義消》，金門縣金寧鄉：金門縣消防局，2009年。

張兆宏

2009 張兆宏，《不朽觀的展示：以古寧頭戰史館、八二三戰史館為例》，東海大學美術學系，2009年，碩士論文。

張再勇

2008 张再勇，《金翔风姿》，中国作家出版社，2008年

2009.12 張再勇，〈探尋大嶝島上的「金門縣」〉，《金門日報》，2009/12/09，副刊。

2010.05 張再勇，〈「挽臉」換新顏開運做新人——閩台非物質文化遺產之「挽臉」〉，《金門日報》，2010/05/05，副刊。

張多馬

2003 張多馬，《臺灣推動兩岸「小三通」之研究》，國立政治大學外交學系戰略與國際事務碩士在職專班，2003年，碩士論文。

張宇彤

1999.06 張宇彤、徐明福，〈金門傳統民宅之營建儀式〉，《民族學研究所資料彙編》14，1999.06，頁1-48。

2000 張宇彤，《金門與澎湖傳統民宅形塑之比較研究——以營建中的禁忌、儀式與裝飾論述之研究》，國立成功大學建築學系碩博士班，2000年，博士論文。

2001.08 張宇彤、徐明福，〈金門與澎湖傳統民宅營建禁忌之比較研究（1）——在位序觀、實用觀上的實踐〉，《建築學報》37，2001.08，頁65-91。

2001.11 張宇彤、徐明福，〈金門與澎湖傳統民宅營建禁忌之比較研究（2）——在風水觀上的實踐〉，《建築學報》38，2001.11，頁37-65。

2001.12 張宇彤、徐明福，〈金門與澎湖傳統民宅營建儀式之比較研究〉，《中央研究院民族學研究所集刊》90，2001.12，頁39-110。

2004.03 張宇彤，〈建築裝飾在「理想世界」建構中的實踐——以金門與澎湖傳統民宅為例並比較之〉，李金振編，《閩南文化學術研討會論文集》（金門縣：金門縣立文化中心，2004年），頁365-385。

張自福

2004 張自福，《台北縣金門同鄉》，金門縣：金門縣政府，

2004年。

張作梅

1955 張作梅輯訂，《中華詩學叢論. 初編九種》，臺北市：中華詩苑，1955年。

1957 張作梅編訂，《詩鐘集粹六種》，台北市：中華詩苑，1957年。

1965 張作梅，《一霞瑣稿》，臺北縣：中華藝苑，1965年。

張宏

1999 張宏導演，《金門之旅》，1999-06-01 出品，電影資料館，紀錄片，31分鐘。

張希林

2004 张希林，《岁月如碑：海峡两岸红十字组织接触交往漫记》，九州出版社，2004年。

張志猛

2007 張志猛，《應用Big Six探究金門地區國小學童之資訊素養》，國立臺北教育大學教育行政碩士在職進修專班，2007年，碩士論文。

張志豪

1998.09 張志豪，〈金門八二三砲戰之研究——為紀念金門砲戰四十週年而作〉，《復興崗學報》64，1998.09，頁49-68。

張邦育

2006 張邦育，《烽火鄉情：張邦育回憶錄》，金門縣金城鎮：金門縣文史工作協會，2006?年。

張邦彥

2009 张邦彦，《金门传统建筑空间活化再利用之研究——以金门水头聚落为例》，厦门大学建筑与土木工程学院建筑系，2009年，碩士論文。

張忠民

2005　張忠民，《從公共價值觀點論解構金門水資源發展策略》，國立中山大學公共事務管理研究所，2005年，碩士論文。

張怡雅

2006　張怡雅，《社區資源觀點探討生態旅遊發展策略之研究——以金門縣金沙鎮西園社區為例》，輔仁大學景觀設計學系碩士班，2006年，碩士論文。

張拓

1995　張拓，《金門・黃山・墨韻：張拓畫集》，臺北市：張拓，[1994-1995?]年。

張拓蕪

1985.02　張拓蕪，〈散文——謁金門〉，《幼獅文藝》374，1985.02，頁5-11。

張明弘

1986　張明弘，《永遠領袖》，金門：金門縣政府，1986年。

張明洵

1996　張明洵，《天地有情》，金門：金門國家公園，1996年。

張明純

1994　張明純，〈由金門軍人的消費性格看官澳商店的發展過程〉，收錄於余光弘、魏捷茲編，《金門暑期人類學田野工作教室論文集》，台北，中央研究院民族學研究所，1994年。

張東柱

1993.03 張東柱，〈金門木本植物菌類與病害調查報告-1-〉，《中華林學季刊》26:1=101，1993.03，頁3-12。

張炎憲

2003 張炎憲，黎中光，董群廉，《金門戒嚴時期的民防組訓與動員訪談錄（二）》，台北：國史館，2003年。

張芸

2004 張芸，《台灣好日月——金門》，台北市：莫克（城邦），2004年。

張金成

1995 張金成、童錦松，《金門地區主要作物病蟲害圖鑑》，金門：金門農試所，1995年。

1995 張金成、楊武都資料收集，《金門藥用植物圖鑑（一）》，金門縣：金門農業試驗所，1995年。

1997 張金成、楊武都資料收集，《金門藥用植物圖鑑（二）》，金門縣：金門農業試驗所，1997年。

張金育

2002 張金育，《銀行業的經營環境分析與行銷策略研擬——台灣銀行金門分行個案研究》，銘傳大學公共管理與社區發展研究所碩士在職專班，2002年，碩士論文。

張金城

2003.04 张金城、杨勋，〈金门炮战与中苏关系〉，《淮北职业技术学院学报》（安徽省淮北市：淮北职业技术学院），2003年04期，頁13-14。

張金科

1980 張金科作，《金門　移臺張氏祖譜》，1980年。來源：

複製自美國猶他家譜學會臺灣家譜微縮資料。國家圖書館藏。

張金勝

2004 張金勝，《引導金門地區觀光產業良性競爭之策略研究》，銘傳大學管理研究所碩士在職專班，2004年，碩士論文。

張雨

2007.03 張雨，〈一甲子的堅持——後浦的銀飾打造師〉，《金門日報》，2007/03/11，副刊。

張俊堯

2007 張俊堯，《金門日報社經營的關鍵因素分析》，銘傳大學公共事務學系碩士在職專班，2007年，碩士論文。

張姿慧

2001.08 張姿慧，〈從傳統產業提升看金門的經濟轉型〉，《臺灣包裝工業雜誌》94，2001.08，頁110-113。

張屏生

1994 張屏生，〈金門方言的語音系統——以金城方言為例〉，《第三屆國際暨第十二屆全國聲韻學學術研討會》，清華大學主辦，1994年5月。

張建騰

2002.07 張建騰，〈走過戰地政務的金門電力〉，《源雜誌》40，2002.07-08，頁15-17。

2002.07 張建騰，〈塔山電廠建廠難〉，《源雜誌》40，2002.07，頁18-19。

2003 張建騰，《金門蔡獻臣研究》，銘傳大學應用中國文學系碩士在職專班，2003年，碩士論文。

2003.11 張建騰，〈「地方傳說」《採微居筆記》江南夫子——瓊林蔡獻臣傳〉，《金門日報》，2003/11/03，副刊。

2005.01 張建騰，〈鄉親離鄉背井，在台拚出一片天——桃園縣、台中市、台中縣金門同鄉會簡介〉，《金門日報》，2005/1/1，副刊。

張彥秀

1972 張彥秀，《金門》，台北市：青禾雜誌社，1972年。

張春傳

2002 張春傳發行，《文化資產種子教師研習營成果專輯》，金門：金門縣立文化中心，2002年。

2002 張春傳發行，《酷奇小玩子金門行日歷手札》，金門：金門縣立文化中心，2002年。

2002 張春傳發行，《金門民間古字畫珍藏集》，金門：金門縣立文化中心，2002年。

2002 張春傳發行，《海濱鄒魯絢文光：金門地區小型國際文化藝術系列活動專輯暨作品集》，金門：金門縣立文化中心，2002年。

張春榮

2002.09 張春榮，〈在歷史的光環下放風箏——吳鈞堯《金門》〉，《文訊》203，2002.09，頁29-30。

張皆欣

1999 張皆欣，《金門觀光產業服務品質與遊客滿意度之研究》，銘傳大學管理科學研究所，碩士論文，1999年。

張盈科

1965.06 張盈科，〈金門大小燈婚禮習俗〉，《臺灣風物》15:2，1965.06，頁23+22。

張秋沐

2003 張秋沐，《金門縣國小學生九年一貫課程健康與體育學習領域學習滿意度調查》，國立台北師範學院教育政策與管理研究所，2003年，碩士論文。

張秋鴻

1997.03 張秋鴻，〈金門地區兵役行政工作之演變與展望〉，《役政特刊》7，1997.03，頁141-146。

張茂松

1992 張茂松（行政院國軍退除役官兵輔導委員會臺北榮民總醫院內科部心臟科），《金門縣高血壓社區流行病學研究》，國科會專題研究計畫，執行起迄：1991/08/01～1992/07/31。

1993 張茂松（行政院國軍退除役官兵輔導委員會臺北榮民總醫院內科部心臟科），《金門縣高血壓社區流行病學研究（第二年）》，國科會專題研究計畫，執行起迄：1992/08/01～1993/07/31。

張軍堯

2000.03 張軍堯，〈89年寒假高醫金門口腔衛生推廣服務成果報告〉，《聲洋防癌之聲》，No.90, 2000.03，頁38-39。

張哲銘

2009 張哲銘圖；賴韞如、張哲銘文字，《浯島迎城隍藝陣圖》，臺北市：斑馬文創，2009年。

張家瑞

2008 張家瑞，《國中英語字彙評量工具發展模式之建立：以金門地區國中九年級學生為例》，國立臺北教育大學教育行政碩士在職進修專班，2008年，碩士論文。

張家銘

2009 張家銘，《金門田野印象：藝術與人類學的交集2009》，南投縣埔里鎮：國立暨南大學人類研究所，2009年。

張振松

2007 張振松，《等待霧散的戴勝鳥》，金門：金門縣文化局，2007年。

2009 張振松文.圖，《阿金的菜刀》，台北市：聯經，2005年。

張益三

1952.03 張益三，〈黑禍——鼠疫在金門〉，《大眾醫學》2:6，1952.03，頁4-8。

張素雯

2004.07 張素雯採訪，〈金門碉堡藝術館〉，《藝術家》59:1=350，2004.07，頁196-217。

張軒瑄

2008.12 張軒瑄、陳淑靈，〈遊客對金門國家公園展示館解說服務重視度與滿意度之研究〉，《國家公園學報》18:2，2008.12，頁69-88。

張高陵

2007 张高陵，《记忆・台湾・启示》，台海出版社，2007年。

張國丁

2004 張國丁，《金門縣立法權的形成與發展》，銘傳大學公共事務學系碩士在職專班，2004年，碩士論文。

張國治

1970 張國治，《帶你回花崗岩島——金門詩鈔.素描集》，台北市：金門縣文獻委員會，1970年。

1991 張國治，《憂鬱的極限》，台北：詩之華出版社，1991年。

1991 張國治，《雪白的夜》，台北：詩之華出版社，1991年。

1992 張國治，《濱海劄記》，台北：海風出版社，1992年。

1992 張國治，《愛戀情節》，台北：耶魯國際文化公司，1992年。

1993 張國治，《家鄉在金門》，台北：耀文文化公司，1993年。

1994 張國治，《藏在胸口的愛》，桃園：桃園縣立文化中心，1994年。

1996 張國治，《帶你回花崗岩島》，台北：三采文化公司，1996年。

1998 張國治，《末世桂冠》，台北：河童出版社，1998年。

2000 張國治，〈困窘之形域——金門傳統藝術與現代對話〉，《金門傳統藝術研討會論文集》（台北市：國立傳統藝術研究中心籌備處，2000年），頁421-447。

2000.09 張國治，〈沈甸孤寂如焦墨的金門〉，《幼獅文藝》561，2000.09，頁69-73。

2002 張國治，《張國治短詩選》，香港：銀河出版社，2002年。

2002.07 張國治，〈大時代下　金門無聲的哀歌〉，《源雜誌》40，2002.07-08，頁29-30。

2002.1 張國治，〈酒文化與詩歌藝術創作研討會側記〉，《金門日報》，2002/10/25，副刊。

2003 張國治，《戰爭的顏色》，金門：財團法人金門縣社教文化活動基金會，2003年。

2003 張國治、莊美榮等，《金門詩集》，金門：金門縣立文化中心，2003年。

2006 張國治，《金門藝文鉤微》，金門：金門縣文化局，2006年。

2006.08 張國治，〈《金門藝文鉤微》自序，為家鄉，我們留下些什麼〉，《金門日報》，2006/08/26，副刊。

2007.01 張國治，〈寫給金門的第一封信：在南半球的角落〉，《金門文藝》16，2007.01，頁84-88。

2007.03 張國治，〈寫給金門的第二封信〉，《金門文藝》17，2007.03，頁84-88。

2007.05 張國治，〈寫給金門的第三封信-上-〉，《金門文藝》18，2007.05，頁77-79。

2007.07 張國治，〈寫給金門的第三封信-下-〉，《金門文藝》19，2007.07，頁85-89。

2007.09 張國治，〈寫給金門的第四封信-上-〉，《金門文藝》20，2007.09，頁85-89。

2007.11 張國治，〈寫給金門的第四封信-下-〉，《金門文藝》21，2007.11，頁69-72。

張崑振

2004.07 張崑振，〈清代金門的官祀建築（1）——關帝廟〉，《金門》79，2004.07，頁70-75。

2004.1 張崑振，〈金門的官祀建築（2）——城隍廟〉，《金門》80，2004.10，頁52-59。

2005.04 張崑振，〈金門的官祀建築（3）——節孝祠與昭忠祠〉，《金門》82，2005.04，頁58-63。

2007 張崑振，《金門縣官祀建築調查研究》，金門縣：金門縣文化局，2007年。

2008 張崑振計畫主持；練乃齊、楊天厚、吳仁華協同主持，《金門縣定古蹟官澳龍鳳宮調查研究計畫》，金門縣：金門縣文化局，2008年。

張啟文

1994 張啟文，《我的金門歲月》，臺中縣：臺中縣文藝作家協會，1994年。

2003 張啟文，《烈嶼手記：小金門隨想錄》，臺中縣豐原市：臺中縣文藝作家協會，2003年。

2007 張啟文，《金門思想起》，台中：台中市文化局，2007年。

張望

2003.05 張望，〈金門後浦模範街〉，《文化視窗》45，2002.11，頁a3。

張梨慧

1999 張梨慧計畫主持；黃茱珺、陳錦玉共同主持，《金門旅遊目的地意象之研究》，高雄市：高雄科學技術學院，1999年。

2003 張梨慧，《金雕細琢話金門：金門觀光導覽解說詞》，金門縣金寧鄉：張梨慧，2003年。

2005 張梨慧，《金門觀光發展之歷史背景與未來發展策略研究論文集（參考作一）》，台北市：師大書苑，2005年。

2005 張梨慧、林正士，《金門觀光發展：研究計畫集（參考作二）》，台北市：師大書苑，2005年。

2007 張梨慧，《金門觀光發展的越界凝視》，臺灣大學建築與城鄉研究所，2007年，博士論文。

2008.09 張梨慧，〈全球化下衝突性邊界的觀光規劃——以金門為例〉，《城市與設計學報》20，2008.09，頁131-163。

2009 張梨慧主持，《金門縣金城鎮後浦觀光形象商圈暨商店街再造規劃》，金門縣：金門縣金城鎮公所（第一版），2009年。

2009 張梨慧，《邊界對觀光發展的作用關係：概念與金門實證》，台北市：師大書苑，2009年。

張清忠

2007 張清忠，〈金門閩南傳統民居營建規劃之研究〉，楊加順總編輯；郭朝暉、曾淑鈴主編，《2007年閩南文化學術研討會論文集》（金門縣：金門縣文化局，2007年），頁113-120。

張淑雅

1993.06 張淑雅，〈安理會停火案：美國應付第一次台海危機策略之一〉，《近代史研究所集刊》22下，1993/06，頁61-106。

1994.06 張淑雅，〈臺海危機前美國對外島的政策（1953-1954）〉，《中央研究院近代史研究所集刊》23（下），1994.06，頁293+295-330。

1995.06 張淑雅，〈金馬撤軍？——美國應付第一次臺海危機策略之二〉，《中央研究院近代史研究所集刊》24（上），1995.06，頁411-472。

2001.12 張淑雅，〈臺海危機與美國對"反攻大陸"政策的轉變〉，《近代史研究所集刊》36，2001/12，頁231-290。

2003.06 張淑雅，〈一九五〇年代美國對臺決策模式分析〉，《近代史研究所集刊》40，2003/06，頁1-54。

張莉健

2008.03 張莉健、石婉鈴、陳秀碧、吳一德，〈國立金門技術學院新生健康體適能之研究〉，《國立金門技術學院學報》3，2008.03，頁81-95。

張連浩

2001.06 張連浩，〈金門地區之新紀錄種蝶類——白傘挵蝶〉，《自然保育季刊》34，2001.06，頁53-56。

張惠珠

1997 張惠珠計畫主持，《金門沿海海濱植物相調查研究》，金門縣：金門國家公園管理處委託，1997年。

張曾澤

1958 張曾澤導演，《金馬堡壘》，中國電影製片廠出品，1958-11-01，摘要：八二三砲戰前後金門馬祖之風光建設後勤戰備。

1980 張曾澤導演，《古寧頭大戰》，中國電影製片廠出品，1980年。典藏單位：財團法人國家電影資料館

張華中

2007 張華中，《基層海巡人員工作壓力、身心健康與因應策略之研究——以金門岸巡總隊為例》，銘傳大學社會科學院國家發展與兩岸關係碩士在職專班，2007年，碩士論文。

張雲盛

2006 張雲盛，《金門居民宗教風水觀》，金門縣：金門縣文化局，2006年。

2007 張雲盛，《金門道教文化與宗教團體管理之研究——金門沙美萬安堂個案探討》，銘傳大學公共事務學系碩士在職專班，2007年，碩士論文。

2007 張雲盛，《金門沙美萬安堂彩繪石雕故事集》，金門縣金沙鎮：金門沙美萬安堂管委會出版，臺北市：大手印文化發行，2007年。

2007.06 張雲盛，〈魁星文化介紹〉，《金門日報》，2007/06/29，副刊。

2009 張雲盛等編輯，《金門沙美萬安堂歲次己丑年彩乩乩示文輯錄》，金門縣金沙鎮：金門沙美萬安堂管委會出版，臺北市：大手印文化發行，2009年。

2010 張雲盛等編輯，《金門沙美萬安堂歲次己丑年彩乩乩示文輯錄（第二集）》，金門縣金沙鎮：金門沙美萬安堂管委會出版，臺北市：大手印文化發行，2010年。

2010 張雲盛等編輯，《金門沙美萬安堂新聞報導剪輯》，金門縣金沙鎮：金門沙美萬安堂管委會出版，臺北市：大手印文化發行，2010年。

張愛金

2009.05 張愛金，〈我的愛，金門〉，《金門文藝》30，2009.05，

頁10-11。

張楓

1979 張楓，《古寧頭大戰》，台北：全國出版社，1979年。

張殿文

2010.03 張殿文，〈金門觀光業的和平演變〉，《亞洲週刊》24:10，2010/03/14，頁27。

張瑞

1996.11 張瑞撰文；高大鈞攝影，〈金門傳奇　八三一變旅館〉，《行遍天下》62，1996.11，頁128-129。

張瑞心

2008 張瑞心，《傳統聚落保存與觀光遊憩衝突之研究——以金門縣瓊林村為例》，銘傳大學觀光研究所碩士在職專班，2008年，碩士論文。

張載宇

1979.1 張載宇，〈中外戰史特例的「八二三」金門砲戰〉，《明道文藝》43，1979.10，頁109-119。

張榮昇

2008 張榮昇，《金門古厝民宿服務品質、遊客滿意度與忠誠度關係之研究》，國立高雄應用科技大學觀光與餐旅管理系，2008年，碩士論文。

張榮強

1991 張榮強執行企劃編輯，《金門青嶼社張氏重恩堂集及族系譜圖等專輯》，金門 縣青嶼社張氏重恩堂集及族系譜圖編印委員會，1991年。國家圖書館藏。

1995 張榮強，《浯州選集》，出版地、出版者不詳，1995年。

1996 張榮強著；顏伯仁、張海傳攝影，《金門人文探索》，金門：金門縣政府，1996年。

2001 張榮強，《金門青嶼社》，金門：金門縣政府，2001年。

2003 張榮強編著，《張先賢敏被辯誣吞金及諸事項 吾先人藝文等佳作；編者近二、三十年來作品續輯》，臺北縣永和市：張繼遠，2003年。

張禎祐

2010 張禎祐（國立臺東專科學校通識教育中心），《以二氧化氯作為自來水替代消毒劑及應用之實廠研究——以烈嶼（小金門）淨水場為例（1/2）》，國科會專題研究計畫，執行起迄：2009/10/01～2010/12/31。

張蒼波

2002 張蒼波，《金門地區治安組織聯防運作之研究》，銘傳大學公共管理與社區發展研究所碩士在職專班，2002年，碩士論文。

2004.01 張蒼波，〈金門地區治安組織聯防運作之研究〉，《警學叢刊》34:4=152，2004.01，頁77-104。

張璋全

2003 張璋全，《金門沙美張氏宗祠...奠安紀念專輯. 2003年》，台北市：大手印文化，2004年。

2004.12 張璋全，〈金砂張氏昔今概史〉，《金門宗族文化》1，2004.12，頁52-54。

張輝誠

2008.05 張輝誠，〈重返金門〉，《金門文藝》24，2008.05，頁78-82。

張醇言

2002.08 張醇言，〈台海八二三戰役的歷史鏡頭〉，《歷史月刊》175，2002/08，頁60-66。

張儒和

2007.1 張儒和，〈胡璉上將蓋世功勛永垂不朽——敬悼胡上將海葬金門三十周年〉，《中外雜誌》82:4=488，2007.10，頁117-122+9。

張蕙蘭

2009 张蕙兰，《海峡两岸幼儿园开展中国传统节日教育活动比较研究：以福建廈門和臺灣金門為例》，华东师范大学，碩士論文，2009年。

張靜瑜

2005 張靜瑜，〈以祖先之名：一種金門血緣聚落生活的基本形式〉，國立清華大學人類學研究所編，《清華大學人類學研究所第一屆中研院民族學研究所培訓計畫成果研討會論文集》，新竹市：國立清華大學人類學研究所，2005年。

2007 張靜瑜，《分與份：金門後水頭村奠安儀式的人類學研究》，國立清華大學人類學研究所，2007年，碩士論文。

張默

1978.1 張默，〈飛躍吧金門〉，《金門》1，1978.10，頁17。

張賽群

2010.06 张赛群、陈艺、裘璐，〈金门高粱酒中的芳香性成分的GC-MS分析〉，《数理医药学杂志》（湖北省武汉市：中国医学数学会;湖北医科大学），2010年06期，頁689-691。

張禮豪

2001.1 張禮豪，〈「變調鳥」金門故土首次啼聲——展覽及研討會展現李錫奇豐富生命情調〉，《典藏今藝術》109，2001.10，頁164。

張雙佳

2008 張雙佳，《海峽兩岸小學家長參與學校事務之研究——以金門、廈門為例》，國立嘉義大學教育行政與政策發展研究所，2008年，碩士論文。

張瀛太

2003.12 張瀛太，〈文學中的戰爭和偉人——論「八二三注」的寫作意義〉，《國文學誌》7，2003.12，頁261-283。

張讓

1988 張讓，《並不很久以前》，台北：聯合文學出版社，1988年。

1991 張讓，《我的兩個太太》，台北：九歌出版社，1991年。

1991 張讓，《當風吹過想像的平原》，台北：爾雅出版社，1991年。

1991 張讓，《斷水的人》，台北：爾雅出版社，1995年。

1994 張讓，《不要送我玫瑰花》，台北：九歌出版社，1994年。

1997 張讓，《時光幾何》，台北：麥田出版公司，1997年。

1999 張讓，《迴旋》，台北：聯經出版公司，1999年。

2000 張讓，《剎那之眼》，台北：大田出版公司，2000年。

2001 張讓，《空間流》，台北：大田出版公司，2001年。

2002 張讓，《急凍的瞬間》，台北：大田出版公司，2002年。

2003 張讓，《飛馬的翅膀》，台北：大田出版公司，2003年。

2003 張讓，《和閱讀跳探戈》，台北：大田出版公司，2003年。

2004 張讓，《當世界越老越年輕》，台北：大田出版公司，2004年。

2005 張讓，《高速風景》，金門：金門縣政府，2005年。

2005.05 張讓，〈專輯——文學回原鄉——減速的時候〉，《金門文藝》6，2005.05，頁32-33。

2006 張讓（與韓秀合著），《兩個孩子兩片天——寫給你的25封信》，台北：大田出版公司，2006年。

2007 張讓，《當愛情依然魔幻》，台北：大田出版公司，2007年。

戚長慧

1997.04 戚長慧，〈從鬼格到神格：古寧頭戰役後金門西浦頭軍魂崇拜的時間與空間探討〉，李豐楙、朱榮貴，《性別、神格與臺灣宗教論述》（台北市：中央研究院中國文哲研究所籌備處，1997年4月），頁169-187。

2001.12 戚長慧，〈子魂魄兮為鬼雄——愛國將軍信仰〉，《金門》71，2001.12，頁42-45。

戚常卉

1999.11 Chi Chang-hui. "The Female Deity and Nationalist Ideology in Quemoy." Paper presented at *the 98th Annual Convention of American Anthropological Association*, Chicago, November 17-21, 1999.

2000 Chi Chang-hui. The politics of deification and nationalist ideology: a case study of quemoy. Ann Arbor, MI.：University Microfilms International, c2000, 2002 printing. Thesis（Ph. D.）——Boston University, 2000.

2001 Chi Chang-hui. "Colonialism and the Formation of National Identity: Tan Kah Kee's Nationalism in Architectural Discourse, 1910s-1950s". Paper co-written with Dr Chiang Bowei, and presented at *the Asian Studies Conference Japan, Tokyo*, June 22-23, 2001.

2002 戚常卉，〈新加坡英殖民統治與華人社會之建構：金門社群的初步探討〉，中央研究院亞太研究計畫主辦，《九十年度東南亞暨東北亞區域研究成果發表會》，台北市：中央研究院亞太研究計畫，2002年。

2002 戚常卉（中央研究院社會學研究所），《邊界與越界：海峽殖民地時代新加坡金門人》，國科會專題研究計畫，執行起迄：2001/10/01～2002/12/31。

2003 戚常卉、陳炳容，《金門戰事紀錄及調查研究》（修正本），金門縣：內政部營建署金門國家公園管理處，2003年。

2003 戚常卉，"The Marking of Hegemony and Militarzation on Quemoy, 1949-1992"，江柏煒編，《金門歷史、文化與生態國際學術研討會論文集》，金門縣：金門縣立文化中心，2003年。

2003 戚常卉，〈邊界越界：海峽殖民時代新加坡金門人〉，中央研究院民族學研究所主辦，《國科會87至90年度人類學門專題補助研究成果發表會會議論文集》，臺北市：中央研究院民族學研究所，2003年。

2003.03 Chi Chang-hui. "Colonialism and the Nanyang Way of Life: Quemoyan Immigrants in Pre-war Singapore." Paper presented at *the AAS Annual Meeting*, New York, March 27-30, 2003.

2005.11 Chi Chang-hui. "Cultural Identity and Border-Crossing: Quemoyan Immigrants in Singapore,1850s-1942." Paper presented at *the 2005 AAA meeting*, Washington D.C., November 30-December 4, 2005.

2007.03 Chi Chang-hui. "Militarization, Modernization and Gender in a Cold War Flashpoint." Paper co-written with Michael Szonyi and presented at *the 2007 AAS Annual Meeting*, Boston, March 22-25, 2007.

2009 戚常卉、林美吟，《古城與老酒廠：金門高粱酒傳奇》，金門縣：金門縣文化局（初版），2009年。

2009 戚常卉，〈金門愛國將軍信仰與集體記憶〉，中研院民族所民眾宗教研究群主辦，《台灣漢人民間宗教研究理論與方法國際研討會》，台北市：中央研究院民族學研究所，2009年。

2009.03 Chi Chang-hui. "The Political Economy of Jinmen Sorghum

Liquor and Masculinity." Paper presented at *the 2009 AAS Annual Meeting*, Chicago, March 26-29, 2009.

2009.12 戚常卉計畫主持（中華民國國家公園學會），《金門宗族組織與祭祀儀式》，金門：金門國家公園管理處委託辦理報告，2009/12。

2010.12 戚常卉計畫主持（中華民國國家公園學會），《金門宗族組織與地方信仰》，金門：金門國家公園管理處委託辦理報告，2010/12。

教育部中綱

2010.12 教育部中綱計畫人文社會科學領域專題教學研究社群發展計畫辦公室主辦，《「華族再現：海外華人的全球化與在地化」論文研討會》，金門：金門大學（國際會議廳／閩南文化研究所研討室），2010/12/31——2011/01/01。

教育資料

1975,07 教育資料科學月刊，〈對金門圖書館事業的展望〉，《教育資料科學月刊》8:1，1975.07，頁2。

曹志剛

2009.02 曹志刚、王仲远，〈乱云飞渡仍从容——一江山岛战役和炮击金门中毛泽东反对美国干涉的斗争策略〉，《军事历史》（北京市：军事科学院军事历史研究部），2009年02期，頁19-22。

曹秉謙

2008.09 曹秉謙，〈緬懷八二三砲戰——空投月餅到金門〉，《金門文藝》26，2008.09，頁33。

曹春平

2006 曹春平，《闽南传统建筑》，厦门大学出版社，2006年。

2008 曹春平、庄景辉、吴奕德主编，《闽南建筑》，福州市：福建人民出版社，2008年。（閩南文化叢書）

曹興華

1978.1 曹興華，〈發刊詞：發揚金門精神完成歷史使命〉，《金門》1，1978.10，頁3。

梁一萍

2010.12 梁一萍，〈島外之島：金門的海外華人島嶼書寫〉，《「華族再現：海外華人的全球化與在地化」論文研討會》，金門：金門大學（國際會議廳／閩南文化研究所研討室），2010/12/31——2011/01/01。

梁明昌

1999 梁明昌主持，《邱良功母節孝坊修護工程工作報告書及施工紀錄》，台北市：符宏仁事務所，1999年。

2000 梁明昌主持，《金門縣第三級古蹟清金門鎮總兵署修護工程工作報告書暨施工紀錄》，台北市：符宏仁建築師事務所，2000年。

梁長傑

2006 梁長傑，《金門地名券貨幣制度之研究》，銘傳大學社會科學院國家發展與兩岸關係碩士在職專班，2006年，碩士論文。

梁皆得

2004 梁皆得，《合境平安金門的民俗慶典》，金門縣：內政部營建署金門國家公園管理處，2004年。DVD一張。

2005.03 梁皆得，〈金門島猛禽之種類組成與出現狀況〉，《臺灣猛禽研究》4，2005.03，頁22-28。

2006 梁皆得，《安祖厝——金門宗祠奠安慶典》，金門縣：內政部營建署金門國家公園管理處，2006年。DVD一張。

2007.01 梁皆得，〈金門神秘的留鳥——戴勝〉，《國家公園》，2007.01，頁14-17。

2008 梁皆得撰文、攝影，《觀鳥金門：金門賞鳥指南》，金門縣金城鎮：金門縣政府，2008年。

2010 梁皆得、瑞齊傳播有限公司，《翡翠：金門翡翠科鳥類生態紀實》，金門：內政部營建署金門國家公園管理處，2010年。DVD一張。

梁章發

2008.09 梁章發、莊文緯，〈「下莊」的演變——口述歷史訪談〉，《金門日報》，2008/09/15，副刊。

梅本誠一

1915 梅本誠一，《金門より》，東京市：新橋堂，大正4[1915]年。

現代工程

2007 現代工程規劃資訊社編，《金門縣行政區域圖》，臺北市：內政部，2007年。

祥祥

1996.09 祥祥，〈跨越新世紀　創造新金門——金門生活圈綜合發展計畫〉，《金門》50，1996.09，頁8-15。

符宏仁

2002 符宏仁建築師事務所，《金門縣第三級古蹟邱良功墓園修護工程工作報告書暨施工紀錄》，金門縣：金門縣政府，2002年。

2004 符宏仁，《金門縣縣定古蹟將軍第修護工程工作報告書暨施工紀錄》，台北市：符宏仁建築事務所，2004年。

2005 符宏仁，《金門縣縣定古蹟楊華故居修復工程工作報告書暨施工紀錄》，台北市：符宏仁建築師事務所，2005年。

2008 符宏仁計畫主持，《金門縣縣定古蹟海印寺石門關修復工程工作報告書暨施工紀錄》，金門縣：金門縣文化局，2008年。

符宏智

2002 符宏智等撰稿、楊天厚、林麗寬總編纂，《金門縣金沙鎮志》，金門：金縣金沙鎮公所，2002年。

莫莉

2008 莫莉，《從歷史發展及地理位置初探巨石雕像——以金門風獅爺為例》，國立政治大學臺灣研究英語碩士學程，2008年，碩士論文。

莊人祥

1994 莊人祥，《金門冠狀動脈心臟疾病危險因子之盛行率及影響研究》，國立陽明醫學院公共衛生研究所，1994年，碩士論文。

莊心珍

2007.09 莊心珍，〈金門與我〉，《金門文藝》20，2007.09，頁52-53。

莊文星

2004 莊文星（國立自然科學博物館地質學組），《金門鹼性花岡岩之地球化學與地質構造研究》，國科會專題研究計畫，執行起迄：2003/08/01～2004/07/31。

莊正己

2004 莊正己，《金門地區維護傳統建築風貌相關獎助措施初探》，國立台灣科技大學建築系，2004年，碩士論文。

莊玉旋

1994 莊玉旋編，《幼兒教育鄉土輔助教材》，金門縣：金門縣政府，1994年。

莊申

1959.05 莊申，〈金門鑒古錄〉，《大陸雜誌》18:9，1959.05，頁8-13。

莊安華

2007.12 莊安華，〈金門——保育生態棲地的力行者〉，《國家公園》，2007.12，頁38-43。

莊西進

1996 莊西進，《金門地區賞鳥指南》，金門：金門國家公園，1996年。

1996 莊西進主持（中華民國野鳥學會），《金門國家公園鳥類遷徙及棲地環境調查研究》，金門縣：金門國家公園管理處，1996/06。

2003 莊西進、許永面、李慶豐，〈金門地區鸕鶿（Phalacrocora carbo）越冬行為之研究〉，江柏煒編，《金門歷史、文化與生態國際學術研討會論文集》，金門縣：金門縣立文化中心，2003年。

莊伯和

1990.08 莊伯和，〈金門的辟邪民俗〉，《藝術家》31:2=183，1990.08，頁184-194。

1999.11 莊伯和，〈風獅爺的美術造形與資料舉隅〉，國立傳統藝術中心籌備處編，《金門傳統藝術研討會會議論文集》（台北市：國立傳統藝術中心籌備處，2000年），頁145-166。

莊志成

1994 莊志成、丘美萱，《金門情、馬祖心》，台北市：行政院文化建設委員會，1994年。（1捲VHS卡式帶）

1995　莊志成導演，《歲月顯影》，台北市：行政院文化建設委員會，[1995?]年。24捲VHS卡式帶（每捲約23分）。

莊宗翰

2004.1　莊宗翰、莊西進，〈金門西南濱海地區的待宵花形態觀察與族群分布之研究〉，《科學教育》273，2004.10，頁2-7。

莊芳榮

1986　莊芳榮、吳淑英、黃美英，《臺閩地區第一級古蹟圖集》，台北市：文建會，1986年。

莊芸鑫

2009　莊芸鑫，《社會資本與壓力、休閒參與、身心健康關係之研究-以金門縣山外社區為例》，國立高雄大學高階經營管理碩士在職專班（EMBA），2009年，碩士論文。

莊金枝

1970　莊金枝（金萍），《屬於我的夢季》，彰化市：現代潮，1970年。

莊彥和

1980　莊彥和作，《祖譜　金門　遷臺莊氏族譜》，1980年。來源:複製自美國猶他家譜學會臺灣家譜微縮資料，國家圖書館藏。

莊唐義

2008　莊唐義，《烈嶼上林李將軍廟及其籤詩研究》，銘傳大學應用中國文學系碩士在職專班，2008年，碩士論文。

莊健國

2007　莊健國，〈金門學入門工具書——評郭哲銘編著《浯鄉小事典》小而美〉，《全國新書資訊月刊》106，

2007.10，頁30-32。

莊國禎

2006 莊國禎，《基層工會發展策略關鍵因素之研究——以台電工會金門分會為例》，銘傳大學公共事務學系碩士在職專班，2006年，碩士論文。

莊敏信

1997 莊敏信、許獻叡、葉添義、力園工程顧問有限公司，《金門縣三級古蹟古龍頭水尾塔之調查研究》，台中市：力園工程顧問公司，1997年。

1998 莊敏信，《金門縣第三級古蹟豐蓮山牧馬侯祠修護工程工作報告書》，台中市：力園工程顧問，1998年。

2000 莊敏信、曾文吉、陳世鴻，《第三級古蹟清金門鎮總兵署史料館展示規劃》，台中市：力園工程顧問，2000年。

莊淑敏

2006 莊淑敏，《金門傳統古厝民宿經營關鍵成功因素之研究》，國立高雄大學高階經營管理碩士在職專班（EMBA），2006年，碩士論文。

莊紹源

2000 莊紹源，《金門縣金湖鎮男性高尿酸血症演變為痛風之追蹤研究》，國立陽明大學公共衛生研究所，2000年，碩士論文。

2006.06 莊紹源、鄭浩民、周碧瑟、陳震寰，"Prevalence of Isolated Systolic Hypertension and the Awareness, Treatment, and Control Rate of Hypertension in Kinmen", *Acta Cardiologica Sinica*, Vol.22 No.2, 2006.06, pp. 83-90.

莊貴雲

2004.12 莊貴雲，〈即將消失的祭祀——金門的太陽公誕及太陽公會〉，《金門》81，2004.12，頁60-63。

莊煥寧

2007.09 莊煥寧報導，〈金門未來發展何去何從？梅可望提出「金門杜拜化」願景〉，《金門日報》，2007/9/29。

莊瑞績

2002 莊瑞績，《探索地方永續發展議題與願景之研究——以金門島為例》，國立臺灣師範大學環境教育研究所，2002年，碩士論文。

莊廣婷

2005 莊廣婷，《傳統、流言與束縛：金門聚福村女性對婚姻與生育的詮釋》，國立清華大學人類學研究所，2005年，碩士論文。

2005 莊廣婷，〈傳統、流言與束縛：金門聚落村女性對婚姻與生育的詮釋〉，國立清華大學人類學研究所編，《清華大學人類學研究所第一屆中研院民族學研究所培訓計畫成果研討會論文集》，新竹市：國立清華大學人類學研究所，2005年。

莊嚴

1958.12 莊嚴，〈金門新發現古甎拓本跋〉，《大陸雜誌》17:11，1958.12，頁28。

許一傑

2006 許一傑，《金門縣政府所屬機關業務委外之績效探討——以總兵署、文化園區為例》，銘傳大學公共事務學系碩士在職專班，2006年，碩士論文。

許一懿

1995 許一懿，《金門縣與臺北市國中學生對生物學的態度與生物能力之研究》，國立臺灣師範大學生物研究所，1995年，碩士論文。

許乃鑫

2003 許乃鑫總編輯，《金門新詩選集》，金門縣：金門縣文化局，2003年。

2007 許乃鑫，《金門飲食文化的演進及其影響因素之研究》，國立高雄大學高階經營管理碩士在職專班（EMBA），2007年，碩士論文。

許及勉

2001 許及勉，《金門縣國民小學鄉土教育課程設計之研究》，銘傳大學公共管理與社區發展研究所碩士在職專班，2001年，碩士論文。

許心凌

2008 许心凌、江曙曜主编，《翔安、金门：第三届世界金门日翔安大会宣传册》，厦门市翔安区委宣传部编，2008年10月。

許文科

1998 許文科、洪永善作，《許文科、洪永善雙人水墨展》，金門縣：金門縣美術學會，1998年。

許文英

2010.09 許文英，〈城市突圍——臺灣縣市長兩岸城市交往思維[臺中市長胡志強、彰化縣長卓伯源、雲林縣長蘇治芬、金門縣長李沃士、澎湖縣長王乾發專訪]〉，《城市學學刊》1:2，2010.09，頁127-160。

許文琦

2004 許文琦，《金門國家公園傳統聚落再生之研究》，國立台北大學都市計劃研究所，2004年，碩士論文。

許文龍

2004 許文龍、林義野、呂志廣主持，《金門國家公園九十三年度傳統建築保育暨經營管理研討會論文集》，金門縣：內政部營建署金門國家公園管理處，2004年。

許水富

1991 許水富，《廣告與經營》，桃園：維力出版社，1991年。

2001 許水富，《字魂書道——工商書法事業用字》，台北：全華科技圖書公司，2001年。

2001 許水富，《叫醒私密痛覺》，台北：田園城市文化公司，2001年。

2002.12 許水富，〈詩寫金門——某天邂逅的日記〉，《幼獅文藝》588，2002.12，頁50。

2003 許水富，《孤傷可樂》，金門：財團法人金門縣社教文化活動基金會，2003年。

2003 許水富，《許水富短詩選》，香港：銀河出版社，2003年。

2005.03 許水富，〈太武山〉，《金門文藝》5，2005.03，頁50-51。

2007 許水富，《多邊形體溫》，台北：唐山出版社，2007年。

2007 許水富，《許水富世紀詩選》，香港：銀河出版社，2007年。

2007.08 許水富，〈聽見回家的聲音——記寧中第一屆同學會〉，《金門日報》，2007/08/31，副刊。

2010.05 許水富，〈金門鄉鎮圖記五景〉，《金門日報》，2010/05/27，副刊。

許世英

1959 許世英，《新金門志》，金門：金門縣政府，1959年。

許世傑

2010 許世傑（中央研究院環境變遷研究中心），《金門大氣懸浮微粒化學成分特性》，國科會專題研究計畫，執行起迄：2008/08/01～2010/07/31。

許丕祥

2008 許丕祥，《金門國家公園展示館服務行銷之研究——以雙鯉溼地自然中心為例》，銘傳大學觀光研究所碩士在職專班，2008年，碩士論文。

許丕華

2004.06 許丕華，〈金門文化泛新光〉，《金門日報》，2004/06/30，副刊。

2007 許丕華，《浯鄉俗諺風華錄》，金門：金門縣文化局，2007年。

2010.04 許丕華，〈五百年興金，五百年興廈〉，《金門日報》，2010/04/19，副刊。

2010.07 許丕華，〈為戰地金門增光增榮的「大二膽戰役」〉，《金門日報》，2010/07/22，副刊。

2010.08 許丕華，〈門外漢的告罪心語——寫在「浯鄉俗諺風華錄」三輯付梓之前〉，《金門日報》，2010/08/07，副刊。

許加仁

2002 許加仁，《調盈濟虛，利薄民生：金門縣物資處迎向五十二週年特刊》，金門：金門縣物資處，2002年。

許弘毅

1998 許弘毅撰，《金門國家公園人文史蹟博物館》，中國文化大學環境設計學院建築暨都市設計學系，碩士論文，1998年。

許正平

2009 許正平，《金門聚落建築的防禦系統》，金門：金門縣文化局，2010年。

2011 許正平、王怡超，《金門聚落建築的水系統》，金門縣：金門縣文化局，2011年。

許永面

2002 許永面等撰文、劉慶堂攝影，《金門觀光導覽》，金門：金門縣政府，2002年。

許玉敏

2009 許玉敏製作；吳梅東等撰寫；陳月凰總編輯，《台灣的故事 [錄音資料]〈16 金門 馬祖篇〉》，臺北縣新店市：泛亞國際文化，[2009]年。一張光碟。

許如中

1959 許如中、陳槃，《新金門志》，金門縣：金門縣政府，1959年。

1987 許如中編著，《金門民俗志》，臺北：東方文化，1987年。

許志仁

1996.03 許志仁、葉鈞培，〈風生水起好運來——金門塔的傳說〉，《金門》48，1996.03，頁46-53。

2008.1 許志仁，〈明代金門后浦的氏族——許氏與陳氏〉，《金門縣宗族文化研究協會會刊》5（2008年10月），頁75-88。

2008.11 许志仁，〈明代金门后浦的氏族——许氏与陈氏〉，中国福建晋江："谱牒研究与五缘文化"研讨会，2008年。

2009 許志仁，《明代海禁政策下的金門及其海域》，國立金門技術學院閩南文化研究所，2009年，碩士論文。

2010.12 許志仁，〈癸卯之變與金門的氏族〉，李沃士等撰文，《2010年金門學學術研討會論文集，第三屆》（金門縣：金門縣文化局，2010年12月）。

許志傑

2003 許志傑，《金門珠山薛姓聚落時空變遷之研究》，高雄師範大學地理研究所，碩士論文，2003年。碩士論文。

許志麟

2008 許志麟，《「浯島吾鄉」水墨創作論述》，國立臺灣師範大學美術學系在職進修碩士班，2008年，碩士論文。

2009 許志麟，《浯島吾鄉水墨創作旅程》，金門：金門縣文化局，2009年。

許秀惠

2008.09 許秀惠、郭克忠、林秀芳、林俊義，〈金門地區高粱細菌性軸腐病之發生〉，《植物病理學會刊》17:3，2008.09，頁255-260。

許秀菁

2005.09 許秀菁，〈精心耕耘文藝田園：金門文藝未來發展座談會紀實〉，《金門文藝》8，2005.09，頁109-116。

2007.05 許秀菁，〈同結金門緣——成長交流另一章〉，《金門文藝》18，2007.05，頁104-105。

許育鳴

2008 許育鳴建築師事務所執行，《金門傳統建築修復工作紀錄：以前水頭得月樓及黃輝煌洋樓修復工作紀錄報告書為例》，金門縣金寧鄉：金門國家公園，2008年。

許良曉

2008 許良曉，〈晉江石龜許厝與臺灣金門的關系〉，“譜牒研究與五緣文化”研討會，中國福建晉江，2008年。

許宗傑

2008 許宗傑（國立金門大學營建工程學系），《金門文化園區海埔地之沉陷分析》，國科會專題研究計畫，執行起迄：2007/08/01～2008/07/31。

許明呼

1993 許明呼續修，《銀同浯江後沙許氏族譜》，台北縣中和：許氏族譜資料珍藏室出版，1993年。

許明純

1993 許明純續修，《金門後沙許氏長房家譜》，金門金城：許氏族譜資料珍藏室，1993年。

許金土

2002 許金土，《金門縣選民投票行為之研究——2001年縣長及立委選舉個案分析》，銘傳大學公共管理與社區發展研究所碩士在職專班，2002年，碩士論文。

許金龍

1987 許金龍、許嘉立，《金門珠浦許氏族譜》，金門縣：金門縣許氏宗親會，1987年。

許炳煌

2009.02 許炳煌、許淳瑩，〈金門地區國小學童英語聽力問題之探討〉，《國民教育》49:3，2009.02，頁84-91。

許珊瑋

2008 許珊瑋，《金門縣恙蟲病流行之探討》，國立高雄大學高階經營管理碩士在職專班（EMBA），2008年，碩士論文。

許美玉

2007 許美玉，《前線女性在寶島：永和地區金門婦女生活研究（1949～2001）》，國立臺北教育大學台灣文化研究所，2007年，碩士論文。

2009 許美玉，《前線女性在寶島：永和地區金門婦女生活研究：1949-2001》，金門：金門縣文化局，2009年。

2010.12 許美玉，〈永和地區金門婦女生活研究（1949-2001）〉，李沃士等撰文，《2010年金門學學術研討會論文集，第三屆》（金門縣：金門縣文化局，2010年12月）。

許美鳳

2007 許美鳳，《金門縣老人長期照顧政策執行之研究》，銘傳大學公共事務學系碩士在職專班，2007年，碩士論文。

許峰源

2010 許峰源，〈金門鼠疫的防治（1950-1956）〉，沈志华、唐启华主編，《金门：内战与冷战·美、苏、中档案解密与研究》（北京市：九州出版社，2010年），頁362-380。

許素綾

2002 許素綾總編輯，《金門風味菜》，金門縣金城鎮：金門縣政府，2002年。

許能麗

1996 許能麗，《金門縣「高粱、酒鄉、金門城」活動成果專輯》，金門縣：金門縣政府，1996年。

1999 許能麗，《烽火歲月蕃薯情活動成果專輯：中華民國88年金門縣文化節》，金門縣：金門縣政府，1999年。

2000.06 許能麗，〈金門讀書會〉，《書之旅讀書會通訊月刊》6:6，2000.06，頁14-16。。

2001 許能麗總編輯，《浯島海吟：金門寫作協會會員專輯（二）》，金門縣金城鎮：金門縣寫作協會，2001年。

2002 許能麗總編輯，《浯江曲調：金門寫作協會會員專輯（三）》，金門縣：金門縣寫作協會，2002年。

2003.02 許能麗，〈依山傍水 活力金門——金門縣運動人口倍增計畫工作執行概況〉，《國民體育季刊》32:2=137，2003.06，頁22-24+103。

2006 許能麗、金門兒童碉堡藝術展；福建省金門縣政府、金門防衛司令部、金門縣社教文化活動基金會，《前進art金銀島：金門兒童碉堡藝術館》，金門縣：金門縣政府，2006年

許國強

2007.09 許國強，〈散文——不辭長作金門客〉，《金門文藝》20，2007.09，頁106-108。

許敏華

2000.08 許敏華，〈金門縣人物志之讀後感〉，《中國地方自治》，Vol.53 No.8，2000.08，頁42-53。

2002 許敏華，《明清時代金門傳統婦女家庭生活研究》，銘傳大學應用中國文學研究所碩士在職專班，2002年，碩士論文。

許淳瑩

2008 許淳瑩，《國小學童英語聽力評量工具之發展模式：以金門地區國小六年級學童為例》，國立臺北教育大學教育行政碩士在職進修專班，2008年，碩士論文。

許清茂

2008 许清茂、林念生主编，《闽南新闻事业》，福州市：福建人民出版社，2008年。（閩南文化叢書）

許雪芳

2007　許雪芳，《閃亮六星社區：新前墩總體營造生態田園》，金門縣金城鎮：新前墩社區發展協會，2007年。

許換生

1994　許換生，《金門風獅爺調查研究》，金門縣：福建省金門縣立社會教育館，1994年。

2009　許換生主編，《2008金門縣第16屆運動會暨97年全國田徑菁英賽成果專輯》，金門縣：金門縣立體育場出版，2009年。

許智宏

2005　許智宏等，《金門特定區域計畫》，國立成功大學都計研究所都市設計實習，2005年。

許華山

2004　許華山，《金門前水頭傳統聚落建築形式之研究》，國立臺北科技大學建築與都市設計研究所，2004年，碩士論文。

許雅惠

2002　許雅惠，《金門家廟建築營造技術之研究》，雲林科技大學空間設計系碩士班，2002年，碩士論文。

2003.04　許雅惠、邱上嘉，〈金門家廟形制分析與概念意涵〉，《第三屆文化山海觀：文化資產的保存、論述與經營論文集》，斗六：國立雲林科技大學，2003.04.26，頁B-1～B-15。

許瑞芬

2006　許瑞芬，《金門縣學校音樂社團資源整合模式之研究》，銘傳大學公共事務學系碩士在職專班，2006年，碩士論文。

許經立

2007 許經立，《金門縣庵前許氏族譜》，金門縣：許經立，2007年。

2007.03 許經立，〈海外的第二金同廈故鄉——印民蘇島峇眼亞比埠百年滄桑〉，《金門日報》，2007/03/11，副刊。

2007.03 許經立，〈漁村裡的大學堂（峇眼亞比中華公學沿革史）〉，《金門日報》，2007/03/29，副刊。

2008.02 許經立，〈許姓深遠的史跡與繁衍流芳〉，《金門日報》，2008/02/13，副刊。

許嘉立

1987 許嘉立編，《金門珠浦許氏族譜》，金門縣許氏宗親會，1987年。台北市文獻會藏。

1995 許嘉立，《金門珠浦許氏小前廳烏崁里族譜》，高雄：許氏族譜文憲資料珍藏室，1995。

2007 許嘉立，《金門縣珠浦許氏族譜（續修）》（上）（中）（下），金門縣：金門縣金城鎮珠浦許氏宗親，2007年。

2007 許嘉立，《金門縣各姓源流考略（第一冊）》，金門縣：許嘉立，2007年。

許榮輝

2006.09 許榮輝，〈金門行道樹現況與展望〉，《造園季刊》60/61，2006.09，頁61-82。

許碧霞

1995.04 許碧霞，〈金門才有的太陽神——回溯一段地下「遺民情懷」〉，《青年日報》，1995.04.18，第34版。

1996 許碧霞，《羅神父與金門》，臺北：設計家出版公司，1996年。

2000 許碧霞、許維民、許維權、王先正，《金門島上民防隊事蹟及國共戰役調查研究期終報告》，金門縣：內政部營建署金門國家公園管理處，2000年。

許綺鸏

2010 許綺鸏、黃仁輔導演，《流離島影 [錄影資料] 第1集．我的綠島/03:04（金門）》，台北市：財團法人公共電視文化事業基金會，[2010]年。1張數位影音光碟（55分鐘）。

許維民

1991.09 許維民，〈古厝風情話金門〉，《世界地理雜誌》19:1，1991.09，頁31-38。

1994.06 許維民，〈金門之美——融合民族與戰地特色的空間〉，《中華民國建築師雜誌》234，1994.06，頁102-106。

1995.07 許維民，〈渡重洋衛家園——金門的簡史與古蹟資源〉，《大自然》48，1995.07，頁68-73。

1996 許維民，《金門歷史之旅》，金門：金門縣社會教育館，1996年。

1996 許維民主持；康諾錫、周守真協同主持，《金門縣第三級古蹟：「盧若騰故宅及墓園」之調查研究》，金門縣：金門文史工作室，1996年。

1996 許維民，《後浦歷史之旅》，臺北市：設計家，1996年。

1996 許維民，《風獅爺》，臺北：設計家，1994年。

1996.1 許維民，〈金門古厝風情-上-〉，《金門國家公園簡訊》1，1996.10，頁15-18。

1997 許維民，《金門民宅古厝裝飾語彙》，金門：金門縣社會教育館，1997年。

1997 許維民，《前人古事》，金門：金門縣政府，1997年。

1997 許維民，《金門古厝鑑賞：形制與裝飾篇》，台北市：設計家文化，1997年。

1997.01 許維民，〈金門古厝風情-下-〉，《金門國家公園簡訊》2，1997.01，頁12-21。

1998 許維民計畫主持，《海山行客：金門國家公園八十六年度人文史蹟調查研究》，金門：金門國家公園，1998年。

1998 許維民、葉鈞培等，《金門林業經營四十年回顧與展望》，金門：金門縣林務所，1998年。

1999 許維民，《金門傳統美食六卷》，金門縣：金門縣政府，1999年。

1999 許維民撰文攝影，《四月十二迎城隍》，金門縣金城鎮：金門縣政府，1999年。

1999.12 許維民，〈金門古崗村明朝鎮國將軍墓勘考報告-上-〉，《金門國家公園簡訊》13，1999.12，頁13-17。

2000.03 許維民，〈金門古崗村明朝鎮國將軍墓勘考報告-下-〉，《金門國家公園簡訊》14，2000.03，頁20-24。

2001 許維民，《風獅爺千秋》，金門：金門縣政府，2001年。

2001 許維民，《新紀元戰地社區的浮現：金門縣後浦社區的歷史空間實踐》，銘傳大學公共管理與社區發展研究所碩士在職專班，2001年，碩士論文。

2001.12 許維民，〈「名賢翫跡」詩刻解讀〉，《金門》71，2001.12，頁28-41。

2002 許維民，《金門之旅》，臺北市：設計家，1993年。

2002 許維民，《走訪金門古厝》，金門縣：金門縣政府，2002年。

2003 許維民、許維權，《金門小型產業調查研究》（修正本），金門縣：內政部營建署金門國家公園管理處，2003年。

2004.03 許維民，〈金門明朝古墓的窺探——以古崗村陳樾鎮國將軍墓為例〉，李金振編，《閩南文化學術研討會論文集》（金門縣：金門縣立文化中心，2004年），頁537-547。

2006 許維民等編撰，《走尋金門囡仔的夢》，金門縣：金門縣政府，2006年。

2007 許維民、康鍩錫、周守真主編，《盧若騰故居》，金門縣：金門縣文化局，2007年。

許維權

1998.08 許維權，〈優元・文魁・大部長-上-〉，《金門國家公園簡訊》8，1998.08，頁14-16。

2004.07 許維權，〈從兩個不起眼的童角——看張愛玲運用對白展現人物性格之技巧〉，《金門文藝》1，2004.07，頁33-35。

許銘豐

1999.11 許銘豐，〈「金門南樂研究社」風格素描〉，國立傳統藝術中心籌備處編，《金門傳統藝術研討會會議論文集》（台北市：國立傳統藝術中心籌備處，2000年），頁313-348。

許寬

1996 許寬，《老樹有情》，金門：金門縣林務所，1996年。

1996 許寬、陳西村，《野生植物（一）金門植物調查圖鑑》，金門：林務所，1996年。

1996 許寬、陳西村，《野生植物（二）金門植物調查圖鑑》，金門：林務所，1996年。

許奮鬥

2004 許奮鬥，《中央政府與金門縣政府對「小三通」政策的分歧與爭議》，銘傳大學社會科學院國家發展與兩岸關係碩士在職專班，2004年，碩士論文。

許樹淵

1997.03 許樹淵，〈中華民國體育學會分區（金門）體育研討會報告〉，《中華體育季刊》，Vol.10 No.4，1997.03，頁123-125。

許燕輝

2010.12 許燕輝，〈浯洲進士——南京戶部主事許廷用事略〉，

《金門日報》，2010/12/08，副刊。

許獬

1969 許獬（明），《四書闡旨合喙鳴》，金門縣：金門縣文獻委員會，1970年。

1971 許獬（明），《叢青軒集》，金門：金門縣文獻委員會，1971年。

許績贊

1990.02 許績贊，〈金門地區運動會史〉，《臺灣體育》47，1990.02，頁17-19。

許績鑫

2002 許績鑫，《明代科舉探微——以同安許鍾斗為例》，銘傳大學應用中國文學研究所碩士在職專班，2002年，碩士論文。

2002.1 許績鑫，〈舞動人生〉，《金門日報》，2002/10/08，副刊。

2002.1 許績鑫，〈返鄉雜談〉，《金門日報》，2002/10/26，副刊。

2003.08 許績鑫，〈藝文觀摩記〉，《金門日報》，2003/08/05-07，副刊。

2003.1 許績鑫，〈《地方傳說》『會元傳臚』同安第一人許獬生平傳說〉，《金門日報》，2003/10/16-18，副刊。

2004 許績鑫，〈『會元傳臚』閩南第一人：許獬〉，李金振編，《閩南文化學術研討會論文集》（金門縣：金門縣立文化中心，2004年），頁155-168。

2004.05 許績鑫，〈高職生in起來——記於母校第十六屆校慶〉，《金門日報》，2004/05/19，副刊。

2006 許績鑫編撰，《金門第一才子——許獬》，金門：金門縣文化局，2006年。

許鴻志

2009 許鴻志總編輯，《新欣城鄉浯島向榮——2009金門縣政府工務建設成果輯》，金門縣金城鎮：金門縣政府，2009年。

許麗芳

2008 許麗芳，《我的金門婆婆》，國立臺灣藝術大學應用媒體藝術研究所，2008年，碩士論文。

2010.12 許麗芳，〈珍愛金門——以紀錄片《我的金門婆婆》談金門影像行銷與傳播〉，李沃士等撰文，《2010年金門學學術研討會論文集，第三屆》（金門縣：金門縣文化局，2010年12月）。

許競任

2002 許競任，《小三通與金馬戰略角色之調整——系統理論的分析》，淡江大學國際事務與戰略研究所，2002年，碩士論文。

連心豪

2008 连心豪、郑志明主编，《闽南民间信仰》，福州市：福建人民出版社，2008年。（閩南文化叢書）

連日清

1980.07 連日清, "Field Surveys of the Mosquitoes of Kinmen（Quemoy）Islands（Diptera, Culicidae）", *Proceedings of the National Science Council*, 4:3, 1980.07, pp. 324-334.

1996.12 連日清、林昌棋、翁明輝、金權, "Biting Midges of the Genus Culicoides（Diptera, Ceratopogonidae）from Kinmen Is.（Quemoy）", *Journal of Taiwan Museum*, 49:2, 1996.12, pp. 117-135.

連萬福

2010.12 連萬福、柯鴻基計畫主持（金門縣文化局委託），《金門出土古砲維護保存計畫結案報告》，金門：金門縣文化局，2010年12月。

郭月英

2006 郭月英、程安琪作，《醋料理：正高金門高粱醋創意食譜》，臺北市：橘子文化出版，2006年。

郭永森

2004 郭永森，《金門縣法定傳染病SARS防治策略之研究》，銘傳大學公共事務學系碩士在職專班，2004年，碩士論文。

郭成孟

2003 郭成孟，〈金門地區的植物生態與保育〉，江柏煒編，《金門歷史、文化與生態國際學術研討會論文集》，金門縣：金門縣立文化中心，2003年。

郭志超

2000.11 郭志超，〈金门风狮爷寻根〉，《台声》（北京市：中华全国台湾同胞联谊会），2000年11期，頁45。

2008 郭志超、林瑶棋主编，《闽南宗族社会》，福州市：福建人民出版社，2008年。（閩南文化叢書）

郭育任

2005 郭育任、楊明賢，《金門國家公園生態旅遊整體規劃》，金門縣：內政部營建署金門國家公園管理處，2005年。

郭哲全

2010 郭哲全編輯，《風起東方：海峽兩岸三地（廈門、金門、臺南）美術交流展作品集第二屆》，臺南市：南市新象畫會，2010年。

郭哲銘

2004.11 郭哲銘，〈名山藏志〉，《金門日報》，2004/11/20，副刊。

2005 郭哲銘校譯；林樹梅（清）原著，《歗雲詩編校釋》，台北市：台灣古籍，2005年。

2005.11 郭哲銘，〈金門學芻議〉，《金門文藝》9，2005.11，頁16-25。

2006 郭哲銘編著，《浯鄉小事典》，金門縣：金門文化局，2006年。

2007 郭哲銘校釋；蔡復一（明）原著，《遯庵蔡先生文集校釋》，金門：金門縣文化局，2007年。

2007.02 郭哲銘，〈金門區域意識與認同的形成與嬗遞〉，楊加順總編輯，《2006年金門學學術研討會論文集》（金門縣：金門縣文化局，2007年2月），頁63-73。

2007.05 郭哲銘，〈金門，鄭成功文化的祖庭地〉，《金門文藝》18，2007.05，頁27-29。

2008 郭哲銘譯釋；洪受（明）原著，《滄海紀遺譯釋》，金門：金門縣文化局，2008年。

2008 郭哲銘注釋；林豪（清）原著，《誦清堂詩集注釋》，金門：金門縣文化局，2008年。

2008.1 郭哲銘，〈由歷史開發與行政建置試論金廈歷史地位的起伏〉，《金門縣宗族文化研究協會會刊》5（2008年10月），頁22-41。

2009 郭哲銘編，《時光韻腳——金門懷舊影像集珍》，金門：金門縣文化局，2009年。

2009 郭哲銘總編輯，《古寧碧血 甲子安魂：古寧頭戰役60週年紀念專輯》，金門縣金城鎮：金門縣文化局，2009年。

2009 郭哲銘編輯，《仙洲和韻：第五、六屆浯島文學獎得獎作品集（二）》，金門：金門縣文化局，2009年。

2010 郭哲銘，《金門古典文獻探討》，金門縣：金門縣文化局，2010年。

郭庭源

2006 郭庭源，《臺灣與金門地區民間風水傳說研究》，高雄師範大學中文碩士班，2006年，碩士論文。

郭素秋

2005 郭素秋研究主持；劉益昌協同主持，《金門移民適應與遷移調查研究（史前期）》，金門縣：內政部營建署金門國家公園管理處，2005年。

2006 郭素秋研究主持；劉益昌協同主持，《金門移民適應與遷移調查（史前時代後期）研究》，金門縣：內政部營建署金門國家公園管理處，2006年。

2007.01 郭素秋，〈金門的史前考古遺址與文化〉，《國家公園》，2007.01，頁26-31。

郭敏學

1972.01 郭敏學，〈金門農會的合併改制與臺灣農會前途〉，《臺灣合作金融》10:1，1972.01，頁4-8。

1972.07 郭敏學，〈金門農會如何完成合併改制？〉，《農友》23:7，1972.07，頁37-42

郭盛揚

2004.05 郭盛扬，〈金马地区与祖国大陆图书馆文献信息资源共建共享的构想〉，《福建师范大学学报（哲学社会科学版）》（福建省福州市：福建师范大学），2004年05期，頁142-145。

郭堯斌

1990.1 郭堯斌，〈金門縣立社會教育館簡介〉，《國立中央圖書館臺灣分館館訊》2，1990.10，頁22。

郭堯齡

1966.06 郭堯齡，〈金門前線的正氣中華報〉，《報學》3:6，1966.06，頁138-140。

1970 郭堯齡，《朱熹與金門》，金門：金門縣文獻委員會，1970年。

1970 郭堯齡編纂，《鄭成功與金門》，金門：金門縣文獻委員會，1970年。

1971 郭堯齡編纂，《魯王與金門》，金門：金門縣文獻委員會，1971年。

1971.11 郭堯齡，〈明魯王真塚發掘記實〉，《春秋》15:5，1971.11，頁7-13。

1978.1 郭堯齡，〈蔣總統與金門〉，《金門》1，1978.10，頁6-7。

1995.03 郭堯齡，〈金門建縣八十年〉，《金門》45，1995.03，頁48-53。

2002 郭堯齡，《金門紀實，1950-1999》，臺北市：不倒翁視覺創意工作室，2002年。

2003 郭堯齡，《兩代蔣總統與金門》，金門縣金城鎮：金門縣政府，2003年。

郭嵐娟

2004.11 郭嵐娟，〈固若金湯 雄鎮海門：側寫總統府地方文化展 金門〉，《文化視窗》69，2004.11，頁16-17。

2004.12 郭嵐娟，〈隨時間不斷流動的意象——在島嶼金門遇見全球化〉，《文化視窗》70，2004.12，頁64-69。

郭朝暉

2004 郭朝暉，《金門文化園區規劃與經營之研究》，銘傳大學應用中國文學系碩士在職專班，2004年，碩士論文。

2004.04 郭朝暉，〈再造文化新樂園 金門文化園區新建始末——推動新紀元〉，《金門》78，2004.04，頁4-11。

2009 郭朝暉主編，《文化金門全紀錄-貳（全套DVD）》，金門：金門縣文化局，2009年。

郭曉倩

2010.12 郭曉倩，〈誰是敵人？敵人是誰？消失的1949——古寧頭戰役之記憶與展演〉，《「華族再現：海外華人的全球化與在地化」論文研討會》，金門：金門大學（國際會議廳/閩南文化研究所研討室），2010/12/31～2011/01/01。

郭聯志

1999.06 郭联志、高尔逸，〈《金门史稿》简评〉，《汕头大学学报》（广东省汕头市：汕头大学），1999年06期，頁90。

郭瓊瑩

1996 郭瓊瑩，《金門國家公園景觀道路規劃設計》，金門縣：內政部營建署金門國家公園管理處，1996年。

郭麗娟

2007.12 郭麗娟，〈秋蟬・金門・蕃薯情——藉音符抒發臺灣情懷的李子恆〉，《源雜誌》66，2007.11-12，頁44-55。

都梁

2007 都梁，《亮劍之血染金門》，馥林文化，2007年，電子書。

野渡

2004.11 野渡，〈金門舉辦現代藝術展〉，《美術觀察》（北京市：中國藝術研究院），2004年11期，頁27。

陳士心

2002 陳士心，《重修金門縣誌稿》，台北市：國家圖書館複印，2002年。

陳大利

2004 陳大利，《金馬小三通政策執行之成效分析》，銘傳大學社會科學院國家發展與兩岸關係碩士在職專班，2004年，碩士論文。

陳子仁

2005.12 陳子仁，〈從金門後浦堂會議事錄看長老教會的懲戒治理〉，《臺灣史料研究》26，2005.12，頁99-129。

2006.12 陳子仁，〈紀念金門福音工作一百四十週年〉，《金門日報》，2006/12/17，副刊。

2007 陳子仁，《從金門後浦堂會議事錄看教會懲戒：一個教會史料的探究》，國立政治大學宗教研究所，2007年，碩士論文。

2008.12 陳子仁，〈教會懲戒——以金門後浦堂會史為例〉，《臺灣宗教研究》7:2，2008.12，頁37-74。

陳小介

2008 陳小介撰文，林鴻堯繪圖，《我家開民宿》，金門：金門縣文化局，2008年。

陳仁德

1987 陳仁德編，《金門碧湖支分：臺灣中州陳氏族譜》，臺南市：中華民族系譜研究所，1987年。

陳天來

1996 陳天來，《金門國家公園及鄰近水域動物資源之調查、研究與應用研討會成果論文集》，金門縣：內政部營建署金門國家公園管理處，1996年。

陳天順

2003 陳天順，《金門縣民眾縣外就醫影響因素之探討》，臺北醫學大學醫務管理學系，2003年，碩士論文。

陳支平

2009 陈支平、徐泓主编，《闽南文化百科全书》，福州市：福建人民出版社，2009年。

2009 陳支平主編，《閩臺族譜彙刊》，桂林：广西师范大学出版社，2009年。

陳文慶

2003.06 陳文慶，〈《浯江短篇小說展》重逢不是夢〉，《金門日報》，2003/06/17-21，副刊。

2006 陳文慶，《戰地兒女》，金門：金門縣政府，2006年。

2006.08 陳文慶，〈〈孤帆小語〉寫稿五十年散記〉，《金門日報》，2006/08/12，副刊。

陳文識

2002 陳文識，《金門諺語研究》，臺北市立師範學院應用語言文學研究所，2002年，碩士論文。

陳月文

2005 陳月文撰文、劉素珍繪圖，《漫畫金門歷史故事》，金門：金門縣文化局，2005年。

陳水友

2006 陳水友，《金門縣鄉鎮清潔隊組織與功能變遷研究 -從政府業務委外觀點》，銘傳大學社會科學院國家發展與兩岸關係碩士在職專班，2006年，碩士論文。

陳水在

1991 陳水在，《我的家鄉我的愛——金門地區戰地政務之實驗成與實地方自治的共識》，金門：金門縣政府，1991年。

1992 陳水在，《金門地區八十年文藝季》，金門：金門縣政府，1992年。

1993 陳水在，《金門的未來在那裡？發展金門觀光事業的構想與藍圖》，金門：金門縣政府，1993年。

1993 陳水在，《金門地區八十一年文藝季》，金門：金門縣政府，1993年。

1995 陳水在主編，《水頭厝風情：84年全國文藝季成果專輯》，金門：金門縣政府，1995年。

1996 陳水在，《跨越轉型期開創新金門》，金門：金門縣政府，1996年。

1996 陳水在發行，《金門日報三十年》，金門：金門日報社，1996年。

1996 陳水在發行，《高粱 酒鄉 金門城——85年全國文藝季金門縣活動成果專輯》，金門：金門縣政府，1996年。

1998 陳水在，《金門縣八十七年輔導工作成果專輯》金門：金門縣政府，1998年。

1998 陳水在，〈為金門觀光把脈——如何突破觀光瓶頸〉，《為金門觀光把脈學術研究會論文集》（金門：金門縣政府，1998年），頁1-8。

2001 陳水在，《金門解嚴前後》，金門：金門縣政府，2001年。

2001 陳水在，《金廈首航》，金門：金門縣政府，2001年。

2001 陳水在，《敬恭桑梓　飛躍十年》，金門：金門縣政府，2001年。

陳水芳

2001.04 陳水芳，〈金門縣地方自治的演進〉，《中國地方自治》54:4=620，2001.04，頁14-37。

2002 陳水芳，《金門縣老人照顧政策之研究——以獨居老人為例》，銘傳大學公共管理與社區發展研究所碩士在職專班，2002年，碩士論文。

陳水湖

2005.02 陳水湖、莊紹源、周碧瑟，〈1991-1994年金門縣30歲以上成人高尿酸血症盛行率與危險因子研究〉，《臺灣公共衛生雜誌》，Vol.24 No.1，2005.02，頁73-83。

2007 陳水湖，《金門地區代謝症候群的冬夏差異》，國立陽明大學公共衛生研究所，2007年，博士論文。

陳水龍

2010 陳水龍（國立金門大學營建工程學系），《離島金門風力發電廠設置之地質及水文調查與分析（I）》，國科會專題研究計畫，執行起迄：2008/08/01～2010/07/31。

陳世雄

2008 陈世雄、曾永义主编主编，《闽南戏剧》，福州市：福建人民出版社，2008年。（閩南文化叢書）

陳世煌

2001 陳世煌，《北台灣及金門地區表淺性致病黴菌之分子鑑定與分析》，國防醫學院病理及寄生蟲學研究所，2001年，碩士論文。

陳世慶

1955.03 陳世慶，〈明鄭前後之金門兵事〉，《臺灣文獻》6:1，1955.03，頁1-6。

陳世聰

2004 陳世聰，《金門縣國民小學教育資源整合可行性之研究》，銘傳大學公共事務學系碩士在職專班，2004年，碩士論文。

陳永修

2005 陳永修、游漢明、張乃航、許原瑞，《金門國家公園珍貴原生種樹木、花草之育種研究》，金門縣：內政部營建署金門國家公園管理處，2005年。

陳永棋

2008.01 陳永棋，〈回金門過年〉，《金門文藝》22，2008.01，頁19-20。

陳亦珍

1997 陳亦珍美術編輯，《黃世團的版畫世界》，金門縣金城鎮：金門縣立社會教育館，1997年。

陳仲玉

1995 陳仲玉計畫主持，《金門地區考古遺址初步調查（一）》，金門：金門國家公園，1995年。

1997 陳仲玉計劃;中央研究院歷史語言研究所，《金門島考古遺址調查研究》，金門縣：金門國家公園管理處，1997/02。

1997.12 陳仲玉，〈福建省金門島考古遺址調查〉，《國家公園學報》7:1/2，1997.12，頁87-104。

2003 陳仲玉，〈金門史前時代的文化〉，江柏煒編，《金門歷史、文化與生態國際學術研討會論文集》，金門縣：金門縣立文化中心，2003年。

陳兆仁

1997 陳兆仁，《地區性產業發展規劃與策略之研究-以金門為例》，國立中興大學都市計劃研究所，碩士論文，1997年。

陳向鑫

2009 陳向鑫，《金門地區發展博奕娛樂事業之可行性分析》，國立金門技術學院中國大陸研究所，2008年，碩士論文。

陳合良

1990.01 陳合良、黃國精、劉寧添，〈金門賦稅制度之現況與展望〉，《財稅研究》22:1，1990.01，頁107-112。

陳式海

2003.02 陈式海，〈金门的生态环境〉，《福建环境》（福建省福州市：福建省环境保护局），2003年02期，頁27-28。

陳成欣

2007.07 陳成欣，〈鮮少新加坡人知道的金門路〉，《金門文藝》19，2007.07，頁52-53。

陳成桃

1996 陳成桃，《臺灣及金門地區第一型人類T細胞白血病病毒（HTLV-1）的血清及分子流行病學研究》，國立陽明大學公共衛生研究所預防醫學組，1996年，碩士論文。

陳百圖

1987.03 陳百圖，〈金門地區聽覺障礙兒童鑑定綜合報告〉，《特殊教育季刊》22，1987.03，頁31-34。

陳自創

2008.06 陳自創，〈金門的前途及未來〉，《經濟日報》，2008/6/12。

陳西村

2003.06 陳西村，〈乞食身、皇帝嘴——盧遠與植物〉，《金門》74，2003.06，頁55-57。

2003.12 陳西村，〈金門植物的重大發現——印痕化石〉，《金門》76，2003.12，頁72-73。

2004 陳西村，《老樹有情》，金門縣：金門縣林務所，2004年。

2004.01 陳西村，〈金門民俗植物——瓊林竹子〉，《金門》77，2004.01，頁64-69。

2006 陳西村，《綠色隧道：金門的行道樹》，金門：金門縣文化局，2006年。

2008 陳西村，《浯洲芳草展風華：拜訪金門原生民俗植物》，金門縣：金門縣政府，2008年。

2009 陳西村編輯撰文、攝影，《蔡厝古道植物解說導覽手冊》，金門縣金沙鎮：金縣蔡厝民享社區發展協會，2009年。

陳克陽

2003 陳克陽，《非營利組織之服務失誤、服務補救與認知公平關係之研究——以金門社區服務志工為例》，銘傳大學管理科學研究所在職專班，2003年，碩士論文。

陳孝銘

2009 陳孝銘，《金門印記：陳孝銘視覺創作設計展作品集》，臺北市：松合，2009年。

陳宏義

2004 陳宏義，《金門的投票行為研究》，東吳大學政治學系，2004年，碩士論文。

陳志豪

2006 陳志豪，〈小金門「上林宋江陣」之歷史薪傳〉，《運管論壇》1，2006.05，頁48-49。

陳志璇

2008 陳志璇編導；梁慶華監製；香港電台電視部製作，《金門人的故事 [錄像資料]》，2008年。（原於2008年10月20日無線電視翡翠台播影電視節目）（1 videodisc（22 min）

陳秀竹

2000.03 陳秀竹，〈金門——山后中堡古厝風貌〉，《環境科學技術教育專刊》17，2000.03，頁21-26。

2001 陳秀竹、蘇承基，《走向自然親近大地》，金門縣：內政部營建署金門國家公園管理處，2001年。

2001.1 陳秀竹，〈金門國家公園五年有成〉，《文化視窗》34，2001.10，頁68-71。

2002.04 陳秀竹，〈金門國家公園傳統聚落建築修復與補助〉，《91年度金門地區歷史建築古蹟與文化資產保存研討會》，金門：金門縣金城鎮救國團會議室，2002.04.14。

2002.07 陳秀竹，〈金門瓊林人文之美〉，《源雜誌》40，2002.07-08，頁34-36。

2002.1 陳秀竹，〈今夜最前線——金門〉，《金門日報》，2002/10/06，副刊。

2003 陳秀竹，《滿園飄香：浯江溪畔》，金門：金門縣立文化中心，2003年。

2003 陳秀竹，《叩訪春天：前進金門（新詩專輯）》，金門縣：金門國家公園，2003年。

2003.01 陳秀竹，〈山水情意綿長——金門國家公園業務觀摩訪問之旅〉，《金門日報》，2003/01/01，副刊。

2003.01 陳秀竹，〈擁抱金黃色的秋——金門獨特的自然生態〉，《金門日報》，2003/01/06，副刊。

2003.03 陳秀竹，〈羊春賀歲圓緣今宵——金門國家公園傳統聚落九十二〉，《金門日報》，2003/03/05，副刊。

2003.05 陳秀竹，〈走過煙硝焠煉——八二三砲戰的驚懼〉，《金門日報》，2003/05/04，副刊。

2003.06 陳秀竹，〈擁抱金黃色的秋——金門獨特的自然生態〉，《金門》74，2003.06，頁70-75。

2003.07 陳秀竹，〈永遠的廊橋——廈門行筆記〉，《金門日報》，2003/06/07-09，副刊。

2003.09 陳秀竹，〈邂逅金門美麗的鳥——戴勝〉，《金門日報》，2003/09/08，副刊。

2003.09 陳秀竹，〈守護神——金門島的辟邪物〉，《金門日報》，2003/09/09，副刊。

2003.12 陳秀竹，《八二三砲戰口述歷史（自行研究）》，金門：金門國家公園管理處自行研究報告，2003/12。

2004 陳秀竹，《浯島念真情——故鄉的水土》，金門縣：陳秀竹，2004年。

2004 陳秀竹總編輯，《貴島雅集：2004金門縣寫作協會會員作品集（五）》，金門縣金城鎮：金門縣寫作協會，2004年。

2005 陳秀竹總編輯，《海印傳奇：2005金門縣寫作協會會員作品集（六）》，金門縣：金門縣寫作協會，2005年。

2005.04 陳秀竹，〈見證金門是個友善的城市〉，《金門日報》，2005/04/01，副刊。

2005.07 陳秀竹，〈總兵署風華〉，《金門文藝》7，2005.07，頁38-41。

2006.01 陳秀竹，〈一支翻飛的筆孫炳妙水墨畫展分享〉，《金門日報》，2006/01/23，副刊。

2006.1 陳秀竹，〈潮間帶的生機——軟體動物田野調查〉，《金門日報》，2006/10/30，副刊。

2007.11 陳秀竹，〈散文——讀自然：繽紛的蝶〉，《金門文藝》21，2007.11，頁102-105。

2008 陳秀竹，《浯島采風——原鄉情，高山行》，金門：金門縣立文化中心，2008年。

2008.03 陳秀竹，〈戰爭與和平——金門慈湖三角堡與生態〉，《國家公園》，2008.03，頁62-67。

2008.03 陳秀竹，〈引頸企盼終得月——金門水頭得月樓風華重現〉，《國家公園》，2008.03，頁100-106。

2008.06 陳秀竹，〈文化的流動——鄭成功文化節商展紀實〉，《金門日報》，2008/06/26，副刊。

2008.09 陳秀竹，〈金門國家公園——夏日精靈 翺翔金門〉，《科學月刊》39:9=465，2008.09，頁688-692。

2008.09 陳秀竹，〈驚鴻一瞥——稀有過境鳥紅喉潛鳥的觀察〉，《金門日報》，2008/09/21，副刊。

2008.01 陳秀竹，〈第四屆浯島文學獎散文組佳作 悅讀自然——繽紛之蝶〉，《金門日報》，2008/01/20，副刊。

2008.04 陳秀竹，〈緣與鳥——仙洲飛羽2008林政道金門飛羽攝影展〉，《金門日報》，2008/04/24，副刊。

2008.06 陳秀竹，〈文化的流動——鄭成功文化節商展紀實〉，《金門日報》，2008/06/26，副刊。

陳秀端

2000.12 陳秀端，〈妙處可識不可誇——丘葵「次放翁梅花韻」〉，《國文天地》，16:7=187，2000.12，頁50-52。

2004.09 陳秀端，〈一縷蔥香〉，《金門文藝》2，2004.09，頁64-67。

2006 陳秀端，《藤壺之戀》，金門：金門縣政府，2006年。

2006.03 陳秀端，〈那一段躲防空洞的歲月〉，《金門文藝》11，2006.03，頁11-12。

2006.05 陳秀端，〈堆火柴盒的日子〉，《金門文藝》12，2006.05，頁42-45。

陳良德

2002 陳良德主編，《金門縣休閒娛樂漁業導覽手冊》，金門：金門縣水產試驗所，2002年。

陳亞馨

1975 陳亞馨，《彩雲片片》，台北：彩虹出版社，1975年。

1976 陳亞馨，《芳草青青》，台北：彩虹出版社，1976年。

1978 陳亞馨，《林之春》，台北：彩虹出版社，1978年。

2001.07 陳亞馨，〈陳能梨彩墨創作展——花鳥新境〉，《藝術家》53:1=314，2001.07，頁473。

2003 陳亞馨（陳能梨），《雲之鄉》，金門：財團法人金門縣社教文化活動基金會，2003年。

2005.07 陳亞馨，〈散文——旅人心情〉，《金門文藝》7，2005.07，頁105。

陳佳吉

2009.06 陳佳吉，〈戰地政務解除後金門縣議會的轉型與發展〉，《國會月刊》37:6=434，2009.06，頁60-81。

2010.03 陳佳吉，〈金門地區軍事精英的結構分析：背景因素面向〉，《復興崗學報》97，2010.03，頁247-278。

陳佳佳

2006 陳佳佳，《金門文化資產行銷策略之研究》，中國技術學院建築研究所，2006年，碩士論文。

陳其分

1985 陳其分，《金門 陳氏大宗祠穎川堂建祠八十週年奠安紀念特刊》，1985年。來源：複製自美國猶他家譜學會臺灣家譜微縮資料。國家圖書館藏。

陳卓凡

1970 陳卓凡，《金門春風》，金門：金門文獻會，1970年。

1970 陳卓凡發行，《金門之戀》，金門：金門縣文獻委員會，1970年。

陳和琴

1975,07 陳和琴，〈金門圖書館訪問記〉，《教育資料科學月刊》8:1，1975.07，頁19-20。

陳坤宏

2005 陳坤宏（國立臺南大學台灣文化研究所），《當今社區空間中商店街的消費文化與空間關係之研究——以台南延平街、澎湖中央街、金門模範街、中國大陸蘇州周莊鎮為例》，國科會專題研究計畫，執行起迄：2004/08/01～2005/07/31。

2006.12 陳坤宏，〈商店街消費者的社經屬性、消費型態與商業設施關係之比較研究——以臺灣本島與澎湖、金門離島為例〉，《建築與規劃學報》7:2，2006.12，頁91-112。

陳宜民

1994 陳宜民（國立陽明大學公共衛生研究所），《第一型人類T細胞白血球病毒在金門縣的分子流行病學研究》，國科會專題研究計畫，執行起迄：1993/08/01～1994/07/31。

陳宜君

2005.11 陳宜君、邱上嘉，〈金門傳統聚落建築景觀維護及發展現況調查與課題分析〉，《中華民國建築學會第十七屆第二次建築研究成果發表會論文集》，新竹：中華大學建築與都市計畫學系，2005.11.26。

陳尚書

1996.07 陳尚書，〈防衛臺澎金馬之具體政戰作為〉，《陸軍學術月刊》32:371，1996.07，頁75-82。

陳延宗

2002.11 陳延宗，〈彩繪故鄉畫傳奇——寫在平生寄懷：洪明燦書法水墨素描展之後〉，《金門日報》，2002/11/26，副刊。

2002.12 陳延宗，〈名工繹思揮綵筆——「驅山走海」二〇〇二年第五回年展有感〉，《金門日報》，2002/12/02，副刊。

2002.12 陳延宗，〈筆墨爭輝映浯洲——賀金門縣美術學會十二週年慶〉，《金門日報》，2002/12/13-14，副刊。

2002.12 陳延宗，〈藍天紅塵再生緣——再讀黃振良《掬一把黃河土》〉，《金門日報》，2002/12/19，副刊。

2003 陳延宗，《海上仙洲原鄉人——金門的閱讀與書寫》，金門：金門文藝雜誌出版社，2003年。

2003 陳延宗，《海上仙洲原鄉人——金門文化人物誌（一）》，金門：金門縣立文化中心，2003年。

2003.02 陳延宗，〈典型在夙昔——郭堯齡《金門紀實》出版記事〉，《金門日報》，2003/02/15，副刊。

2003.03 陳延宗，〈尋找金門純文學花園〉，《金門日報》，2003/03/11，副刊。

2003.03 陳延宗，〈米香飄揚盡鄉愁——蔡俊邁鄉親享譽國際〉，《金門日報》，2003/03/24-255，副刊。

2003.04 陳延宗，〈閱讀《金門》散文集——咬嚼吳鈞堯斷代島經驗〉，《金門日報》，2003/04/02-03，副刊。

2003.04 陳延宗，〈山仔兜裡探珠山——走進李金生《珠山歷史》〉，《金門日報》，2003/04/09-10，副刊。

2003.04 陳延宗，〈五百年前是一家——深究葉鈞培「金門族譜探源」〉，《金門日報》，2003/04/20，副刊。

2003.05 陳延宗，〈海上仙洲鳴清音——欣逢二〇〇三金門「文藝雅集」座談會〉，《金門日報》，2003/05/14，副刊。

2003.11 陳延宗，〈現代文學開金門——寫在金門文學叢刊出版之後〉，《金門日報》，2003/11/22，副刊。

2004.04 陳延宗，〈金門鄉訊——慰藉鄉愁的精神糧食〉，《金門》78，2004.04，頁44-51。

2004.08 陳延宗，〈金門，大聲唱文學〉，《幼獅文藝》608，2004.08，頁90-93。

2004.1 陳延宗，〈碉堡藝術館的微笑〉，《幼獅文藝》610，2004.10，頁36-39。

2004.12 陳延宗，〈尋根之旅——金門族譜探源〉，《金門宗族文化》1，2004.12，頁27-31 。

2005.03 陳延宗，〈金門・童話・金銀島〉，《金門文藝》5，民942005.03，頁26-27。

2005.07 陳延宗，〈文學絲路・書鄉長城〉，《金門文藝》7，2005.07，頁18-20。

2005.09 陳延宗，〈發現金門文學田園：第一屆金門文藝研習營紀實〉，《金門文藝》8，2005.09，頁105-108。

2005.11 陳延宗，〈青年文藝講座讓金門飛揚〉，《金門文藝》9，2005.11，頁26-27。

2005.11 陳延宗，〈金門石蚵節〉，《幼獅文藝》623，2005.11，頁70-71。

2006.01 陳延宗，〈文化島鄉・海印傳奇：記2005年金門的文化印象〉，《金門文藝》10，2006.01，頁13-19。

2006.03 陳延宗，〈文學，一款甘願的命運〉，《金門文藝》11，2006.03，頁15-19。

2006.06 陳延宗，〈文化金門・書香傳世——近三年來有關金門研究相關圖書書目與評介〉，《全國新書資訊月刊》90，2006.06，頁30-37。

2006.09 陳延宗，〈「金馬獎」跟離島商機〉，《幼獅文藝》633，2006.09，頁48-50。

2007.07 陳延宗，〈道地佳肴滋味濃〉，《文訊》261，2007.07，頁65-66。

2008.07 陳延宗，〈文學因緣・鄉情際會——一個島嶼文學理念的實踐〉，《金門文藝》25，2008.07，頁14-16。

2008.08 陳延宗，〈「海濱鄒魯」新酒引——廖慶六《浯洲問禮：金門家廟文化景觀》讀後感〉，《全國新書資訊月刊》116，2008.08，頁41-44。

2008.1 陳延宗，〈「海濱鄒魯」新酒引——廖慶六《浯洲問禮》導讀金門宗族文化〉，《金門縣宗族文化研究協會會刊》5（2008年10月），頁103-106。

2008.1 陳延宗，〈尋找金門文獻中的民歌〉，《金門縣宗族文化研究協會會刊》5（2008年10月），頁102-105。

2009 陳延宗主編，《大哉金門》，金門縣：金門縣文化局，2009年。

2009.07 陳延宗，〈深耕網路出版，開拓數位視野〉，《金門文藝》31，2009.07，頁22-23。

陳怡情

2008.1 陳怡情，〈碧山陳氏中央房小宗祠事記〉，《金門縣宗族文化研究協會會刊》5（2008年10月），頁65-67。

2010　陳怡情，《碧山史述》，金門縣金沙鎮：陳怡情，2010年。

陳明坤

2006　陳明坤，《金門酒廠實業股份有限公司競爭力分析》，國立高雄大學高階經營管理碩士在職專班（EMBA），2006年，碩士論文。

陳明梨

2005　陳明梨，《渡假生活型態與金門套裝旅遊產品選擇偏好關係之研究——敘述偏好模式之應用》，靜宜大學觀光事業學系研究所，2005年，碩士論文。

陳明義

1992　陳明義、歐辰雄、呂金誠，《金門常見的綠化觀賞植物》，金門：金門縣政府，1992年。

1994　陳明義、歐辰雄、呂金誠，《金門常見觀賞植物》，金門：金門縣政府，1994年。

陳松德

2006　陳松德，《政府開放「小三通」政策對金門經濟發展之影響——以農產品及旅遊產業為例》，國立高雄大學高階經營管理碩士在職專班（EMBA），2006年，碩士論文。

陳玥

2008　陳玥，《金門縣國小學童家庭閱讀環境與語文學習成就探究——新移民子女與本國籍子女之比較》，國立臺北教育大學教育行政碩士在職進修專班，2008年，碩士論文。

陳金城

2008.1　陳金城，〈開拓金門的浯陽陳達家譜〉，《金門縣宗族文化研究協會會刊》5（2008年10月），頁73-74。

陳金增

2008　陳金增，《金門「小三通」效應及發展之研究》，銘傳大學社會科學院國家發展與兩岸關係碩士在職專班，2008年，碩士論文。

陳長志

2007　陳長志，《作伙來讀冊》，金門縣：金門縣文化局，2007年。童書光碟。

2008　陳長志、李秉鈞撰，《戀戀海角：金門休閒農漁業旅遊導覽手冊》，金門縣：金門縣政府（初版），2008年。

2009　陳長志文、圖，《我和城隍有個約會》，金門縣：金門縣文化局，2009年。

2010　陳長志，《金門國家公園步道解說攝影手冊》，金門縣：內政部營建署金門國家公園管理處，2010年。

陳長慶

1973　陳長慶，《螢》，台北：林白，1973年。

1973　陳長慶，《寄給異鄉的女孩》，台北：林白，1973年。

1997　陳長慶，《再見海南島・海南島再見》，台北：大展，1997年。

1998　陳長慶，《秋蓮》，台北：大展，1998年。

1998　陳長慶，《同賞窗外風和雨》，台北：大展，1998年。

1999　陳長慶，《何日再見西湖水》，台北：大展，1999年。

2000　陳長慶，《午夜吹笛人》，台北：大展，2000年。

2002　陳長慶，《春花》，台北：大展，2002年。

2002　陳長慶，《冬嬌姨》，台北：大展，2002年。

2002　陳長慶，《木棉花落花又開》，台北：大展，2002年。

2003　陳長慶，《失去的春天》，金門：財團法人金門縣社教文化活動基金會，2003年。

2003　陳長慶，《夏明珠》，台北：大展，2003年。

2003.08　陳長慶，〈烽火的圖騰與禁忌——評介黃振良的《金門戰地史蹟》〉，《全國新書資訊月刊》56，2003.08，頁29-31。

2004 陳長慶，《烽火兒女情》，台北：大展，2004年。

2004.07 陳長慶，〈以茶代酒敬詩人〉，《金門文藝》1，2004.07，頁91-97。

2005 陳長慶，《日落馬山》，台北：大展，2005年。

2005 陳長慶，《走過烽火歲月的金門特約茶室》，台北：大展，2005年。

2005 陳長慶，《時光已走遠》，台北：大展，2005年。

2005.02 陳長慶，〈歷史不容扭曲，史實不容誤導——走過烽火歲月的「金門特約茶室」〉，《金門日報》，2005/2/1，6版「浯江副刊」。

2005.05 陳長慶，〈專輯——文學回原鄉——踽踽人生路〉，《金門文藝》6，2005.05，頁38-39。

2006 陳長慶，《小美人》，台北：秀威資訊，2006年。

2006 陳長慶，《陳長慶作品集——別卷》，台北：秀威資訊，2006年。

2006 陳長慶，《陳長慶作品集——散文卷一》，台北：秀威資訊，2006年。

2006 陳長慶，《陳長慶作品集——散文卷二》，台北：秀威資訊，2006年。

2007 陳長慶，《李家秀秀》，台北：秀威資訊，2007年。

2007 陳長慶，《金門特約茶室》，金門：金門縣文化局，2007年。

2008 陳長慶等，《酒香古意·2008金門縣作家選集〈小說卷〉》，金門：金門縣文化局，2008年。

2008 陳長慶，《歹命人生》，台北：秀威資訊，2008年。

2008.01 陳長慶，〈散文——看海〉，《金門文藝》22，2008.01，頁97-100。

2009 陳長慶，《西天殘霞》，台北：秀威資訊，2009年。

2009 陳長慶，《攀越文學的另一座高峰》，台北：秀威資訊，2009年。

2009 陳長慶等著，《仙洲酒飲：金門縣作家選集「新詩卷」》，金門縣：金門縣文化局，2009年。

2009.08 陳長慶，〈《碧山史述》後山歷史的詮釋者——試論陳怡情〉，《金門日報》，2009/08/18，副刊。

2010.01 陳長慶，〈大時代兒女的悲歌——試論康玉德《霧罩金門》〉，《金門日報》，2010/01/31，副刊。

2010.01 陳長慶，〈《金門文藝》的前世今生〉，《金門日報》，2009/12/27，副刊。

2010.01 陳長慶，〈《金門文藝》的前世今生〉（一），《金門文藝》34，2010.01，頁45-49。

2010.04 陳長慶，〈誠樸素淨的女性臉譜——試論陳榮昌《金門金女人》〉，《金門日報》，2010/04/30，副刊。

2010.07 陳長慶，〈尋找生命原鄉的記憶——試論寒玉《浯島組曲》〉，《金門日報》，2010/07/06，副刊。

2010.1 陳長慶，〈對歲月的緬懷、對故土的敬重——試讀李錫隆《新聞編採歲月》〉，《金門日報》，2010/10/30-31，副刊。

2010.11 陳長慶，〈從歷史的脈絡尋找浯島風華——試論黃振良《浯洲場與金門開拓》〉，《金門日報》，2010/11/26-27，副刊。

陳冠丞

2001 陳冠丞，《闊葉大豆（金門一條根）之抗氧化特性及其有效多酚類化合物之分離》，國立海洋大學食品科學系，2001年，碩士論文。

陳奕愷

2008.11 陳奕愷，〈虛擬與重製：試論金門風獅爺的文化觀意旨〉，楊加順總編輯，《2008金門學學術研討會論文集——烽火僑鄉敘事記憶：戰地、島嶼、移民與文化》（金門縣：金門縣文化局，2008.11），頁237-250。

陳姿吟

2009.03 陳姿吟，〈烽火灼身的時光廊道——金門翟山坑道尋幽訪勝〉，《國家公園》，2009.03，頁92-97。

陳姿宏

2009 陳姿宏，《以生態博物館概念探討金門居民地方依附感對後戰地觀光發展態度之影響》，國立金門技術學院島嶼休閒資源發展研究所，2009年，碩士論文。

陳威志

2004.03 陳威志，〈文化產業在金門兼論金門國家公園的政策及角色定位〉，李金振編，《閩南文化學術研討會論文集》（金門縣：金門縣立文化中心，2004年），頁627-635。

陳建民

1999 陳建民計畫主持；劉修祥、蔡承旺共同主持，《金門觀光遊憩發展現況與民意調查》，高雄市：高雄科學技術學院，1999年。

2000.06 陳建民，〈從台海危機論金門的戰略地位〉，《國立高雄應用科技大學金門分部學報》，創刊號，2000.06，頁15-48。

2000.08 陳建民，〈遊客對金門國家公園滿意度之研究〉，《國立高雄應用科技大學金門分部學報》1，2000.08。

2001.06 陳建民、林正士、張梨慧，〈金門地區自行車道之調查分析〉，《國立高雄應用科技大學金門分部學報》，第2期，2001.06，頁15-48。

2003 陳建民，《兩岸關係發展過程中金門角色變遷與定位之研究——「小三通」後的觀察》，台南：久洋出版社，2003年。

2003.04 陳建民，〈從「古寧頭戰役」到「小三通」——金門戰地角色〉，《金門日報》，2003/04/22-26，副刊。

2004 陳建民、漢貴恩，《金門觀光英文解說參考手冊》，金門縣金城鎮：金門縣政府，2004年。

2005.05 陳建民、蔡承旺，〈中共在金廈「小三通」的策略運用〉，《展望與探索》，第3卷第5期，2005.05，頁48-

61。

2005.05 陳建民、李能慧、呂怡艷，〈金門地區選民投票行為之研究——從總統、立法委員和縣長的選舉結果分析〉，《國立金門技術學院學報》1，2005.05，頁103-127。

2006.05 陳建民、范世平，〈金門在兩岸關係研究中的競爭優勢分析：以金門技術學院為例〉，《運管論壇》1，2006.05，頁30-38。

2006.06 陳建民，〈從大陸擴大開放民眾來金旅遊看胡錦濤對台政策之嬗變〉，《中共研究》，第40卷第6期，2006.06，頁77-91。

2006.11 陳建民，〈非傳統安全與兩岸直航檢疫機制之探討——以兩岸小三通為例〉，《展望與探索》，第4卷第11期，2006.11，頁58-76。

2007 陳建民，《兩岸關係中的美國因素》，台北：秀威資訊科技，2007年。

2007.1 陳建民，〈兩岸交流中的環境安全問題——以金廈『小三通』為例〉，《全球政治評論》，第20期，2007.10，頁53-82。

2008 陳建民，《兩岸「小三通」議題研究》，台北：秀威資訊，2008年。

2008 陳建民，〈台海兩岸信心建立措施之研究——從金廈「小三通」政策論析〉，《香港社會科學學報》，第34期，2008春/夏季，頁83-112。

2008.1 陳建民，〈金廈「小三通」對金門經濟安全的影響——從民眾認知的角度分析〉，《遠景基金會季刊》9:4，2008.10，頁53-96。

2009 陳建民，《兩岸交流與社會發展：「小三通」與旅遊研究文集》，台北市：秀威資訊科技公司，2009年。

2009 Chien Min Chen, Sheu Hua Chen, Hong Tau Lee. "The influence of service performance and destination resources on consumer behavior: A case study of Mainland Chinese tourists to Kinmen". *International Journal of Tourism Research*. Vol. 11, No.3, 2009, pp. 269-282.

2009.1 陳建民、邱垂正，《兩岸直航後對於小三通影響之研究——以人流管理途徑的分析與建議》，行政院陸委會專題研究計畫，2009年10月。

2010 Chien Min Chen. "Role of tourism in connecting Taiwan and China: Assessing tourists' perceptions of the Kinmen-Xiamen links", *Tourism Management*, Vol. 31, No. 3, 2010, pp. 421-424.

2011 陳建民（國立金門大學觀光管理學系），《飯店業服務品質、顧客滿意度和行為意向之相互關係——以金門的飯店為例》，國科會專題研究計畫，執行起迄：2010/08/01～2011/07/31。

陳建志

1998 陳建志計畫主持（中華民國自然保育協會），《金門國家公園昆蟲相調查研究》，金門縣：金門國家公園管理處，1998年。

陳彥志

2004 陳彥志，《應用都市型態學於金門傳統聚落空間之都市設計管制準則》，中華大學建築與都市計畫學系碩士班，2004年，碩士論文。

陳彥慈

2002 陳彥慈，《金門酒廠民營化政策論證分析》，國立政治大學公共行政研究所，2002年，碩士論文。

2004.04 陳彥慈，〈公營企業民營化政策論證——金門酒廠個案分析〉，《信用合作》80，2004.04，頁41-51。

陳思妤

2005.03 陳思妤，〈別冊——戀上金門〉，《美食天下》159，2005.03，頁65-80。

陳春聲

2008.11 陳春聲，〈身份認定與籍貫問題：以明清之際金門及鄰近海域「海盜」的研究為中心〉，楊加順總編輯，《2008金門學學術研討會論文集——烽火僑鄉敘事記憶：戰地、島嶼、移民與文化》（金門縣：金門縣文化局，2008.11），頁7-20。

陳映先

2009 陳映先，《國小六年級學童電視新聞媒體素養能力之初探研究-以金門縣為例》，國立臺北教育大學教育行政碩士在職進修專班，2009年，碩士論文。

陳映蓉

陳映蓉，〈打造金門特色的貢糖業者——名記、金瑞成貢糖店經營者訪談記錄〉，《歷史文化學習網》，「鄉土尋訪」。

陳昱凱

2009 陳昱凱，《金門國家公園慈湖地區居民對生態旅遊、生態保育暨生態補償政策態度之研究》，中國文化大學觀光事業學系，2009年，碩士論文。

陳為學

2000 陳為學等，《下坑的美麗與哀愁》，金門：金門縣政府，2000年。

2002.1 陳為學，〈古道照顏色——寫於顏伯忠先生逝世十週年〉，《金門日報》，2002/10/16，副刊。

2003.01 陳為學、張火木，〈金馬將軍錄〉，《金門日報》，2003/01/11-13，副刊。

2003.09 陳為學，〈化作春泥還護花——校長班教育參觀活動追記〉，《金門日報》，2003/09/15-16，副刊。

2005.07 陳為學，〈島美宗支源流述懷〉，《金門日報》，2005/07/09，副刊。

2007.09 陳為學，〈湖中四十一週年校慶雜詠〉，《金門日報》，2007/09/21，副刊。

2007.1 陳為學，〈因為金門的緣故〉，《金門日報》，2007/10/29，副刊。

2007.11 陳為學，〈《金門下坑史蹟源流》前言與後記〉，《金門日報》，2007/11/09，副刊。

2007.12 陳為學，〈《百樂客詩文集》自序〉，《金門日報》，2007/12/10，副刊。

陳炳容

1994 陳炳容，《金門風獅爺調查研究》，金門：金門縣社會教育館，1994年。

1994 陳炳容、葉鈞培，《金門民俗辟邪物的調查研究》，金門：閩士工作室，1994年。

1996 陳炳容，《金門風獅爺》，金門：金門縣政府，1996年。

1996.03 陳炳容，〈從金門所城到官澳巡檢司——金門古官路探索-上-〉，《金門》48，1996.03，頁54-61。

1996.06 陳炳容，〈從金門所城到官澳巡檢司——金門古官路探索-下-〉，《金門》49，1996.06，頁56-63。

1997 陳炳容，《金門城》，金門：金門縣社會教育館，1997年。

1997 陳炳容，《金門的古墓與牌坊》，金門：金門縣政府，1997年。

1998 陳炳容、葉鈞培、許能麗，《金門民俗文物》，金門：金門縣政府，1998年。

1999 陳炳容，《金門傳統建築脊墜的調查研究》，金門：金門縣政府，1999年12月。

1999 陳炳容，《蕃薯、金門、四百年：88年金門文化節蕃薯田野調查》，金門：金門縣政府，1999年。

2000.03 陳炳容，〈金門傳統建築脊墜裝飾〉，《金門》64，

2000.03，頁40-51。

2000.03 陳炳容，〈金門傳統建築脊墜初探〉，《金門國家公園簡訊》14，2000.03，頁12-16。

2001 陳炳容，《金門族譜之研究》，國家文化藝術基金會，2001年。

2003.05 陳炳容，〈浯洲場圖〉，《金門日報》，2003/05/11，副刊。

2003.06 陳炳容，〈也談鄭成功與金門〉，《金門日報》，2003/06/20-22，副刊。

2003.08 陳炳容整理，〈《地方傳說》許獬的文才（許加壯口述）〉，《金門日報》，2003/08/08-09，副刊。

2003.08 陳炳容，〈村落守護神——風獅爺〉，《全國新書資訊月刊》56，2003.08，頁19-21。

2003.09 陳炳容，〈《地方傳說》與「十八」有關的藏寶傳奇〉，《金門日報》，2003/09/24-26，副刊。

2003.1 陳炳容，〈《地方傳說》十八艘洋船的傳奇故事〉，《金門日報》，2003/10/08-09，副刊。

2004.03 陳炳容，〈金門有關「十八」的故事與俗語初探〉，李金振編，《閩南文化學術研討會論文集》（金門縣：金門縣立文化中心，2004年），頁261-272。

2004.12 陳炳容，〈金門族譜有關清初遷界史料初探〉，《金門宗族文化》1，2004.12，頁15-22。

2005.08 陳炳容，〈金門族譜研究之一：移民與地名〉，《金門日報》，2005/08/27，副刊。

2005.1 陳炳容，〈金門族譜研究之二：金門的風害史〉，《金門日報》，2005/10/17，副刊。

2005.1 陳炳容，〈「開台進士」鄭用錫〉，《金門日報》，2005/10/25，副刊。

2006 陳炳容、黃振良，《95年認識古蹟日：讓古蹟活起來浯江古墓傳奇》，金門縣：金門縣文化局，2006年。

2007 陳炳容，《金門宗祠祭祖研究——以陳氏大宗潁川堂等六宗祠為例》，銘傳大學應用中國文學系碩士在職專班，2007年，碩士論文。

2011 陳炳容，《金門碑碣翫跡》，金門縣金城鎮：金縣文化局，2011年。

陳炳蓉

1998.09 陳炳蓉，〈翹首盼禱望甘霖——談金門民俗祈雨〉，《金門》58，1998.09，頁54-63。

陳盈帆

2007 陳盈帆，《水獺找新家》，金門：金門縣文化局，2007年。

2008 陳盈帆，《祝福的酒》，金門：金門縣文化局，2008年。

陳紀瀅

1969 陳紀瀅等人，《第一線》，金門：金門縣文獻委員會，1969年。

陳若曦

1980.09 陳若曦，〈金門和金門高粱〉，《聯合報》，1980/09/08。

陳衍德

2007 陈衍德、卞凤奎主编，《闽南海外移民与华侨华人》，福州市：福建人民出版社，2007年。（閩南文化叢書）

陳哲三

2010 陳哲三，〈金門與臺灣清代契約文書的異同〉，行政院文化建設委員會資產總管理處籌備處等編校，《台灣古文書與歷史研究學術研討會論文集. 第四屆》（台中市：逢甲大學出版社，2010年），頁77-106。

2010.04 陳哲三，〈金門的契約文書及其特色〉，《臺灣古文書學會會刊》6，2010.04，頁1-6。

陳書文

2006 陳書文，《金門縣夏興村傳統聚落變遷之研究》，國立台北科技大學建築與都市設計研究所，2006年，碩士論文。

2010.12 陳書文，〈金門縣夏興村傳統聚落變遷之研究〉，李沃士等撰文，《2010年金門學學術研討會論文集，第三屆》（金門縣：金門縣文化局，2010年12月）。

陳海曙

2004 陳海曙、閻亞寧，《金門傳統聚落提報世界遺產初期準備與數位示範計畫》，台北市：中國技術學院，2004年。

2004.12 陳海曙，〈環境保護與文化遺產保存之永續發展策略：以金門風土建築聚落為例〉，中國技術學院編，《北區技專校院際聯盟學術研討會：第七屆古蹟、歷史建築保存、再利用暨古籍保存科學國際研討會論文集》（台北市：：中國技術學院，2004年12月），302-319。

陳海贊

2004 陳海贊，《山靈的眼睛》，國立臺灣師範大學美術研究所國畫創作組，2004年，碩士論文。

陳珮珮

2004 陳珮珮，《國民中小學實施合校教學政策執行之研究——以金門縣金寧國民中小學為例》，銘傳大學公共事務學系碩士在職專班，2004年，碩士論文。

陳益宗

2004.06 陈益宗，〈彰化县鹿港金门馆修复纪实〉，《古建園林技術》（北京市：北京市第二房屋修建工程公司），2003年04期，頁23-25。

陳益源

2004.12 陳益源，〈金門瓊林所見蔡廷蘭相關文物〉，《硓𥑮石》37，2004.12，頁72-87。

2006 陳益源，《蔡廷蘭及其海南雜著》，台北：里仁，2006年。

2008.11 陳益源，〈在金門與越南之間〉，楊加順總編輯，《2008金門學學術研討會論文集——烽火僑鄉敘事記憶：戰地、島嶼、移民與文化》（金門縣：金門縣文化局，2008.11），頁251-262。

2009 陳益源主編，《2009閩南文化國際學術研討會論文集》，金門：金門縣文化局，2009年。

陳祖彥

2007.01 陳祖彥，〈同樣的金門〉，《金門文藝》16，2007.01，頁38-40。

陳耕

2006 陳耕、楊浩存、黃振良，《閩南民系與文化》，金門：金門縣文化局，2006年。

陳茗

2006 陈茗，《近15年来金门原乡文学略论》，福建师范大学，2006年，碩士論文。

2007.02 陳茗，〈金門文化與近期金門文學〉，楊加順總編輯，《2006年金門學學術研討會論文集》（金門縣：金門縣文化局，2007年2月），頁217-224。

2009.03 陈茗，〈金门林树梅年谱简编〉，《福州大学学报（哲学社会科学版）》（福建省福州市：福州大学），2009年03期，頁11-20+112。

2009.04 陳茗，〈林樹梅拜周凱為師始末〉，《廈門教育學院學報》（福建省廈門市：廈門教育學院），2009年04期，頁65-67+76。

2009.04 陳茗，〈清道光間金門林樹梅與呂世宜交游考〉，《集美大學學報（哲學社會科學版）》（福建省廈門市：集美大學），2009年04期，頁57-61。

2009.05 陳茗，〈嘯雲詩文鈔〉，《金門日報》，2009/05/21，副刊。

2009.05 陳茗，〈林樹梅《嘯雲叢記》小考〉，《金門日報》，2009/05/29，副刊。

2009.08 陳茗，〈橫槊論兵亦壯哉海天形勝談笑來——林樹梅與張際亮的交遊〉，《金門日報》，2009/07/04，副刊。

2009.08 陳茗，〈將種論勳遠儒門殖學深——林則徐與金門奇人林樹梅的唱和與交遊〉，《金門日報》，2009/08/12-13，副刊。

2009.08 陳茗，〈金門奇士林樹梅——鴉片戰爭中在廈門論戰獻策〉，《炎黃縱橫》，2009年08期，頁47-49。

2009.09 陳茗，〈《全臺詩》林樹梅詩訂補〉，《金門日報》，2009/09/19，副刊。

2009.1 陳茗，〈一身承祧兩姓其責亦綦重哉——林樹梅血脈宗族觀念〉，《金門日報》，2009/10/20，副刊。

2009.1 陳茗，〈林則徐與金門奇人林樹梅的唱和與交游〉，《文史知識》（北京市：中華書局），2009年10期，頁104-109。

2009.11 陳茗，〈林樹梅與蔡廷蘭交遊考〉，《金門日報》，2009/11/11，副刊。

2010.01 陈茗，〈金门林树梅“一身承祧两姓”的宗族观念〉，《泉州师范学院学报》（福建省泉州市：泉州师范学院），2010年01期，頁20-23。

2010.01 陈茗，〈金门林树梅篆刻考〉，《艺苑》（福建省福州市：福建艺术职业学院），2010年01期，頁76-77。

2010.03 陈茗，〈金门林树梅《啸云丛记》小考〉，《文献》（北京市：国家图书馆），2010年03期，頁189-190。

2010.06 陳茗，〈至今寰海外，猶自仰威名——讀林樹梅《江南提督忠愍陳公傳》〉，《古典文學知識》（江蘇省南京市：鳳凰出版社），2010年06期，頁42-47。

2010.08 陳茗，〈林樹梅的求學與拜師〉，《金門日報》，2010/08/28，副刊。

2010.1 陳茗，〈愛君畫意似邊鸞——林樹梅與謝琯樵的詩畫之交〉，《金門日報》，2010/10/01，副刊。

2010.11 陳茗，〈闽台港口的対渡与防御——道光间金门林树梅《闽海握要图》略论〉，《福建论坛（人文社会科学版）》（福建省福州市：福建社会科学院），2010年11期，頁52-56。

2011 陳茗，《海疆文學書寫與圖像：林樹梅奇特人生與藝文研究》，金門：金門縣文化局，2011年。（博士論文）

陳國彥

1985.03 陳國彥，〈金門的氣候〉，《國立臺灣師範大學地理研究報告》11，1985.03，頁187-198。

陳國勝

2005.03 陳國勝，〈淺論金門、馬祖地區之領海〉，《律師雜誌》306，2005.03，頁33-41。

陳國銘

2008.07 陳國銘，〈金門值星官日記〉，《金門文藝》25，2008.07，頁80-81。

陳國礎

1970 陳國礎先生紀念集編纂委員會編纂，《陳國礎先生紀念集》，金門縣：金門縣文獻委員會，1970年。

陳培源

1970 陳培源，〈金門島及烈嶼地質說明書〉，經濟部金門地質礦產探勘隊工作報告，1970年，頁7-9。

陳啟淦

1997 陳啟淦，《再見金門》，臺北市：天衛文化，1997年。

陳清寶

2001 陳清寶，《從金門檢視扁政府「小三通」政策》，淡江大學大陸研究所碩士在職專班，2001年，碩士論文。

陳淑芳

2008 陳淑芳，《金門縣辦理精進課堂教學能力計畫研習活動現況與成效之研究》，國立嘉義大學教育行政與政策發展研究所，2008年，碩士論文。

陳淑靈

2005 陳淑靈，《遊客對金門國家公園展示館解說服務重視度與滿意度之研究》，銘傳大學觀光研究所碩士在職專班，2005年，碩士論文。

陳連益

2005 陳連益，《臺灣中州陳氏族譜續編：金門碧湖支分十一世一貴公世系》，台南縣：臺南縣學甲鎮中州陳桂記大宗祠，2005年。

陳連對

2007 陳連對，《地方政府基層採購人員工作壓力之研究——以金門地區為例》，銘傳大學社會科學院國家發展與兩岸關係碩士在職專班，2007年，碩士論文。

陳章波

1997 陳章波計畫主持，《金門國家公園濱海潮間帶動物相調研究》，金門：金門國家公園，1997年。

1998.01 陳章波，〈金門鱟保育的芻議〉，《金門國家公園簡訊》6，1998.01，頁7-9。

2001 陳章波、葉欣宜，《浯江溪口海岸溼地進行生態旅遊的經營與管理策略規劃》，金門縣：福建省金門縣水產試驗所，2001年。

2002 陳章波等作，《兩億年之鱟》，金門縣：金門縣政府，2002年。

2003 陳章波，《金門海濱生態導覽》，金門縣：金門縣政府，2003年。

2003 陳章波、葉欣宜，〈金門鱟保育實錄〉，江柏煒編，《金門歷史、文化與生態國際學術研討會論文集》，金門縣：金門縣立文化中心，2003年。

陳郴

2009 陳郴（中央研究院歐美研究所），《歷史記憶與群體認同——以金門戰地經驗為例》，國科會專題研究計畫，執行起迄：2008/08/01～2009/10/31。

陳凱峰

2004.08 陈凯峰，〈金門傳統建筑擷要〉，《小城镇建设》（北京市：中国建筑设计研究院），2004年08期，頁88-90。

2004.09 陈凯峰，〈金門近代建筑擷要〉，《小城镇建设》（北京市：中国建筑设计研究院），2004年09期，頁68-69。

2004.1 陈凯峰，〈金门现代建筑撷要〉，《小城镇建设》（北京市：中国建筑设计研究院），2004年10期，頁76-77。

陳尊賢

2002 陳尊賢、郭城孟，《金門國家公園土壤調查分析及植生適應性研究》，金門縣：內政部營建署金門國家公園管理處，2002年。

2003 陳尊賢、郭城孟，《金門國家公園土壤調查分析及植生適應性研究 二》（修正本），金門縣：內政部營建署金門國家公園管理處，2003年。

陳惠方

1994 陈惠方，《海漩：兵进金门全景纪实》，北京市：华文出版社，1994年。

2010.08 陳惠方，〈臺灣視角的金門戰役〉，《報刊薈萃》（陝西省西安市：陝西日報社），2010年08期，頁64-65。

陳朝金

2001 陳朝金，《金門漁業經營調整策略研究》，國立海洋大學漁業科學系碩士在職專班，2001年，碩士論文。

2007 陳朝金主編，《縣政顧問團活動紀要. 2007年》，金門縣：金門縣政府，2007年。

2009 陳朝金主編，《金門縣政府95年至98年重大施政成果專輯》，金門縣：金門縣政府，2009年。

陳朝政

2009 陳朝政撰文，《溼地的神奇捕手》，金門縣金城鎮：金門縣政府，2009年。

陳朝興

2001 陳朝興、陳秋伶，《金門縣縣定古蹟烈嶼吳秀才厝調查研究暨修復計劃》，金門縣：金門縣政府，2001年。

陳欽進

2005.07 陳欽進，〈《金門人在廈門》金廈「小三通」的省思〉，《金門日報》，2005/07/07，副刊。

2005.11 陳欽進，〈散文——重逢〉，《金門文藝》9，2005.11，頁87-89。

2005.11 陳欽進，〈金門花蛤節〉，《幼獅文藝》623，2005.11，頁68-69。

2005.11 陳欽進，〈清金門武將傳奇〉，《金門日報》，2005/11/02，副刊。

2005.11 陳欽進，〈小金門的風雞傳奇〉，《金門日報》，2005/11/12，副刊。

2005.11 陳欽進，〈小徑傳說〉，《金門日報》，2005/11/20，副刊。

2005.12 陳欽進，〈金門的落番傳奇〉，《金門日報》，2005/12/13，副刊。

2006 陳欽進，《金門人在廈門：一個金門人的島嶼觀察五卷》，陳欽進，2006。

2006.02 陳欽進、顏炳洳，〈金門傳奇〉，《幼獅文藝》626，2006.02，頁36-43。

2006.08 陳欽進，〈一個金門人的島嶼觀察〉，《金門日報》，2006/08/06，副刊。

2007.09 陳欽進，〈搖啊搖〉，《金門文藝》20，2007.09，頁31-34。

2007.12 陳欽進，〈第四屆浯島文學獎小說組第三名 搖啊搖〉，《金門日報》，2007/12/18，副刊。

2008.01 陳欽進，〈文化的載體——金門影像記事〉，《金門文藝》22，2008.01，頁57-60。

2008.03 陳欽進，〈和平的代價——金門戰地史蹟〉，《金門文藝》23，2008.03，頁69-72。

2008.05 陳欽進，〈無言的證人——金門戰地標語〉，《金門文藝》24，2008.05，頁69-71。

2008.07 陳欽進，〈和諧的天地——金門人與希望的對話〉，《金門文藝》25，2008.07，頁71-74。

2009.07 陳欽進，〈歷史，也可以很精彩！序《金門奇人軼事》〉，《金門日報》，2009/07/09，副刊。

陳華慶

2008 陳華慶，《網路電話使用意向之研究——以金門縣公務機關為例》，國立高雄大學高階經營管理碩士在職專班（EMBA），2008年，碩士論文。

陳著凡

1970 陳著凡，《永遠與大自然同在》，金門：金門縣文獻委員會，1970年。

陳進興

1986 陳進興，《金門陳坑竹北東勢八郎公宗派陳氏族譜》，臺北縣永和市：國民文化，1986年。

陳雅琪

2009 陳雅琪，《金門縣國中小教師對實施學科基本能力測驗現況之研究》，國立臺北教育大學教育行政碩士在職進修專班，2009年，碩士論文。

陳雅鈞

1996.06 陳雅鈞計畫主持（中央研究院歷史語言研究所），《金門島史前遺址調查研究（一）》，金門：金門國家公園管理處，1999/06。

陳雅蘭

2006 陳雅蘭，《志工參與動機之Q方法論研究：以金門縣為例》，銘傳大學公共事務學系碩士在職專班，2006年，碩士論文。

陳雲軒

2004 陳雲軒，《發現金湖之美》，金門縣：金湖鎮公所，2004年。

陳順德

2004.12 陳順德，〈碧山的歷史源流〉，《金門宗族文化》1，2004.12，頁46-48。

2008 陳順德，《永恆的生命》，台北：秀威資訊，2008年。

陳殿義

2002.09 陳殿義、李有世、顏志恒、蔡東纂，〈金門地區植物寄生性線蟲相調查初報〉，《中華農業研究》51:3，2002.09，頁31-38。

2004.09 陳殿義、倪蕙芳、程永雄、蔡東纂，〈金門地區劍線蟲種類鑑定〉，《植物病理學會刊》13:3，2004.09，頁237-241。

2006.03 陳殿義、陳瑞祥、顏志恒、蔡東纂、倪蕙芳，〈臺灣和金門地區螺旋線蟲和矛線蟲（Nematoda: Hoplolaiminae）之種類鑑定〉，《植物病理學會刊》15:1，2006.03，頁25-38。

2006.09 陳殿義、倪蕙芳、陳瑞祥、顏志恆、蔡東纂，〈臺灣和金門地區螺旋線蟲（Nematoda: Rotylenchinae）之種類鑑定〉，《植物病理學會刊》15:3，2006.09，頁153-169。

陳殿禮

2011 陳殿禮（國立臺北科技大學工業設計系），《金門民宅家具形式及裝飾之研究》，國科會專題研究計畫，執行起迄：2010/08/01～2011/07/31。

陳滄江

1997 陳滄江，《大陸宏觀視》，金門：陳滄江，1997年。

1997 陳滄江，《陳滄江觀點：一九九四～一九九七金門情事之一》，金門：金門晚報，1997年。

2003 陳滄江，《政府服務品質、民眾滿意度與民眾後續行為意圖之相關研究——以金門小三通為例》，南華大學管理科學研究所，2003年，碩士論文。

陳照旗

1993 陳照旗，《金門旅遊手冊》，台北市：休閒生活，1993年。

陳瑞潔

2007 陳瑞潔，《金門縣婦女照顧子女津貼政策之性別分析》，世新大學性別研究所，2007年，碩士論文。

陳義雄

2001 陳義雄、吳瑞賢、朱育民，《金門國家公園魚類相調查研究期末報告書》，金門縣：內政部營建署金門國家公園管理處，2001年。

2002 陳義雄、吳瑞賢、方力行，《金門淡水及河口魚類誌》，金門縣：內政部營建署金門國家公園管理處，2002年。

2003 陳義雄，〈海峽兩岸淡水鯉形目魚類的物種地理分布及播遷特性〉，江柏煒編，《金門歷史、文化與生態國際學術研討會論文集》，金門縣：金門縣立文化中心，2003年。

陳聖傑

2008.07 陳聖傑，〈金門人是優秀的民族〉，《金門文藝》25，2008.07，頁41-43。

陳詩炎

2002 陳詩炎，《文化資產保存與金門觀光行銷之關係》，元智大學管理研究所，2002年，碩士論文。

2003.09 陳詩炎，〈金門文化資產保存困境與對策之研究〉，《金門》75，2003.09，頁32-39。

2003.12 陳詩炎，〈金門水頭聚落風情欣賞〉，《金門》76，2003.12，頁54-65。

陳運造

1995.01 陳運造，〈金門風獅爺〉，《臺灣月刊》145，1995.01，頁65-68。

陳馳

1992 陈驰，《金岛血魂：金门大血战》，长春市：撰者，1992年。

陳鼎丕

清 陳鼎丕編纂（清）；（民國）陳宗炯抄並補續，《金門碧湖潁川陳氏族譜》，據陳仁德藏民國五十（1961）年據乾隆二十年刊本翻抄並補續縮製，故宮博物院藏。

陳煒

2006.02 陳煒、陳慶元，〈金門文學現狀淺見〉，《金門日報》，2006/02/14-16，副刊。

2006.02 陈炜，〈闽南文化视野下的金门文学〉，《福州大学学报（哲学社会科学版）》（福建省福州市：福州大学），2006年02期，頁10-15。

陳煒仁

2003 陳煒仁，《金馬特殊法律地位戰地政務實施與解除後之檢討》，中國文化大學法律學研究所，2003年，碩士論文。

陳榮文

2005 陳榮文，《金門縣定古蹟浦邊周宅修復工程工作報告書》，金門縣：金門縣政府，2005年。

2005 陳榮文，《金門浦邊周宅古文書》，金門縣：金門縣政府，2005年。

2008 陳榮文計劃主持，《金門縣定古蹟「慈德宮」修復工程工作報告書》，金門縣：金門縣政府（第一版），2008年。

陳榮昌

2001.03 陳榮昌，〈鑼聲若響・古寧頭高甲戲風華再現〉，《金門》68，2001.03，頁58-69。

2001.06 陳榮昌，〈金廈「小三通」之探討〉，《交流》57，2001.06，頁45-47。

2002 陳榮昌，《浯土浯民——浯島金門人的真情故事》，金門：金門縣立文化中心，2002年。

2003.06 陳榮昌，〈金門鋼刀〉，《金門》74，2003.06，頁68-69。

2003.06 陳榮昌，〈金門詩酒文化節〉，《金門》74，2003.06，頁16-22。

2004 陳榮昌，《金門傳統建築匠師臉譜》，金門縣：金門縣文化局，2004年。

2004 陳榮昌，《金門印象三部曲》，金門縣：陳榮昌，2004年。

2004.04 陳榮昌，〈金門人在南洋〉，《金門日報》，2004/04/05-07，副刊。

2005.03 陳榮昌，〈東門員外〉，《金門文藝》5，2005.03，頁8-12。

2005.05 陳榮昌，〈縣籍作家吳鈞堯榮膺第四十六屆文藝獎章〉，《金門日報》，2005/5/27，2版。

2005.09 陳榮昌，〈囡〉，《金門文藝》8，2005.09，頁74-76。

2005.09 陳榮昌，〈《第一屆浯島文學獎》散文佳作 東門員外〉，《金門日報》，2005/09/07，副刊。

2005.1 陳榮昌，〈第二屆浯島文學獎散文佳作 囡〉，《金門日報》，2005/10/10，副刊。

2006.11 陳榮昌，〈一個金門，一個理想——專訪金門縣長李炷烽〉，《幼獅文藝》635，2006.11，頁44-45。

2009.07 陳榮昌，〈文化績效、金門驕傲——暢談近五年來地區文化行銷的作為與成效〉，《金門文藝》31，2009.07，頁12-15。

2010 陳榮昌，《金門金女人——浯島女性臉譜書寫》，台北：秀威資訊，2010年。

陳榮捷

1988 陳榮捷，〈朱子與金門〉，《朱子新索》，台北市：台灣學生書局，1988年。

陳槃

1970.01 陳槃，〈《新金門志》序〉，《大陸雜誌》40:2，1970.01，頁33。

陳漢平

1981 陳漢平，《生活方程式》，台北：九歌出版社，1991年。

1988 陳漢平，《誰怕電腦？》，台北：希代書版公司，1988年。

2006 陳漢平，《超越達文西密碼》，台北：米樂文化公司，2006年。

2007 陳漢平，《愛與幽默》，台北：希代書版公司，1988年。

2009 陳漢平，《在矽谷喝Java咖啡》，台北：九歌出版社，2009年。

陳漢光

1959.12 陳漢光，〈金門三志〉，《臺灣省立博物館年刊》2，1959.12，頁107-108。

陳維鈞

1999 陳維鈞、中央研究院歷史語言研究，《金門島史前遺址調查研究 一》，金門縣：金門國家公園管理處，1999年。

2006 陳維鈞，《金門縣金龜山貝塚遺址考古發掘》，金門：金門縣文化局，2006年。

2007.12 陳維鈞，〈金門金龜山貝塚遺址的重要性及其文化意義〉，《田野考古》11:1/2，2007.12，頁75-107。

2010 陳維鈞，《金門後浦網寮古砲群考古學研究》，金門縣：金門縣文化局，2010年。

陳德昭

2002.03 陳德昭、李增德，〈金門古蹟『漢影雲根』弦外音〉，《二〇〇二中國文學「學理與應用」——經典文獻中的禮俗與文化》，桃園：銘傳大學應用中國文學系，2002/03/16，頁183-210。

陳德規

1955 陳德規，《金門》，海外文庫編輯委員會編，《海外文庫. 地方小誌》，台北市：海外文庫，1956年。

陳慶元

1996 陳慶元，《福建文學發展史》，福州市：福建教育出版社，1996年。

1996.04 陳慶元，〈南明金門詩人盧若騰〉，《中國典籍與文化》（北京市：教育部全國高等院校古籍整理研究工作委員會），1996年04期，頁37-41。

2006.01 陳慶元，〈我到莆田泉州講金門文學〉，《金門文藝》10，2006.01，頁50-53。

2006.1 陳慶元，〈許獬與徐的交遊——讀徐《祭許子遜太史文》〉，《金門日報》，2006/10/28，副刊。

2008.02 陳慶元，〈在中正大學講金門文學〉，《金門日報》，2008/02/20，副刊。

2008.08 陳慶元，〈東吳手記——卓克華教授《古跡・歷史・金門人》序〉，《金門日報》，2008/08/27，副刊。

2010 陳慶元等著，《醉夜方興：金門縣作家選集「評論卷」》，金門縣：金門縣文化局，2010年。

2010.12 陳慶元，〈旅閩金門人的時空〉，《金門日報》，2010/12/23，副刊。

2010.12 陳慶元，〈旅閩金門人的時空脈絡〉，李沃士等撰文，《2010年金門學學術研討會論文集，第三屆》（金門縣：金門縣文化局，2010年12月）。

陳慶平

2008 陳慶平編輯，《金門傳統建築修復工作紀錄：以前水頭得月樓及黃輝煌洋樓修復工作紀錄報告書為例》，金門縣：內政部營建署金門國家公園管理處，2008年。

陳慶祐

2010 陳慶祐、林彧丞採訪撰文，《金門安全農業生活誌》，金門縣：金門縣政府，2010年。

陳慧文

2000 陳慧文，《貓言貓語》，台中：文學街出版社，2000年。

2001 陳慧文，《窩藏貓咪圖書館》，台北：天行社，2001年。

2004 陳慧文，《貓咪文學館》，台北：秀威資訊科技公司，2004年。

2004.03 陳慧文，〈娘家金門〉，《金門日報》，2004/03/24，副刊。

2004.3 陳慧文，〈我是金門人〉，《金門日報》，2004/04/30，副刊。

2004.09 陳慧文，〈散文——撫牆追昔〉，《金門文藝》2，2004.09，頁56-59。

2005.05 陳慧文，〈散文——希望與慾望〉，《金門文藝》6，2005.05，頁66。

2008.01 陳慧文，〈浯島鄉情〉，《金門文藝》22，2008.01，頁81-82。

2008.01 陳慧文，〈第四屆浯島文學獎新詩組佳作 浯島鄉情〉，《金門日報》，2008/01/22，副刊。

陳儒瑋2

2005 陳儒瑋，《歷史場所解說探討——以金門島水頭聚落為例》，國立臺灣師範大學教育研究所，2005年，碩士

11 劃

論文。

陳曉菁

2008　陳曉菁，《金門縣國小教師休閒運動阻礙因素之研究》，國立台北護理學院運動保健研究所，2008年，碩士論文。

陳穎萱

2007　陳穎萱，《金酒公司臺灣地區物流中心區位分析》，國立交通大學運輸科技與管理學系，2007年，碩士論文。

陳篤龍

2009　陳篤龍、陳瑋欣、劉如桂編輯撰文，《陽翟社區營造專輯》，金門縣金沙鎮：金縣陽翟社區發展協會，2009年。

陳臻超

1981　陳臻超，《金門隨筆》，金門：金門日報社，1981年。

陳錦玉

2007.02　陳錦玉，〈離島居民對開放設置觀光娛樂賭博事業之態度認知研究——以金門為例〉，《國立金門技術學院學報》2，2007.02，頁29-59。

2007.12　陳錦玉、張凱智，〈金門婦女休閒參與與休閒阻礙之研究〉，《觀光旅遊研究學刊》2，2007.12，頁45-72。

陳錦秀

2007　陳錦秀，《老人安養機構服務品質之需求評估以金門縣大同之家為例》，銘傳大學公共事務學系碩士在職專班，2007年，碩士論文。

陳靜怡

2008　陳靜怡，《性別與旅遊照片差異對個體情緒反應之研究

——以金門意象為例》，國立台北護理學院旅遊健康研究所，2008年，碩士論文。

陳勵志

2003 陳勵志，《金門縣府會關係之研究——以法制研究途徑為中心》，銘傳大學公共管理與社區發展研究所碩士在職專班，2003年，碩士論文。

陳擎霞

2003 陳擎霞，《金門哺乳動物相調查（修正本）》，金門縣：內政部營建署金門國家公園管理處，2003年。

陳燦榮

1962.12 陳燦榮，〈金門林業建設憶述〉，《臺灣省林業試驗所所訊》142，1962.12，頁1242。

陳謙

2002.12 陳謙，〈詩寫金門——風獅爺〉，《幼獅文藝》588，2002.12，頁51。

2007.01 陳謙，〈金門五題〉，《金門文藝》16，2007.01，頁120-122。

陳邁

1998.09 陳邁、陳木壽、吳光庭主持；仲倍瑩整理，〈金門建築發展座談會〉，《中華民國建築師雜誌》285，1998.09，頁86-91。

陳禮教

1996 陳禮教主編，《吧生雪蘭莪金門會館金禧紀念刊》，金門縣金城鎮：金禧紀念刊編輯委員會，1996年。

陳鎮東

2002 陳鎮東，陳孟仙，《福建九龍江對金門海域水質、底泥及牡蠣之影響工作成果報告》，金門縣：金門縣水產試驗所，2002年。

陳顏

2002.06 陳顏，〈換我來牽你的手——訪潘小俠談金門王〉，《文化視窗》40，2002.06，頁84-85。

陳麗竹

2005 陳麗竹，《製酒業運用創新提升競爭力之探討　以金門酒廠（股）公司為例》，國立中山大學人力資源管理研究所，2005年，碩士論文。

陳耀龍

2008.04 陳耀龍，〈消失的831〉，《中外雜誌》83:4=494，2008.04，頁141-143。

陳蘭英

2005 陳蘭英，《傳統食品特產業服務品質與顧客滿意度之研究——以金門地區聖祖食品股份有限公司為例》，銘傳大學觀光研究所碩士在職專班，2005年，碩士論文。

陸炳文

1996 陸炳文，《金門祖厝之旅》，金門：金門縣政府，1996年。

陸瑋

2001.02 陆玮，〈两次“炮击金门”的历史审视〉，《衡阳师范学院学报（社会科学）》（湖南省衡阳市：衡阳师范学院），2001年02期，頁92-95。

陶大庚

1965.03 陶大庚，〈輔導發展金門手工業芻議〉，《臺灣合作金融》3:3，1965.03，頁19-20。

1965.02 陶太庚，〈金門手工業現況暨發展計劃〉，《中國手工業》76，1965.02，頁9-10。

雪佛

2005 雪佛撰述，《幸福天堂烏聚落》，金門縣：金門縣文化局，2005年。

魚夫

1999 魚夫，《魚夫帶你遊金門》，台北市：探索文化事業公司，1999年。

鹿又光雄

1938 鹿又光雄、鳥居敬造共同調查；南洋協會臺灣支部編，《福建省金門島概況》，台北：編者，1938年（昭和13年）。

麥筱凡

2006 麥筱凡，《傳播路徑對洋樓外廊立面形式影響之研究——以台灣、金門洋樓民宅為例》，雲林科技大學空間設計系碩士班，2006年，碩士論文。

堀庖憲二

2002 堀庖憲二，〈金門傳統建築上使用彩磁裝飾〉，《金門》72，2002，頁20-23。

2003 堀庖憲二，〈金門傳統建築上使用彩磁裝飾的研究〉，江柏煒編，《金門歷史、文化與生態國際學術研討會論文集》，金門縣：金門縣立文化中心，2003年。

12劃

粘良圖

2008.11 粘良图，〈从金门谱牒看晋金渊源关系〉，中国福建晋江："谱牒研究与五缘文化"研讨会，2008年。

傅大煜

1998 傅大煜，《高度酒消費行為及行銷策略之研究——以金門高粱酒為例》，銘傳大學管理科學研究所，碩士論文，1998年。

傅子昭

1997 傅子昭、傅子貞著，《傅子昭傅子貞書畫聯展》，金門縣：金門縣美術學會，1997年。

傅小凡

2007 傅小凡、卓克华主编，《闽南理学的渊源与发展》，福州市：福建人民出版社，2007年。（閩南文化叢書）

傅中玲

2001 傅中玲計畫主持；王署君等研究，《金門停經和智能研究：長期觀察型停經轉變研究》，臺北市：國家衛生研究院，2001年。

傅亢

1979,09 傅亢，〈金門中學與我〉，《藝文誌》168，1979.09，頁61-64。

傅仲民

1999.09 傅仲民，〈藥物濫用者心癮歷程與團體治療——以金門明德班為例〉，《復興崗學報》67，1999.09，頁167-190。

傅淑瑋

2009.03 傅淑瑋、謝欣怡、徐中琪、丁宗蘇，〈金門島越冬鸕鶿（Phalacrocorax Carbo）之日活動模式及其移動研究〉，《國家公園學報》19:1，2009.03，頁23-30。

傅朝卿

1994.07 傅朝卿，〈金門傳統建築之基本型態〉，《臺南文化》37，1994.07，頁57-60。

2002.02 傅朝卿，〈海上公園金門〉，《大地地理雜誌》，2002.02，頁12。

2004 傅朝卿，〈閩南文化、地域主義與文化遺產〉，李金振編，《閩南文化學術研討會論文集》（金門縣：金門縣立文化中心，2004年），頁41-49。

創世紀

2009.06 創世紀詩雜誌社，〈時間在存有中滴答——白靈詩作筆談小集〉，《創世紀詩雜誌》159，2009.06，頁48-65。

寒川

1975 寒川，《在矮樹下》，新加坡：島嶼文化社，1975年。

1975 寒川，《樹的氣候——寒川詩集》，新加坡：島嶼文化社，1979年。

1990 寒川，《銀河系列——寒川詩集》，新加坡：島嶼文化社，1990年。

1992 寒川，《寒川文藝評論集》，新加坡：島嶼文化社，1992年。

1995 寒川，《寒川文藝縱橫談》，新加坡：島嶼文化社，1995年。

1997 寒川，《雲樹山水間——寒川遊記》，新加坡：島嶼文化社，1997年。

1997 寒川，《從新加坡到日本——東南亞青年船紀游》，新加坡：島嶼文化社，1998年。

2000 寒川，《金门系列：寒川诗选（1965-2000）》，新加坡：玲子大众传播（新）私人有限公司，2000年。

2002 寒川，《文學回原鄉》，台北：島嶼文化社，2002年。

2002.12 寒川，〈詩寫金門——古厝〉，《幼獅文藝》588，2002.12，頁56。

2005 寒川，《古厝》，金門：金門縣政府，2005年。

2005 寒川主编，《新加坡金门籍写作人作品选》，新加坡：金门会馆文教部, 2005年。

2006 吕紀葆（寒川），《我从金门来：金门人奋斗创业的故事》，新加坡：金门会馆文教部, 2006年。

2006.01 寒川，〈南僑遊子心——終於還鄉〉，《金門文藝》10，2006.01，頁27-29。

2006.03 寒川，〈文學金門緣〉，《金門文藝》11，2006.03，頁32-34。

2006.11 寒川，〈第三屆浯島文學獎——父親〉，《金門文藝》15，2006.11，頁41-42。

2008.01 寒川，〈散文——千島與我（新加坡）〉，《金門文藝》22，2008.01，頁103-108。

2010.04 寒川，〈金門，我的家鄉！〉，《金門日報》，2010/04/23，副刊。

2010.1 寒川，〈三本新書喜相逢〉，《金門日報》，2010/10/13，副刊。

2010.12 吕紀葆（寒川），〈經商之餘追求飲食文化的陳篤漢〉，《金門日報》，2010/12/16，副刊。

2011 吕紀葆，《獅城人語：金門百年庶民列傳. 南洋篇》，金門縣：金門縣文化局，2011年。

寒玉

2007　寒玉，《女人話題》，台北：秀威資訊，2007年。

2007.07　寒玉，〈多吃也沒一口（外一則）〉，《金門文藝》19，2007.07，頁103-105。

2008.01　寒玉，〈浯島撿拾錄〉，《金門文藝》22，2008.01，頁49-51。

2009　寒玉，《島嶼記事》，台北：秀威資訊，2009年。

2009.01　寒玉，〈小說——拜拜〉，《金門文藝》28，2009.01，頁73-76。

2009.05　寒玉，〈婆與媳〉，《金門文藝》30，2009.05，頁90-93。

2010　寒玉，《浯島組曲》，台北：秀威資訊，2010年。

2010.03　寒玉，〈視窗〉，《金門日報》，2010/03/29，副刊。

2010.11　寒玉，〈我看我思我寫〉，《金門日報》，2010/11/08，副刊。

彭一萬

2005　彭一万，《海上仙洲金门游》，福州市：福建人民出版社，2005年。

彭允太

1990.03　彭允太，〈難忘的金門之戰〉，《軍事歷史》（北京市：軍事科學院軍事歷史研究部），1990年03期，頁19-22。

彭伯良

2007　彭伯良，《中華民族炎黃源流簡易譜【彭】》，金門縣：彭伯良，2007年。

彭瑞金

2004.08　彭瑞金，〈從《金門文學叢刊》論政府的文學出版品〉，《2003台灣文學年鑑》，2004.08，頁125 -132。

彭維斌

2006　彭维斌，《闽南民间信仰之宫庙与神灵的类型学考察》，厦门大学人文学院历史学系，硕士论文，2006年。

彭德懷

1958.31　彭德懷，〈國防部關于臺灣當局在金門海域引進美艦護航必須恢復炮擊以示懲罰的命令〉，《中華人民共和國國務院公報》，1958年31期，頁656。

1958.31　彭德懷，〈國防部關于對金門炮擊再停兩星期的命令〉，《中華人民共和國國務院公報》，1958年31期，頁655。

晶心

1980.09　晶心，〈古寧頭大捷之戰略意義及其對後世之影響〉，《空軍學術月刊》286，1980.09，頁8-18。

曾文吉

2000　曾文吉、莊敏信，《金門海珠堂整修工程工作報告書》，台中市：曾文吉建築師事務所，2000年。

2002　曾文吉、莊敏信、葉水龍、張義震，《金門縣縣定古蹟陳顯墓調查研究暨修復計劃》，金門縣：金門縣政府，2002年。

2004　曾文吉、莊敏信、張義震，《金門縣縣定古蹟烈嶼吳秀才厝修復工程工作報告書》，台中市：曾文吉建築師事務所，2004年。

曾玉雪

2004　曾玉雪，《金門南洋華僑之社會衝擊（一八四〇～一九四九）》，銘傳大學應用中國文學系碩士班，2004年，碩士論文。

2009.01 曾玉雪，〈小說——搬家到金門〉，《金門文藝》28，2009.01，頁81-85。

曾有慶

2006 曾有慶，《金門地區少年偏差行為成因及其防制對策之研究》，銘傳大學公共事務學系碩士在職專班，2006年，碩士論文。

曾志強

2007.08 曾志強，〈海軍陸戰隊LVT部隊參與八二三金門砲戰運補戰史〉，《海軍學術雙月刊》41:4，2007.08，頁135-151。

曾建瑋

2009 曾建瑋，《全球化下物質性與非物質性之流動關係：以馬山地區為研究對象》，淡江大學建築學系暨研究所，碩士論文，2009年。

曾彥學

2009.09 曾彥學、林佳芸、呂金誠、曾喜育，"Spartina Alterniflora Loisel.（Poaceae）, A Newly Naturalized and Invasive Plant in Kinmen", 《林業研究季刊》，Vol.31 No.3, 2009.09, 頁35-41。

曾紀鑫

2007.03 曾紀鑫，〈金門掠影〉，《金門文藝》17，2007年3月，頁38-40。

曾健洲

2008 曾健洲、清家剛、秋田典子，〈台湾離島の金門，澎湖島地域における集落環境の維持・保全に関する研究〉，日本建築学会技術報告集, Vol. 14, No. 27, pp.31-36, 2008 .

曾淑鈴

2002 曾淑鈴文字；李金生攝影，《酷奇小玩子金門行：孩子眼中的世界》，金門縣金城鎮：金門縣立文化中心，2002年。

2009 曾淑鈴執行編輯，《驚艷金門、文化新象：文化、創造、新印象5週年》，金門縣：金門縣文化局（初版），2009年。

曾舒凡

2008 曾舒凡，《浸蕴之美——人地关系互动下的闽南红砖民居文化研究》，厦门大学艺术教育学院美术系，2008年，硕士论文。

曾漢壽

2001.1 曾漢壽，〈「理」出金門傳統產業的新形象——塑造融合文化藝術的產業競爭力〉，《設計》101，2001.10，頁62-64。

朝霞

2009.01 朝霞，〈阿兵哥在金門〉，《金門文藝》28，2009.01，頁32-34。

欽娜

2006 钦娜、王全喜，〈福建金门岛的藻类植物〉，《上海师范大学学报：自然科学版》（上海市：上海师范大学），2006年01期，頁83-90。

游施和

1962.04 游施和，〈金門島〉，《幼獅文藝》16:4，1962.04，頁34。

游姵瑜

2007.05 游姵瑜，〈等待繁華的興起——金門人不作斷線的風箏〉，《卓越國際媒體月刊》273，2007.05，頁46-49。

游鴻程

2009 游鴻程，《清代金門東南亞移民》，厦门大学南洋研究院博士论文，2009年。

渡也

2007.1 渡也，〈詩——金門三通、海印寺〉，《幼獅文藝》646，2007.10，頁110-113。

湯文昊

1990 湯文昊，《金門地景空間變遷之歷史社會分析》，淡江大學建築（工程）研究所，1900年，碩士論文。

湯為伯

2007.05 湯為伯，〈金門‧我深深懷念您〉，《金門文藝》18，2007.05，頁36-38。

無名氏

1983 無名氏，《我站在金門望大陸》，臺北市：黎明，1983年。

登琨艷

1983.09 登琨艷，〈金門傳統建築型式的轉化旅程〉，《中華民國建築師雜誌》105，1983.09，頁57-58。

皓宇工程

1994.1 皓宇工程顧問公司，〈金門傳統聚落景觀〉，《中華民國建築師雜誌》238，1994.10，頁138-149。

程致剛

2002 程致剛，《以社會能供性觀點探討資通訊科技對個人網絡內容與社會支持影響之研究——以金門縣資通訊科技使用者為例》，元智大學資訊社會學研究所，2008年，碩士論文。

童雲

1993 童雲（洪敏珍），《南方青春物語》，台北：麥田出版公司，1993年。

1995 童雲，《心事》，台北：麥田出版公司，1995年。

舒凡

1986.03 舒凡，〈金門去來〉，《幼獅文藝》28:3，1968.03，頁103-116。

舒夏

1974 舒夏，《劍蘭與玫瑰》，台北：臺灣商務印書館，1974年。

1974 舒夏、李牧華，《心室隨筆》，台北：爾雅出版社，1977年。

華視文化

2006 華視文化，《臺海戰役》，台北市：華視文化公司，2006年。5捲卡式帶。

賀天穎

2008.05 賀天穎，〈白弟金門從軍記〉，《金門文藝》24，2008.05，頁21-22。

陽陽

2010.01 陽陽，〈藝文跫音——金門相關藝文訊息〉，《金門文藝》34，2010.01，頁39-44。

雲楓

1994.09 雲楓，〈金門古風情〉，《臺灣月刊》141，1994.09，頁69-73。

馮天賜

2002 馮天賜，《金門港埠經營管理策略之研究》，銘傳大學公共管理與社區發展研究所碩士在職專班，2002年，碩士論文。

黃又仁

2008 黃又仁，《大陸民眾對金門地區旅遊動機、旅遊意象與滿意度關係之研究》，亞洲大學國際企業學系碩士班，2008年，碩士論文。

黃士哲

2009 黃士哲、張旭光、呂進貴、黃振良、楊天厚，《金門民俗與有關文物資料彙編》，金門：金門縣文化局，2009年。

2009 黃士哲等編著，《金門民俗及相關文物資料彙編》，金門縣：金門縣文化局，2009年。

黃士強

1982 黃士強，《金門考古調查》，教育部委託，台灣大學人類學系，1982年。

黃士嘉

2001 黃士嘉，《金門國家公園發展生態旅遊之遊憩效益評估》，東海大學景觀學系，2001年，碩士論文。

黃子娟

2005 黃子娟，《合境平安：金門的民俗慶典》，金門縣：金門國家管理處，2005年。（1張數位影音光碟片）

2008 黃子娟，《從落葉歸根到落地生根——新加坡金門人的族群意識與認同變遷》，國立金門技術學院閩南文化研究所，2008年，碩士論文。

2010.12 黃子娟，〈從落葉歸根到落地生根——新加坡金門人的族群意識與認同變遷〉，李沃士等撰文，《2010年金門學學術研討會論文集，第三屆》（金門縣：金門縣文化局，2010年12月）。

黃才郎

1987 黃才郎主編，《彩繪金門：懷古鑑今畫浯洲》，臺北市：行政院文化建設委員會，1987年。

黃丹

2010 黃丹導演，《金門新娘》，海峽世紀（福建）影視文化有限公司；福建電影製片廠，2010年6月出品。

黃天横

1994.07 黃天横，〈初探金門辟邪民俗之諸相——與臺灣的比較〉，《臺南文化》37，1994.07，頁85-94。

黃少萍

2003 黃少萍主编，《闽南文化研究》，中央文献，2003年。

黃文正

2006.11 黃文正，〈故鄉小金門〉，《幼獅文藝》635，2006.11，頁48-49。

黃文華

2002 黃文華，《金門島居民環境意識之探討》，國立臺灣師範大學環境教育研究所，2002年，碩士論文。

黃文澧

1947.01 黃文澧，〈金門島漁業概況〉，《福建省銀行季刊》

2:4，1947.01，頁103-107。

黃世明

1994 黃世明，《一九八〇年代後金門與南投社會力的浮現：臺灣發展經驗中兩個地方社會的分析》，國立臺灣大學社會學研究所，1994年，博士論文。

2004.03 黃世明、李琮閔、沈育鈴，〈從文化行銷談金門聚落的發展〉，李金振編，《閩南文化學術研討會論文集》（金門縣：金門縣立文化中心，2004年），頁637-653。

2005.03 黃世明、沈育鈴，〈金門地區居民對永續觀光態度之研究〉，《旅遊管理研究》5:1，2005.03，頁33-53。

黃世團

2001 黃世團，《2000黃世團素描創作》，金門縣：金門縣立文化中心，2001年。

黃世銘

2003 黃世銘主持，《金門永續發展客觀因素分析建議》，金門縣金寧鄉：內政部營建署金門國家公園管理處，2003年。

黃正忠

2006 黃正忠，《金門國家公園管理處員工在職訓練效益評估之研究》，銘傳大學觀光研究所碩士在職專班，2006年，碩士論文。

黃永川

1998 黃永川主編，《金門古文物特展圖錄》，臺北：國立歷史博物館，1998年。

1998 黃永川主編，《金門地區文物調查實錄》，臺北：國立歷史博物館，1998年。

黃玉青

2006.04 黃玉青，〈淺談金門的辟邪文化——以風獅爺為例〉，《國文天地》21:11=251，2006.04，頁38-43。

黃仰山

1957 黃仰山，《西太平洋風雲》，香港：海潮出版社，1957年。（第三篇 金門）

黃光男

2002 黃光男計畫主持；國立歷史博物館歷史考古小組；成耆仁、吳國淳、羅煥光撰述，《金門地區陶瓷史、城牆遺跡、喪葬習俗調查研究》，台北市：國立歷史博物館，2002年。

2006.08 黃光男，〈《金門藝文鉤微》另一種無形的文化資產——序〉，《金門日報》，2006/08/26，副刊。

黃成匣

1983 黃成匣，《金水黃氏族譜》，金門縣：金水黃氏大宗，1983年。

黃臣豪

2007 黃臣豪，《金馬「小三通」政策發展過程之分析（2000-2007）》，臺灣大學政治學研究所，2007年，碩士論文。

黃克全

1985 黃克全，《蜻蜓哲學家》，台中：晨星出版社，1985年。

1986 黃克全，《玻璃牙齒的狼》，台中：晨星出版社，1986年。

1990 黃克全，《一天清醒的心》，台北：爾雅出版社，1990年。

1992 黃克全，《太人性的小鎮》，台中：晨星出版社，1992年。

1994 黃克全，《夜戲》，台北：爾雅出版社，1994年。

1995 黃克全，《流自冬季血管的詩》，桃園：桃園縣立文化中心，1995年。

1998 黃克全，《永恆意象——經典名作導讀》，台北：爾雅出版社，1998年。

2003 黃克全，《時間懺悔錄》，金門：財團法人金門縣社教文化活動基金會，2003年。

2004.05 黃克全，〈返鄉〉，《文訊》223，2004.05，頁74。

2004.07 黃克全，〈小說林——抒情詩〉，《金門文藝》1，2004.07，頁46-52。

2004.09 黃克全，〈小說林——時間懺悔錄〉，《金門文藝》2，2004.09，頁47-53。

2004.11 黃克全，〈速寫張國治（三則）〉，《金門文藝》3，2004.11，頁111-114。

2005.04 黃克全，〈十六個玩笑給被時代及命運嘲弄的老兵〉，《自由時報》，2005/4/19/，副刊。

2006 黃克全，《兩百個玩笑——給那些遭時代及命運嘲弄的老兵》，台北：爾雅出版社，2006年。

2010.07 黃克全，〈〈隨風飄零的蒲公英9〉記憶與遺忘—羅光信〉，《金門日報》，2010/07/04，副刊。

2010.1 黃克全，〈《愛的二重奏》之前奏曲—側寫王學敏〉，《金門日報》，2010/10/09，副刊。

2010.12 黃克全，〈《隨風飄零的蒲公英15》土和草——鍾紹清〉，《金門日報》，2010/12/13，副刊。

黃克標

2008 黃克標，《公教福利中心經營策略之研究——以金門縣員工消費合作社聯合社為例》，國立高雄大學高階經營管理碩士在職專班（EMBA），2008年，碩士論文。

黃典權

1984 黃典權、王啟宗，《金門明監國魯王疑墓研考記：金門新見宋墓研究》，臺北市：行政院文化建設委員會，1984年。

黃季陸

1982 黃季陸，《憶偉大的金門：紀念扭轉歷史的古寧頭、登步之戰三十週年》，臺北縣新店市：國史館，1982年。

黃怡蒨

2004.12 黃怡蒨，〈臺灣歷史建築經典之旅金門人文特點鮮明的紅磚文化〉，《To'Go 泛遊情報》91，2004.12，頁66-71。

黃東平

1973 黃東平，《七洲洋外》，香港：海洋出版社，1973年。

1984 黃東平，《短稿》，新加坡：新育出版社，1984年。

1984 黃東平，《興趣・創新・人才》，廣西：廣西人民出版社，1984年。

1990 黃東平，《遠離故國的人們》，北京：中國華僑出版公司，1990年。

1997 黃東平，《赤道線上》，香港：赤道出版社，1979年。

1997 黃東平，《大石塊底下的野草》，瀋陽：遼寧教育出版社，1997年。

1998 黃東平，《烈日底下》，新加坡：島嶼文化社，1998年。

2003 黄东平，《黄东平文集》，椰嘉达：印尼椰嘉达金门互助会文化部，2003年。

2004 黃東平，《黃東平全集第一卷至第十卷》，金門：金門縣社教文化活動基金會，2004年。

2005 黃東平，《僑歌首部曲》，金門：金門縣政府，2005年。

2005.01 黃東平，〈取向〉，《金門文藝》4，2005.01，頁109-114。

2005.05 黃東平，〈專輯——文學回原鄉-「黃東平文集」情深意更濃〉，《金門文藝》6，2005.05，頁30-31。

2007.01 黃東平，〈閩南家鄉瑣記-1-〉，《金門文藝》16，2007.01，頁32-34。

2007.03 黃東平，〈閩南家鄉瑣記-2- 〉，《金門文藝》17，2007.03，頁32-34。

2007.05 黃東平，〈閩南家鄉瑣記-3-〉，《金門文藝》18，2007.05，頁30-32。

2007.07 黃東平，〈閩南家鄉瑣記-4-〉，《金門文藝》19，2007.07，頁29-31。

2007.09 黃東平，〈閩南家鄉瑣記-5-〉，《金門文藝》20，2007.09，頁46-48。

2007.11 黃東平，〈閩南家鄉瑣記-6-〉，《金門文藝》21，2007.11，頁28-30。

黃武仁

1989 黃武仁，《問政簡要》，金門：黃武仁，1989年。

黃炎甫

2006.11 黃炎甫、楊清國、王先鎮、顏炳洳、嚴斌，〈浯江南僑訪談錄〉，《金門文藝》15，2006.11，頁4-19。

2007.03 黃炎甫，〈金門飲食書寫的時空背景〉，《金門文藝》17，2007.03，頁4-8。

2007.05 黃炎甫，〈飛鴻雪泥話足印——金門族譜書寫的歷史背景〉，《金門文藝》18，2007.05，頁4-7。

2007.07 黃炎甫，〈像江河恆久流傳下去——金門志書時空發展背景〉，《金門文藝》19，2007.07，頁4-8。

2007.09 黃炎甫，〈從前・現在・未來——金門文獻史料發展背景〉，《金門文藝》20，2007.09，頁4-7。

2007.11 黃炎甫，〈煙硝烽火中不絕的書香——金門圖書館演變面貌〉，《金門文藝》21，2007.11，頁4-7。

黃金財

1997.09 黃金財文圖，〈瓊林古蹟與金門風獅爺〉，《臺灣月刊》177，1997.09，頁80-84。

1999.09 黃金財文圖，〈金門「水頭厝」風情〉，《臺灣月刊》201，1999.09，頁70-73。

黃長美

1994.06 黃長美，〈揭開臺灣最後的神秘面紗——金門的昨日、今日、明日〉，《中華民國建築師雜誌》234，1994.06，頁88-93。

黃俊凌

2008 黃俊凌，《抗战前后福建台湾籍民研究——以“亚细亚孤儿”意识为中心》，厦门大学台湾研究所，2008年，博士論文。

黃奕展

1989 黃奕展，《金門的開花植物圖鑑》，金門：金湖中小學，1989年。

2001 黃奕展，《金門縣立金湖國民中學創校三十六週年校慶紀念特刊湖光歲月》，金門金湖：金門縣立金湖國民中學，2001年。

2003.11 黃奕展，〈修譜經驗談〉，《全國新書資訊月刊》59，2003.11，頁10-11。

2004.03 黃奕展、蕭永奇，〈從族譜中看金門金沙溪周圍居民的變遷〉，李金振編，《閩南文化學術研討會論文集》（金門縣：金門縣立文化中心，2004年），頁233-239。

2005.09 黃奕展，〈淺談修譜要則〉，《金門宗族文化》2，2005.09，頁25-28。

2007.07 黃奕展，〈愛在溫情與敬意中〉，《金門文藝》19，2007.07，頁23-25。

2008.01 黃奕展，〈用心為金門編織熱絡史書〉，《金門文藝》22，2008.01，頁11-12。

黃昭能

2010 黃昭能，《金門在台海兩岸關係中角色之研究》，中國文化大學社會科學院中山與中國大陸研究所，2010年，博士論文。

黃珍珍

2006 黃珍珍，《心弦上的音符》，金門：金門縣政府，2006年。

2008 黃珍珍，《偷窺》，台北：秀威資訊，2008年。

2008.03 黃珍珍，〈散文——夜遊〉，《金門文藝》23，2008.03，頁119-122。

2009 黃珍珍，《星星堆滿天》，台北：秀威資訊，2009年。

2009.1 黃珍珍，〈金門日報〉，《金門日報》，2009/10/31，副刊。

2010.01 黃珍珍，〈《星星堆滿天》獻給母親〉，《金門日報》，2010/01/26，副刊。

2010.1 黃珍珍，〈小佩傳奇名落孫山〉，《金門日報》，2010/10/21，副刊。

黃皇榮

1999.06 黃皇榮，〈海軍陸戰隊登陸戰車部隊參與「八二三」金門砲戰閃電及鴻運作戰運補戰史〉，《軍事史評論》6，1999.06，頁153-166。

黃秋月

1994.07 黃秋月，〈金門之城市、聚落、建築概說〉，《臺南文化》37，1994.07，頁41-56。

黃美芬

2005 黃美芬，《鄉宴》，金門：金門縣政府，2005年。

2005.05 黃美芬，〈專輯——文學回原鄉——記憶裡的聲音〉，《金門文藝》6，2005.05，頁36-37。

2006 黃美芬主編，《作家廚房》，新加坡：玲子傳媒，2006年。

2006.11 黃美芬，〈第三屆浯島文學獎——阿公喝咖啡〉，《金門文藝》15，2006.11，頁52-54。

2007.03 黃美芬，〈二姑媽的金門薄餅〉，《金門文藝》17，2007.03，頁110-111。

2009.04 黃美芬，〈留白的美音樂回原鄉〉，《金門日報》，2009/04/17，副刊。

2009.04 黃美芬，〈留白的美番薯情〉，《金門日報》，2009/04/19，副刊。

黃振良

1991 黃振良，《浯江鹽場七百年》，金門：金門縣立文化中心，1991年。

1995.08 黃振良，〈陽光 海水 鹹土情——西園鹽場的今昔〉，《金門》46，1995.08，頁44-51。

1996 黃振良、陳炳容，《金門古式農具探索》，金門：金門縣社會教育館，1996年。

1997.09 黃振良文攝影、曾德湘、楊天厚、許碧霞、林琅、王先正，〈金門采風〉，《源雜誌》11，1997.09，頁10-21。

1998 黃振良，《掬一把黃河土》，台北市：設計家出公司，1998年。

1998 黃振良，《金門民生器物》，金門：金門縣政府，1998年。

1999.09 黃振良，〈井裡乾坤——金門水井鑿造伊始〉，《金門》62，1999.09，頁62-67。

2000 黃振良，《「金門古井的結構與形制」調查研究報告》，出版者不詳，2000年。

2000　黃振良，《蠔鹽之鄉話西園》，金門：金門縣政府，2000年。

2000.06　黃振良，〈祈賜甘泉——析述金門井俗〉，《金門》65，2000.06，頁72-79。

2001　黃振良，《江山何其秀美——金門古蹟導覽》，金門：金門縣政府，2001年。

2001　黃振良，《金門古井風情》，金門：金門縣政府，2001年。

2002.07　黃振良，〈金門海岸奇觀〉，《源雜誌》40，2002.07-08，頁48-49。

2003　黃振良計畫主持，《明代金門三塔之矛山塔、倒影塔調查研究暨復建計畫》，金門縣：金門縣立文化中心，2003年。

2003　黃振良，《金門戰地史蹟》，金門：金門縣立文化中心，2003年。

2003　黃振良，《金門方音語詞彙編》，金門縣：金門縣政府，2003年。

2003.08　黃振良，〈文化復甦・風華再現——從十年來的出版概況看金門的文化動態〉，《全國新書資訊月刊》56，2003.08，頁36-51。

2004.03　黃振良，〈戰地管制對金門文化層面影響之探討〉，李金振編，《閩南文化學術研討會論文集》（金門縣：金門縣立文化中心，2004年），頁241-248。

2004.04　黃振良，〈尋找浯洲鹽場遺蹟〉，《金門》78，2004.04，頁52-67。

2005.09　黃振良，〈冬至祭祖在傳統習俗上的意義〉，《金門宗族文化》2，2005.09，頁29-31。

2006　黃振良、王建成著，《邂逅陳坑漁村》，金門縣金湖鎮：金門區漁會，2006年。

2007　黃振良、董群廉，《和平的代價：金門戰地史蹟》，金門：金門縣文化局，2007年。

2007　黃振良，《金門農村器物》，金門：金門縣文化局，2007年。

2007 黃振良，《無言的證人——金門戰地標語》，金門：金門縣文化局，2007年。

2007 黃振良，《浯洲鹽場七百年》，金門縣：金門縣文化局，2007年。

2007.06 黃振良，〈竹塹開墾者王世傑本籍初探〉，《金門日報》，2007/06/25，副刊。

2009 黃振良、陳炳容合著，《文化金門全紀錄——貳：前人的足跡（金門的古蹟與先賢）》，金門：金門縣文化局，2007年。

2009 黃振良編著，《金門寺廟教堂名錄》，金門縣：金門縣政府，2009年。

2009 黃振良，《閩南民間信仰》，臺北市：河洛文化，2009年。

2009.1 黃振良，〈竹塹墾首王世傑原籍金門之確認〉，《臺灣源流》48/49，2009.10，頁57-84。

2010 黃振良主編，《陽翟文史采風》，金門縣：金縣金沙鎮公所，2010年。

2010.08 黃振良，〈赴馬來西亞拍攝《落番》影劇見聞之一：華人的民間信仰〉，《金門日報》，2010/08/26，副刊。

2010.1 黃振良，〈金門古厝與金門近代史的關係〉，《金門日報》，2010/10/29，副刊。

2010.11 黃振良，〈赴馬來西亞拍攝《落番》影劇見聞之三：華文教育〉，《金門日報》，2010/11/20，副刊。

2010.11 黃振良，〈赴馬來西亞拍攝《落番》影劇見聞之二：巴生金門〉，《金門日報》，2010/11/07，副刊。

2011 黃振良，《浯洲場與金門開拓》，金門：黃振良，2011年。

黃振富

2010.06 黃振富，〈大二膽戰役之研究〉，《陸軍學術雙月刊》46:511，2010.06，頁4-13。

黃益椿

2009 黃益椿，《社會資本、志願服務與社區安全關係之研究——以金門縣前水頭社區為例》，國立高雄大學高階經營管理碩士在職專班（EMBA），2009年，碩士論文。

黃茱珺

2008.08 黃茱珺，〈離島旅行業人員對教育訓練需求之探究：以金門為例〉，《休閒產業管理學刊》1:2，2008.08，頁28-42。

2009.12 黃茱珺、吳連賞，〈金門紀念品在地黏著性之探討〉，《環境與世界》20，2009.12，頁1-26。

黃國安

2008 黃國安，《海岸巡防署500噸級水噴射推進系統巡防艦籌建過程之探析——以金門巡防艦為例》，中央警察大學水上警察研究所，2008年，碩士論文。

黃國泰

2002 黃國泰主編，《中國歷代錢幣特展專輯》，金門縣：金門縣立文化中心，2002年。

黃婉玲

2007 黃婉玲、李孟哲、李翠瑩，《戀上笠島舊味：金門縣烈嶼鄉文化館》，台北市：行政院文化建設委員會，2007年。

黃彩戀

2005 黃彩戀，《金門觀音信仰及其寺廟供像之探討》，銘傳大學應用中國文學系碩士在職專班，2005年，碩士論文。

黃淑芳

2010.09 黃淑芳，〈金門烈嶼底棲性海藻之研究〉，《國立臺灣博物館學刊》63:3，2010.09，頁19-39。

黃章汶

2005 黃章汶，《差序格局對員工工作態度影響之研究——以金門地區為例》，銘傳大學社會科學院國家發展與兩岸關係碩士在職專班，2005年，碩士論文。

黃惠玲

2005 黃惠玲文，徐建國圖，《風獅爺減肥記》，金門：金門縣文化局，2005年。

2009 黃惠鈴文，《阿公的假牙》，金門：金門縣文化局，2005年。

黃景舜

2001 黃景舜，《金門縣地方財政變遷之研究》，銘傳大學管理科學研究所碩士在職專班，2001年，碩士論文。

黃朝亮

2009 黃朝亮，《夏天協奏曲》，台北：想亮影藝製作有限公司發行，2009年11月上映。DVD一張。

黃琦蓁

2008 黃琦蓁計畫主持，《金門辦理兩岸通水策略規劃》，台中縣：經濟部水利署[臺中辦公室]，2008年。

黃逸萍

1991 黃逸萍，《金門地區歷年來死亡趨勢分析》，國立台灣大學公共衛生研究所，1991年，碩士論文。

1994.11 黃逸萍，〈駐軍有理,醫療無援——金門醫療的現況與未來〉，《醫望雜誌》5，1994.11，頁55-57。

2008 黃逸萍，《金門地區公費醫事人員留任意願之研究》，國立高雄大學高階經營管理碩士在職專班（EMBA），2008年，碩士論文。

黃逸歆

2005 黃逸歆，《金門民間信仰研究——以金沙鎮太守祖祟祀與明進士黃偉關係為例》，國立臺灣師範大學歷史學系在職進修碩士班，2005年，碩士論文。

黃雅芬

2007 黃雅芬，《金門縣社會福利機構組織變遷與發展之研究——以金門縣大同之家為對象》，銘傳大學公共事務學系碩士在職專班，2007年，碩士論文。

黃敬德

2007.09 黃敬德，〈金門波斯摩尼教文獻考〉，《金門日報》，2007/09/06，副刊。

黃煌雄

2001 黃煌雄、尹士豪，《金門閩南文化與戰地文化為戶總體檢調查報告》，台北：監察院，2001年。

黃瑞華

2010 黃瑞華等編輯，《金門沙美萬安堂各尊王爺乩示文輯錄第二集》，金門縣金沙鎮：金門沙美萬安堂管委會出版，臺北市：大手印文化發行，2010年。

黃萬祿

2007 黃萬祿，《社區安全聯防互動關係之研究——以金門縣烈嶼鄉東坑社區為例》，銘傳大學公共事務學系碩士在職專班，2007年，碩士論文。

黃裔

1982.09 黃裔，〈「限金門地區通用」券歷年發行字軌的研究〉，《新光郵鈔》183，1982.09，頁37-39。

黃瑋潔

2008　黃瑋潔，《海峽兩岸小學家長對學校特色認同度之研究——以金門和廈門為例》，國立嘉義大學教育行政與政策發展研究所，2008年，碩士論文。

黃嘉隆

2010　黃嘉隆等撰文，《金門國家公園總論》，金門縣：內政部營建署金門國家公園管理處，2010年。

黃嘉裕

2004　黃嘉裕，「金門離島」，《海岸咖啡屋》（台北市：聯經，2004年），頁171-183。

黃榮峰

2001　黃榮峰、黃玉芬，《芬芳的情書》，臺北縣三重市：[黃榮峰]，2001。

黃漢林

1975　黃漢林，《保衛金馬與復國建國》，花蓮市：黃漢林，1975年。

黃漢鎮

2005　黃漢鎮，《公務人員使用國民旅遊卡消費行為之研究——以金門地區為例》，銘傳大學觀光研究所碩士在職專班，2005年，碩士論文。

黃維章

2004　黃維章，《道路交通事故危機管理運作效能之研究——以金門地區為例》，銘傳大學社會科學院國家發展與兩岸關係碩士在職專班，2004年，碩士論文。

黃億文

2005.07 黃億文，〈全盛時期的金聲大戲院〉，《金門日報》，2005/07/22，副刊。

黃增泉

2008.12 黃增泉、黃淑玉、蕭錦隆、陳淑華，"Aeropalynological Study of Kinmen Island, Taiwan", 《Taiwania：植物科學期刊》，Vol.53 No.4，2008.12，頁369-382。

黃璉

1973 黃璉，《血仇血債——共匪殺害金門民眾暴行錄》，金門：金門縣文獻委員會，1973年。

黃錦珠

2010.07 黃錦珠，〈金門百年，士庶滄桑——讀吳鈞堯《火殤世紀》〉，《文訊》297，2010.07，頁90-91。

黃龍泉

1976 黃龍泉，《森林之旅》，臺北市：彩虹，1976年。

黃營芳

2001 黃營芳計畫主持；李櫟堅、蔣麗君、李慧能共同主持，《金門因應小三通產業調整策略研究》，金門縣：金門縣政府，2001年。

黃聰山

1982.04 黃聰山，〈金門地區農林漁牧發展成就概況〉，《臺灣農業》18:2，1982.04，頁52-54。

黃薏馨

2007 黃薏馨，《共生與疏離——金門風獅爺與聚落之關係》，南華大學美學與藝術管理研究所，2007年，碩士論文。

黃麗坤

2006　黄丽坤，《闽南聚落的精神空间》，厦门大学建筑与土木工程学院建筑系，2006年，硕士论文。

黃麗麗

2009　黃麗麗，《金門地區國小高年級學童數字常識之研究——基於S-P表與次序理論之分析》，國立臺中教育大學教育測驗統計研究所，2009年，碩士論文。

黃耀德

2005　黃耀德，《金門民宿發展與優劣勢分析》，銘傳大學觀光研究所碩士在職專班，2005年，碩士論文。

甯國平

1993　甯國平主編，《金門未來發展與前途座談會實錄》，金門縣：金門縣臨時縣議會，1993年。

13劃

廈門市

2008 厦门市姓氏源流研究会、金门县宗族文化研究协会，《厦门金门中华姓氏源流研究论坛论文集》，2008年。

廈門圖書館

2006 厦门图书馆编著，《感受金门》，厦门大学超星数字图书馆电子图书，2006年。

新加坡金門

1986 新加坡金门会馆编（薛殘白主編），《新加坡金门会馆大厦落成暨成立壹一六周年纪念特刊》，新加坡：新加坡金門會館大厦落成暨成立六週年紀念委員會，1986年。

2007.03 新加坡金門會館，〈從浯江孚濟廟到金門會館大廈〉，《金門文藝》17，2007年3月，頁29-30。

新汎亞國際

1999 新汎亞國際多媒體有限公司，《古寧頭大戰》，金門縣：內政部營建署金門國家公園管理處，1999年。DVD一張。

2008 新汎亞國際多媒體有限公司製作，《金門歷史風雲——古寧頭戰役》，金門縣：金門縣文化局，2008年。DVD一張。

2008 新汎亞國際多媒體有限公司製作，《金門匠師之美》，金門縣：金門縣文化局，2008年。DVD四張。

2009　新汎亞國際多媒體有限公司，《文化金門全紀錄-貳》，金門縣：金門縣文化局，2009年。全套DVD十張。

2010　新汎亞國際多媒體有限公司，《風華絕代：金門當代藝術家》，金門：金門縣政府文化局，2010年。DVD一張。

楊一峰

1955.07　楊一峰，〈耕者有其田政策在金門〉，《中國地方自治》5:3=51，1955.07，頁8-10。

楊仁江

1991　楊仁江計畫主持，《金門縣的古蹟》，金門：金門縣政府，1991年。

1992　楊仁江，《金門西山前李宅之調查研究》，金門縣：金門縣政府，1992年。

1992.11　楊仁江，〈金門西山前李宅的歷史與建築〉，《中華民國建築師雜誌》215，1992.11，頁106-113。

1993.1　楊仁江，〈休閒生活：一級古蹟邱良功母節孝坊〉，《銓敘與公保》3:4=28，1993.10，頁54。

1993.11　楊仁江，〈休閒生活：二級古蹟文臺寶塔〉，《銓敘與公保》3:5=29，1993.11，頁66。

1994　楊仁江，《金門陳健墓之調查研究》，金門縣：金門縣政府，1994年。

1996　楊仁江，《二級古蹟金門陳禎墓調查研究與修護計劃》，金門縣：金門縣政府，1996年。

1996　楊仁江、王淑玲，《金門陳禎恩榮坊調查研究》，臺北縣板橋市：楊仁江古蹟及建築攝影研究室，1996年。

1996　楊仁江，《金門陳禎墓調查研究》，臺北市：楊仁江，1996年。

1997　楊仁江（金門縣政府委託），《金門蔡攀龍墓調查研究》，臺北縣板橋市：楊仁江建築師事務所，1997年。

2001　楊仁江，《金門縣縣定古蹟西山前李氏家廟調查研究及修護計畫》，金門縣：金門縣政府，2001年。

2002　楊仁江計畫主持，《金門縣縣定古蹟汴墓調查研究暨修護計畫》，金門：金門縣政府，2002年。

2003 楊仁江，《金門縣縣定古蹟文應舉墓調查研究暨修護計畫》，金門縣：金門縣政府，2003年。

2004 楊仁江，《金門縣縣定古蹟西山前李氏家廟修護工程工作報告書》，金門縣：金門縣政府，2004年。

2004.03 楊仁江，〈金門西山前李氏家廟的歷史與建築〉，李金振編，《閩南文化學術研討會論文集》（金門縣：金門縣立文化中心，2004年），頁549-564。

2008 楊仁江主持，《金門縣縣定古蹟邱良功古厝調查研究》，金門縣金城鎮：金門縣文化局，2008年。

楊允達

1959.09 楊允達，〈金門炮戰期間國際採訪的研究〉，《報學》2:5，1959.09，頁26-40。

楊天厚

1993 楊天厚、林麗寬，《金門的民間慶典》，金門：金門縣社會教育館，1993年。

1996 楊天厚、林麗寬，《金門歲時節慶》，金門：金門縣政府，1996年。

1996 楊天厚、林麗寬，《金門俗諺採擷》，金門：金門縣政府，1996年。

1997 楊天厚，《珠山社區總營造——人文采微成果專輯》，金門：金門縣政府，1997年。

1997 楊天厚、林麗寬，《金門婚嫁禮俗》，金門：金門縣社會教育館，1997年。

1997 楊天厚、林麗寬，《金門殯殮儀典》，金門：金門縣社會教育館，1997年。

1998 楊天厚、林麗寬，《金門寺廟巡禮》，金門：金門縣政府，1998年。

1998 楊天厚、林麗寬，《金門寺廟楹聯碑文》，臺北縣永和市：稻田，1998年。

1998.07 楊天厚，〈金門風獅爺的信仰〉，《藝術家》47:1=

278，1998.07，頁550-555。

1998.09 楊天厚、林麗寬，〈金門風獅爺與澎湖石敢當試析——金門篇〉，《硓石》12，1998.09，頁2-23。

1998.11 楊天厚、林麗寬，〈一世清官誥封傳——記金門湖下村江南提督楊華四道誥封〉，《國立歷史博物館館刊》8:11=64，1998.11，頁59-67。

1999.02 楊天厚、林麗寬，〈金門楊華提督衙知多少〉，《國立歷史博物館館刊》9:2=67，1999.02，頁66-70。

1999.11 楊天厚，〈金門辟邪信仰〉，國立傳統藝術中心籌備處編，《金門傳統藝術研討會會議論文集》（台北市：國立傳統藝術中心籌備處，2000年），頁99-144。

2000 楊天厚、林麗寬，《金門風獅爺與辟邪信仰》，永和市：稻田，2000年。

2000.09 楊天厚，〈金門風獅爺與辟邪信仰〉，臺灣省文獻委員會，《臺灣史蹟源流研究會八十九年會友年會論文選集》（台北市：臺灣省文獻委員會，2000年9月），頁167-188。

2001 楊天厚、林麗寬，《金門王爺民間信仰傳說研究》，金門：金門縣政府，2001年。

2001 楊天厚、林麗寬，《金門民間戲曲》，金門：金門縣政府，2001年。

2001 楊天厚、林麗寬，《金門高粱酒鄉》，金門縣：金門縣政府，2001年。

2001.1 楊天厚，〈西園鹽場話滄桑〉，《金門》69，2001.10，頁27-39。

2001.1 楊天厚，〈玫瑰之路？或荊棘之途？——金門：從解除戰地政務到開放小三通的海上島嶼——金門面臨傳統文化流失的困局〉，《文化視窗》34，2001.10，頁56-60。

2002 楊天厚，〈壬午年媽祖金門巡安〉，《金門》73，2002，頁10-17。

2002 楊天厚、林麗寬，〈金門太子爺信仰〉，《金門》73，2002，頁18-41。

2002 楊天厚，《金門城隍信仰研究》，國立中山大學中國語文學研究所，2002年，碩士論文。

2002.07 楊天厚，〈萬人空巷迎城隍〉，《源雜誌》40，2002.07，頁42-44。

2002.11 楊天厚、林麗寬，〈孕育的喜悅——寫在《金沙鎮志》付梓前夕〉，《金門日報》，2002/11/17，副刊。

2003 楊天厚，〈金門西園村的歷史與宗族〉，江柏煒編，《金門歷史、文化與生態國際學術研討會論文集》，金門縣：金門縣立文化中心，2003年。

2003.03 楊天厚、林麗寬，〈金門太子爺信仰〉，國立中山大學文學院清代學術研究中心；新營太子宮管理委員會，《第一屆哪吒學術研討會論文集》（高雄市：國立中山大學文學院清代學術研究中心，2003年3月），頁451-487。

2003.08 楊天厚，〈金門歷史古蹟管窺〉，《全國新書資訊月刊》56，2003.08，頁14-16。

2004 楊天厚、林麗寬，《金馬旅遊指南》，2004年。

2004 楊天厚、林麗寬，《金門采風：寬厚文史工作室作品選集》，金門縣：寬厚文史工作室，2004年。

2004 楊天厚、林麗寬、朱美作，《金馬》，臺北縣新店市：西遊記文化，2004年。

2004.03 楊天厚，〈金門瓊林村「七座八祠」研究〉，李金振編，《閩南文化學術研討會論文集》（金門縣：金門縣立文化中心，2004年），頁565-588。

2004.07 楊天厚，〈金門瓊林村宗祠與祭典〉，《金門》79，2004.07，頁50-69。

2004.12 楊天厚、林麗寬，〈由官澳楊氏祖廟達山堂奠安談起〉，《金門宗族文化》1，2004.12，頁49-51。

2005 楊天厚、林麗寬，《金門文史叢刊系列（三）金門匾額人物》，金門：金門縣文化局，2005年。

2005 楊天厚、林麗寬，《金門縣官澳楊氏祖廟奠安紀念輯》，金門縣：金門縣官澳楊氏宗親會，2005年。

2006.08 楊天厚，〈蜚聲國際、心繫故園的金門僑領〉，《金門日報》，2006/08/21，副刊。

2007 楊天厚、林麗寬總編纂，《金門縣金沙鎮志》（上）（下），金門縣：金沙鎮公所，2007年。修訂二版。

2007 邱葵原著，楊天厚、林麗寬譯注，《釣磯詩集譯注》，金門：金門縣文化局，2007年。

2007 楊天厚、林麗寬，《和諧的天地：金門古早醮儀文化》，金門：金門縣文化局，2007年。

2007.11 楊天厚，〈來自故鄉情——「金門文化全紀錄」臺灣新書發表會側記〉，《金門日報》，2007/11/11，副刊。

2008.03 楊天厚，〈「摭桌」在普渡儀節中的角色觀察〉，《國立金門技術學院學報》3，2008.03，頁23-45。

2009 楊天厚、葉鈞培合著，《文化金門全紀錄-貳：守護的神祇（金門風獅爺與辟邪物）》，金門：金門縣文化局，2009年。

2009 楊天厚、林麗寬總編纂，《金門縣金湖鎮志》，金門縣金湖鎮：金縣金湖鎮公所，2009年。

楊方儒

2001.1 楊方儒，〈澎湖、金馬將出現幽靈公司？——離島免稅條例再掀風波〉，《商業時代》51，2001.10.29-11.04，頁38-39。

楊水詠

2001 楊水詠，《今日新金門：1991-2001》，金門縣：金門縣政府，2001年。

楊世英

1978.1 楊世英，〈堅強壯大的金門民防〉，《金門》1，1978.10，頁27-29。

1997.09 楊世英，〈評述「八二三戰役文獻專輯」（上）〉，《臺灣文獻》48:3，1997.09，頁163-195。

1997.12 楊世英，〈評述「八二三戰役文獻專輯」（下）〉，《臺灣文獻》48:4，1997.12，頁245-277。

楊加順

1995 楊加順、福建省金門縣政府，《金門水頭厝風情專輯》，金門縣：金門縣政府，1995年。

1995 楊加順、許能麗，《中華民國八十四年全國文藝季：金門「水頭厝風情」系列活動》，金門縣：金門縣政府，1995年。

2006 楊加順，《文化新篇、豐華升騰：慶賀金門縣文化局二周年特輯》，金門縣：金門縣文化局，2006年。

2007 楊加順主編，《滄海風雅：第一屆至第四屆浯島文學獎得獎作品集》，金門縣金城鎮：金門縣文化局，2007年。

2007 楊加順總編輯；郭朝暉、曾淑鈴主編，《2007年閩南文化學術研討會論文集》，金門縣：金門縣文化局，2007年。

2007 楊加順主編，《賢聚鄉賢事略》，金門縣：金門縣文化局，2007年。

2007.02 楊加順總編輯，《2006年金門學學術研討會論文集》，金門縣：金門縣文化局，2007年2月。

2008 楊加順總編輯，《時光膠囊金門懷舊影像集珍》，金門：金門縣文化局，2008年。

2008 楊加順總編輯，《2008金門學學術研討會論文集——烽火僑鄉.敘事記憶：戰地.島嶼.移民與文化》，金門縣：金門縣文化局，2008.11。

2009 楊加順總編輯，《浯洲風華再現：金門縣古蹟維護現況實錄》，金門：金門縣文化局，2009年。

2009 楊加順總企劃，《金門歷史文化地圖》，金門：金門縣文化局，2009年。

2009 楊加順總編輯，《崇文齋文物集珍》，金門：金門縣文化局，2009年。

2010 楊加順總編輯，《胡璉將軍紀念專輯（上中下三冊）》，金門：金門縣文化局，2010年。

楊永年

2001.12 楊永年，〈金門治安聯防體系之研究〉，行政院海岸巡防署；中央警察大學主辦，《兩岸治安問題學術研討會》，2001/12/21。

楊永智

2003.07 楊永智，〈金門林樹梅刻書考〉，《東海中文學報》15，2003.07，頁205-237。

楊永斌

2007.03 楊永斌，〈從世界金門日談金門的建設〉，《金門文藝》17，2007.03，頁17-19。

2010.07 楊永斌，〈我姊筑君〉，《金門日報》，2010/07/13，副刊。

楊全本

2005.01 杨全本，〈艺撼金门 情系两岸 四川民族艺术团赴台湾金门演出纪实〉，《四川戏剧》（四川省成都市：四川省川剧艺术研究院），2005年01期，頁50-51。

楊再平

2000 楊再平、黃惠蘭、許栢祥，《仙山聖地英雄島：金門觀光旅遊手冊》，金門縣：金門縣政府，2000年。

2006 楊再平，《「金廈旅遊圈」整合架構下的金門觀光發展策略管理之研究》，銘傳大學觀光研究所碩士在職專班，2006年，碩士論文。

楊成業

1992 楊成業、李炷烽主編，《全國文藝季專輯81年》，金門：金門縣政府，1992年。

1992 楊成業主編，《全國文藝季專輯80年》，金門：金門縣政府，1992年。

1992 楊成業，《金門地區文藝季》，台北市：行政院文建會，1992年。

2008 楊成業，《金門地區國民中小學教師工作壓力與組織承諾之研究》，國立嘉義大學教育行政與政策發展研究所，2008年，碩士論文。

楊宏龍

2000 楊宏龍、陳炳容，《湖峰史話》，金門：金門縣政府，2000年。

2006 楊宏龍，《金門明清古碑之研究》，銘傳大學應用中國文學系碩士在職專班，2006年，碩士論文。

楊廷標

2004 楊廷標，《金門縣高粱保價政策政治經濟分析1952～2002》，銘傳大學社會科學院國家發展與兩岸關係碩士在職專班，2004年，碩士論文。

楊志文

1966.04 楊志文，〈金門官澳揚氏族譜〉，《臺灣風物》16:2，1966.04，頁63-77。

1974 楊志文（金門縣湖峯楊氏宗親會），《金門 湖峯楊氏宗祠奠安誌》，1974年。來源：複製自美國猶他家譜學會臺灣家譜微縮資料。國家圖書館藏。

1974 楊志文編纂，《金門楊氏宗祠奠安誌》，據董淵源藏民國六十三{1974}年 金門 湖峰楊氏宗親會鉛印本縮製，故宮博物院藏。

1974 楊志文，《金門湖峰楊氏宗祠奠安誌》，金門縣：金門湖峰楊氏宗親會，1974年。

1995 楊志文，《金門縣湖峰鄉土誌》，金門縣：金門縣湖峰社史料編纂委員會，1995年。

1998 楊志文，《金門縣湖峰鄉土誌續輯》，金門縣：金門縣湖峰社史料編纂委員會，1998年。

2001 楊志文，《金門縣湖峰鄉土誌紀遺》，金門縣：金門縣湖峰社史料編纂委員會，2001年。

楊志斌

2008 楊志斌，《服務品質、抱怨處理與滿意度之研究——以金門縣殯葬管理所為例》，國立高雄大學高階經營管理碩士在職專班（EMBA），2008年，碩士論文。

楊志誠

1994.12 楊志誠，〈守駐金馬，臺灣才可偏安：從「一九九五閏八月」到「金馬撤軍論」〉，《海峽評論》48，1994.12，頁49-51。

楊秀玲

2005 楊秀玲，《服務品質、顧客滿意度與顧客忠誠度關聯性之研究——以金門地區銀行業為例》，長榮大學經營管理研究所（博），2005年，碩士論文。

楊佳麟

2008 杨佳麟，《闽南传统建筑生态技术研究》，厦门大学建筑与土木工程学院建筑系，2008年，硕士论文。

楊佩瑤

2007.01 楊佩瑤，〈鏗然之島——金門的戰役史蹟〉，《國家公園》，2007.01，頁44-49。

楊孟珠

2008.11 楊孟珠，〈雙鄉視野與戰地記憶：黃克全的金門書寫〉，楊加順總編輯，《2008金門學學術研討會論文集——烽火僑鄉敘事記憶：戰地、島嶼、移民與文化》（金門縣：金門縣文化局，2008.11），頁139-158。

楊忠央

2007 楊忠央，《金門縣湖美楊氏族譜》，金門縣：楊忠央，2007年。

楊忠彬

2007.12 楊忠彬，〈第四屆浯島文學獎 小說組第一名 永遠的后垵厝〉，《金門日報》，2007/12/16，副刊。

2010 楊忠彬，《岩島飛翔記事》，台北：秀威資訊，2010年。

2010.02 楊忠彬，〈別鬧了，金門王〉，《金門日報》，2010/02/09，副刊。

2010.06 楊忠彬，〈時光旅程——《岩島飛翔記事》自序〉，《金門日報》，2010/06/22，副刊。

楊忠盛

2008.05 杨忠盛、芦敏、袁东星、翁自保，〈金门水厂原水中臭味物质去除的中试研究〉，《给水排水》（北京市：中国土木工程学会；中国建筑设计研究院；亚太建设科技信息研究院），2008年05期，頁18-22。

楊忠源

2001 楊忠源等編輯，《巴生雪蘭莪金門會館新廈落成暨五十五週年紀念特刊（簡體書）》，[出版地不詳：巴生雪蘭莪金門會館]，2001年。

楊昌賓

2009.01 楊昌賓，〈給金門，以及那片遺失在島嶼的回憶〉，《金門文藝》28，2009.01，頁56-57。

楊杰頤

2009 楊杰頤，《「金廈旅遊自由行」之研究-兩岸直航後小三通的機會與挑戰》，國立金門技術學院島嶼休閒資源發展研究所，2009年，碩士論文。

楊秉訓

2008.1 楊秉訓，〈族譜世系編修考證之長見困難——以金門楊氏族譜為例〉，《金門縣宗族文化研究協會會刊》5（2008年10月），頁89-97。

2010.07 楊秉訓，〈湖尾先賢浙江溫州總兵楊恩事蹟考〉，《金門日報》，2010/07/12，副刊。

楊秉欽

1985 楊秉欽，《金門湖峯楊氏族譜附 金門水頭陳氏淵源》，1985年。來源：複製自美國猶他家譜學會臺灣家譜微縮資料。國家圖書館藏。

楊雨河

2007.07 楊雨河，〈天寶物華——我寫地靈人傑的金門〉，《金門文藝》19，2007.07，頁100-102。

楊雨界

2002 楊雨界，《金門地區老人福利需求之研究》，國立臺灣大學農業推廣學研究所，2002年，碩士論文。

楊奎

2004 杨奎，〈毛泽东与两次台海危机——20世纪50年代中后期中国对美政策变动原因及趋向（续）〉，《史学月刊》，开封，2004年，頁48-55。

楊彥杰

2000.01 杨彦杰，〈历史上大陆向金门的移民及其人口分析〉，《福建论坛（文史哲版）》（福建省福州市：福建社会科学院），2000年01期，頁30-36。

楊春森

2010.12 楊春森，〈金門傳統聚落景觀、雕塑的過去現在與未來〉，李沃士等撰文，《2010年金門學學術研討會論文集，第三屆》（金門縣：金門縣文化局，2010年12月）。

楊美紅

2004.07 楊美紅，〈金門那邊，島與人——側寫吳鈞堯其人其作〉，《幼獅文藝》607，2004.07，頁92-99。

楊家雲

1983 楊家雲導演，《金門女兵》，中國電影製片廠、永昇有限公司出品，1983年。

楊恭賀

2005 楊恭賀，《金門生態旅遊發展之策略分析——以金門鸕鶿季為例》，銘傳大學公共事務學系碩士在職專班，碩士論文，2005年。

楊浪

1995 楊浪，〈戰爭邊緣——對「8・23」金門炮戰的回顧〉，《戰略與管理雙月刊》5，1995年，頁24-35。

楊浩存

2007.03 楊浩存，〈廈門與臺灣的薄餅食俗文化〉，《金門日報》，2007/03/25，副刊。

楊珮瑤

2005 楊珮瑤，《朝向公私協力關係的傳統聚落保存：以金門國家公園為例》，銘傳大學公共事務學系碩士在職專班，2005年，碩士論文。

楊純玲

1997 楊純玲，《金門縣金湖鎮高尿酸血症之追蹤研究》，國立陽明大學公共衛生研究所，1997年，碩士論文。

楊偉龍

2009 楊偉龍主編，《金廈管理論壇論文集. 2009第二屆》，中華商業管理學會，2009年。

楊曼歆

2009 楊曼歆，《金門縣國小學童知覺教師教學風格、班級創意氛圍及其與創造力之關係》，國立臺北教育大學教育行政碩士在職進修專班，2009年，碩士論文。

楊唯羚

2007 楊唯羚，《華僑對原鄉捐資興學之研究——以金門縣珠山小學為例》，國立花蓮教育大學鄉土文化學系碩士班，2007年，碩士論文。

楊敏男

2008.08 楊敏男、楊忠洵，〈戰地中的技藝傳承——金良興班主之口述〉，《金門日報》，2008/08/30，副刊。

楊晨光

2009.06 楊晨光，〈古寧頭戰役研究〉，《軍事史評論》16，2009.06，頁123-157。

楊清國

1978.1 楊清國，〈合力推動地區的社會福利〉，《金門》1，1978.10，頁21-22。

1992 楊清國，《金門真美》，金門：金門日報，1992年。

2000.12 楊清國，〈博士牆 進士壁——金門文化內涵的具體表現〉，《金門》67，2000.12，頁62-69。

2001 楊清國，《金門教育史話》，金門：金門縣政府，2001年。

2002 楊清國，《金門縣地方文教演進之研究》，銘傳大學應用中國文學研究所碩士在職專班，2002年，碩士論文。

2002.07 楊清國文、林枝旺攝影，〈進士牆、博士壁與將軍榜〉，《源雜誌》40，2002.07-08，頁37-38。

2004.08 楊清國，〈太武埋國魂——太武山忠烈祠暨軍人公墓重修記要〉，《金門日報》，2004/08/30，副刊。

2005.06 楊清國，〈《金門憶往》金中學生疏遷臺省寄讀〉，《金門日報》，2005/06/07，副刊。

2005.09 楊清國，〈書寫文化金門——參加「第一屆金門文藝研習營」感言〉，《金門日報》，2005/09/05，副刊。

2005.09 楊清國，〈無金不成同〉，《金門日報》，2005/09/13，副刊。

2006.01 楊清國，〈讀書、讀人、讀地域：金門縣寫作協會與福建省師大文學院讀書交流記感〉，《金門文藝》10，2006.01，頁42-47。

2008 楊清國，《樂在分享（第一集）——兩門幾多相思苦》，金門：金門縣文化局，2008年。

2008 楊清國，《樂在分享（第二集）——未來島嶼未來佛》，金門：金門縣文化局，2008年。

2010.06 楊清國，〈進士牆博士壁將軍碑〉，《金門日報》，2010/06/27，副刊。

2010.09 楊清國，〈京師學書法打包回家學習〉，《金門日報》，2010/09/25，副刊。

楊筑君

2006 楊筑君，《五月的故事》，金門：金門縣政府，2006年。

2006.04 牧羊女（楊筑君），〈藝文下午茶——記金門文學叢刊第三輯發表會〉，《金門日報》，2006/04/18，副刊。

2006.06 楊筑君，〈楊老先生有塊地〉，《金門日報》，2006/06/24，副刊。

2010 牧羊女，《裙襬搖曳》，台北：冠學文化，2010年。

2010.05 牧羊女，〈我的裙襬隨風搖曳〉，《金門日報》，2010/05/03，副刊。

2010.08 牧羊女，〈裙襬搖曳後記〉，《金門日報》，2010/08/06，副刊。

楊肅池

1997 楊肅池、王又鵬，《金門史蹟源流考》，金門：金門縣政府，1997年。

1997 楊肅池主編，《金門縣立社會教育館字畫珍藏集》，金門縣：金門縣政府，1997年。

1998 楊肅池發行，《金門婦女古妝飾文物展專輯》，金門：金門社會教育館，1998年。

1998 楊肅池主編，《文化資產保存與維護：金門婦女古妝飾文物展專輯》，金門縣金城鎮：金門縣立社會教育館，1998年。

1999 楊肅池主編，《烽火歲月蕃薯情：88年金門文化節成果專輯》，金門：金門縣政府，1999年。

2004 楊肅池主編，《金門縣政顧問團活動紀要》，金門縣金城鎮：金門縣政府，2004年。

楊肅凱

2001 楊肅凱，《警民協力維護社區治安之研究——以金門縣社區守望相助巡守工作為例》，銘傳大學公共管理與社區發展研究所碩士在職專班，2001年，碩士論文。

2003.03 楊肅凱、呂英華，〈警民協力維護社區治安之調查研究——以金門縣社區守望相助巡守工作為例〉，《警學叢刊》33:5=147，2003.03，頁105-130。

楊肅輝

2007 楊肅輝，《金門縣試驗機構組織發展之研究——以金門縣畜產試驗所為例》，銘傳大學公共事務學系碩士在職專班，2007年，碩士論文。

楊肅獻

2004.12 楊肅獻，〈金門史的研究與寫作——評汪毅夫、楊彥杰、謝重光著《金門史稿》，《台大歷史學報》34，2004.12，頁425-434。

2009 楊肅獻，《金門近代史》，金門縣：金門縣政府，2009年。

楊華生

1985.02 杨华生，〈金门经济状况概述〉，《台湾研究集刊》（福建省厦门市：厦门大学台湾研究院），1985年02期，頁87-88。

楊菱琪

2008 楊菱琪，《小三通後金門居民對觀光發展影響的認知之研究》，銘傳大學觀光研究所碩士在職專班，2008年，碩士論文。

2009 楊菱琪、吳武忠，〈小三通後金門居民對觀光發展影響認知之研究〉，2009跨越黑水溝深度旅遊金廈學術研討會，金門：金門技術學院，2009年。

楊雅婷

2007 楊雅婷，《金門縣國中學生自我概念、解釋風格對學校生活適應影響之研究》，銘傳大學教育研究所碩士班，2007年，碩士論文。

楊傳治

2007 楊傳治，《金門觀光產業發展與策略之研究》，金門觀光產業發展與策略之研究　銘傳大學公共事務學系碩士在職專班，2007年，碩士論文。

楊嫣輝

2002.11 楊嫣輝，〈《浯洲拾遺》——發現黃氏招娘雄獅堡〉，

《金門日報》，2002/11/19，副刊。

2003.09 楊媽輝，〈浯洲拾遺——黃氏招娘〉，《金門》75，2003.09，頁58-61。

2004.12 楊媽輝，〈島嶼心路——情牽同安渡〉，《金門日報》，2004/12/27-，副刊。

2008.01 楊媽輝，〈第四屆浯島文學獎新詩組佳作 唐馬〉，《金門日報》，2008/01/23，副刊。

楊瑞松

2008 楊瑞松，《金門縣社區大學學生之學習滿意度研究》，國立臺北教育大學教育行政碩士在職進修專班，2008年，碩士論文。

楊詩傳

2007 楊詩傳，《開臺進士鄭用錫家族之研究》，金門縣：楊詩傳，2007年。

2010.12 楊詩傳，〈開臺進士鄭用錫家族脈絡之研究〉，李沃士等撰文，《2010年金門學學術研討會論文集，第三屆》（金門縣：金門縣文化局，2010年12月）。

楊靖銘

2003.06 楊靖銘，〈戰火・戰伙〉，《金門日報》，2003/06/03，副刊。

2003.12 楊靖銘，〈尋根之旅——金門族譜探源〉，《金門》76，2003.12，頁46-53。

2004.09 楊靖銘，〈金門開啟文化新紀元〉，《金門文藝》2，2004.09，頁72-76。

2004.11 楊靖銘，〈專輯：人文匯仙洲——畫夢江山群英會〉，《金門文藝》3，2004.11，頁75-77。

2005.11 楊靖銘，〈特載碉堡詩的裝置藝術展——鋼鐵碉堡詩歌情：「雷與蕾的交叉」藝術展手記〉，《金門文藝》9，2005.11，頁32-34。

2006.01 楊靖銘，〈金門現代恩主公：胡璉將軍〉，《金門文藝》10，2006.01，頁112-115。

2006.03 楊靖銘，〈金門洋菩薩〉，《金門文藝》11，2006.03，頁104-107。

2006.05 楊靖銘，〈金門新聞耆老郭堯齡〉，《金門文藝》12，2006.05，頁105-109。

2007.01 楊靖銘，〈永不停歇的僑歌——《金門文學》叢刊裡的海外情懷〉，《金門文藝》16，2007.01，頁13-16。

2007.03 楊靖銘，〈味蕾戰場——開拓書寫處女地〉，《金門文藝》17，2007.03，頁14-16。

2007.07 楊靖銘，〈島鄉的文化容顏——金門縣誌書寫史話〉，《金門文藝》19，2007.07，頁15-18。

2007.09 楊靖銘，〈尋找金門文獻中的民歌——向認真的文化工作者致敬〉，《金門文藝》20，2007.09，頁15-19。

楊榮煥

2010 楊榮煥，《躬耕履痕：桃園縣金門同鄉會第十屆理事長楊榮煥回憶錄》，桃園縣八德市：楊榮煥，2010.07。

楊緑茵

1994 楊緑茵，〈社區組織與動員之採訪——以官澳村為例〉，收錄於余光弘、魏捷茲編，《金門暑期人類學田野工作教室論文集》，台北，中央研究院民族學研究所，1994年。

楊遠波

1997 楊遠波、呂勝由，《金門國家公園原生植資源調查研究報告》，金門：金門國家公園管理處，1997/12。

1998.06 楊遠波、呂勝由、施炳霖、陳添財，〈金門及小金門植物資源之調查〉，《國家公園學報》8:1，1998.06，頁41-58。

楊學晏

1998.08 楊學晏，〈金門八二三砲戰的戰略意義——為紀念砲戰四十周年而作〉，《陸軍學術月刊》34:396，1998.08，頁21-27。

楊樹林

1965.02 楊樹林，〈金門抗日烈士許順煌〉，《藝文誌》113，1975.02，頁22-23。

1975.05 楊樹林，〈蔣公（蔣中正）德澤在金門〉，《藝文誌》116，1975.05，頁27-28。

1975.08 楊樹林，〈金門又一抗日烈士王精英〉，《藝文誌》111，1975.08，頁14-15。

楊樹清

1981 楊樹清，《小記者獨白》，台北：聯亞出版社，1981年。

1983 楊樹清，《少年組曲》，台北：水芙蓉，1983年。

1987 楊樹清，《渡》，台北：駿馬文化公司，1987年。

1987.02 楊樹清，〈金門的文學刊物與作家〉，《中央月刊》20:2，1987.02，頁43-44。

1988 楊樹清，《海上仙洲——金門》，臺北市：錦冠出版社，1988年。

1988 楊樹清，《生涯企畫書》，台北：號角出版社，1988年。

1988 楊樹清，《海上仙洲金門》，台北市：錦冠，1988年。

1989 楊樹清，《愛情實驗》，台北：小說創作雜誌社，1989年。

1990 楊樹清，《上班族筆記》，台北：尖端出版公司，1990年。

1990 楊樹清，《字囊》，台北：尖端出版公司，1990年。

1990 楊樹清，《演出自己》，台北：合森文化公司，1990年。

1991　楊樹清，《給想法年輕的人》，台北：大村出版社，1991年。

1991　楊樹清，《政治笑話》，台北：大村出版社，1991年。

1991　楊樹清，《1958以後，金門藝文紀事》，金門：金門報導社，1991年。

1995.02　楊樹清，〈金門送臺灣兩位進士〉，《中央月刊》28:2，1995.02，頁75-78。

1995.03　楊樹清，〈金門人渡臺三大會館〉，《中央月刊》28:3，1995.03，頁76-79。

1995.05　楊樹清，〈金門民間蒐奇〉，《中央月刊》28:5，1995.05，頁59-64。

1995.06　楊樹清，〈金門八傳奇〉，《中央月刊》28:6，1995.06，頁63-70。

1995.08　楊樹清，〈金門地名傳奇——古寧頭原為古龍頭〉，《中央月刊》28:8，1995.08，頁83-88。

1995.09　楊樹清，〈百戰功橫海 將軍氣凌霄〉，《中央月刊》28:9，1995.09，頁58-64。

1996　楊樹清，《金門族群發展》，金門：金門縣政府，1996年。

1998　楊樹清，《金門社會觀察》，金門：金門縣政府，1998年。

1998　楊樹清，《金門影像紀事》，金門：金門縣政府，1998年。

1998　楊樹清，《做個有未來性的現代人》，台北：號角出版社，1998年。

2000　楊樹清，《天堂之路》，台北：旺角出版社，2000年。

2000.05　楊樹清文圖，〈在島嶼的邊緣發聲——金門文學地圖〉，《文化視窗》20，2000.05，頁34-43。

2001　楊樹清，《金門田野檔案》，金門：金門縣政府，2001年。

2001　楊樹清，《金門島嶼邊緣》，金門：金門縣政府，2001年。

2001.03　楊樹清，〈高行健將謁朱熹詩中金門「靈山」（等十一則）〉，《聯合文學》17:5=197，2001.03，頁167-168。

2002.07 楊樹清，〈蘇府王爺千歲——蘇王爺與金門館的故事〉，《源雜誌》40，2002.07-08，頁39-41。

2002.1 楊樹清，〈《浯洲文學志》原鄉與異鄉——南洋的金門籍作家〉，《金門日報》，2002/10/30-31，副刊。

2002.11 楊樹清，〈原鄉與異鄉：南洋的金門籍作家〉，龔鵬程；楊松年；林水檺編，《21世紀台灣、東南亞的文化與文學》（宜蘭縣：南洋學社，2002年11月），頁313-330。

2003 楊樹清，《番薯王》，金門：財團法人金門縣社教文化活動基金會，2003年。

2003 楊樹清，〈尋找朱文公——金門‧朱熹‧燕南書院〉，江柏煒編，《金門歷史、文化與生態國際學術研討會論文集》，金門縣：金門縣立文化中心，2003年。

2004 楊樹清，《草堂鐘聲——喚醒良善的人生52堂課》，台北：上旗文化出版公司，2004年。

2004 楊樹清，《台灣美術地方發展史全集. 15 金門地區》，臺北市：日創社文化事業有限公司，2004年。

2004 楊樹清，《消失的戰地——金門世界文化遺產顯影》，台北：新新聞文化公司，2004年。

2004.12 楊樹清，〈原鄉與異鄉——金門的南洋移民與僑鄉文化〉，《金門宗族文化》1，2004.12，頁57-68。

2005.07 楊樹清，〈浯潮再起•文化新浪〉，《金門文藝》7，2005.07，頁21-23。

2005.07 楊樹清、洪進業，〈城中傳奇：向文藝導師王金鍊致敬〉，《金門日報》，2005/07/25，副刊。

2006 楊樹清，《閩風南渡——金門人下南洋》，金門：金門縣政府，2006年。

2006.07 楊樹清，〈這島，這人，這局——李錫隆與金門文化局鉤微錄〉，《金門文藝》，2006年7月。

2006.12 楊樹清，〈僑歌，唱不完 世界金門日——東南亞行腳〉，《金門日報》，2006/12/11-13，副刊。

2007.08 楊樹清，〈跟你同一國——洪世國「遠鄉的眺望」之後〉，《金門日報》，2007/08/04，副刊。

2008.07 楊樹清，〈從棕櫚到香草花緣的文學遇見——關於文學閱讀與書寫風景的一種凝視〉，《幼獅文藝》654，2008.07，頁59-61。

2010.11 楊樹清，〈美好一仗——「畫」別鄉訊〉，《金門日報》，2010/11/06，副刊。

2011 楊樹清，《東渡之歌：金門百年庶民列傳. 遷臺篇》，金門縣：金門縣文化局，2011年。

楊興生

1998.07 楊興生，〈古厝、懶牛、畫金門〉，《藝術家》47:1=278，1998.07，頁452-453。

楊錦聰

2005 楊錦聰監製；吳金黛自然錄音；蕭啟仁音效；于蘇英製作，《海洋嬉游記：影音圖鑑+海洋錄音影像側記，10.金門翟山浪潮》，臺北縣新店市：風潮有聲，2005年。DVD一張。

楊應雄

2009 杨应雄，《金门高粱酒在大陆白酒市场品牌战略之研究》，厦门大学管理学院高级经理教育中心，2009年，碩士論文。

楊鴻嘉

1990 楊鴻嘉，《金門沿海魚介類圖說》，金門縣：金門縣水產試驗所，1990年。

楊懿恒

1995 楊懿恒，《金門的蕨類植物》，金門：金門金沙國中，1995年。

溫仕忠

1961.02 溫仕忠，〈談金門養豬事業看歷年屠宰稅的征收〉，《稅務旬刊》338，1961.02，頁6-7。

1961.06 溫仕忠，〈論反攻時期地方賦稅制度的建立與實施的研究〉，《稅務旬刊》349，1961.06，頁8-9。

1993 溫仕忠，《金門勝蹟采微》，金門縣：金門縣文獻委員會，1993年。

1996 溫仕忠，《怡情文集》，金門：金門縣社會教育館，1996年。

1998 溫仕忠，《浯江隨筆》，金門：金門縣社會教育館，1998年。

1999 溫仕忠，《浯江文集》，金門：金門縣社會教育館，1999年。

2002.12 溫仕忠，〈飲酒題詩古今同——金門詩酒節饗宴〉，《金門日報》，2002/12/16，副刊。

2002.12 溫仕忠，〈『閩粵風情文化交流座談會專題報告』金門歷史人物簡介〉，《金門日報》，2002/12/23-25，副刊。

2003.1 溫仕忠，〈《金門憶往》山仔兜今昔〉，《金門日報》，2003/10/20，副刊。

2006.02 溫仕忠，〈學好書法之研究——兼談金門書法推展〉，《金門日報》，2006/02/20，副刊。

2008.04 溫仕忠，〈懷念兩位書法家傅子貞李贊發〉，《金門日報》，2008/04/18，副刊。

2009 溫仕忠，《胡璉將軍與金門》，金門：金門縣文化局，2009年。

萬小溪

2008.05 萬小溪，〈深宮廖院金門寒〉，《金門文藝》24，2008.05，頁12-17。

經濟部

1967 經濟部，《四年來金門稻作之研究發展》，臺北市：編者，1967年。

經濟部工

2001 經濟部工業局，《金門澎湖傳統產業之創新設計與品牌行銷》，台北市：經濟部工業局，2001年。

經濟部水

2000 經濟部水利處水利規劃試驗所，《金門縣金湖鎮太湖水庫周邊排水及水庫防洪能力檢討改善計劃報告》，台北市：經濟部水利處，2000年。

經濟部金

1953 經濟部金門技術小組，《金門農林漁牧水利工作報告（民國四十二年度）》，金門縣：經濟部金門技術小組，1953年。

經濟部聯

1970 經濟部聯合礦業研究所編，《福建省金門島及烈嶼地質礦產勘查報告》，[出版地不詳]：經濟部聯合礦業研究所，1970年。

群友

1997 群友編輯小組執行編輯，《金門逍遙遊》，巧育，1997年。

葉永烈

1993.11 葉永烈，〈毛澤東和金門炮戰〉，《南風窗》（廣東省廣州市：廣州日報報業集團），1993年11期，頁4-10。

葉依忞

2008 葉依忞，《航空公司顧客滿意度與企業形象之關聯性研究——以台北金門航線為例》，開南大學空運管理學系，2008年，碩士論文。

葉佳修

2007 葉佳修演唱，《再見花蓮 [錄音資料]》，臺北縣土城鄉：海山唱片，2007年。（4, 金門.寄情）

葉長茂

2010.02 葉長茂，〈千里閩東行枝葉相維情——金門葉氏宗親閩東謁祖晉匾記實〉，《金門日報》，2010/02/07，副刊。

葉炳容

1998.01 葉炳容，〈漫淡金門的水尾塔〉，《金門國家公園簡訊》6，1998.01，頁12-14。

葉茂生

2007.03 葉茂生、劉啟東、鄭隨和，〈臺灣及金門地區野生種大豆種源之收集與其變異的研究〉，《中華農學會報》177，2007.03，頁11-27。

葉英

1974.12 葉英，〈南明盧若騰詩歌風格研析〉，《中國國學》3，1974.12，頁109-114。

葉祥曦

2005.12 葉祥曦，〈軍中樂園秘史〉，《中國時報》，「人間副刊」，E7版，2005/12/20。

葉鈞培

1997 葉鈞培，《金門縣藝文資源調查研究報告》，金門：金門縣社會教育館，1997年。

1997 葉鈞培，《金門姓氏分佈研究》，金門縣：金門縣政府，1997年。

1998 葉鈞培，《金門縣藝文資源調查報告87年》，金門縣：金門縣社會教育館，1998年。

1998.12 葉鈞培，〈靈石信仰——金門的「石敢當」〉，《金門》59，1998.12，頁28-37。

1999 葉鈞培，《金門姓氏燈號與堂號》，金門：金門縣社會教育館，1999年。

1999 葉鈞培，《金門辟邪物》，金門：金門縣政府，1999年。

1999.11 葉鈞培，〈金門傳統建築之美——淺談山后民俗文化村正立面牆〉，國立傳統藝術中心籌備處編，《金門傳統藝術研討會會議論文集》（台北市：國立傳統藝術中心籌備處，2000年），頁187-236。

2000 葉鈞培，《金門縣藝文資源調查報告89年》，金門縣：金門縣社會教育館，2000年。

2001 葉鈞培，《金門縣藝文資源調查報告90年》，金門縣：金門縣社會教育館，2001年。

2001 葉鈞培計劃主持，《金門縣藝文資源調查報告：飲食文化類》，金門：金門縣立文化中心，2001年。

2001 葉鈞培、黃奕展，《金門族譜探源》，金門：金門縣政府，2001年。

2002 葉鈞培計劃主持，《金門飲食文化》，金門：金門縣立文化中心，2002年。

2003 葉鈞培、許志仁、王建成，《金門古文書》，金門：金門文化中心，2003年。

2003.08 葉鈞培，〈金門的族譜資源〉，《全國新書資訊月刊》56，2003.08，頁52-54。

2004 葉鈞培總編輯，《金門宗族文化》，金門縣金沙鎮：金

門縣宗族文化研究協會，2004年創刊。（期刊）

2004.03 葉鈞培、王建成、許志仁，〈金門地區古文書中之礐池契約研究〉，李金振編，《閩南文化學術研討會論文集》（金門縣：金門縣立文化中心，2004年），頁523-536。

2004.12 葉鈞培，〈金門的族譜資源〉，《金門宗族文化》1，2004.12，頁32-35。

2007 葉鈞培，《金門清代古文書研究——以契約文書為主》，銘傳大學應用中國文學系碩士在職專班，2007年，碩士論文。

葉麗珠

2004 葉麗珠，《新聞媒體對金門社會思潮之衝擊研究——以《金門日報》為例》，銘傳大學應用中國文學系碩士在職專班，2004年，碩士論文。

2007 葉麗珠等執行編輯，《振鐸浯洲：國立金門技術學院創校十週年紀念特刊》，金門縣金寧鄉：國立金門技術學院，2007年。

葉寶玉

2007.1 葉寶玉，〈農委會配合推動金馬小三通農業方面檢討報告〉，《農政與農情》184=421，2007.10，頁72-77。

葛鳳章

2010.07 葛凤章，〈金门感怀〉，《两岸关系》（北京市：海峡两岸关系协会），2010年07期，頁57-59。

董水應

2004 董水應，《金門傳統民情集》，金門縣：金門縣文化局，2004年。

董金裕

1991 董金裕，〈朱子與金門的教化〉，《孔孟月刊》342，

29卷6期，1991年，台北。

1991 董金裕，〈朱熹與金門的教化〉，武夷山朱熹研究中心编，《朱子学新论：纪念朱熹诞辰860周年国际学术会议论文集（1130-1990）》（上海：生活・读书・新知三联书店上海分店，1991年），頁617-624。

董炯靈

2008 董炯靈，《金門縣國民小學基本能力測驗政策評估之研究》，國立嘉義大學教育行政與政策發展研究所，2008年，碩士論文。

董倫道

1996.12 董倫道、陳仲玉，〈金門地區透地雷達探測貝塚〉，龍村倪編，《第四屆科學史研討會彙刊》（台北市：國際科學史與科學哲學聯合會科學史組中華民國委員會，1996年12月），頁269-275。

董振良

1990 董振良，《返鄉的尷尬》，台北市：螢火蟲映像體，1990年。（1張數位影音光碟）

1991 董振良、吳俊輝編著，《再見金門》，臺北市：作者出版；螢火蟲映像體發行，1991年。

1997 董振良，《X島嶼之兩門相望》，台北市：螢火蟲映像體電影公司，1997年。（1張數位影音光碟）

1997 董振良，《風中傳奇之風獅爺的故鄉》，台北市：螢火蟲映像體，1997年。（1張數位影音光碟）

1998 董振良編導，《媽媽遺失撿到的孩子》，臺北市：螢火蟲映像體，1998年。1張DVD（約66分）。

2000 董振良，《Kinmen: Pause 1987-1997：解嚴前後金門十年影像誌》，台北市：思想生活屋出版，2000年。

2000 董振良導演；公共電視台製作，《兩岸第二春[錄影資料]》，臺北市：公共電視文化事業基金會，[2000]年。1捲卡式帶（約60分）。

2001 董振良，《解密八三一》，台北市：螢火蟲映像體電影公司，2001年。（1張數位影音光碟）

2001 董振良，《單打雙不打》，台北市：螢火蟲映像體電影公司，2001年。（1張數位影音光碟）

2001.1 董振良，〈愛與憂的鄉愁〉，《文化視窗》34，2001.10，頁72-75。

2002.07 董振良，〈金門人，島外自覺運動〉，《源雜誌》40，2002.07-08，頁26-28。

2003 董振良，《反攻歷史：長槍直入》，台北市：螢火蟲映像體，2003年。（1張數位影音光碟）

2003 董振良作，《解放戰地：女體異念影像集》，台北：桂冠，2003年。

2009 董振良，《金高粱》，台北市：螢火蟲映像體，2009年。（1張數位影音光碟）

董梨卿

2001 董梨卿，《由「離島建設條例」營業稅免稅論金門產業租稅減免優惠之研究》，銘傳大學管理科學研究所碩士在職專班，2001年，碩士論文。

董景生

2007 董景生研究主持；楊平世協同主持，《金門國家公園物種監測方法及調查技術之評析與建議》，金門縣金寧鄉：內政部營建署金門國家公園管理處，2007年。

董琳

2008 董琳，《海域使用管理实践研究与理论探讨——以厦金海域为例》，厦门大学海洋与环境学院环境科学与工程系，2008年，碩士論文。

董群廉

2000 董群廉、陳進金訪問紀錄整理，《陳梅生先生訪談錄》，臺北縣新店市：國史館發行，2000年。

2002.12 董群廉，〈金門戒嚴時期的民防組訓與動員訪談紀實〉，《國史館館刊》33，2002.12，頁104-113。

2004 董群廉編，《金門戒嚴時期的民防組訓與動員訪談錄（三）》，台北縣：國史館，2004。

2007.01 董群廉，〈浯江華僑訪談錄〉，《金門文藝》16，2007.01，頁55-57。

2007.05 董群廉，〈汶萊、砂月勞越金門鄉僑口述訪談紀實〉，《金門日報》，2007/05/02，副刊。

2008 董群廉編著，《823砲戰口述歷史——五十週年紀念專刊》，金門縣：金門縣政府，2008年。

2008 董群廉訪談整理，《金門鄉橋訪談錄（二）——汶萊、砂勞越篇》，金門縣：金門縣政府，2008年。

董道興

2004 董道興，《金門地區第2型糖尿病患者社區性視網膜病變篩檢及經濟評估》，國立陽明大學公共衛生研究所，2004年，博士論文。

2009 董道興（振興醫療財團法人振興醫院教學研究部），《金門地區第2型糖尿病患者視網膜病變與腎臟病變疾病模式建立及早期篩檢經濟評估》，國科會專題研究計畫，執行起迄：2006/08/01～2009/07/31。

董燊

2006.05 董燊、何金樑、林本源，〈金門縣推展94年「運動人口倍增計畫」評析〉，《運管論壇》1，2006.05，頁1-5。

2007.09 董燊，〈金門地區海域運動發展與社會互動之分析〉，《國民體育季刊》36:3=154，2007.09，頁53-59+105。

2008 董燊，《金門地區運動賽會經營研究》，金門縣：金門技術學院，2008年。

2008 董燊總編輯，《2008兩岸水域休閒遊憩學術研討會論文集》，金門：國立金門技術學院，2008年。

2009 董燊總編輯，《兩岸運動產業經營學術研討會論文集.2009》，金門縣金寧鄉：國立金門技術學院，2009年。

虞國興

1992 虞國興，〈金門辦理兩岸通水策略規劃〉，淡江大學建築學系暨研究所研究報告，1992年。

蜀洪

2001 蜀洪，《我們都在金門：八二三戰役》，臺北縣中和市：八八，2001年。

詹石窗

2007 詹石窗、林安梧主编，《閩南宗教》，福州市：福建人民出版社，2007年。（閩南文化叢書）

詹幸娟

2006 詹幸娟，《金門地域性地景建築細部設計之研究——以「陳景蘭洋樓修復修景工程案」為例》，臺灣大學園藝學研究所，2006年，碩士論文。

詹澈

2002.12 詹澈，〈詩寫金門——站在地雷上的高梁〉，《幼獅文藝》588，2002.12，頁48-49。

2007.08 詹澈，〈詩——聽胡德夫在金門海邊歌唱〉，《聯合文學》23:10=274，2007.08，頁108-112。

路巧雲

2002.01 路巧雲、潘嘉慧，〈走訪金門風土美味-1-〉，《美食天下》122，2002.01，頁65-71。

2002.02 路巧雲、潘嘉慧，〈走訪金門風土美味-2-〉，《美食天下》123，2002.02，頁113-126。

2002.04 路巧雲、潘嘉慧，〈走訪金門風土美味-3-〉，《美食天下》124，2002.04，頁114-123。

2003.01 路巧雲，〈好吃好玩金門行-上-〉，《美食天下》133，

2003.01，頁122-128。

2003.02 路巧雲，〈好吃好玩金門行-下-〉，《美食天下》134，2003.02，頁122-124。

農業工程

1991 農業工程研究中心執行，《金門地區地下水調查及開發研究》，桃園縣：農業工程研究中心，1991年。

農業資源

1980.12 農業資源處，〈金門地區水資源調查規劃與利用〉，《水利通訊》27:8，1980.12，頁6-8。

鄒光啟

2006 邹光启，《从20世纪50年代的两次台海危机看美国的介入》，外交学院，碩士論文，2006年。

雷倩

2008.11 雷倩，〈金酒新行銷策略與金門的夢想〉，《金門文藝》27，2008.11，頁13-16。

靳燕玲

2000 靳燕玲，《閩南民居建築形式變遷之研究——以金門為例》，台北市：內政部建築研究所，2000年。

14劃

僑鄉通訊

1954 侨乡通讯社编辑委员会，《侨乡通讯. 创刊号》，金门：金门县华侨协会，1954年。

壽彝藝廊

壽彝藝廊，《陳壽彝彩繪藝術選集[錄影資料]（鹿港金門館壁畫彩繪過程）》，臺南市：壽彝藝廊，出版時間不詳。

寧培芝

1981.03 寧培芝，〈從蚌埠到金門——戡亂從軍紀行〉，《中外雜誌》29:3，1981.03，頁18-21。

廖大期

2008.09 廖大期，〈地下金門〉，《金門文藝》26，2008.09，頁41-43。

廖宇賡

2009.12 廖宇賡、葉媚媚，〈金門產水韭的耐旱性及其栽培初探〉，《自然保育季刊》68，2009.12，頁23-27。

廖東坤

2002 廖東坤，《浯洲芳草》，金門縣：內政部營建署金門國家公園管理處，2002年。

2004 廖東坤，《風中之舞：金門的鳥》，金門縣：內政部營建署金門國家公園管理處，2004年。

2006 廖東坤，《花木金門》，金門縣：金門縣林務所，2006年。

2008 廖東坤，《季情金門》，金門縣：內政部營建署金門國家公園管理處，2008年。DVD一張。

廖國媖

2005.06 廖國媖、陳明義、郭長生，〈菟絲子屬在台灣及金馬地區的分布及寄主範圍－特別關注於台灣菟絲子寄主喜好性〉，Bio Formosa，Vol.40 No.1，2005.06，頁17-24。

廖淵泉

2001.06 廖淵泉，〈泉州蚶江與金門歐陽氏的血緣關係〉，《臺灣源流》22，2001.06，頁18-22。

廖翊蓁

2009 廖翊蓁著；周志強文，《阿彩返鄉記》，金門：金門縣文化局，2007年。

2009 廖翊蓁圖照，《我的尋根之旅——拜訪宗祠》，金門：金門縣文化局，2009年。

2009 廖翊蓁著；周志強文，《黃花娘的姑婆情》，金門：金門縣文化局，2007年。

廖慶六

1991.06 廖慶六，〈萬萬齋藏族譜目錄〉，《民族學研究所資料彙編》5，1991.06，頁67-106。

1996.03 廖慶六，〈從臺灣姓氏族譜探索族群融合的真諦〉，《臺灣源流》1，1996.03，頁67-76。

1998.03 廖慶六，〈試論族譜文獻之利用價值〉，《臺灣源流》9，1998.03，頁11-26。

1998.07 廖慶六，〈從族譜窺探臺灣回族之姓氏淵源〉，《國立歷史博物館館刊》8:7=60，1998.07，頁63-67。

2000.06 廖慶六，〈羅香林與族譜學——中國族譜國際學術研討會論文〉，《臺灣源流》18，2000.06，頁8-21。

2000.09 廖慶六，〈談族譜數位化之發展——以新加坡尋根網為例〉，《宜蘭文獻雜誌》47，2000.09，頁95-110。

2002.1 廖慶六，〈淺談地方文獻之採集——以族譜為例〉，《全國新書資訊月刊》46，2002.10，頁28-31。

2002.12 廖慶六，〈論地方文獻之採集——以族譜為例〉，《國家圖書館館刊》91:2，2002.12，頁53-63。

2003.11 廖慶六，〈尋根樂——簡介臺灣族譜資訊服務網〉，《全國新書資訊月刊》59，2003.11，頁22-25。

2004.12 廖慶六，〈金門家廟巡禮〉，《臺灣源流》29，2004.12，頁4-19。

2006.12 廖慶六，〈淺談族譜編修整理與地緣尋根〉，《臺灣源流》37，2006.12，頁4-9。

2007 廖慶六，〈試論金門家廟文化景觀〉，楊加順總編輯；郭朝暉、曾淑鈴主編，《2007年閩南文化學術研討會論文集》（金門縣：金門縣文化局，2007年），頁257-264。

2007.12 廖慶六，〈從族譜文獻看家廟文化〉，《臺灣源流》41，2007.12，頁6-14。

2008 廖慶六，《浯洲問禮：金門家廟文化景觀》，金門：金門縣文化局，2008年。

2008.03 廖慶六，〈試論金門家廟文化景觀〉，《臺灣源流》42，2008.03，頁38-52。

2008.09 廖慶六，〈略論金門家廟之祭祖禮儀〉，《臺灣源流》44，2008.09，頁72-88。

2008.11 廖庆六，〈冬至祭祖巡礼：以金门陈坑陈氏宗祠为例〉，中国福建晋江："谱牒研究与五缘文化"研讨会，2008年。

廖慧怡

2005 廖慧怡，《「環境教育機會序列」之探討與運用：以金門國家公園為例》，國立臺灣師範大學環境教育研究所，2005年，碩士論文。

廖學昌

1997 廖學昌，《公車客運業人員排班問題之研究——以金門縣公車為例》，國立交通大學交通運輸研究所，1997年，碩士論文。

廖學誠

1973 廖學誠，《金門高嶺瓷土之提選研究》，台北市：經濟部聯合礦業研究所，1973年。

漢光建築

1996 漢光建築師事務所，《臺閩地區第二級古蹟金門瓊林蔡氏祠堂修護工程工作報告書暨施工紀錄》，金門縣：金門縣政府，1996年。

2000 漢光建築師事務所規劃，《金門縣第二級古蹟文臺寶塔修護工程工作報告書》，金門縣：金門縣政府，2000年。

漢寶德

1971.04 漢寶德，〈金門傳統建築一瞥〉，《境與象》1，1971.04，頁24-31。

1986 漢寶德，《金門奎閣之研究與修護》，金門縣：金門縣政府，1986年。

熊兆周

2000 熊兆周，《金門港投資開發可行性之研究》，國立海洋大學河海工程學系碩士在職專班，2000年，碩士論文。

福建年鑑

2006 福建年鉴编纂委员会，《福建年鉴》，福建人民出版社，2006年。

福建省炎

2004　福建省炎黄文化研究会、政协泉州市委，《闽南文化研究》，海峡文艺出版社，2004年。

福建省金

1995　福建省金门同胞联谊会编，《福建省金门同胞联谊会成立十周年纪念刊：1985-1995》，出版地不詳，1995年。

2003　福建省金門地方法院編，《福建金門地方法院民刑事裁判書彙編》，金門縣：福建金門地方法院，2003年。

福建省政

1955　福建省政府編，《金門土地改革》，臺北省：福建省政府，1955年。

管志明

2010.11　管志明，〈金門風土文化資源的田野調查工作〉，《南大附中學報》1，2010.11，頁1-11。

翟志瑞

1994　翟志瑞、李羽壮着，《金门纪实：五十年代台海危机始末》，北京市：中共中央党校出版社，1994年。

臺灣地理

2003　臺灣地理旅遊雜誌社，《金門國家公園》，台北市：臺灣地理旅遊雜誌，2003年。（1張數位影音光碟）

臺灣地理旅遊雜誌社製作，《台灣地理風情畫：金門國家公園》，台北市：台灣地理旅遊雜誌社，年代不詳。

臺灣漁業

2003　臺灣漁業及海洋技術顧問社，《金門縣漁港》，台北市：行政院農業委員會漁業署，2003年。

臺灣總督

1919 臺灣總督府編，《南閩事情》（南支那及南洋調查：第32輯），台北市：臺灣總督府，1919年。

趙大衛

1987.12 趙大衛、王蓮成、翁文練，〈金門地區淡水性螺類之調查〉，《貝類學報》13，1987.12，頁91-96。

趙天石

2008.11 趙天石，〈兩岸三通金馬船運課稅之探討〉，《稅務旬刊》2057，2008.11.20，頁23-27。

趙天儀

2007.05 趙天儀，〈金門見聞錄〉，《金門文藝》18，2007.05，頁33-35。

趙立年

1969 趙立年、許盛隆導演，《民族文化的縮影——金門》，國禾電影公司出品，1969-02-01，資料來源：中影。

1978 趙立年、李萍導演，《海上公園——金門》，國聯公司出品，出品日期：1978-06-01，第十五屆金馬獎入圍（民67年）。

趙立昇

1998 趙立昇、李萍導演，《英雄島：金門》，國禾電影公司，1998-08-01出品，放映時間：24'02"，資料來源：電影資料館。

趙安琪

2010 赵安琪，《闽南地区战争遗址保护设计研究》，厦门大学建筑与土木工程学院建筑系，2010年，硕士论文。

趙典樹

1999.1 趙典樹，〈金門暨臺南縣感染O型金門株口蹄疫記事-上-〉，《中國畜牧》31:10，1999.10，頁56-64。

1999.11 趙典樹，〈金門暨臺南縣感染O型金門株口蹄疫記事-下-〉，《中國畜牧》31:11，1999.11，頁47-55。

1999.11 趙典樹，〈O金門株口啼疫之省思〉，《中國畜牧》31:11，1999.11，頁55-56。

趙國群

2007 趙國群，《卯浦趙氏天源綿遠譜續譜（一）》，金門縣：金門縣趙氏宗親會，2007年。

趙莒玲

1995.04 趙莒玲，〈固若金湯，雄鎮海門——金門：這裏的戰火改寫了臺灣史〉，《中央月刊》28:4，1995.04，頁50-68。

趙惠芬

2005.1 趙惠芬，〈『第二屆浯島文學獎』散文佳作 太武山上的美人蕉〉，《金門日報》，2005/10/19，副刊。

2006 趙惠芬，《太武山上的美人蕉》，金門：金門縣政府，2006年。

2007.12 趙惠芬，〈『第四屆浯島文學獎』散文第二名 昨夜太湖落花夢〉，《金門日報》，2007/12/20，副刊。

趙善燦

2005.07 趙善燦，〈金門醫療工作之追憶——我們是怎樣走過苦難的從前〉，《金門日報》，2005/07/01，副刊。

趙嘉裕

2007.1 趙嘉裕，〈金門地區海洋休閒觀光產業之發展與願景〉，《漁業推廣》253，2007.10，頁24-28。

2009 趙嘉裕，《金門鸕鶿季生態旅遊議題之研究》，台北：秀威資訊，2009年。

2009.1 趙嘉裕，〈金門鸕鶿季生態旅遊觀賞價值、周邊服務與附屬價值影響之研究〉，《休閒暨觀光產業研究》4:2，2009.10，頁23-46。

2010.06 趙嘉裕，〈金門雙鯉濕地自然中心生態保育教育之研究〉，《運動休閒管理學報》7:1，2010.06，頁19-37。

齊茂吉

1991 齊茂吉、蔣緯國，《蔣中正先生與臺灣安全：由古寧頭戰役到八二三戰役》，台北市：黎明，1991年。

15劃

劉力平

2009 劉力平、劉國青編，《劉鼎漢將軍金門八二三砲戰回憶錄》，臺北縣永和市：劉力平、劉國青，2009年。

劉小如

1999 劉小如計畫主持，《金門國家公園鳥類生態記錄研究》，金門縣：內政部營建署金門國家公園管理處，1999年。

1999.12 劉小如，〈金門國家公園鳥類群聚與棲地利用之研究〉，《國家公園學報》9:2，1999.12，頁144-165。

2004 劉小如、梁皆得，《「金門佛法僧目鳥類調查」：金門佛法僧目鳥類分佈及其他鳥類生態調查》，金門縣：內政部營建署金門國家公園管理處，2004年。

劉文三

1986.11 劉文三，〈厚實而古典的金門古屋〉，《藝術家》23:6=138，1986.11，頁166-177。

劉文孝

2000 劉文孝編，《金門大戰——台海風雲之歷史重演》，中國之翼出版社，2000年。

劉丕林

2006 刘丕林，《1949-1979：国共对话秘录》，湖北人民出版社，2006年。〈第二章 炮击金门〉。

劉台生

2008 劉台生（國立中正大學地球與環境科學系），《離散裂隙岩體溶質傳輸數值模擬——以金門花崗片麻岩體現場試驗為例》，國科會專題研究計畫，執行起迄：2007/08/01～2008/07/31。

劉本欽

1976.07 劉本欽，〈憶戍金門〉，《中外雜誌》20:1，1976.07，頁25。

劉白羽

1959 刘白羽，《万炮震金门》，北京：作家出版社，1959年。

1959.01 劉白羽，〈英雄島〉，《人民文學》（北京市：中國作家協會），1959年01期，頁21-26。

劉再傑

2008 劉再傑，《台灣發展觀光賭場之探討——以金門為例》，暨南國際大學國際企業學系，2008年，碩士論文。

劉再復

2006.07 劉再復，〈從歷史滄桑到生命滄桑——讀吳鈞堯散文集《荒言》有感〉，《文訊》249，2006.07，頁11。

劉艾薇

2006 劉艾薇計畫主持；王御安編輯，《金門坑道藝術節成果專刊：創意坑道，璀璨金門，2006》，金門縣金城鎮：金門縣文化局，2006年。

劉行之

1964 劉行之，《戰金門》，臺北市：山水人物，1964年。

劉伯樂

2006 劉伯樂，《老房子說故事》，金門：金門縣文化局，2006年。

2009 劉伯樂文圖，《看，冬日的黑色大軍！：金門鸕鷀之旅》，金門縣：文化局出版（初版），2009年。

劉克敵

1980.05 劉克敵，〈「八二三注」與「金門炮戰中的採訪實錄」〉，《臺肥月刊》21:5，1980.05，頁57-59。

劉妍

2006.01 刘妍、尤庆敏、王全喜，〈福建金门岛的淡水硅藻初报〉，《武汉植物学研究》（湖北省武汉市：中国科学院武汉植物研究所；湖北省植物学会），2006年01期，頁38-46。

劉秀枝

1994 劉秀枝（行政院國軍退除役官兵輔導委員會臺北榮民總醫院神經醫學中心），《金門縣痴呆症流行病學研究——與美國的比較》，國科會專題研究計畫，執行起迄：1993/06/01～1994/05/31。

1995 劉秀枝（行政院國軍退除役官兵輔導委員會臺北榮民總醫院神經醫學中心），《金門縣之巴金森氏症的盛行率及危險因子探討》，國科會專題研究計畫，執行起迄：1994/08/01～1995/07/31。

1995 劉秀枝（行政院國軍退除役官兵輔導委員會臺北榮民總醫院神經醫學中心），《金門縣痴呆症流行病學研究——與美國的比較（III）》，國科會專題研究計畫，執行起迄：1994/06/01～1995/07/31。

1996 劉秀枝（行政院國軍退除役官兵輔導委員會臺北榮民總醫院神經醫學中心），《金門縣痴呆症流行病學研究——與美國的比較（IV）》，國科會專題研究計畫，執行起迄：1995/08/01～1996/07/31。

1997 劉秀枝（行政院國軍退除役官兵輔導委員會臺北榮民總醫院神經醫學中心），《金門地區痴呆症發生率之研究》，國科會專題研究計畫，執行起迄：1996/08/01～1997/07/31。

劉秀雪

1998 劉秀雪，《金門瓊林方言探討》，新竹：國立清華大學語言學研究所碩士論文，1998年。

2002.12 劉秀雪，〈瓊林方言的指示代詞——構詞、語意和語用探析〉，「首屆國際漢語方言語法學術研討會」，哈爾濱：黑龍江大學，2002.12.

2003 劉秀雪，《語言演變與歷史地理因素——莆仙方言：閩東與閩南的匯集》，國立清華大學語言學研究所，2003年，博士論文。

2004 劉秀雪，〈金門瓊林方言的幾個特點〉，李金振編，《閩南文化學術研討會論文集》（金門縣：金門縣立文化中心，2004年），頁191-202。

2005.01 劉秀雪，〈瓊林方言的指示代詞——構詞、語意和語用探析〉，Language and Linguistics，第6卷第1期，2005.01，頁133-152。

2007.09 劉秀雪，〈鄉音無改？金門人在北台灣的語音轉換〉，中央研究院語言學研究所；台灣語言學學會主辦，《語言微觀分佈國際研討會》，台北：中研院語言學研究所，2007.09.

2008.01 劉秀雪，〈金門話的乞和與〉，「第10屆國際閩方言研討會」，湛江：湛江師院，，2008.01.

劉佳靈

2003 劉佳靈、黃丁盛，《金門國家公園：無情戰火，錘煉有情天地》，臺北縣新店市：泛亞國際文化，2003年。

劉宜長

2001 劉宜長，《金門李、蔡、陳氏宗祠之探討》，中國文化大學史學研究所，2001年，碩士論文。

劉怡忠

1994.12 劉怡忠，〈內戰僵局與金馬撤軍：動員勘亂時期終止後的國防迷思〉，《海峽評論》48，1994.12，頁52-56。

劉東海

2006.06 劉東海，〈1950-1960年臺海兩次危機論美國國家安全利益與空權爭奪〉，《軍事史評論》13，2006.06，頁87-116。

劉東晞

2006.03 劉東晞，〈金門的榕樹〉，《泉州文學》（福建省泉州市：泉州市文聯），2006年03期，頁37-40。

劉亮雅

1998 劉亮雅，《慾望更衣室——情色小說的政治與美學》，台北：元尊文化公司，1998年。

2001 劉亮雅，《情色世紀末——小說、性別、文化、美學》，台北：九歌出版社，2001年。

2006 劉亮雅，《後現代與後殖民——解嚴以來臺灣小說專論》，台北：麥田出版公司，2006年。

劉建民

2005.01 刘建民，〈从炮击金门看毛泽东的军事思想〉，《高校社科信息》（河北省石家庄市：河北省高校社科信息研究中心），2005年01期，頁40-45。

劉建萍

2009.03 刘建萍，〈1954年中国炮击金门时期苏联对华政策〉，

《烟台大学学报（哲学社会科学版）》（山东省烟台市：山东省教委），2009年03期，頁114-119。

2010.04 刘建萍，〈苏联对1958年中国炮击金门的政策反应及其影响〉，《当代中国史研究》（北京市：当代中国研究所），2010年04期，頁89-95+128。

劉界宏

2008 劉界宏，《金門縣國民小學家長學校公共關係知覺與學校滿意度之研究》，國立嘉義大學教育行政與政策發展研究所，2008年，碩士論文。

劉凌斌

2008 刘凌斌，《台湾光复初期闽台关系研究（1945～1949）》，厦门大学台湾研究所，2008年，硕士论文。

劉家國

1988 劉家國編著，《我的家鄉是戰地：金馬問題面面觀》，臺北市：[劉家國]，1988年。

劉庭祥

2008 劉庭祥，《亂世天堂：臺灣危機與金門未來》，臺中市：文學街，2008年。

劉振宇

2004 劉振宇編著，《金門地區地下水質、水量之監測與安全出水量及污染潛勢之評估（1/2）期末報告》，台北市：經濟部水利署，2004年。

2005 劉振宇編著，《金門地區地下水質、水量之監測與安全出水量及污染潛勢之評估（2/2）期末報告》，台北市：經濟部水利署，2005年。

2006 劉振宇編著，《金門地下水資源調查分析（1/2）》，台北市：經濟部水利署，2006年。

2007 劉振宇編著，《金門地下水資源調查分析（2/2）》，台北市：經濟部水利署，2007年。

劉浩然

1998 刘浩然，《闽南侨乡风情录》，香港：香港闽南人出版，1998年。

劉益昌

2005 劉益昌、郭素秋，〈金門復國墩遺存在亞洲大陸東南沿海的地位及其意義〉，陳仲玉、潘建國主編，《中國東南沿海島嶼考古學研討會論文集》，連江縣：中央研究院人文社會科學研究中心，2005年。

劉國信

2009 劉國信，《金門軍旅生活》，金門縣：內政部營建署金門國家公園管理處，2009年。

劉啟明

2005 劉啟明，《金門地區第2型糖尿病患者膽結石社區性流行病學研究》，國立陽明大學公共衛生研究所，2005年，博士論文。

劉淑音

2010 劉淑音，《金門民宅水車堵裝飾之研究》，臺北市：文史哲，2010年。

劉盛興

1996 劉盛興，《老樹有情：金門縣珍貴老樹歷史源流與掌故傳說》，金門縣：金門縣林務所，1996年。

劉統

2010 刘统，《跨海之战：金门、海南、一江山》，三联书店，2010年。

劉弼仁

1998.06 劉弼仁、謝蕙蓮、林志國、陳朝金、陳章波，〈金門慈湖的底棲環境與大型底棲動物的分布〉，《國家公園學報》8:1，1998.06，頁12-25。

劉智勇

2002 刘智勇，《中国外交研究中的材料辨析与理论运用：中美学者对1958年金门炮战动因研究之比较》，外交学院，碩士论文，2002年。

劉湘金

2004.03 劉湘金，〈僑鄉社會家庭婦女的功能與生活適應之研究：以金門地區三〇－五〇年代僑眷家庭婦女為例〉，李金振編，《閩南文化學術研討會論文集》（金門縣：金門縣立文化中心，2004年），頁321-337。

2005 劉湘金，《浮繪僑眷家庭婦女的生活圖像──探討金門地區1930-1950僑眷家庭婦女的角色與功能》，銘傳大學公共事務學系碩士在職專班，2005年，碩士論文。

劉登翰

2001.1 劉登翰，〈傳統本位的現代變奏──兼論金門歷史文化對李錫奇現代繪畫的影響〉，《藝術家》53:4=317，2001.10，頁352-361。

2005.03 刘登翰，〈传统本位的现代变奏──兼论金门历史文化对李锡奇现代画创作的影响〉，《福建艺术》（福建省福州市：福建省艺术研究所），2005年03期，頁26-32。

劉華嶽

2008 劉華嶽計畫主持，《金門城全區解說系統暨老街景觀改善工程先期規劃設計》，金門：金門縣政府，2008年。

2009　劉華嶽，《結合傳統民居元素之綠建築應用研究——以金門地區為例》，國科會專題研究計畫，國立金門大學建築學系，執行起迄：2008/08/01～2009/07/31。

2009　劉華嶽計畫主持，《金門特定區計畫（閩南建築專用區——陽明地區）先期評估與規劃》，金門：金門縣政府，2009年。

2009　劉華嶽計畫主持，《金門城酒鄉文化推廣計畫》，金門：金門縣文化局，2009年。

劉雲瀚

1976　劉雲瀚，〈紀金門古寧頭之役〉，中華學術院編，《戰史論集》，臺北市：中華學術院，1976年。

1977.12　劉雲瀚，〈泛論古寧頭大捷及其時代意義〉，《光復大陸》132，1977.12，頁9-14。

劉業經

1983.06　劉業經，〈金門植群之研究〉，《中華林學季刊》16:2=62，1983.06，頁113-149。

1985　劉業經主持，《金門植被之調查與研究》，臺北市：國科會微縮小組，1985年。

劉福聲

1978　劉福聲執筆，《預防金門地區青少年犯罪之研究》，金門縣金城鎮：福建金門地方法院，1978年。

劉銘緯

2003　劉銘緯，《論金門產業發展及其永續性——政體理論之實踐》，立德管理學院地區發展管理研究所，2003年，碩士論文。

劉鳳翰

1999.1　劉鳳翰，〈金門戰役五十周年祭-上-〉，《近代中國》133，1999.10，頁162-181。

1999.12 劉鳳翰，〈金門戰役五十周年祭-下-〉，《近代中國》134，1999.12，頁133-148。

2002.04 劉鳳翰，〈國軍（陸軍）在臺澎金馬整編經過（民國39至70年）〉，《中華軍史學會會刊》7，2002.04，頁277-317。

劉德茂

1963 劉德茂，《金門縣植物病蟲害試驗研究調查報告（50-51年度）》，金門縣：金門縣農業試驗所，1963年。

劉德雲

2000 劉德雲、張欽協，《山后傳統聚落細部計畫》，金門縣：金門國家公園管理處，2000年。

2008.09 刘德云，〈参与型旅游小镇规划模式研究——以金门金湖镇为例〉，《旅游学刊》（北京市：北京联合大学旅游学院），2008年09期，頁73-79。

劉學洙

2009.01 刘学洙，〈手抄（民国）《金门县志》述评〉，《贵州文史丛刊》（贵州省贵阳市：贵州省文史研究馆），2009年01期，頁84-85。

劉靜敏

1998.03 劉靜敏，〈金門縣志初探〉，《國立歷史博物館學報》8，1998.03，頁121-132。

劉鎮東

2005 劉鎮東，《浯江軼事》，台北：秀威資訊，2005年。

2005.08 劉鎮東，〈槍聲響起〉，《金門日報》，2005/08/29，副刊。

2005.09 劉鎮東，〈古寧頭之役狂想曲〉，《金門日報》，2005/09/11，副刊。

2006.03 劉鎮東，〈烏鴉〉，《金門日報》，2006/03/10，副刊。

劉藝

1982 劉藝導演，《金門民俗文化村》，中央電影事業股份有限公司出品，出品日期：1982-01-01，資料來源：電影資料館（1983年中華民國電影年鑑），入圍第十九屆金馬獎（民71年）。

劉寶城

2007 劉寶城，《金門詩歌研究》，淡江大學中國文學系碩士在職專班，2007年，碩士論文。

廣播電視

1995 廣播電視事業發展基金，《吃出鄉情：金門佳餚》，台北市：廣播電視事業發展基金，1995年。（2捲卡式帶）

樊德正

2009 樊德正編輯撰文，《金門縣漁業資源保育宣導手冊》，金門縣：金門縣政府，2009年。

樂美真

1998 乐美真，《金门商谈漫记》，北京市：九洲图书，1998年。

16劃

歐陽氏宗

1986 歐陽氏宗親會編，《金門歐陽氏族譜》，金門縣：金門縣歐陽氏宗親會，1986年。

歐陽亞慧

2007 歐陽亞慧，《金門地區保全人員休閒參與及工作績效之研究》，銘傳大學觀光研究所碩士在職專班，2007年，碩士論文。

歐陽林

1993 歐陽林，《蟲中情》，台北：希代書版公司，1993年。

1994 歐陽林，《愛一次怎麼夠——醫科學生愛的故事》，台北：希代書版公司，1994年。

1995 歐陽林，《青年醫生歐陽林——病人不要睡》，台北：希代書版公司，1995年。

1996 歐陽林，《歡喜冤家》，台北：希代書版公司，1996年。

1996 歐陽林，《臺北醫生故事》，台北：麥田出版公司，1996年。

1997 歐陽林，《臺北醫生故事2》，台北：麥田出版公司，1997年。

1998 歐陽林，《臺北醫生故事3：雞婆醫生》，台北：麥田出版公司，1998年。

1998 歐陽林，《臺北醫生故事4：醫生也瘋狂》，台北：麥田出版公司，1998年。

1998　歐陽林，《少年醫生天才事件簿》，台北：麥田出版公司，1998年。

1998　歐陽林，《醫院哈燒站》，台北：麥田出版公司，1999年。

1999　歐陽林，《帥哥不裝酷——歐陽林的愛情故事》，台北：麥田出版公司，1999年。

1999　歐陽林，《臺北醫生故事——狗咬歐陽林》，台北：麥田出版公司，1999年。

2000　歐陽林，《醫生護士跳起來》，台北：麥田出版公司，2000年。

2000　歐陽林，《單身男子公寓》，台北：麥田出版公司，2000年。

2000　歐陽林，《醫生的花Young心事》，台北：麥田出版公司，2000年。

2001　歐陽林，《我的青春吶！一個醫生作家的成長手記》，台北：麥田出版公司，2001年。

2001　歐陽林，《Doctor 0便利商店》，台北：麥田出版公司，2001年。

2001　歐陽林，《寂寞男子公寓》，台北：麥田出版公司，2001年。

2002　歐陽林，《一個醫生的愛情故事》，台北：麥田出版公司，2002年。

2002　歐陽林，《一個臺灣醫生的絲路之旅》，台北：馬可孛羅文化公司，2002年。

2002　歐陽林，《沒錢也要來看病》，台北：麥田出版公司，2002年。

2002　歐陽林，《叫我醫生哥哥》，台北：麥田出版公司，2002年。

2003　歐陽林，《再續絲路情》，台北：馬可孛羅文化公司，2003年。

2003　歐陽林，《歐醫生的生活妙處方》，台北：麥田出版公司，2003年。

2004　歐陽林，《我愛實習醫生》，台北：麥田出版公司，

2004年。

2004 歐陽林，《處女座的醫生是這樣的》，台北：麥田出版公司，2004年。

2005 歐陽林，《超人醫生診療室》，台北：麥田出版公司，2005年。

2005 歐陽林，《一個臺灣醫生的絲路假期》，台北：麥田出版公司，2005年。

2007 歐陽林，《今天不掛號》，臺北市：麥田出版 家庭傳媒城邦分公司發行，2007年。

2009.12 歐陽林，〈金門的土地會不會想念〉，《金門日報》，2009/12/12-13，副刊。

歐陽柏燕

1993 歐陽柏燕，《變心季節》，台北：海飛麗出版公司，1993年。

1994 歐陽柏燕，《失去季節的山丘》，台北：海飛麗出版公司，1994年。

2002 歐陽柏燕，《歐陽柏燕短詩選》，香港：銀河出版社，2002年。

2002.12 歐陽柏燕，〈詩寫金門——相約在海上〉，《幼獅文藝》588，2002.12，頁53。

2003 歐陽柏燕，《飛翔密碼》，金門：財團法人金門縣社教文化活動基金會，2003年。

2005 歐陽柏燕，《砲彈擊落一夢》，金門：金門縣文化局，2005年。

2005.07 歐陽柏燕，〈小說林——砲彈擊落一個夢〉，《金門文藝》7，2005.07，頁92-99。

2005.09 歐陽柏燕，〈《第一屆浯島文學獎》散文佳作 流向浯江〉，《金門日報》，2005/09/11，副刊。

2006 歐陽柏燕，《島行記憶——歐陽柏燕圖像文字作品》，金門：金門縣政府，2006年。

2007.07 歐陽柏燕，〈漢影雲根〉，《金門文藝》19，2007.07，頁118-121。

2008 歐陽柏燕，《燕尾與馬背的燦爛時光》，金門：金門縣文化局，2008年。

2010.05 歐陽柏燕，〈走出西塘古鎮地圖外〉，《金門日報》，2010/05/07，副刊。

2010.1 歐陽柏燕，〈「世博系列之完結篇」在夢想的競賽中攀登高峰〉，《金門日報》，2010/10/22，副刊。

歐陽振成

2010.02 歐陽振成，〈歐厝子弟歐陽鍾遠的落番事跡〉，《金門日報》，2010/02/12，副刊。

歐陽揚明

2006 歐陽揚明，《懷憶金門》，臺北市：文史哲，2006年。

歐陽餘慶

1999 歐陽餘慶，《台灣地區遊憩系統聯外運輸系統整體規劃摘要報告：東部區域及澎湖、金門、馬祖》，台北市：交通部運輸研究所，1999年。

歐陽禮

2009.1 歐陽禮，〈古寧頭戰役李光前殉國事略〉，《歷史月刊》261，2009/10，頁97-99。

歐陽儷讚

2005 歐陽儷讚，《金門居民之休閒行為、動機與阻礙對其休閒滿意度關係之研究》，銘傳大學觀光研究所碩士班，2005年，碩士論文。

歐聖榮

1994.12 歐聖榮、顏宏旭，〈金門地區觀光發展衝擊認知之研究〉，《戶外遊憩研究》7:4，1994.12，頁61-89。

歐震緯

1984.05 歐震緯，〈金門中式民居建築調查概說-上-〉，《中華民國建築師雜誌》113，1984.05，頁25-31。

1984.06 歐震緯，〈金門中式民居建築調查概說-下-〉，《中華民國建築師雜誌》114，1984.06，頁43-46。

澎湃

2002.1 澎湃，〈金馬小三通——政府、地方和民間有嚴重落差〉，《中央月刊》35:10，2002.10，頁68-71。

潘邦威

2004 潘邦威，《民進黨政府「小三通」政策之研究——漸進主義的分析》，臺灣大學國家發展研究所，2004年，碩士論文。

潘彥廷

2008 潘彥廷，《民營化可行性之探討——以金門酒廠實業股份有限公司為例》，雲林科技大學會計系研究所，2008年，碩士論文。

潘淑敏

2008 潘淑敏，《影響金門縣衛生保健志工工作滿意度因素之研究——以金門縣社區建康營造中心為例》，銘傳大學公共事務學系碩士在職專班，2008年，碩士論文。

潘富俊

2009 潘富俊研究主持，《金門海岸植被演替調查研究（一）》，金門：內政部營建署金門國家公園管理處委託，2009年。

2010 潘富俊研究主持，《金門海岸植被演替調查研究（二）》，金門：內政部營建署金門國家公園管理處委託，2010年。

滕昕雲

2008　滕昕雲執行主編；王道和等採訪撰文，《金門八二三：追憶金門砲戰50週年》，台北市：行政院國軍退除役官兵輔導委員會，2008年。

緯來電視

2007　緯來電視網製作，《臺灣生態部落格，第四季：3, 金門水獺現形記》，臺北市：臺視文化，[2007.01]。

蔣柳清

1999　蒋柳清，《落潮——金门战俘沉浮记》，南京市：江苏人民出版社，1999年。

蔣晉槐

1975.06　蔣晉槐，〈金門鼠疫防治工作之再檢討〉，《軍醫文粹》6，1975.06，頁9-11。

蔣海波

2004.03　蔣海波，〈金門旅日華僑王敬祥及其事業〉，李金振編，《閩南文化學術研討會論文集》（金門縣：金門縣立文化中心，2004年），頁287-292。

蔡世民

1987　蔡世民，《瓊林蔡氏前水頭支派族譜》，金門縣：金門前水頭蔡氏，1987年。

蔡世居

1998　网雷（原名蔡世居，祖籍福建金门），《我们隔得那么远》，新加坡：新华文化事业（新）有限公司，1998年。

蔡世舜

1991　蔡世舜、呂添全、楊添壽編輯，《金門書畫選集：慶祝中華民國建國八十週年紀念》，金門縣：金門防衛司令部金門戰地政務委員會，1991年。

蔡主賓

2005 蔡主賓，《蔡廷蘭傳》，金門：金門縣文化局，2005年。

2005 蔡主賓，《蔡獻臣年譜》，金門：金門縣文化局，2005年。

蔡行瀚

2003.09 蔡行瀚、邱文達、盧立華、陳天順、曾昭文、吳雪如，〈我國離島急重症病患之空中醫療轉送實務經驗：以金門為研究對象〉，《中華民國急救加護醫學會雜誌》，Vol.14 No.3，2003.09，頁99-108。

蔡廷蘭

1973 蔡廷蘭（清），《海南雜著》，澎湖縣：澎湖縣濟陽柯蔡宗親會，1973年。

蔡志良

2008.05 蔡志良，〈兩岸經貿正常化之先行示範區域：金門發展成為「兩岸經濟自由區域」之可行性評估〉，《臺灣經濟研究月刊》31：5，總期：365，2008/05，頁80-86。

2009.05 蔡志良，〈分析BOT案之投資人資格限制：以「金門縣工商休閒園區」為例〉，《臺灣經濟研究月刊》32：5，總期：377，2009/05，頁103-107。

2009.09 蔡志良，〈金門工商休閒園區案例分析〉，《臺灣經濟研究月刊》32:9=381，2009.09，頁37-43。

蔡志昇

2001.08 蔡志昇，〈八二三戰役前後美國暨我國關係之研究〉，《空軍學術月刊》537，2001.08，頁23-40。

蔡志隆

2007 蔡志隆，《TIMSS 2007評量架構應用在金門縣國小學童數學成就之調查研究》，國立臺北教育大學教育行政碩士在職進修專班，2007年，碩士論文。

蔡志慶

2006 蔡志慶，《我國對於大陸與外籍新娘管理制度之比較研究——以金門地區為例》，銘傳大學社會科學院國家發展與兩岸關係碩士在職專班，2006年，碩士論文。

蔡秀雲

2006 蔡秀雲編輯，《北山十三號及古洋樓（含雙落大厝）傳統建築修護工作紀錄報告書》，金門縣：內政部營建署金門國家公園，2006年。

蔡邦政

2003 蔡邦政、陳祖濱，《中西合璧的僑鄉文化：洋樓》，金門縣：金門國家公園管理處，2003年。（1張數位影音光碟）

蔡佳霖

2006 蔡佳霖，《金門醫院參與社區健康營造之探討》，銘傳大學公共事務學系碩士在職專班，2006年，碩士論文。

蔡卓銀

2007 蔡卓銀，《幼稚園品質衡量與地區比較研究——以金門縣、台北縣市為例》，國立政治大學幼兒教育所，2007年，碩士論文。

蔡宛真

2005 蔡宛真，《朱子家禮對金門喪葬文化的影響》，銘傳大學應用中國文學系碩士在職專班，2005年，碩士論文。

蔡承旺

1991 蔡承旺，《實業計劃之實證研究：金門觀光資源開發之社會效益》，國立臺灣師範大學三民主義研究所，1991年，碩士論文。

2005 蔡承旺，《以互賴理論建構金門經濟發展策略》，國立臺灣師範大學政治學研究所，2005年，博士論文。

2005.02 蔡承旺，〈實業計畫之實證研究——金門觀光發展之效益評估〉，《師大政治論叢》4，2005.02，頁259-293。

蔡明松

2000.09 蔡明松，〈金門地區的土地使用分區管制〉，《金門國家公園簡訊》16，2000.09，頁6-9。

2003 蔡明松、孫麗婷，《金門旅遊護照》，金門縣：金門國家公園管理處，2003年。

蔡明哲

2001 蔡明哲，《金門縣縣定古蹟浦邊周宅調查研究暨修護計畫》，金門縣：金門縣政府，2001年。

2002 蔡明哲、陳榮文、陳炳容、楊東錦，《縣定古蹟慈德宮調查研究暨修復計劃》，台北市：大木工作室，2002年。

2003 蔡明哲，《金門縣縣定古蹟黃偉墓調查研究暨修復計畫》，金門縣金城鎮：金門縣政府，2003年。

蔡秉蓉

2007 蔡秉蓉，《楊樹清散文中的原鄉追尋（1962～2007年）》，銘傳大學應用中國文學系碩士在職專班，2007年，碩士論文。

蔡長清

1998 蔡長清，〈觀光資源形象調查及應用〉，《為金門觀光把脈學術研究會論文集》（金門：金門縣政府，1998

年），頁34-46。

2000 蔡長清、蔡桂妙、張梨慧，〈遊客對金門古蹟的認識、動機與滿意度之研究〉，《第十五屆全國技術及職業教育研討會論文集：餐旅及家政類》（台中：嶺東技術學院，2000年），頁83-92。

2001 蔡長清、蔡桂妙，〈遊客對古蹟的環境態度之研究——以金門為例〉，《第一屆觀光休閒暨餐旅產業永續經營研討會論文集》（高雄市：高雄餐旅學院，2001年），頁335-344。

蔡俊輝

1998 蔡俊輝，《返鄉服務員警工作滿足之研究——以金門縣警察局為例》，中央警察大學行政警察研究所，1998年，碩士論文。

蔡建鑄

2008 蔡建鑄，《廟宇型社區發展之研究——以金門瓊林保護廟為例》，國立高雄大學高階經營管理碩士在職專班（EMBA），2008年，碩士論文。

蔡建鑫

2006 蔡建鑫，《防疫措施之探討——以兩岸小三通為例》，國立高雄大學高階經營管理碩士在職專班，2006年，碩士論文。

蔡是民

1999.1 蔡是民，〈金門水頭商港興建計畫簡介〉，《港灣報導》50，1999.10，頁11-19。

2005 蔡是民，《縣（市）地方行政首長人事任用權之研究——以金門縣長為例》，銘傳大學公共事務學系碩士在職專班，2005年，碩士論文。

2008.03 蔡是民，〈瓊林「怡穀堂」是否係蔡獻臣書齋〉，《金門日報》，2008/03/15，副刊。

2008.09 蔡是民，〈金門瓊林大宗宗祠的神龕與香爐〉，《金門日報》，2008/09/21，副刊。

2010 蔡是民，《瓊林風華》，金門縣金寧鄉：內政部營建署金門國家公園管理處，2010年。

蔡柏發

2008.03 蔡柏發，〈戀戀家鄉味——金門味蕾之旅〉，《金門日報》，2008/08/23，副刊。

2008.11 蔡柏發，〈再會吧！金門老戲院〉，《金門文藝》27，2008.11，頁37-39。

2009.08 蔡柏發，〈八二三金門砲戰始末〉，《金門日報》，2009/08/23，副刊。

2010.04 蔡柏發，〈談戒嚴時期政府對大陸的空飄與廣播〉，《金門日報》，2010/04/19，副刊。

2010.11 蔡柏發，〈從戒嚴時期看不同年代的軍政標語〉，《金門日報》，2010/11/19，副刊。

蔡珊珊

2009 蔡珊珊，《學校社會心理環境與金門地區青少年心理健康之相關探討》，國立臺北教育大學教育行政碩士在職進修專班，2009年，碩士論文。

蔡相煇

2008.11 蔡相煇，〈鄭成功家族與金門〉，楊加順總編輯，《2008金門學學術研討會論文集——烽火僑鄉敘事記憶：戰地、島嶼、移民與文化》（金門縣：金門縣文化局，2008.11），頁159-170。

蔡美意

2004 蔡美意，《金門城隍廟籤詩之研究》，銘傳大學應用中國文學系碩士在職專班，2004年，碩士論文。

2008 蔡美意，《閩南地區台商子女轉赴金門就讀高中之校園生活適應探究——六名台商子女的故事》，銘傳大學教育研究所碩士班，2008年，碩士論文。

蔡飛躍

2008.05 蔡飛躍，〈金門：閩南人文的鈐記〉，《福建文學》（福建省福州市：福建省文學藝術界聯合會），2008年05期，頁82-83。

蔡家銘

2004 蔡家銘，《金門地區植群生態之研究》，國立中興大學森林學系，碩士論文，2004年。

蔡家蓁

2005.01 蔡家蓁，〈提供服務，身繫團結旅台鄉親重責大任——高雄市、高雄縣、台南縣、台南市金門同鄉會簡介〉，《金門日報》，2005/1/2。

2007 蔡家蓁，《以旅遊動機區隔金門島觀光市場之研究》，銘傳大學觀光研究所碩士在職專班，2007年，碩士論文。

蔡容英

2008 蔡容英，《故事城堡：田浦城之集體記憶》，金門：金門縣文化局，2008年。

蔡振念

2002 蔡振念，《杜詩唐宋接受史》，台北：五南圖書出版公司，2002年。

2002.07 蔡振念，〈詩——回鄉偶記〉，《幼獅文藝》583，2002.07，頁61。

2002.12 蔡振念，〈詩寫金門——永遠的那卡西——為金門王寫〉，《幼獅文藝》588，2002.12，頁57。

2003 蔡振念，《臺灣現代小說精讀》，台北：五南圖書出版公司，2003年。

2004 蔡振念，《陌地生憶往》，台北：唐山出版社，2004年。

2005 蔡振念，《漂流寓言》，台北：唐山出版社，2005年。

2005.05 蔡振念，〈一顆美麗的瓶中蘋果——評顏艾琳詩集《她方》〉，《文訊》235，2005.05，頁32-34。

2006 蔡振念，《郁達夫》，台北：三民書局，2006年。

2006 蔡振念，《水的記憶》，金門：金門縣政府，2006年。

2007.01 蔡振念，〈美學的饗宴——評洪進業《離開或者回來》〉，《金門文藝》16，2007.01，頁73-75。

2007.03 蔡振念，〈為戰爭寫史詩——評張國治《戰爭的顏色》〉，《金門文藝》17，2007.03，頁73-75。

2007.07 蔡振念，〈靈魂的探險——評許水富《孤傷可樂》〉，《金門文藝》19，2007.07，頁73-75。

2007.09 蔡振念，〈桃源何處尋——評寒川詩集《古厝》〉，《金門文藝》20，2007.09，頁73-75。

2007.11 蔡振念，〈折翼天使之歌——評歐陽柏燕《飛翔密碼》〉，《金門文藝》21，2007.11，頁57-60。

2008.07 蔡振念，〈從地方文學到世界文學〉，《金門文藝》25，2008.07，頁4-6。

2008.08 蔡振念，〈影像與語言的文本互涉——評翁翁圖影文集《柴門輕扣》〉，《文訊》274，2008.08，頁98-99。

2009.01 蔡振念，〈金門學研究的開展〉，《金門文藝》28，2009.01，頁45-47。

2009.05 蔡振念，〈金門古典文學的整理〉，《金門文藝》30，2009.05，頁73-75。

2010 蔡振念，《敲響時間的光》，高雄縣鳳山市：高縣文化局，2010年。（98年高雄縣作家作品集）

2010 蔡振念，《人間情懷》，高雄縣鳳山市：高縣文化局，2010年。（98年高雄縣作家作品集）

蔡珮君

2008 蔡珮君，《從傳統聚落到“戰鬥村”：以金門瓊林為例》，國立金門技術學院閩南文化研究所，2008年，碩士論文。

蔡國強

2004.1 蔡國強，〈「金門碉堡藝術館——18個個展」開幕致詞〉，《典藏今藝術》145，2004.10，頁118。

蔡清其

2005.12 蔡清其，〈金門瓊林保護廟籤詩全記錄〉，《金門日報》，2005/12/31，副刊。

蔡淑真

2006 蔡淑真，《金門縣設立「養生村」之可行性研究》，國立高雄大學高階經營管理碩士在職專班（EMBA），2006年，碩士論文。

蔡凱萍

2009 蔡凱萍，《2010金門馬拉松賽會效益評估之研究》，國立臺灣體育大學休閒產業經營學系碩士班，2009年，碩士論文。

蔡博文

1998 蔡博文、張長義等，《金門馬祖環境敏感地區之調查研究與資料庫之建立》，台灣大學地理環境資源學系研究計畫，環保署，1998年。

蔡復一

1981 蔡復一（明），《遯庵蔡先生文集》，台北市：國立中央圖書館縮影室，[1981?]年。

2005 蔡復一（明），《遯菴全集十八卷.遯菴駢語五卷.續駢語二卷》，北京：北京出版社出版發行，2005年。

蔡惠欣

2009 蔡惠欣，《如何經營台灣的世界遺產潛力點——以流轉的金門為例》，雲林科技大學文化資產維護系碩士班，2009年，碩士論文。

蔡惠美

2009 蔡惠美，《與我同心》，台北：秀威資訊，2009年。

蔡惠娜

2007 蔡惠娜，《自治稅捐與金門地方財政關係之研究》，銘傳大學公共事務學系碩士在職專班，2007年，碩士論文。

蔡琪秀

1978.1 蔡琪秀，〈美哉金門〉，《金門》1，1978.10，頁24-25。

蔡發色

1987.06 蔡發色、楊忠本，〈金門縣中正國小資優學生追蹤調查之研究〉，《國小特殊教育》7，1987.06，頁53-68。

2000 蔡發色，《金門縣森林遊樂區解說手冊》，金門縣：金門縣林務所，2000年。

2002.1 蔡發色，〈從「世界文化遺產」中尋找金門〉，《金門日報》，2002/10/14-15，副刊。

2002.12 蔡發色、盧嘉玲、許開山策劃主編，《典範——金門人的成長故事》，金門縣：金城鎮中正國小，2002.12。親職教育輔導叢書。

2002.12 蔡發色，〈因有「梅花」自不同：《典範——金門人的故事》編後感〉，《金門日報》，2002/12/02，副刊。

2004 蔡發色、王麗娟策劃主編，《耕耘與綻放：金門縣立文化中心——文化義工活動成果專輯》，金門縣金城鎮：金門縣政府，2004年。

2005 蔡發色、王麗娟策劃主編，《深耕與茁壯：金門縣文化局文化義工專輯. 2004年》，金門縣：金門縣文化局，2005年。

2006 蔡發色等作，《新苗、金苗：創作選集》，金門：金門縣文化局，2006年。

2008 蔡發色等作，《歡樂童年選集》，金門：金門縣文化局，2008年。

蔡逸宏

2007 蔡逸宏，《市售「金門益壽藥酒」長期或過量服用之安全性評估及其抗氧化活性研究》，大仁科技大學製藥科技研究所，2007年，碩士論文。

蔡瑜

2001 蔡瑜，《金門金城閩南語央元音（ö）與（«）之社會變異研究》，靜宜大學英國語文學系研究所，2001年，碩士論文。

蔡鈺鑫

2005.09 蔡鈺鑫，〈與砲彈共枕的夜晚〉，《金門文藝》8，2005.09，頁95。

2005.09 蔡鈺鑫，〈金門寫生〉，《金門文藝》8，2005.09，頁93。

2005.09 蔡鈺鑫，〈共耕一畝金門精神的田〉，《金門文藝》8，2005.09，頁94。

2005.09 蔡鈺鑫，〈砲彈是我童年的全部真理全部記憶〉，《金門文藝》8，2005.09，頁95。

2008.01 蔡鈺鑫，〈金門的華茲華斯：渡也「夜晚和金門站在一起」賞析〉，《金門文藝》22，2008.01，頁61-63。

2008.03 蔡鈺鑫，〈淡妝的詩意、濃抹的鄉情——李子恆兩首金門歌曲賞析〉，《金門文藝》23，2008.03，頁73-75。

2008.07 蔡鈺鑫，〈金門文學的定義與活水〉，《金門文藝》25，2008.07，頁7-9。

2008.07 蔡鈺鑫，〈老兵作家代表：黃克全的「老兵不死（十首）」詩賞析〉，《金門文藝》25，2008.07，頁75-77。

2008.09 蔡鈺鑫，〈醉在金門的命運裡——白靈「金門高梁」賞析〉，《金門文藝》26，2008.09，頁58-60。

2008.11 蔡鈺鑫，〈見證一頁金門歷史〉，《金門文藝》27，2008.11，頁68-71。

2009.01 蔡鈺鑫，〈古厝之美：戀戀瓊林「老家」〉，《金門文藝》28，2009.01，頁50-52。

蔡福祿

2008 蔡福祿，《兩岸直航後對金門經濟面衝擊與影響之研究》，銘傳大學公共事務學系碩士在職專班，2008年，碩士論文。

蔡精強

1993.02 蔡精強、陳世保，〈金門縣之農業暨農地利用綜合規劃〉，《農藥世界》114，1993.02，頁89-91。

蔡肇基

1997.12 蔡肇基、高茂涵、黃嵩立，"Comparison of Major Aeroallergens in Taipei and Kin-Men"，《臺灣醫學會雜誌》96:12，1997.12，頁985-989。

蔡鳳怡

2008 蔡鳳怡，《台灣發展中的島博物館-以烈嶼鄉文化館為例》，國立臺南藝術大學博物館學研究所，2008年，碩士論文。

蔡鳳雛

2003.02 蔡鳳雛，〈被遺忘的古蹟與奇景〉，《金門日報》，2003/02/19，副刊。

2004.12 蔡鳳雛，〈民前浯洲十七都汶沙保族系的來源及其分衍初探〉，《金門宗族文化》1，2004.12，頁36-40。

2006.12 蔡鳳雛，〈浯風南渡：為2006年世界金門日而寫 由譜書管窺鄉賢蔡獻臣家族的姻誼關係〉，《金門日報》，

2006/12/14-16，副刊。

2007.07 蔡鳳雛，〈金門文化的光榮——賀金門縣文化局成立三週年〉，《金門文藝》19，2007.07，頁21-22。

2008.01 蔡鳳雛，〈文化豐年攜手同行〉，《金門文藝》22，2008.01，頁8-10。

2008.07 蔡鳳雛，〈讓精彩故事由金門出發——金門學研究會的文化宿願〉，《金門文藝》25，2008.07，頁20-22。

2008.1 蔡鳳雛，〈由人口移動自金廈兩地的親緣關係〉，《金門縣宗族文化研究協會會刊》5（2008年10月），頁5-21。

2010.12 蔡鳳雛，〈由人口移動看金廈兩地的親緣關係〉，李沃士等撰文，《2010年金門學學術研討會論文集，第三屆》（金門縣：金門縣文化局，2010年12月）。

蔡慧敏

1994.06 蔡慧敏，〈勉懷先人的海上公園——「金門戰役紀念國家公園」規劃發展理念〉，《造園季刊》16，1994.06，頁42-48。

1998 蔡慧敏，《島嶼環境變遷研究-金門島地景型塑與轉化分析》，國立臺灣大學地理學研究所，1998年，博士論文。

2002 蔡慧敏（國立臺灣師範大學環境教育研究所），《島嶼性格轉變對島民環境意識影響之研究：以變遷中的金門島為例》，國科會專題研究計畫，執行起迄：2001/08/01～2002/07/31。

2004 蔡慧敏研究主持，《島嶼生態旅遊與環境教育評估研究》，金門縣：內政部營建署金門國家公園管理處，2004年。

蔡獻臣

2000 蔡獻臣（明），《清白堂稿 十七卷》，北京市：北京出版社，2000年。（四庫未收書輯刊.第6輯;22）

蔡顯恭

2005 蔡顯恭，《金門傳統民居再利用之研究——以瓊林聚落為例》，國立成功大學建築學系碩博士班，2005年，碩士論文。

蔡顯國

2005 蔡顯國，《島鄉顯影：金門人文影像》，台北市：十三間文化出版，2005年。

鄭大行

2002.1 鄭大行，〈金門的小三通美夢破碎，幻滅相隨〉，《中央月刊》35:10，2002.10，頁71-72。

2008 鄭大行，《金廈港務管理局設立之政策選擇——美國紐新港務局經驗之比較分析》，國立金門技術學院中國大陸研究所，2008年，碩士論文。

鄭再法

1990 鄭再法（印尼）編纂，《金門 前水頭鄉鄭氏家族系譜》，編者，1990年。萬萬齋藏。

鄭吉鈞

1994 鄭吉鈞、黃俊銘，〈金門地區殖民地陽台樣式建築的地區性特徵〉，中華民國建築學會，《第七屆建築研究成果發表會》，1994年，頁349-354。

鄭向敏

2007.09 郑向敏，〈金门、厦门、泉州三地旅游产业分工与合作问题研究〉，全国经济地理研究会，《全国经济地理研究会第十一届学术年会暨中国区域协调发展学术研讨会论文集》，2007.09.01。

鄭成功研究

1982 郑成功研究学术讨论会学术组，《台湾郑成功研究论文选》，福建人民出版社，1982 年。

鄭有諒

2002 鄭有諒編著，《兵法與書法的對話》，金門縣：金門縣立文化中心，2002年。

2005.08 鄭有諒，〈緬懷八二三炮戰〉，《金門日報》，2005/08/23，副刊。

2006 鄭有諒，《遺留戰爭中的精神標語》，金門：金門縣文化局，2006年。

2008.08 鄭有諒，〈緬懷八二三談烽火歲月中的精神標語〉，《金門日報》，2008/08/25，副刊。

2010.07 鄭有諒，〈大二膽戰役國軍用兵之評析及省思暨向老兵致敬〉，《金門日報》，2010/07/23，副刊。

鄭志明

1996 鄭志明主編，《文化台灣. 卷二（金門的社會與文化）》，臺北縣中和市：大道，1996年。

鄭沛文

2005 鄭沛文，《許獬及其作品研究》，國立成功大學中國文學系碩博士班，2005年，碩士論文。

鄭孟嫻

2009 鄭孟嫻，《海島型縣市國民小學鄉土語言閩南語教材名詞代名詞類詞彙之比較分析研究～以澎湖縣、金門縣為例》，國立臺東大學語文教育學系碩士班，2009年，碩士論文。

鄭宗典

1992.05 鄭宗典，〈金門馬祖地區賦稅制度之現況與展望〉，

《財稅研究》24:3，1992.05，頁69-76。

鄭昌任

1960.05 鄭昌任，〈金門魚類的初步調查〉，《中國水產》89，1960.05，頁24-27。

鄭果

1978 鄭果，《明恥教戰：并述民國卅八年金門古寧頭戰役史實》，出版地與出版者不詳，1978年。

鄭杰光

2007 郑杰光，《1949金门战役研究》，厦门大学，博士論文，2007年。

鄭昭任

1960.12 鄭昭任，"Contributions to the Fishes from Quemoy（Kinmen）", *Quarterly Journal of the Taiwan Museum*, 13:3/4，1960.12, pp. 191-214.

鄭美珍

2001 鄭美珍總編輯，《金中青年》，金門縣金城鎮：國立金門高級中學，2001年。

鄭素雯

2008 鄭素雯，《金門縣國民小學教師在職進修現況研究》，國立嘉義大學教育行政與政策發展研究所，2008年，碩士論文。

鄭淑穗

2010.09 鄭淑穗，〈簽約後才是考驗的開始？優質履約管理為「兩岸必金之門」──金門工商休閒園區成功關鍵〉，《臺灣經濟研究月刊》，33:9=393，2010.09，頁52-59。

鄭傑民

2009 鄭傑民總編輯，《金門縣地政成果展專輯98：地擘半世紀，政開新金門》，金門縣金寧鄉：金門縣地政局，2009年。

鄭傑光

2007.02 鄭傑光，〈1949年台海危機金門戰役的歷史教訓〉，楊加順總編輯，《2006年金門學學術研討會論文集》（金門縣：金門縣文化局，2007年2月），頁177-182。

2007.07 鄭傑光，〈早安！金門〉，《金門文藝》19，2007.07，頁32-34。

鄭朝安

2008 鄭朝安（國立金門大學食品科學系），《金門及大陸一條根之抗氧化成分及基因圖譜演化相關性探討》，國科會專題研究計畫，執行起迄：2007/08/01～2008/07/31。

鄭琦珊

2003 郑琦珊，《闽南乡村聚落空间形态研究》，厦门大学建筑学系，2003年，硕士论文。

鄭愁予

1967.1 鄭愁予，〈金門集〉，《幼獅文藝》27:4，1967.10，頁78-81。

2003.1 鄭愁予，〈「即興」使用點擊的手法以攫取永恆——煙火是戰火的女兒，金門的詩〉，《聯合文學》19:12=228，2003.10，頁24-28。

2008.1 鄭愁予，〈飲酒金門行〉，《聯合文學》24:12=288，2008.10，頁37。

2008.1 鄭愁予，〈金門集〉，《聯合文學》24:12=288，2008.10，頁38-39。

2008.1 鄭愁予，〈金門需要更多的數位軟體——心理建設〉，《聯合文學》24:12=288，2008.10，頁42-46。

鄭嘉松

2002 鄭嘉松，《海巡機關危機處理之研究——以金馬小三通為例》，東海大學公共事務碩士在職專班，2002年，碩士論文。

鄭福田

1993 鄭福田、張章堂，《金門地區新電廠興建計劃之背景空氣品質調查研究》，台灣大學環境工程學研究所，研究計畫，益鼎工程股份有限公司委託，1993.07。

鄭遠釗

1978.11 鄭遠釗，〈上海保衛戰與古寧頭大捷——兼評「從軍人到大使」〉，《傳記文學》33:5，1978.11，頁66-72。

1980.01 鄭遠釗，〈研考金門保衛戰》，《中外雜誌》27:1，1980.01，頁32-35。

1980.1 鄭遠釗，〈金門保衛戰實錄〉，《中外雜誌》26:4，1980.10，頁43-53。

1986.1 鄭遠釗，〈為湯恩伯將軍辯誣：金門大捷真象-上-〉，《浙江月刊》18:10=210，1986.10，頁24-26+。

1986.11 鄭遠釗，〈為湯恩伯將軍辯誣：金門大捷真象-下-〉，《浙江月刊》18:11=211，1986.11，頁20-24。

鄭縈

1994 鄭縈，〈金門官澳方言初探〉，收錄於余光弘、魏捷茲編，《金門暑期人類學田野工作教室論文集》，台北，中央研究院民族學研究所，1994年。

鄭藩派

1998 鄭蕃派，《金門縣國民小學鄉土教學活動補充教材——母語原鄉情彌真》，金門：金門縣政府，1998年。

2001.1 鄭藩派，〈金門民間節慶文學〉，《金門》69，2001.10，頁16-26。

2002 鄭藩派，〈信不信由你——金門民間百般禁忌〉，《金門》72，2002，頁30-47。

2004 鄭藩派編著，《金門鄉諺俚語采風情》，金門縣金城鎮：金門縣政府，2004年。

2005 鄭藩派，《讀諺語、唱童謠：金門縣九十三學年度教學手冊》，金門縣：金門縣政府，2005年。

2007 鄭藩派，《開臺進士——鄭用錫》，金門：金門縣文化局，2007年。

2007 鄭藩派，《浯洲金語展歡言：金門縣九十六年度鄉土語言「咱佇這還會聽著即種聲音參考教材」》，金門縣金城鎮：金門縣政府，2007年。

2008 鄭藩派，《悠悠浯江思古情：金門鄉野人物傳說》，金門縣：金門縣政府，2008年。

2010 鄭藩派，《母語若是失聲，底人是咱俺娘：金門話入門》，金門縣金城鎮：金門縣府，2010年。

鄧孔昭

2000.02 邓孔昭，《郑成功与明郑台湾史研究》，「郑成功与金门史事研究」，厦门大学超星数字图书馆电子图书，2000年02月第1版。

2003 邓孔昭，〈郑成功对金门社会历史的影响〉，杨国桢主编，《长共海涛论延平：纪念郑成功驱荷复台340周年学术研讨会论文集》，上海：上海古籍出版社，2003年。

鄧利娟

2007.02 邓利娟，〈积极拓展“金马游”，促进两岸旅游新发展〉，《海峡科技与产业》（北京市：科技部海峡两岸科技交流中心），2007年02期，頁45-48。

鄧定秩

1998.08 鄧定秩，〈從「八二三」金門砲戰勝利論金門戰略地位〉，《陸軍學術月刊》34:396，1998.08，頁4-11。

2006.09 鄧定秩，〈金馬地區戰略角色之研究〉，《中華戰略學刊》95:秋，2006.09，頁34-66。

鄧榮坤

2007.11 鄧榮坤，〈金門二三事〉，《金門文藝》21，2007.11，頁120-122。

震撼

2003.09 震撼，〈金門紙鈔史〉，《金門日報》，2003/9/10，副刊。

2003.11 震撼，〈《感恩的故事》母校城中，生日快樂！〉，《金門日報》，2003/11/12，副刊。

魯軍

1995.07 魯軍，〈金門奇人劉雨成〉，《青年日報》，1995.07.29，第15版。

黎中天

1950.09 黎中天，〈堅守金門的胡璉兵團〉，《中國一周》21，1950.09，頁15。

黎玉璽

1985 黎玉璽，《八二三金門會戰海軍作戰實錄》，臺北市：作者，1985年。

黎明工程

2008 黎明工程顧問股份有限公司執行，《金門前埔溪流域水資源利用調查規劃》，台中縣：經濟部水利署水利規劃試驗所（第1版），2008年。（電子書）

黎明儀

2000 黎明儀總編輯，《金門國家公園》，金門：金門國家公園管理處，2000年。

曉星

2010.04 曉星（印尼），〈永誌印華史冊的功臣——寒川〉，《金門日報》，2010/04/12，副刊。

17劃

盧元培

1996 盧元培、許志仁、葉鈞培，《金門地區校園植物》，金門：金門高職，1996年。

1997 盧元培、許志仁、葉鈞培，《校園植物標示與解說》，金門：國立金門農工職校，1997年。

盧志輝

1993 盧志輝總編輯，《金門縣地球科學鄉土教學資源之調查研究》，福建省金門縣：金門縣政府，1993年。

1997 盧志輝總編輯，《金門恩主公守護門》，金門縣：金門縣政府，1997年。

2005 盧志輝總編輯，《金門碉堡藝術館：18個個展暨兒童展》，金門縣：金門縣政府，2005年。

盧建旭

2003.04 盧建旭、李懷寧，〈公務人員運用網路能力之研究——以金門縣為例〉，《研考雙月刊》27:2=234，2003.04，頁87-100。

盧美紅

2008 盧美紅，《金門暨廈門地方政府之比較研究》，銘傳大學公共事務學系碩士在職專班，2008年，碩士論文。

盧若騰

1968 盧若騰（明）著；臺灣銀行經濟研究室編，《島噫詩》，臺北市，臺灣銀行，1968年。台灣文獻叢刊第245種。

1969 盧若騰（明），《留庵詩文集》，金門：金門日報社，1969年。

1996 盧若騰（明），《島居隨錄 二卷》，臺北市：新文豐，1996年。

盧泰康

2009 盧泰康、野上建紀，〈澎湖群島・金門島発見の肥前磁器〉，金沢大学考古学紀要，2009年，頁90-100.

盧淑妃

1994.06 盧淑妃、蔡慧敏，〈明天的金門——金門戰役紀念國家公園之規劃〉，《中華民國建築師雜誌》234，1994.06，頁98-101。

盧嘉興

1967.1 盧嘉興，〈有明「自許先生」盧若騰〉，《臺灣研究彙集》4，1967.10，頁1-8。

盧錫銘

1971 盧錫銘、黃集美同記，《浯江書院論語講錄》，金門縣：金門縣文獻委員會印行，1971年。

盧懷琪

2008.1 盧懷琪，〈談金門賢聚盧氏宗廟重修、奠安慶典〉，《金門縣宗族文化研究協會會刊》5（2008年10月），頁68-72。

蕭永奇

2002.1 蕭永奇，〈浯洲蕭氏開族志〉，《金門日報》，2002/10/27，副刊。

2003.07 蕭永奇，〈《砲火餘生錄》碧山靶場憶當年〉，《金門日報》，2003/07/15，副刊。

2003.11 蕭永奇，〈金門族譜文化產業的展望〉，《全國新書資訊月刊》59，2003.11，頁15-19。

2004.07 蕭永奇，〈金門修譜的時代契機〉，《金門》79，2004.07，頁46-49。

2004.12 蕭永奇，〈金門第三波——以族譜發展文化創意產業〉，《金門宗族文化》1，2004.12，頁5-10。

2005.01 蕭永奇，〈《生活札記》僑胞尋根問卷分析〉，《金門日報》，2005/01/25，副刊。

2006.04 萧永奇、叶钧培，〈金门族谱编修之回顾与展望〉，国家图书馆古籍馆编，《地方文献国际学术研讨会论文集. 2004》，北京市：北京圖書館出版社, 2006年。

2006.11 蕭永奇，〈金門英坑黃氏百年記事錄〉，《金門日報》，2006/11/20-22，副刊。

2007.12 蕭永奇，〈黃文遠千里尋親記〉，《金門日報》，2007/12/09，副刊。

2007.12 蕭永奇，〈《碧山史述》序〉，《金門日報》，2007/12/22，副刊。

蕭家興

1994.08 蕭家興，〈金門住宅發展之現況與未來——透過教育破除「有土斯有財」的住宅持有觀念〉，《中華民國建築師雜誌》236，1994.08，頁82-83。

蕭清芬

1996 蕭清芬，《金門國家公園：自然及人文資源》，台北市：內政部營建署，1996年。

蕭新煌

1994 蕭新煌、中國社會學社，《金門地區的自然保育與文化維護之社會力分析研究報告》，台北市：中國社會學社，1994年。

蕭義玲

2006.07 蕭義玲，〈荒原與光——評吳鈞堯的新散文集《荒言》〉，《中國時報》，2006/7/22，開卷週報。

蕭鈺婷

2009 蕭鈺婷，《盧若騰詩作研究》，高雄師範大學國文學系，2009年，碩士論文。

蕭鋒

1994 蕭鋒、李曼村、朱云謙等撰寫；從樂天、邢志遠、李謙主編，《回顧金門登陸戰》，北京：人民出版社，1994年。

蕭繼宗

1963.03 蕭繼宗，〈金門行〉，《東海文學》，第5期，1963.03。後收入《興懷集》，台北：臺灣學生書局，1990年。

螢火蟲映

2004 螢火蟲映像體電影有限公司，《金門子婿燈：董天補老師傅祕絕招》，金門縣：金門縣文化局，2004年。（1張數位影音光碟）

賴文正

2001.04 賴文正，〈小三通後金馬地區人員及貨物進出通關作業〉，《貿易雜誌》74，2001.04.16，頁37-39。

賴宏亮

2003.09 賴宏亮、黃秀琴、陳嘉琪、吳天賞，〈金門龍鳳藥酒之成分分析及品質管制之研究〉，《藥物食品分析》11:3，2003.09，頁201-208+268。

賴明洲

2002 賴明洲、陳西村、董漢耀，《金門縣森林遊樂區常見樹木解說手冊-續》，金門縣：金門縣林務所，2002年。

賴明當

1986.03 賴明當、張勝彥，〈鹿港古蹟及史蹟調查研究:金門館與民宅之部〉，《臺灣文獻》37:1，1986.03，頁93-174。

賴素鈴

2005 賴素鈴專訪，〈金門族譜 資料採礦 進入文化產業層次〉，《民生報》2005/08/10，A11版「文化新聞」。

賴彩美

2006.01 賴彩美，〈散文——文學的饗宴：2005年金門文藝研習營以外〉，《金門文藝》10，2006.01，頁102-106。

賴雯琪

2000.06 賴雯琪，〈董振良用影像為金門立傳〉，《幼獅文藝》558，2000.06，頁42-43。

賴錦宏

2010 賴錦宏等採訪撰稿；陳承功、邱文通主編，《金門協議20年》，臺北市：紅十字會總會，2010年。

賴韻如

2009 賴韻如、張哲銘文；張哲銘圖；梁修銘譯，《浯島四月十二日迎城隍》，金門縣：金門縣文化局出版；台北市：斑馬文創發行，2009年。

遼寧廣播

2006 辽宁广播电视音像製作，《炮轰金门》，辽宁：辽宁广播电视音像，[2006]年。2張VCD。

錢忠直

2003　錢忠直，《國際海洋法上島嶼制度之研究——以金門法律地位為中心》，國立臺灣海洋大學海洋法律研究所，2003年，碩士論文。

錢芳標

1999　钱芳标撰（清），《金门稿六卷》，刻本，现藏中国国家图书馆。

閻亞寧

1995　閻亞寧，《金門縣金門黃氏酉堂之調查研究》，台北市：中國工商專科學校，1995年。

1995　閻亞寧，《金門縣第一級古蹟邱良功之母節孝坊之調查研究》，台北市：中國工商專科學校，1995年。

1995.1　閻亞寧，〈清金門鎮總兵署建築形制之研究〉，《中國工商學報》17，1995.10，頁71-87。

1996　閻亞寧，《金門縣二級古蹟虛江嘯臥碣群之調查研究》，台北市：中國工商專科學校，1996年。

1998　閻亞寧，《金門縣三級古蹟漢影雲根碣群調查研究》，台北市：中國工商專科學校，1998年。

1999　閻亞寧研究主持，《金門縣第三級古蹟一門三節坊調查研究案》，台北市：中國工商專科學校，1999年。

2002　閻亞寧、陳炳容、文芸、陳建豐，《金門縣縣定古蹟東溪鄭氏家廟調查研究》，台北市：中國技術學院，2002年。

2002.07　閻亞寧，〈金門鄭氏家廟建築的文化意涵〉，《中國技術學院學報》24，2002.07，頁195-204。

2003　閻亞寧，《金門縣縣定古蹟觀德橋調查研究》，台北市：中國技術學院，2003年。

2004　閻亞寧計畫主持；陳海嘱協同主持，《金門縣世界遺產潛力點調查研究》，金門縣：金門縣文化局，2004年。

2004.09 閻亞寧，〈由史論到古蹟保存〉，《建築》84，2004.09，頁102-107。

2005 閻亞寧主持；林淑美、莊明哲協同主持，《金門縣文化資產普查計畫業務調查研究》，金門縣金寧鄉：金門縣文化局，2005年。

2005.07 閻亞寧，〈清金門鎮總兵署古蹟文化意涵的重新評估〉，《中國技術學院學報》27，2005.07，頁101-114。

2006 閻亞寧主持；波多野想、李東明研究，《金門縣文化景觀普查計畫. 95年度（第一年）》，金門縣金城鎮：金門縣文化局，2006年。

2006 閻亞寧、黃振良，《金門縣燕南書院暨太文巖寺興建計畫之復建評估研究調查》，金門縣：金門縣文化局，2006年。

2008 閻亞寧主持，《金門縣縣定古蹟黃宣顯六路大厝調查研究及修復計畫》，金門縣：金門縣文化局（第一版），2008年。

2008 閻亞寧主持，《金門縣縣定古蹟王世傑古厝與古墓調查研究及修復計畫》，金門縣金城鎮：金縣文化局，2008年。

2009 閻亞寧主持；波多野想協同主持，《金門推動世界遺產登陸計畫先導工作綱要》，金門縣：金門縣文化局，2009年。

2009 閻亞寧計畫主持，《金門縣定古蹟保存區範圍調查研究（含GIS地理資料庫）》，金門：金門縣文化局，2009年。

2009 閻亞寧計畫主持；田耀遠、范銀霞協同主持；中國科技大學編著，《金門維護傳統建築風貌獎助計畫成果》，金門縣：金門縣政府，2009年。

2010.12 閻亞寧計畫主持，《金門縣推動世界遺產登錄計畫成果報告書》，金門縣：金門縣文化局，2010年12月。

2010.12 閻亞寧計畫主持；中國科技大學編著，《金門縣古蹟保存區劃設範圍研究計畫. 第二年》，金門縣：金門縣文化局，2010年12月。

閻明復

2006.05 阎明复，〈1958年炮击金门与葛罗米柯秘密访华〉，《百年潮》（北京市：中国中共党史学会），2006年05期，頁13-20。

閻修

1970 閻修纂，《金門地區文教工作報告》，1970年。（中央警察大學圖書館藏）

雕刻時光

2004 雕刻時光影視有限公司，《金門深度之旅》，金門縣：內政部營建署金門國家公園管理處，2004年。DVD一張。

駱芬美

2004.06 駱芬美，〈典型的僑鄉之縣——金門〉，《銘傳校刊》56，2004.06。

駱駝

1959 駱駝出版社編，《金門砲戰戰後的大陸》，香港：駱駝，1959年。

應鳳凰

2009.01 應鳳凰，〈金門的書店〉，《金門文藝》28，2009.01，頁26-29。

戴振良

2007.02 戴振良，〈從八二三戰後論金門的戰略地位與發展〉，楊加順總編輯，《2006年金門學學術研討會論文集》（金門縣：金門縣文化局，2007年2月），頁90-105。

戴能娌

2008 戴能娌，《國民中小學教師對性別平等教育法內涵認知與實踐知覺之研究——以金門縣為例》，國立嘉義大學教育行政與政策發展研究所，2008年，碩士論文。

戴超武

2003 戴超武，《敌对与危机的年代》，社会科学文献出版社，2003年。

2010 戴超武，〈中國、美國與第一次臺灣海峽危機的結束〉，沈志华、唐启华主編，《金门：内战与冷战・美、苏、中档案解密与研究》（北京市：九州出版社，2010年），頁158-181。

戴萬欽

2003.12 戴萬欽，〈蘇聯在一九五八年臺灣海峽軍事衝突中之角色〉，《淡江史學》14，2003.12，頁71-91。

2004.1 戴萬欽, "Communication between Taiwan and the USA at the Time of the 1958 Quemoy Crisis: Dulles' Meeting with Chiang Kai-shek", *Tamkang Journal of International Affairs*, 8:2, 2004.10, pp. 47-108.

戴寶村

2008.11 戴寶村，〈烈日灼金門——《台灣日日新報》中的金門敘事〉，楊加順總編輯，《2008金門學學術研討會論文集——烽火僑鄉敘事記憶：戰地、島嶼、移民與文化》（金門縣：金門縣文化局，2008.11），頁185-206。

環宇文化

2007 環宇文化事業公司企劃編輯，《新社區 新生活：金門縣九十五年活力社區營造成果專輯》，金門縣金城鎮：金門縣文化局，2007年。

繆小龍

2009.08 缪小龙，〈金门传统聚落及建筑研究〉，《华中建筑》（湖北省武汉市：中南建筑设计院；湖北土木建筑学会），2009年08期，頁224-233。

聯勤

1994 聯合勤務總司令部測量署測繪，《金門地區聯合戰術圖[地圖]》，臺北市：聯合勤務總司令部，1994年。

1995 聯勤總部四〇一廠編，《金門縣行政區域圖[地圖]》，金門縣金城鎮：金門縣政府，1995年。

薛承泰

2002 薛承泰（國立臺灣大學社會學系），《小三通對金門的人口與社會之影響（1/2）》，國科會專題研究計畫，執行起迄：2001/08/01～2002/07/31。

2003 薛承泰（國立臺灣大學社會學系），《小三通對金門的人口與社會之影響（2/2）》，國科會專題研究計畫，執行起迄：2002/08/01～2003/07/31。

2007.06 薛承泰，〈五十歲的生日泡芙〉，《金門日報》，2007/06/06，副刊。

薛東

2009 薛東，〈“閩臺社會文化與倫理道德”研討會在金門舉行〉，《福建日報》，2009-11-03，版號008。

薛芳千

2004.04 薛芳千，〈珠山情懷〉，《金門日報》，2004/04/18-，副刊。

2004.1 薛芳千，〈關鍵抉擇〉，《金門日報》，2004/10/16-17，副刊。

2004.12 薛芳千，〈薛氏宗族情〉，《金門宗族文化》1，2004.12，頁69-76。

2005.01 薛芳千，〈華僑尋根快慰無比〉，《金門日報》，2005/01/28，副刊。

2005.06 薛芳千，〈鄭成功文化節展覽族譜〉，《金門日報》，2005/06/04-05，副刊。

2005.09 薛芳千，〈珠山九十年〉，《金門日報》，2005/09/24，副刊。

2005.12 薛芳千，〈新加坡尋訪宗親〉，《金門日報》，2005/12/10-11，副刊。

2005.12 薛芳千，〈族譜架金橋鄉情永相隨〉，《金門日報》，2005/12/28，副刊。

2007.09 薛芳千，〈新加坡尋訪宗親〉，《金門日報》，2007/09/21-22，副刊。

2007.12 薛芳千，〈欣見《顯影月刊》重生〉，《金門日報》，2007/12/07，副刊。

薛奕鳳

2006 薛奕鳳，《金門縣國小閩南語教科書選用之研究》，銘傳大學應用中國文學系碩士在職專班，2006年，碩士論文。

薛奕龍

2005 薛奕龍，《網路語言對國小作文的影響——以金門縣六年級學童為例》，銘傳大學應用中國文學系碩士在職專班，2005年，碩士論文。

薛施伍

1928 薛施伍、薛承爵合編，《顯影》，金門：珠山村圖書報社發行，1928-1949年。

薛益民

1998 薛益民，《金門地區駐軍恙蟲病立克次體抗體血清流行病學調查》，國防醫學院病理及寄生蟲學研究所，1999年，碩士論文。

薛素瓊

2003.04 薛素瓊，〈回首珠山〉，《金門日報》，2003/04/22-23，副刊。

2003.08 薛素瓊，〈《地方傳說》珠山「保生大帝」的傳說〉，《金門日報》，2003/08/14，副刊。

2004 薛素瓊，《高互動作文教學研究──以金門賢庵國小低年級作文教學為例》，銘傳大學應用中國文學系碩士班，2004年，碩士論文。

2009 薛素瓊，《概念構圖應用於國小六年級作文教學之行動研究》，國立臺北教育大學，教育行政碩士在職進修專班，2009年，碩士論文。

2011 薛素瓊，《半閒歲月半閒情》，台北：釀出版（秀威代理），2011年。

薛殘白

1986 薛残白，《金门会馆》，新嘉坡金门会馆，1986年。

1990 薛残白主编，《亚洲金门同乡通讯录》，新加坡金门会馆，1990年。

薛德成

2001 薛德成，《金門縣金寧鄉榜林村誌》，金門：金門縣立文化中心，2001年。

謝文甲

2006 謝文甲，《小三通後金門海岸犯罪偵防行為與成效之研究》，銘傳大學社會科學院國家發展與兩岸關係碩士在職專班，2006年，碩士論文。

謝文全

1999 謝文全，《臺灣產中藥材資源之調查研究 七：金門縣藥用植物資源之調查報告》，台北市：行政院衛生署，1999年。

2000.06 謝文全，〈臺灣產中藥材資源之調查研究（7）——金門縣藥用植物資源之調查報告〉，《行政院衛生署中醫藥年報》18:2，2000.06，頁441-621。

謝正寬

2011 謝正寬撰文.攝影，《飛騎BOOK：金門單車旅遊安全手冊》，金門金門國家公園，2011年。

謝永平

1966.02 謝永平，〈金門勝蹟〉，《臺灣風物》16:01，1966.02，頁49-58。

謝玉萍

2004 謝玉萍，《金門傳統生育禮俗之探討》，銘傳大學應用中國文學系碩士在職專班，2004年，碩士論文。

謝冰瑩

1965 謝冰瑩等撰，《金門・馬祖・澎湖》，台北：臺灣省婦女寫作協會，1965年。

謝佳玲

2008.12 謝佳玲，〈金門話中反映的僑鄉文化〉，《東華中國文學研究》6，2008.12，頁101-129。

謝宗榮

2004 謝宗榮主編，《驅邪納福：避邪文物與文化圖像》，台北市：國立傳統藝術中心，2004年。

謝承叡

2009 謝承叡，《金門沿近海域仔稚魚群聚結構分析》，國立高雄海洋科技大學海洋生物技術研究所，2009年，碩士論文。

謝東航

2003 謝東航，《「小三通」對金門軍事安全影響研究——兼論兩岸直航策略》，政治作戰學校政治研究所，2003年，碩士論文。

謝松

2003.11 谢松、苏卫军，〈加强厦金旅游合作 促进“两门”经济发展〉，《鹭江职业大学学报》（福建省厦门市：厦门理工学院），2003年04期，頁58-60。

謝欣穎

2007.06 謝欣穎，〈史蹟保存與聚落發展的關係——以金門國家公園為例〉，《藝術欣賞》3:3，2007.06，頁22-30。

謝金汀

2008.05 謝金汀，〈回首金門・舊夢未絕〉，《金門文藝》24，2008.05，頁4-5。

謝長廷

1994.07 謝長廷，〈除了香港，還有金門〉，《中國通商業雜誌》50，1994/07/01，頁44。

謝信堯

1998.06 謝信堯，〈「八二三」戰役與其歷史意義之研究〉，《中山學報》19，1998.06，頁191-202。

2002.03 謝信堯，〈「古寧頭戰役」與「八二三戰役」之比較研究〉，《黃埔學報》42，2002.03，頁97-125。

謝建國

2006 謝建國，《透地雷達應用在花崗岩孔洞形貌及位態之研究：以金門為例》，國立臺灣海洋大學應用地球科學研究所，2006年，碩士論文。

謝軍

2007.04 谢军、陈少坚、许建成，〈厦门——金门海域横渡方案的探究〉，《体育科学研究》（福建省厦门市：集美大学），2007年04期，頁1-4。

謝迺壎

2006 謝迺壎，《金馬「小三通」政策發展與影響之研究》，國立中山大學高階公共政策碩士班，2006年，碩士論文。

謝彧玥

2005 謝彧玥，《新移民女性就業問題之研究——以金門地區為例》，銘傳大學公共事務學系碩士在職專班，2005年，碩士論文。

謝華東

2006 謝華東總編輯，《賢庵今昔：賢庵國小五十六年來的成長軌跡》，金門縣：賢庵國小，2006年。

謝瑞珍

1996 謝瑞珍、耘匠設計，《金門國家公園全區標識及招牌系統規劃設計》，金門縣：內政部營建署金門國家公園管理處，1996年。

謝碧連

1994.07 謝碧連，〈金門文物保存——風獅爺、魯王墓〉，《臺南文化》37，1994.07，頁61-83。

謝翠玉

2008 謝翠玉總編輯，《金門縣鄉土DNA：人文歷史、自然生態與保育：藝術與人文教材資料彙編》，臺北市：國家文化總會，2008年。

2008 謝翠玉總編輯，《金門縣鄉土DNA：民俗信仰、戰地史蹟、文化產業：藝術與人文教材資料彙編》，臺北市：國家文化總會，2008年。

謝輝煌

2007 謝輝煌，〈用小說紀錄歷史，書寫本土——析介陳長慶的《李家秀秀》〉，《全國新書資訊月刊》107，2007年11月。

謝鴻文

2007.12 謝鴻文，〈相忘於江湖——黃克全孤獨的文學修行之旅〉，《文訊》266，2007.12，頁49。

謝鴻進

2009.1 謝鴻進，〈從精神戰力探討古寧頭戰役〉，《國防雜誌》24:5，2009.10，頁26-38。

謝蘭芬

2005 謝蘭芬，《新金門色彩意象：謝蘭芬海報設計創作展作品集》，金門縣金城鎮：金門縣文化局，2005年。

鍾文音

2006.05 鍾文音，〈詩性的一瞥——讀吳鈞堯《崢嶸——金門歷史小說集》〉，《文訊》247，2006.05，頁88-89。

鍾幼蘭

1993 鍾幼蘭，〈金門查某佛的初步研究〉，收入於余光弘、魏捷茲編，《金門暑期人類學田野工作教室論文集》，台北：中央研究院民族學研究所，1993年，頁129-162。

1994 鍾幼蘭，〈金門查某佛的簡介——以官澳聚落為例〉，《中國民族學通訊》31，1994年，頁40-50。

鍾兆玄

1997.12 鍾兆玄、劉錦惠，〈金門島樹皮黏皮菌小記〉，Fungal Science，Vol.12 No.3&4，1997.12，頁117-120。

鍾兆雲

2005 钟兆云，《落日：闽台抗战纪实》，鹭江出版社，2005年。

鍾孫霖

1992 鍾孫霖（國立臺灣大學地質科學系暨研究所），《金門花崗岩石英核飛跡定年研究》，國科會專題研究計畫，執行起迄：1991/11/01～1992/10/31。

鍾慧諭

2003 鍾慧諭等，《金馬地區交通運輸系統發展構想——金門地區》，台北市：交通部運輸研究所，2003年。

鍾錚華

2008 鍾錚華，《島嶼永續旅遊的環境教育需求研究——以烈嶼為例》，國立臺灣師範大學環境教育研究所，2008年，碩士論文。

鍾馨

2000 鍾馨，《小三通後金馬與大陸漁產品交易狀況之研究》，國立中山大學公共事務管理研究所，2000年，碩士論文。

韓真

2000.02 韩真，〈略论金门战役失利的思想认识因素〉，《漳州师范学院学报（哲学社会科学版）》（福建省漳州市：漳州师范学院），2000年02期，頁64-67。

叢樂天

1994.01 丛乐天，《回顾金门登陆战》，厦门大学超星数字图书馆电子图书，1994年07月第1版。

2000.06 叢樂天，〈金門之戰始末〉，《北京檔案》（北京市：北京市檔案局；北京市檔案學會），2000年06期，頁52-54。

簡子傑

2004.1 簡子傑，〈金門碉堡藝術館遊記〉，《典藏今藝術》145，2004.10，頁114-119。

簡光佑

2007 簡光佑，《終身學習需求調查與分析——以金門縣為例》，國防管理學院國防資訊研究所，2007年，碩士論文。

簡宏達

2001.1 簡宏達，〈金門傳統聚落保存刻不容緩〉，《文化視窗》34，2001.10，頁64-67。

2002 簡宏達，〈邊陲特質的金門人文地景及建築環境〉，《金門》73，2002，頁4-9。

簡宗堯

2007 簡宗堯，《金門縣國小教師對學校運用社區資源意見之研究》，國立臺灣師範大學社會教育學系社會教育與文化行政碩士在職專班，2007年，碩士論文。

簡榮泰

2002 簡榮泰，《黃昏的故鄉（金門印象 簡榮泰攝影集）》，台北縣：博揚，2002年。

簡福鉡

2006 簡福鉡主持，《金門縣傳統藝術、民俗及有關文物教育推廣計畫（95年度）》，金門縣：金門縣文化局，2006年。

簡薇

1972.04 簡薇，〈金門的風采〉，《幼獅文藝》220，1972.04，頁16。

簡鴻智

2010 簡鴻智，《大陸配偶對臺灣民主價值之認知——以金門縣為例》，銘傳大學國家發展與兩岸關係研究所碩士在職專班，2010年，碩士論文。

18劃

聶志高

2003　聶志高（國立雲林科技大學建築與室內設計系暨研究所），《「洋樓」住宅建築立面形式之研究——以台灣日式洋樓與金門南洋式洋樓為例（I）》，國科會專題研究計畫，執行起迄：2002/08/01～2003/07/31。

2004　聶志高（國立雲林科技大學建築與室內設計系暨研究所），《「洋樓」住宅建築立面形式之研究——以台灣日式洋樓與金門南洋式洋樓為例（II）》，國科會專題研究計畫，執行起迄：2003/08/01～2004/07/31。

2005.03　聶志高、王素娟、郭雅雯、吳基正，〈金門洋樓住宅立面之研究——以外廊柱式為例〉，《建築學報》51，2005.03，頁35-51。

2005.03　聶志高、王素娟、吳基正、林美琪、郭雅雯，〈金門洋樓住宅外廊立面裝飾之研究——以簷牆及檐部飾帶的裝飾為例〉，《建築學報》51，2005.03，頁71-88。

2006　聶志高，《金門洋樓的外廊樣式：建築裝飾的演繹》，臺北市：桑格文化，2006年。

聶建中

2007.09　聶建中，〈除了高粱酒 發展金門第二產業〉，《理財周刊（Money Weekly）》370，2007.09.27，頁42-43。

聶雁博

2009　聂雁博，《厦金水域船舶污染控制研究》，厦门大学海洋与环境学院海洋学系，2009年，硕士论文。

藍秀琪

2001 藍秀琪，《創造城鄉新風貌地方層級推動機制之研究——以金門縣為例》，國立台灣科技大學建築系，2001年，碩士論文。

藍雪花

2003.02 藍雪花，〈清代金門愛國詩人、刻書家林樹梅〉，《福建鄉土》（福建省福州市：中國民主同盟福建省委會），2003年02期，頁39-40。

藍雪霏

1991 蓝雪霏，《台湾福佬系民歌与闽南民歌的比较研究》，厦门大学艺术教育学院音乐系，1991年，硕士论文。

藍晶瑩

1994 藍晶瑩（中央研究院地球科學研究所），《金門及鄰區的地球化學與同位素研究（I）》，國科會專題研究計畫，執行起迄：1993/08/01～1994/07/31。

1995 藍晶瑩（中央研究院地球科學研究所），《大陸東南岩石圈之演化——（子計畫十一）金門及鄰區的地球化學與同位素研究（II）》，國科會專題研究計畫，執行起迄：1994/08/01～1995/07/31。

1996 藍晶瑩（中央研究院地球科學研究所），《大陸東南岩石圈之演化——（子計畫十二）金門及其鄰區的地球化學及同位素研究（III）》，國科會專題研究計畫，執行起迄：1995/08/01～1996/07/31。

顏斗

1991 顏斗，《金門高粱傳》，臺北市：信昌，1991年。

顏生龍

1987 顏生龍等，《金門史蹟源流》，金門：金門縣政府，

1987年。

2011 顏生龍，《固若金湯雄鎮海門：金門史蹟源流補略》，台北市：設計家，2011年。

顏立水

1986 顏立水，〈明代金門名人留在同安的文物古跡〉，《同安文史資料》9，1986年。

1998 顏立水，《金門與同安》，金門縣：金門縣政府，1998年。

1998.03 顏立水，〈民間譜牒中的「世派歌」〉，《臺灣源流》9，1998.03，頁58-63。

1998.12 顏立水，〈「銀同」係同安縣別稱——兼為古地名考辨〉，《臺灣源流》12，1998.12，頁57-61。

1999.09 顏立水，〈閩臺的王爺信仰〉，《臺灣源流》15，1999.09，頁119-123。

2000.03 顏立水，〈「銀同媽祖」祖廟——同安南門天后宮〉，《臺灣源流》17，2000.03，頁86-89。

2000.06 顏立水，〈同安一些鄉村及其姓氏的來源〉，《臺灣源流》18，2000.06，頁45-58。

2003.1 颜立水，〈历史上金门与同安一些家族互迁的缘由〉，《海峡两岸五缘论——海峡两岸五缘关系学术研讨会论文集》，2003-10-01。

2005 顏立水，《金同集》，中國文聯出版社，2005年。

2006 顏立水、陳炳容、黃振良，《先賢行跡采風》，金門縣：金門縣文化局，2006年。

2006.09 顏立水，〈浯島書香・誰識辛酸淚——《金門學》叢刊〉，《金門日報》，2006/09/30，副刊。

2007.02 顏立水，〈浯島書香，誰識辛酸淚——《金門學》叢刊出版言語〉，楊加順總編輯，《2006年金門學學術研討會論文集》（金門縣：金門縣文化局，2007年2月），頁212-216。

2008 顏立水，《顏立水論金門》，金門：金門縣文化局，2008年。

2008.06 顏立水，〈族譜中的「和」文化〉，《臺灣源流》43，2008.06，頁5-9。

2008.1 顏立水，〈「無金不成銀」與「無金不成同」〉，《金門縣宗族文化研究協會會刊》5（2008年10月），頁42-45。

2008.12 顏立水，〈閩臺共仰「開閩王」〉，《臺灣源流》45，2008.12，頁97-101。

2009.1 顏立水，〈金門籍的北洋艦隊艦長呂文經〉，《金門日報》，2009/10/13，副刊。

2010 顏立水，《鳳山鍾秀》，金門：金門縣文化局，2010年。

2010.05 顏立水，〈蔡獻臣內弟池顯方〉，《金門日報》，2010/05/13，副刊。

2010.06 顏立水，〈同安蓮花與澎湖二坎的褒歌〉，《金門日報》，2010/06/06，副刊。

顏艾琳

1992 顏艾琳，《顏艾琳的秘密口袋》，臺北市：石頭出版，1992年。

1994 顏艾琳，《抽象的地圖》，臺北縣板橋市：北縣文化出版，1994年。

1995.1 顏艾琳，〈遇見鰈而被魟迷惑——側寫吳鈞堯〉，《文訊》82=120，1995.10，頁70-71。

1997 顏艾琳，《骨皮肉》，臺北市：時報文化出版企業公司，1997年。

1997 顏艾琳，《已經》，臺北市：歡熹文化出版，1997年。

1998 顏艾琳，《畫月出現的時刻》，臺北縣新店市：探索文化出版，1998年。

1998 顏艾琳，《漫畫鼻子》，臺北縣新店市：探索文化出版，1998年。

1998 顏艾琳、吳鈞堯，《跟你同一國》，臺北縣新店市：探索文化出版，1998年。

2001 顏艾琳，《點萬物之名》，臺北縣：北縣文化局，2001年。

2002.12 顏艾琳，〈詩寫金門——太武山遠眺——遙寄中秋登金門太武山有感〉，《幼獅文藝》588，2002.12，頁52。

2003.04 顏艾琳，〈用歷史釀出來的烈酒香——評白靈的（金門高粱）〉，《金門日報》，2003/04/13，副刊。

2004 顏艾琳，《她方》，臺北市：聯經，2004年。

2004.05 顏艾琳，〈金馬旅遊指南、金門戰地史蹟〉，《幼獅文藝》605，2004.05，頁134。

2006.11 顏艾琳，〈記劉再復初履金門〉，《幼獅文藝》635，2006.11，頁68-71。

2007.05 顏艾琳，〈金門新詩〉，《金門文藝》18，2007.05，頁119-122。

2007.07 顏艾琳，〈雜思金門〉，《金門文藝》19，2007.07，頁35-37。

2008.03 顏艾琳，〈我對金馬離島觀光的想像〉，《金門日報》，2008/03/03，副刊。

2008.05 顏艾琳，〈版畫大師的玩心逸作——李錫奇2008板橋林家花園「意象詩畫展」〉，《金門日報》，2008/05/21，副刊。

2008.11 顏艾琳，〈孤獨的鮭魚——訪楊樹清〉，《聯合報》，2008/11/25，第E3版副刊。

2009.05 顏艾琳，〈星月無盡——走出自己的情路〉，《幼獅文藝》665，2009.05，頁78-79。

顏西林

1997 顏西林編撰，《浯島城隍廟誌》，金門：浯島城隍廟管理委員會，1997年。

1998 顏西林等撰文，《山仔兜：珠山社區總體營造成果專輯》，金門縣：金門縣政府，1998年。

2007.12 顏西林，〈影印《顯影》月刊合訂本感言〉，《金門日報》，2007/12/07，副刊。

顏伯仁

1977 顏伯仁，《金門風光》，金門：金門環球社，1977年。

顏宏旭

1993 顏宏旭，《金門地區觀光發展衝擊認知之研究》，國立中興大學園藝學系，碩士論文，1993年。

顏尚文

2006 顏尚文，《林豪編纂地方志書的理念與實踐》，國立中正大學歷史所，2006年，博士論文。

顏忠誠

2003 顏忠誠等口述；卓遵宏，董群廉，《金門戒嚴時期的民防組訓與動員訪談錄（一）》，台北：國史館，2003年。

顏炳洳

2003.09 顏炳洳，〈金門的現代化——前世、今生與未來〉，《金門日報》，2003/09/26-28，副刊。

2003.1 顏炳洳，〈《擂古鳴今》呼喚金門特區「時間表」〉，《金門日報》，2003/10/11，副刊。

2004.01 顏炳洳，〈《擂古鳴今》金門閩南聚落古文書的蒐集與研究〉，《金門日報》，2004/01/02，副刊。

2004.01 顏炳洳，〈在沙漠中撒下一粒胡楊種籽——記溫世仁先生〉，《金門日報》，2004/01/07-08，副刊。

2004.04 顏炳洳，〈《擂古鳴今》金門古文書與聚落變遷——以分家契書為例〉，《金門日報》，2004/04/13，副刊。

2004.07 顏炳洳，〈散文——羽化〉，《金門文藝》1，2004.07，頁63-65。

2004.08 顏炳洳，〈《擂古鳴今》文化搭台產業唱戲〉，《金門日報》，2004/08/04-10，副刊。

2004.1 顏炳洳，〈談新金門人〉，《金門日報》，2004/10/01，副刊。

2004.11 顏炳洳，〈貴裔之島 賢聚之鄉〉，《金門文藝》3，2004.11，頁78-82。

2005 顏炳洳、陳欽進、劉洪祖，《金門歷史故事集——明清及民國初年》，金門：金門縣文化局，2005年。

2005.09 顏炳洳，〈《第一屆浯島文學獎》散文第一名 迷・藏〉，《金門日報》，2005/09/03，副刊。

2005.09 顏炳洳，〈第二屆浯島文學獎小說組佳作獨弦琴〉，《金門日報》，2005/09/26-27，副刊。

2006 顏炳洳，《溯訪先民的足跡：古官道與浯江溪南線文化手冊》，金門縣：金門縣文化局，2006年。

2007 顏炳洳、陳欽進合著，《擎天：金門歷史小說集1040-1978》，金門：金門縣文化局，2005年。

顏重威

1998.12 顏重威，〈金門農業試驗所鳥類群聚的組成與結構〉，《臺灣省立博物館年刊》41，1998.12，頁71-88。

2002.06 颜重威、许永面，〈金门浯江溪口鸟类的多样性〉，《动物学研究》（云南省昆明市：中国科学院昆明动物研究所），2002年06期，頁483-491。

顏章垣

2006 顏章垣，《金門縣政府公文交換電子化之研究》，銘傳大學公共事務學系碩士在職專班，2006年，碩士論文。

顏湘芬

2006.06 湘夫人（顏湘芬），〈我的民宿春秋大夢【民宿365】〉，《金門日報》，2006/06/13，副刊。

2007 顏湘芬，《金門委外經營與民間自營民宿經營模式評價之比較研究》，銘傳大學觀光研究所碩士在職專班，2007年，碩士論文。

2009.09 湘夫人，〈夏天協奏曲——金門文化局首映之夜〉，《金門日報》，2009/09/11，副刊。

2010.11 湘夫人，〈民宿365幸福〉，《金門日報》，2010/11/12，副刊。

顏廣杰

2004.08 顏廣杰，〈台海危機：金門砲戰後勤支援回顧〉，《全球防衛雜誌》240期，2004/08，頁92-99。

顏靜筠

2000 顏靜筠，《金門地區教育意識型態與鄉土文化教材之分析研究》，國立中正大學教育研究所，2000年，碩士論文。

魏宏晉

2000 魏宏晉總編輯，《離島地區商業現代化：中華民國金門縣輔導實例》，台北市：經濟部中小企業處，2000年。

魏健峰

2004.03 魏健峰，〈「金門」的英譯探討——傳播的角度〉，李金振編，《閩南文化學術研討會論文集》（金門縣：金門縣立文化中心，2004年），頁203-207。

2007 魏健峰, *The cultural identities of college students in Quemoy (Kinmen) and new identification through "three mini-links*." Taipei：師大書苑, 2007.

魏濟昀

2005 魏濟昀，《以地景生態廊道觀念建立具有地方生活文化與生態特色的道路景觀——以金門為例》，臺灣大學森林環境暨資源學研究所，2005年，碩士論文。

19劃

羅元信

2002.12 羅元信，〈金門藝文訪佚（三）〉，《金門日報》，2002/12/29-，副刊。

2007.08 羅元信，〈烈嶼林可棟墓誌銘考及其他〉，《金門日報》，2007/08/23-26，副刊文學。

2007.11 羅元信，〈明末碧山陳四明文獻拾遺〉，《金門日報》，2007/11/07-08，副刊文學。

2008.05 羅元信，〈「御殿總提督」與「興寧侯」之謎初探〉，《金門日報》，2008/05/20-25，副刊文學。

2008.07 羅元信，〈蔡守愚的六十大壽祝文與佚詩〉，《金門日報》，2008/07/30-31，副刊。

2008.08 羅元信，〈關於許福的「乞養親疏」與「通賊傳聞」〉，《金門日報》，2008/08/13-15，副刊。

2009.1 羅元信，〈金門碑林二考〉，《金門日報》，2009/10/01-25，副刊。

羅文來

2007.02 羅文來，〈金門簡史〉，《金門日報》，2007/02/05，副刊。

羅永順

2002 羅永順，《現代化通信科技對島嶼居民之影響——以構建連外光纖網路對金門島居民影響為例》，中原大學電機工程研究所，2002年，碩士論文。

羅志平

1987 羅志平撰，《納粹世界觀研究》，輔仁大學歷史研究所，1987年，碩士論文。

1990 羅志平譯，《掌握決策的要領》，台北：旺文出版社，1990年。

1992 羅志平譯，《親愛的老公》，台北：旺文出版社，1992年。

1994 羅志平撰，《兩次世界大戰期間美國在華企業投資研究》，文化大學史學研究所，1994年，博士論文。

1996 羅志平，《清末民初美國在華的企業投資,1818-1937》，台北新店：國史館，1996年。

2005 羅志平，《民族主義：理論、類型與學者》，台北：旺文社，2005年。

2005 羅志平譯，《女人都應該知道的男人秘密》，台北：天下遠見，2005年。

2009.05 羅志平，〈遺忘的認同〉，《金門文藝》30，2009.05，頁4-5。

2010 羅志平，《金門行業文化史》，台北：秀威資訊，2010年。

2011.03 笠島青衫（羅志平），〈一路好走〉，《金門日報》，2011/03/25，副刊文學。

2011.04 笠島青衫，〈戰地春夢〉，《金門日報》，2011/04/30，副刊文學。

羅清華

1993.05 罗清华，〈中国东南部金门岛深成/变质岩年代测定及其构造含意〉，《海洋地质译丛》（上海市：上海海洋石油局），1993年05期，頁49-55。

羅漢文

1973 羅漢文，《人生絮語》，金門：金門縣文獻委員會，1973年。

羅德水

1999 羅德水，《兩岸關係發展與金門定位變遷之研究——一個金門人的觀察》，淡江大學大陸研究所，1999年，碩士論文。

2000.04 羅德水，〈解決兩岸問題不應寄望於美日——從「臺灣安全加強法案」談起〉，《海峽評論》112，2000.04，頁39-41。

2000.07 羅德水，〈「小三通」的背景、現況與對兩岸關係的影響〉，《共黨問題研究》26:7，2000.07，頁102-105。

2001.02 羅德水，〈讓小三通成為兩岸和解起點〉，《交流》55，2001.02，頁13-15。

2005.09 羅德水，〈門〉，《金門文藝》8，2005.09，頁89-91。

2005.1 羅德水，〈《第二屆浯島文學獎》散文佳作 門〉，《金門日報》，2005/10/11，副刊文學。

2007.02 羅德水，〈尋找兩岸新座標——淺論金門人的兩岸觀〉，楊加順總編輯，《2006年金門學學術研討會論文集》（金門縣：金門縣文化局，2007年2月），頁106-122。

2007.04 羅德水，〈尋找兩岸新座標——淺論金門人的兩岸觀〉，《環球法學論壇》2，2007.04，頁13-29。

羅慧明

1999 羅慧明總編輯，《千禧金門水彩畫展》，金門縣：金門縣立社會教育館，1999年。

藝術家

2007.08 藝術家雜誌，〈藝術小三通——「風起東方」海峽兩岸藝術交流展在金門廈門舉行〉，《藝術家》65:2=387，2007.08，頁90。

譚家麒

2007 譚家麒，《金門閩語：金沙方言音韻研究》，國立政治大學中國文學研究所，2007年，碩士論文。

譚紹彬

1975 譚紹彬報告，《金門縣政府簡報》，金門縣金門鎮：金門縣政府，1975年。

關安邦

2009.1 關安邦，〈古寧頭大捷之前因與影響〉，《陸軍學術雙月刊》45:507，2009.10，頁4-9。

鵬偉

1996.03 鵬偉，〈高粱 醇酒 好鄉情——金門高粱酒的問世與歷史演進 -上-〉，《金門》48，1996.03，頁26-31。

20劃

嚴利人

2005.11 严利人，〈同宗同祖 手足情深——漳浦佛潭杨氏与金门官澳杨氏一脉相承〉，《两岸关系》（北京市：海峡两岸关系协会），2005年11期，頁68-69。

嚴重則

1977 嚴重則，《怒海、狂砲、求生：中國新聞史上空前慘烈的金門砲戰採訪實錄》，台北市：嚴重則，1977年。

嚴雲林

1981.02 嚴雲林，〈漢影雲根——金門民俗文化村記〉，《幼獅月刊》53:2，1981.02，頁39-42。

嚴斌

2004.07 嚴斌，〈在文學裡遇見金門——「金門文學」締造豐富的語言〉，《金門文藝》1，2004.07，頁76-80。

2004.09 嚴斌，〈鄉鎮書寫——攬住原鄉的風華〉，《金門文藝》2，2004.09，頁86-88。

2004.11 嚴斌，〈專輯：人文匯仙洲——文藝雅集展歡顏〉，《金門文藝》3，2004.11，頁72-74。

2006.05 嚴斌，〈流動的島嶼——《金門文學》叢刊第三輯出版後記〉，《金門文藝》12，2006.05，頁20-22。

2006.07 嚴斌，〈夢、棋、緣——有關金門文學十本小說的故事〉，《金門文藝》13，2006.07，頁15-17。

2006.09 嚴斌，〈碉堡．故事精靈的搖籃〉，《金門文藝》14，

2006.09，頁12-14。

2007.01 嚴斌，〈由真誠開啟世紀序幕——金門學學術研討會紀實〉，《金門文藝》16，2007.01，頁17-30。

2007.09 嚴斌，〈浯江華僑訪談錄〉，《金門文藝》20，2007.09，頁54-56。

2007.11 嚴斌，〈欣見金門圖書出版盛況〉，《金門文藝》21，2007.11，頁14-17。

2008.07 嚴斌，〈島嶼的盛事——2008金門學學術研討會活動紀實〉，《金門文藝》25，2008.07，頁23-25。

2008.1 嚴斌，〈金門當前古蹟與歷史建築保存概況〉，《金門縣宗族文化研究協會會刊》5（2008年10月），頁46-48。

2008.1 嚴斌，〈祖德宗功 源遠流長——族譜、宗譜補助出版的成效〉，《金門縣宗族文化研究協會會刊》5（2008年10月），頁107-108。

2009.07 嚴斌，〈文化寶庫，出版圓夢——關於金門贊助地方文獻出版補助成果〉，《金門文藝》31，2009.07，頁20-21。

竇超

2008.04 窦超，〈让历史告诉未来——金门战斗之教训及对未来登陆战的启示和思考〉，《舰载武器》（河南省郑州市：郑州机电工程研究所），2008年04期，頁46-51+2。

藺奕

2006.11 藺奕，〈童話金門〉，《幼獅文藝》635，2006.11，頁64-65。

藺斯邦

1981 藺斯邦，《江山萬里心-聖者之島-金門》，台北：嵩山出版社，1981年。

蘇怡如

2004.09 蘇怡如，〈在史博，預見藝術遇上金門碉堡 金門碉堡藝術館——18個個展計劃草圖預展〉，《典藏今藝術》144，2004.09，頁84-85。

蘇承基

2005 蘇承基，《金門國家公園遊客遊憩衝突之研究》，銘傳大學觀光研究所碩士在職專班，2005年，碩士論文。

2010.1 蘇承基、鄔迪嘉，〈金門國家公園圖資管理地理資訊系統建置〉，《地理資訊系統季刊》4:4，2010.10，頁26-29。

蘇秋竹

2006.09 蘇秋竹、楊文仁、高清文，〈金門一條根簇葉病發生報導〉，《植物保護學會會刊》48:3，2006.09，頁203-216。

蘇秋霞

2007.02 蘇秋霞、余明治、楊世仰、胡雅容、張雍敏，〈金門縣結核病都治前驅計畫成效分析〉，《疫情報導》，Vol.23 No.2，2007.02，頁61-71。

蘇啟明

2000.06 蘇啟明，〈金門考古遺址田野訪查記述〉，《國立歷史博物館館刊》10:6=83，2000.06，頁5-18。

蘇毓秀

2008.09 蘇毓秀、馬積湖，〈何厝村史〉，《金門日報》，2008/09/30，副刊。

蘇榮土

2005 蘇榮土，《青少年休閒網路行為之研究——以金門地區為例》，銘傳大學觀光研究所碩士在職專班，2005年，碩士論文。

續美玲

1992 續美玲，《花岡岩島的戀人：續美玲綠色書簡》，台北市：小報文化出版，1992年。

顧擎

2008.09 顧擎，〈出洋客的美麗與哀愁，金門洋樓〉，《金門文藝》26，2008.09，頁55-57。

2008.11 顧擎，〈神威顯赫，金門宮廟〉，《金門文藝》27，2008.11，頁40-43。

霽達

2000.03 霽達，〈金門地區土地歸還與補辦登記問題探討〉，《金門國家公園簡訊》14，2000.03，頁9-11。

龔建強

2002.03 龔建強，〈「金門之熊」與古寧頭大捷〉，《陸軍學術月刊》38:439，2002.03，頁4-15。

龔鵬程

2000 龔鵬程、楊樹清主編，《酒鄉之歌：千禧年金門高粱酒文化縣詩酒會文學作品》，臺北市：賢志，2000年。

龔顯宗

1997.05 龔顯宗，〈正直菩薩盧若騰-上-〉，《鄉城生活雜誌》40，1997.05，頁45-47。

1997.06 龔顯宗，〈正直菩薩盧若騰-下-〉，《鄉城生活雜誌》41，1997.06，頁47-50。

社會科學類 PF0068

金門地方書寫與研究書目彙編

編　　者／羅志平
責任編輯／林泰宏
圖文排版／張慧雯
封面設計／陳佩蓉

發 行 人／宋政坤
法律顧問／毛國樑　律師
印製出版／秀威資訊科技股份有限公司
114台北市內湖區瑞光路76巷65號1樓
電話：+886-2-2796-3638　傳真：+886-2-2796-1377
http://www.showwe.com.tw
劃撥帳號／19563868　戶名：秀威資訊科技股份有限公司
讀者服務信箱：service@showwe.com.tw
展售門市／國家書店（松江門市）
104台北市中山區松江路209號1樓
電話：+886-2-2518-0207　傳真：+886-2-2518-0778
網路訂購／秀威網路書店：http://www.bodbooks.com.tw
國家網路書店：http://www.govbooks.com.tw
圖書經銷／紅螞蟻圖書有限公司
114台北市內湖區舊宗路二段121巷28、32號4樓
電話：+886-2-2795-3656　傳真：+886-2-2795-4100

2011年10月BOD一版
定價：500元
版權所有　翻印必究
本書如有缺頁、破損或裝訂錯誤，請寄回更換

Copyright©2011 by Showwe Information Co., Ltd.
Printed in Taiwan
All Rights Reserved

國家圖書館出版品預行編目

金門地方書寫與研究書目彙編 / 羅志平編.-- 一版. -- 臺北市 : 秀威資訊科技, 2011.10
面； 公分. -- (社會科學類 ; PF0068)
BOD版
ISBN 978-986-221-834-1(平裝)

1. 區域研究 2. 目錄 3. 福建省金門縣

016.67319/205 100017433

讀者回函卡

感謝您購買本書，為提升服務品質，請填妥以下資料，將讀者回函卡直接寄回或傳真本公司，收到您的寶貴意見後，我們會收藏記錄及檢討，謝謝！

如您需要了解本公司最新出版書目、購書優惠或企劃活動，歡迎您上網查詢或下載相關資料：http:// www.showwe.com.tw

您購買的書名：＿＿＿＿＿＿＿＿＿＿＿＿＿＿＿＿＿＿＿＿

出生日期：＿＿＿＿年＿＿＿＿月＿＿＿＿日

學歷：□高中（含）以下　□大專　□研究所（含）以上

職業：□製造業　□金融業　□資訊業　□軍警　□傳播業　□自由業

□服務業　□公務員　□教職　□學生　□家管　□其它＿＿＿

購書地點：□網路書店　□實體書店　□書展　□郵購　□贈閱　□其他

您從何得知本書的消息？

□網路書店　□實體書店　□網路搜尋　□電子報　□書訊　□雜誌

□傳播媒體　□親友推薦　□網站推薦　□部落格　□其他＿＿＿＿＿

您對本書的評價：（請填代號　1.非常滿意　2.滿意　3.尚可　4.再改進）

封面設計＿＿　版面編排＿＿　內容＿＿　文／譯筆＿＿　價格＿＿

讀完書後您覺得：

□很有收穫　□有收穫　□收穫不多　□沒收穫

對我們的建議：＿＿＿＿＿＿＿＿＿＿＿＿＿＿＿＿＿＿＿＿

請貼
郵票

11466
台北市內湖區瑞光路 76 巷 65 號 1 樓
秀威資訊科技股份有限公司 收
BOD 數位出版事業部

....

（請沿線對折寄回，謝謝！）

姓　名：____________ 年齡：________ 性別：□女 □男

郵遞區號：□□□□□

地　址：________________________________

聯絡電話：（日）______________（夜）______________

E-mail：________________________________